布尔战争史

THE GREAT BOER WAR

[英] 阿瑟·柯南·道尔　著

宋楠　译

中国華僑出版社

·北京·

图书在版编目（CIP）数据

布尔战争史 / (英) 阿瑟·柯南·道尔著；宋楠译
. —北京：中国华侨出版社，2023.3
ISBN 978-7-5113-8769-1

Ⅰ.①布… Ⅱ.①阿… ②宋… Ⅲ.①战争史—研究
—南非共和国 Ⅳ.①E478.9

中国版本图书馆CIP数据核字(2022)第061217号

布尔战争史

著　　者：[英]阿瑟·柯南·道尔
译　　者：宋　楠
出 版 人：杨伯勋
策划编辑：唐崇杰
责任编辑：李胜佳
经　　销：新华书店
开　　本：710毫米×1000 毫米　　1/16开　　印张：30.5　　字数：328千字
印　　刷：北京天正元印务有限公司
版　　次：2023年3月第1版
印　　次：2023年3月第1次印刷
书　　号：ISBN 978-7-5113-8769-1
定　　价：108.00元

中国华侨出版社　　　北京市朝阳区西坝河东里77号楼底商5号　　　邮编：100028
发行部：（010）64443051　　传　真：（010）64439708
网　　址：www.oveaschin.com　　E-mail：oveaschin@sina.com

如发现印装质量问题，影响阅读，请与印刷厂联系调换。

《布尔战争史》是英国杰出作家阿瑟·柯南·道尔的重要史学作品。他是布尔战争的亲历者。作家莎拉·勒法努说："弃医从文八年后，已经在世界范围内获得极大声誉的夏洛克·福尔摩斯的创造者化身阿瑟·柯南·道尔医生赶赴布尔战争的前线。"需要注意的是，虽然阿瑟·柯南·道尔比较完整、详细地描述了布尔战争的起因、经过和结果，并对英军的部署、英布双方的优势与劣势、双方在战争中的表现和战斗的经验教训发表了不少个人见解，但我们必须客观地看待布尔战争发生的原因及作者的立场。

作者以第一人称的叙事视角向读者介绍了布尔战争的起因，强调南非共和国率先对英国宣战完全是因为多年来对英国殖民政府的憎恨及其不断膨胀的野心，而英国在战争爆发前完全没有准备，只是被动接受南非共和国的宣战。对于作者的立场，不同的人从不同的视角可能会得出不同的结论。作者是英国人，站在英国的立场上无可厚非，但作者为捍卫英国的形象，把英国描述得太过无辜，过度美化了英国参战的动机，完全忽略了英国参战的重要原因是"垂涎世界上最大的金矿"这一事实。

实际上，布尔战争是两个白人种族为重新瓜分南非而进行的非正义战争，原住民没有任何话语权。作为当时世界上的霸主，英国赢得了战争的最后胜利，但英军伤亡惨重，英国国力受到了沉重打击，殖民体系被撼动，英国的外强中干成为欧洲政局动荡的重要因素，大大加快了第一次世界大战的爆发。

2023年2月

前言

对于第二次布尔战争中发生的一些事件，人们可能因了解程度不同而有完全不同的理解。本书根据目前能够搜集到的翔实资料写成，尽可能详细地叙述了第二次布尔战争的经过。也许，我偶尔尝试做的判断或者评价存在错误，但至少这种判断或评价与惧怕或偏袒无关。在与布尔人的对话中，我致力于了解布尔人对待政治和军事的态度。

在英国，我就开始写作本书了。在去南非的轮船上，我也没有放弃写作。但本书的大部分内容是我在南非的医院的帐篷内完成的。我在工作之余奋笔疾书，当时正值传染病在布隆方丹暴发。我的资料都是在与康复中的军官或病人聊天时获得的，也正因如此，有些资料难免会有偏差。但同时，我有着别人无可比拟的优势，因为我可以亲临这场"演出"的现场，见到剧中的"演员"，甚至目睹事件发生的经过。

本书没有详述第二次布尔战争的结局。将来，即使历史学家的案头摆着所有资料，想将这些难以计算的行动和事件拼成一个整体，也绝非易事。我只能尽全力将战事的经过叙述得更清晰。

本书的写作得到了许多人的帮助。我想特别感谢来自黑斯尔米尔的查尔斯·特里①先生及兰曼医院的布拉松先生。查尔斯·特里先生帮助我搜集、整理了资料。

阿瑟·柯南·道尔②

于欣德海德的安德肖

---

① 即查尔斯·特里（Charles Terry，1864—1936）。——译者注
② 阿瑟·柯南·道尔（Arthur Conan Doyle，1859—1930）。——译者注

目录

●第1章 布尔民族　　　　　　　　　　　　　　001 ●

●第2章 争执的起因　　　　　　　　　　　　　023 ●

●第3章 谈 判　　　　　　　　　　　　　　　039 ●

●第4章 第二次布尔战争前夕　　　　　　　　　049 ●

●第5章 塔拉纳山战役　　　　　　　　　　　　067 ●

●第6章 埃兰兹拉赫特战役和里特方丹战役　　　083 ●

●第7章 伦巴德丘战役和尼科尔森山鞍战役　　　093 ●

●第8章 梅休因的行军　　　　　　　　　　　　105 ●

●第9章 马赫斯方丹战役　　　　　　　　　　　127 ●

●第10章 斯托姆山战役　　　　　　　　　　　141 ●

●第11章 科伦索战役　　　　　　　　　　　　151 ●

●第12章 黑暗时刻　　　　　　　　　　　　　169 ●

●第 13 章　莱迪史密斯　　　　　　　　　　　　　　179 ●

●第 14 章　科尔斯伯格行动　　　　　　　　　　　　199 ●

●第 15 章　斯皮温丘战役　　　　　　　　　　　　　211 ●

●第 16 章　法尔克朗斯山战役　　　　　　　　　　　229 ●

●第 17 章　布勒的最后行军　　　　　　　　　　　　239 ●

●第 18 章　金伯利之围与救援　　　　　　　　　　　255 ●

●第 19 章　帕德伯格渡口战役　　　　　　　　　　　269 ●

●第 20 章　罗伯茨伯爵进军布隆方丹　　　　　　　　289 ●

●第 21 章　罗伯茨伯爵行军的战略影响　　　　　　　299 ●

●第 22 章　布隆方丹　　　　　　　　　　　　　　　311 ●

●第 23 章　清理东南战场　　　　　　　　　　　　　327 ●

●第 24 章　马弗京之围与救援　　　　　　　　　　　339 ●

●第 25 章　进军比勒陀利亚　　　　　　　　　357 ●

●第 26 章　钻石山战役　　　　　　　　　　　373 ●

●第 27 章　保护补给线　　　　　　　　　　　385 ●

●第 28 章　比勒陀利亚　　　　　　　　　　　397 ●

●第 29 章　第二次布尔战争结束　　　　　　　411 ●

●第 30 章　第二次布尔战争的经验与教训　　　427 ●

●附录 1　　　　　　　　　　　　　　　　　　441 ●

●附录 2　　　　　　　　　　　　　　　　　　445 ●

●译名对照表　　　　　　　　　　　　　　　　449 ●

第1章

布尔民族

当西班牙王国还是世界上最强大的国家时，一批荷兰人倾尽全力与西班牙人对抗长达五十年。《南特赦令》废止后，法兰西的胡格诺派教徒放弃了家园与财产，永远离开了祖国。坚毅的胡格诺派教徒和充满韧性的荷兰人结合在一起，形成了世界上最顽强、最富有活力、最难以征服的布尔民族。在好望角定居后的一百四十年里，布尔人常与野蛮的土著和猛兽作战。恶劣的生存环境让弱者绝无生存的可能，但让布尔人学会了骑马、使用武器，也学会了猎人、枪手和骑手的三种技能，并且最终建立一个国家。布尔人具备良好的军事素养，并且相信自己就是《旧约》中所说的"上帝的选民"。同时，布尔人脾气温和、热情似火，有强烈的爱国思想。所有这些能力和品质结合在一起，塑造成了现在的布尔人——英国前进路上最难以征服的对手。英国常与法兰西发生军事摩擦，但拿破仑及其士兵从未像拥有现代枪支的布尔农场主一样令英军举步维艰。

在南非地图上，英国属地正中心有两个地域辽阔的共和国。这两个共和国就像揉进眼里的沙子，虽然人少，但实力不容小觑。布尔人怎么来到南非的？居住在非洲的日耳曼民族到底是个怎样的民族？这个话题虽然是老生常谈，但既然本章要做最基本的介绍，还是有必要再谈一谈的。不知道布尔人的历史就无法了解布尔人，也不懂欣赏布尔人，因为正是布尔人的历史造就了布尔民族。

大约在奥利弗·克伦威尔当权时，确切地说，1652年，荷兰人在好望角首次定居。葡萄牙人比荷兰人先来到好望角。好望角天气恶劣，不适合生存。金子的传闻诱使葡萄牙人离开好望角继续向前。最终，他们错过了建立帝国的最佳地点，在非洲东海岸定居。葡萄牙人定居的非洲东海岸确实有些金子，但并不多。因此，除了英国为德拉瓜湾①向葡萄牙人支付了一

———————————
① 今马普托湾。——译者注

路易十四废除《南特赦令》。

约翰内斯·卢肯（Johannes Luyken, 1649—1712）绘

大笔金钱，非洲东海岸从未给给葡萄牙带来财富。葡萄牙人定居的非洲东海岸疟疾横行。想到达不受疟疾侵害的内陆高原需要穿过一个方圆一百英里、弥漫着毒气的沼泽。几百年来，葡萄牙殖民者一直努力获得更多立足点，但野蛮的土著和恶劣的气候阻挡了他们前进的脚步。

荷兰人与葡萄牙人不同。给葡萄牙探险家造成严重障碍的糟糕天气成了荷兰人成功的动力。贫穷和风暴磨炼了荷兰人的意志，并且使他们建立了一个帝国。好望角气候恶劣。在太阳的炙烤下，来自荒凉贫瘠之地的荷兰人得以生存，并且变得越来越强大。因为人口稀少，荷兰人并没有深入内陆地区。荷兰人修建房屋，为荷兰东印度公司提供水和食物。渐渐地，韦恩堡、斯泰伦博斯这样的小城镇相继建立。荷兰人的定居点慢慢延伸到通往内陆高原的坡地上。从干旱台地高原的边界到赞比西河，南非高原长达一千五百英里。后来，一批拥有法兰西高贵血统的胡格诺派教徒迁居到开普。这批胡格诺派教徒共三百人，拥有法兰西人最高贵的血统。他们的到来为当时的布尔民族增加了一丝高贵与典雅。在历史的进程中，上帝一次次将最优质的基因播撒给布尔人。诺曼人、《南特赦令》废止后的胡格诺派教徒和另一拨具有法兰西高贵血统的移民与荷兰人结合，成就了现在的布尔民族。此时，法兰西跟它的对手英国一样，尚未在南非建立任何殖民地，但法兰西最高贵的基因使布尔人得到了长足的发展。现在，鲁、迪图瓦、茹贝尔、迪普莱、维德·莱尔等很多法语名字在南非都被人们熟知。

布尔人自称阿非利卡人。定居好望角后的一百多年里，阿非利卡人逐渐向好望角北部的大草原迁移。向北迁移的过程也是阿非利卡人殖民的过程。布尔人在六千英亩的农场放牧只需每年向政府缴纳五英镑的租金。牧牛成为布尔人的主业。但在一个六英亩土地都无法养活一头羊的国家里，牧牛必然需要更大的牧场。与在美洲和大洋洲一样，随白人一起到来的天花给非洲土著带来了致命的伤害，却为殖民者腾出了空间。布尔人向北迁移，建起村镇。在格拉夫-里内特和斯韦伦丹这样的地方，荷兰归正会教堂和卖日用品的杂货店已经成为周围分散的几处居民区的中心。向北迁移的布尔人最明显的变化就是不再受荷兰政府管控。荷兰东印度公司[1]小小的风吹草动都会让布尔人奋起反抗。然而，法国大革命爆发后，南非当地的民众起义根本不会引起人们关注。1814年，开普殖民地被并入英国。

在英国建立的众多殖民地中，开普殖民地的所有权是最无可争辩的。通过征服和购买，英国拥有了开普。1806年，英军击败了当地军队，占领了开普敦。1814年，英国向荷兰支付了六百万英镑，获得了好望角和一个南美洲岛屿的转让权。这可以说是一次迅速、不经思考的交易。好望角是通往印度的门户，地理位置十分重要，但一片荒凉，没有丝毫利益可言。卡斯尔雷子爵[2]和利物浦伯爵[3]究竟在想什么？他们事先有没有仔细看看英国用六百万英镑换来的条约？然而，凡事总有利弊。经过九场与科萨人的战争，以及两场与布尔人耗资巨大、过程艰辛的战争，英国获得了世界上最大的钻石矿和最丰富的金矿。说实话，即使在与布尔人交战时，英军依然对布尔人尊重有加。现在，英国希望南非获得和平和繁荣，所有人享有平等的权利及履行平等的义务。相信南非这片土地的未来是美好的。回顾过去，如果没有兵戎相见，南非还可以更加强大、更加富裕，在世界上享有更高的声誉。当然，只有付出最艰辛的努力才会有最丰厚的收获。英国的后辈会看到，在漫长的战斗过程中，有失败也有成功，有流血也有回报，但最终，南非仍朝着高远的目标前进。

如上所说，英国对开普殖民地的所有权合理合法，但条约中还有一处不明：开普三面环海，边界已定，但第四面仍未确定。当时并没有"内

---

① 荷兰东印度公司是约翰公司的兄弟公司，其历史比约翰公司更久远，实力稍弱。——原注
② 即罗伯特·斯图尔特（Robert Stewart，1769—1822）。——译者注
③ 即罗伯特·詹金逊（Robert Jenkinson，1770—1828）。——译者注

陆"这一说法，人们也想不出用哪个词来形容它。英国是否也购买了这些居民区之外的广阔土地？崇尚自由、贪得无厌的荷兰人会不会来到这些地方建立新的国家，跟盎格鲁-凯尔特人作对？如果第二种情况出现就后患无穷了。美国建立后，纽约州的荷兰居民向西迁徙，建立了新居住区，竖起了新旗帜。当美国需要这些西部地区来缓解人口暴增带来的压力时才不得不去面对荷兰人带来的麻烦。美国人如果早点发现这些荷兰人带有强烈的仇美情绪，并且极度顽固，相信也会像英国的政治家一样阻止事情的恶化。

开普殖民地转让给英国时，殖民者——荷兰人、法兰西人和德意志人——的人数大约是三万。这些殖民者都是奴隶主，而奴隶的数量跟奴隶主的数量差不多。因为英国人和布尔人同属白人种族，所以两者之间的融合本是一件好事，但唯一的问题是荷兰人顽固、偏执。1820年，五千名英国移民登陆好望角，在开普殖民地的东部定居下来。从此，以英语为母语的殖民者慢慢融入布尔人。开普殖民地政府的统治有功有过。开普殖民地政府温和、清廉、诚实，但不够老练，政策不能一以贯之。如果开普殖民地政府在取消奴隶制的问题上不那么坚持，那么结果也许会好很多。企图改变保守的日耳曼人的习俗是最危险的尝试。这次尝试引发一系列复杂问题，也为南非的动荡埋下了祸根。

英国政府尊重当地人的权利，宣称维护当地法律。在对待奴隶制的问题上，英国本应采取漠视的态度（这种态度无可指摘，也非常实用），但英国采取了让布尔人反感的做法。布尔人默认：黑人就是低人一等的种族。因此，来自波士顿的道德家或来自伦敦的慈善家试图改变这一想法时，自然会招致布尔人的反感。来自波士顿的道德家或来自伦敦的博爱主义者都愿意从道德的角度思考问题，但忽视了当地人完全生活在不同环境下的事实。出于某种原因，这些道德家和博爱主义者觉得生活在比肯街或贝尔格雷夫广场的奴隶主家庭表面和平宁静、秩序井然，但白人奴隶主及其无知的奴隶之间的关系是不道德的。英国和美国都试图解决开普殖民地的奴隶制问题，但都给各自带来了麻烦。

开普殖民地政府充当了当地奴隶的朋友和保护者的角色，但这个角色并不受欢迎。在这个节骨眼上，布尔人和新政府之间发生了第一次摩擦。一个荷兰农场主因虐待奴隶而被捕，引发了流血起义。起义被当地政府镇压了，五名参与者被绞死。这个惩罚过于严厉，也极不明智。一个勇敢的种族可能会忘记战场上阵亡的人，但永远忘不了绞架上被绞死的人。在政治舞台上，最不理智的举动就是寻找替罪羊了事。此后，布尔人的憎恨日积月累。詹姆森突袭之后，在布尔人眼里，参与詹姆森突袭的幕后领导就应该被绞死，绞架就应该从库克豪斯渡口附近的农场挪到比勒陀利亚，英国人就应该像1816年的布尔人一样被绞死。[①]

很快，英国人和布尔人之间的分歧愈发明显。开普殖民地政府不仅干涉当地人的行为习惯，而且将法院里的荷兰人换成英国人。1834年，科萨人袭击了生活在边境的布尔农场主。开普政府与科萨部落签订了宽松、慷慨的条约。同一年，开普境内掀起了奴隶解放运动。最终，荷兰人憋闷在胸中的不满之火烧成了熊熊烈焰。

在解放奴隶这件事上，英国这个"慈善家"愿意为自己认为对的事情买单。必须承认，这是一种高尚的行为——英国整体的道德水平要高于世界上其他国家。虽然英国政府与南非奴隶解放没有直接关系，但为了消灭奴隶制这种不公平的现象，英国议会还是同意给予布尔农场主两千万英镑的巨额赔偿。显然，在南非，通过法律手段废除奴隶制根本无法实现，英国政府不想等到奴隶制阻碍殖民地发展才出手解决。善良的英国人为他

---

① 指发生在1816年，有五名布尔人因反对英国殖民当局而被处以绞刑的事件。——编者注

们认为正确的事情买了单。即使优雅和高尚会给自身带来苦难，英国也依然愿意用优雅的方式使奴隶获得解放。英国政府花费了大笔金钱废除了西印度殖民地的奴隶制，接着又要在南非废除奴隶制。然而，布尔人的背叛才刚刚开始，结果如何也尚未可知。如果有再次选择的机会，相信英国还是会用赔偿的手段解决奴隶问题，因为高尚的道德情操就是最高智慧的体现。读到本书后半段，将会印证这个观点。

赔偿的细节做得并不完美，主要是因为事情太过突然，使英国没有时间调整细节，从而适应新状况。英国承诺先支付三百万英镑。这笔钱等于为奴隶主的每个奴隶补偿六十到七十英镑，并且只能在伦敦支付。这样的补偿低于当时的市场价格。最终，布尔农场主只能以更低的价格将奴隶卖给中间人。在每个小镇和干旱台地高原的牛棚里，都有布尔人在召开会议。荷兰人群情激愤，但抗议无效。开普殖民地北面是一片尚未开发的广袤土地。习惯游牧生活的荷兰人坐上牛车出发了，就跟他们的祖先前往高卢时一样。牛车成了布尔人的家、堡垒和交通工具。大规模的迁移开始了。女人们坐在车里，男人们提着上了膛的长管猎枪，孩子们帮忙把牲畜、家禽聚在一起驱赶着前进。在牛群后面，迁移队伍中有一个衣衫褴褛的十岁男孩挥动着鞭子。人群中的男孩并不起眼，但请记住他的名字：克吕格尔[①]。

在现代历史上，只有摩门教徒从诺伍迁移到更有希望的犹他州能够与布尔人这次规模宏大的迁移相比。此前，有人最远到过开普北面的奥兰治河。渡过奥兰治河后，一大片土地映入眼帘。除勇敢的猎人和探险家之外，几乎不曾有人来过这片土地。一个祖鲁人的征服者横扫了这片土地，但除了野蛮的矮人土著——布希曼人，无人在这片土地上居住过。碰巧[②]

① 即保罗·克吕格尔（Paul Kruger，1825—1904）。——译者注
② 在有大事发生时，人们愿意用"碰巧"这个词。——原注

迁徙中的布尔人。从 1836 年开始，布尔人乘坐牛车从开普殖民地
向东迁移到现代南非的内陆，寻求在开普的英国殖民管理之外生活。
绘者信息不详

这里水草丰美，土地肥沃，适合布尔移民居住。这些布尔移民虽是小部分人群一起迁徙，但总数很可观。根据布尔人的历史学家估算，这次移民总人数在六千到一万之间，相当于开普殖民地总人口的四分之一。早期迁移的一小部分布尔人不幸死去，但更多人在布隆方丹东面的高山下定居。这块区域后来发展成奥兰治自由邦。还有一部分布尔移民被祖鲁人的一个分支——马塔贝列人——袭击。活下来的布尔人向马塔贝列人宣战。在与马塔贝列人的第一次战斗中，布尔人就显示出运用战术的能力。后来，巧用战术成了布尔人最了不起的军事特色。据说，与马塔贝列人作战的是一百三十五个布尔农场主，而这些农场主的敌人却是一万两千个手持长矛的土著。在靠近马弗京的马里科河，布尔人和马塔贝列人相遇。布尔人巧妙地利用马匹和枪支歼灭三分之一敌人，己方无一人伤亡。布尔人的战术就是骑马接近敌人，一齐扫射，然后骑马跑开，所以马塔贝列人的长矛根本够不着他们。当这些马塔贝列人追击时，布尔人已经跑远了。马塔贝列人停止追击，布尔人就停下来，再进行一轮扫射。这个战术简单却最实用。此后，在南非各地，英军骑兵不知吃过多少次同样的亏。这不禁让人哀叹：英军最大的缺点就是忽视了布尔人的军事素养和传统。

在奥兰治河和林波波河之间，南非的开拓者定居了，并且建立了现在广为人知的德兰士瓦共和国和奥兰治自由邦。还有一批布尔移民南下，来到现在我们熟知的纳塔尔。这批布尔人击败了祖鲁人的首领①。因为拖家带口，所以布尔人无法使用之前跟马塔贝列人作战时那种高效的骑兵战术。不过，布尔人再次发挥了聪明才智应对新状况：他们将祖鲁士兵包围在牛车阵中，通过女人装弹、男人开火的方式，杀死了三千名祖鲁人，而己方只有六人死亡。英军如果能够将牛车阵用在四十年后，即1879年对付祖鲁

---

① 即丁安·辛赞格科纳（Dingane ka Senzangakhona，1795—1840）。——译者注

人的战斗中，就不必为伊桑德尔瓦纳战役的巨大失利感到悲哀了。

现在，艰苦的旅程结束。在克服了距离、自然和野蛮敌人造成的诸多障碍后，这批布尔人却看到了他们最不想看到的一幕——他们历尽艰险想要回避的英国国旗。布尔人占领了纳塔尔，但在此之前，英国人已经从海上来到纳塔尔。在纳塔尔港，一部分英国人定居了，称这个港口为德班港。然而，英国政府一直行事摇摆不定。直到布尔人攻占纳塔尔，英国政府才下决心宣称纳塔尔是英国的殖民地。与此同时，布尔人宣布了驱逐英国人的声明：布尔人不会屈服；英国人应该离开纳塔尔；颠沛流离的布尔农场主才是这块殖民地的主人。1842年，三支英军队伍抵达德班港。英军驻守德班港，代表着英国在海外开启了新的统治。英军遭到了布尔人的伏击并被包围起来，之后，英军经常遇到同样的情形。幸存的英军构建了防御工事。这也是后来的英军常做的事。英国援军到来后，布尔农场主四散逃跑。与布尔人的首次正面冲突成了之后英军跟布尔人的军事关系的缩影。在之后英军和布尔人的战斗中，类似的情况频繁发生：英军薄弱的工事、随时可能出现的袭击及布尔人被击败、逃跑。同样的场景一次次上演，只不过规模不同而已。英国和布尔人首次爆发冲突后，纳塔尔成了英国殖民地。大多数布尔人心情沉痛，只能向北或向东迁移，对奥兰治自由邦和德兰士瓦的同胞诉说他们的委屈。

布尔人真的委屈吗？从哲学层面理解，历史学家只有超脱于事情本身才可能做到公正地看待历史。但如果自己的国家是战争一方，恐怕历史学家也很难做到公正。不过，英国的对手情有可原，因为虽然英国兼并了纳塔尔，但首先介入与祖鲁人权力之争的不是英国人，而是布尔人。布尔人与嗜血的祖鲁人的关系为这片土地蒙上了阴影。布尔人开发了纳塔尔。现在，他们当然不愿意回到贫瘠的高原。布尔人离开纳塔尔后，英国和布尔人的关系恶化。从某种程度上说，这次英军和布尔移民之间的小规模冲突意义重大。它标志着布尔人远离海洋、在陆地实现野心的开始。如果冲突的结果和现在相反，那么世界上可能又多了一个新的、实力强大的国家了。

奥兰治河和林波波河之间的土地面积有德意志帝国的土地面积那么大，比宾夕法尼亚州、纽约州和新英格兰的土地面积加起来都大。后来，布尔人达到一万五千人，但依然地广人稀。德兰士瓦政府对外争取自身利益，对内极端民主，有着强大的民族凝聚力。跟科萨人的战争、对英国政府的害怕和憎恨将这些布尔人紧紧地团结在一起。在自己的领地上，布尔人繁衍生息，不断壮大。德兰士瓦人精力充沛、脾气暴躁。据说，他们争吵时的激烈程度不亚于跟开普殖民地政府斗争时的激烈程度。莱登堡、佐特潘斯堡和波切夫斯特鲁姆的居民甚至会彼此举枪相向。奥兰治河和瓦尔河之间的奥兰治自由邦处于无政府状态。荷兰农场主、巴苏陀兰（今莱索托）人、霍屯督人和混血种族的人长期生活在动荡的局势下，既不承认南面的英国政府，也不承认北面的布尔人统治。最终，这种混乱的局势一发不可收拾。1848年，英国卫戍部队进驻布隆方丹，将奥兰治自由邦并入英国。在布姆普拉特斯，布尔移民进行了抗议，但抗议无效。随后，他们被迫过上了文明制度下的安定生活。

同时，布尔人期待自己的独立得到英国官方承认，而英国政府也决定彻底给予布尔人想要的。布尔人除擅长骑射之外，几乎没有其他的优势。对殖民部来说，除肩上的责任之外，吞并布尔人一点好处都没有。随后，英国代表与布尔人签署《桑德河公约》。在南非历史上，《桑德河公约》意义重大，因为在公约中，英国政府保证布尔人拥有管理自己事务的权利，用布尔人的法律治理国家。英国政府答应所有要求的唯一条件就是废除奴隶制度。德兰士瓦共和国此刻也就正式诞生。

签署《桑德河公约》后，英国人从占领了八年的土地上撤离。随后，奥兰治自由邦成立，实现绝对、完全的独立。所有人都能感觉到，英国与东方国家的矛盾日渐尖锐，战争的阴云正在逼近。政治家们觉得英国过于干涉他国事务，其吞并南非的价值并不明显，但招致麻烦则是毋庸置疑的。当时，英军友好地撤出了奥兰治自由邦，就像罗马人撤出英国一样。奥兰治自由邦的大部分布尔人——也很难说到底是不是大部分——呈上一份请愿书，请求英国不要撤军。经过投票，英国政府决定为这些承受巨变的布尔人补偿四万八千英镑。英国尽管与德兰士瓦共和国有太多恩怨，但一直对奥兰治自由邦关怀备至。1852年和1854年，德兰士瓦共和国和奥兰治自由邦这两个共和国先后诞生。此后，两个共和国的实力甚至强大到在很长一段时间内可以牵制英国的正规军队。

尽管南非处于分裂状态，但开普殖民地异常繁荣。1870年，英国人、德意志人和荷兰人的总数已经达到二十万。其中，荷兰人的人数依然稍占优势。根据英国殖民政策，开普殖民地是时候自行处理事务了。1872年，开普殖民地完全自治。作为维多利亚女王的代表，开普殖民地总督对立法保有名义上的否决权。占人口大多数的荷兰人具有向政府部门派驻代表和管理政府的权利。随后，荷兰人的法律得以恢复，荷兰语跟英语一样成为开普的官方语言。尽管新的立法对英国人极其不利，但英国方面态度宽容，执行政策干脆利落。同时，生活在德兰士瓦共和国的英国人受到的待遇很差，处于水深火热之中。在开普殖民地，英国政府让荷兰人组成的政府管理英国人。而在德兰士瓦共和国，布尔人却在英国人亲手建立的市议会中剥夺英国人的选举权！德兰士瓦共和国无知的布尔农场主还以为他们生活在开普殖民地的同胞就像爱尔兰移民的后裔那样受人掌控，只能在梦中制定自己的法律、传播自己的信仰。

《桑德河公约》签订后的二十五年里，德兰士瓦共和国与土著战事不断，跟南方的奥兰治自由邦也偶有冲突。在弗里斯兰人的血脉中，亚热带的阳光添加了一份躁动。南方人的暴躁、不安和北方人的韧性、不屈结合在一起，就是布尔人的性格特征。强大的生命力和无尽的野心，让布尔民族像中世纪的意大利一样树敌无数，而布尔人的内部斗争就像圭恰迪尼[1]在书中描写的一样惊心动魄。德兰士瓦共和国陷于混乱之中。布尔人抗税，导致国库空虚。在北面，凶悍的科萨部落形成威胁。在东面，祖鲁人虎视眈眈。此时，布尔人的军事实力已经与祖鲁人和塞库库尼部落的总和差不多。英军的军事干预迟迟没有效果。零零散散的布尔人农舍人去屋空。终于，经过三个月的努力，英国指挥官西奥菲勒斯·谢普斯通以正式兼并的方式解决了所有问题。西奥菲勒斯·谢普斯通率领骑警二十五人占领了德兰士瓦共和国，向人们证明了他的理念：武装反抗并不可怕。1877年，《桑德河公约》的内容彻底被改变，英国翻开了统治南非的新篇章。

当时，南非人并没有表现出对兼并的强烈反抗。他们对自己遇到的烦心事感到沮丧，根本无心斗争。伯格斯[2]总统虽然提出抗议，但还是在开普殖民地住了下来，接受了英国政府的膳宿补贴。一个反对兼并的活动得到了多数布尔人的支持，但有少数人赞成兼并，如克吕格尔就在英国政府中接受了一个带薪职位。种种迹象表明，如果治理得当，南非的布尔人将会在英国国旗下安居乐业。甚至可以断言，不久，布尔人自己就会请求兼并。英国政府的有效统治，很有可能让最顽固的布尔人通过合法途径而不是战争来表达自己的不满。

英国在南非的运气总是很差，这次更是差到了极点。英国并不缺乏妥善治理德兰士瓦共和国的信心，但由于承诺没能及时兑现，引出了麻烦。布尔人无法理解政府运作的复杂性，觉得英国政府表里不一、愚蠢至极，碰触了他们的底线。南非人如果再多等一阵，就一定会拥有自己的人民议

---

① 即弗朗切斯科·圭恰迪尼（Francesco Guicciardini，1483—1540）。——译者注
② 即托马斯·弗朗索瓦·伯格斯（Thomas François Burgers，1834—1881）。——译者注

会及他们希望得到的所有东西。但此时，英国政府还有其他事务需要处理：塞库库尼部落实力日趋强大、祖鲁人的力量也不可小觑。英国没有及时兑现承诺让布尔人心生憎恨。同时，英国在选择总督时欠缺考虑。布尔市民都是普通民众，希望与焦头烂额的统治者偶尔坐下来喝杯咖啡，谈谈之前德兰士瓦共和国总统打算征收的每年三百英镑的咖啡税。聪明的行政长官会竭力在这种友好、民主的氛围中周旋，西奥菲勒斯·谢普斯通就是如此，但欧文·兰宁不是。欧文·兰宁拒绝成立人民议会，拒绝与人们喝咖啡。人民的不满情绪迅速蔓延。从1877年到1880年，英国消除了塞库库尼部落和祖鲁人的威胁，德兰士瓦共和国的经济也开始恢复。但欧文·兰宁爵士的态度使之前兼并带来的好处被减弱了，而减弱这种好处的人恰恰是想极力维护它的人。

必须得说，关于这次兼并，英国是在自找麻烦。但无论怎样，英国都毫无自私自利之心。当时还没有兰德金矿，也没有任何能引起英国人贪念的东西。经过两次战争，英国接管的只是一个国库空虚的国家。坦白地说，当时，德兰士瓦共和国的自治能力较差，但英国的行动也有不光彩的地方——采取了高压措施。

1880年12月，布尔人起义了。南非每家每户都有人参加起义。首先受到攻击的是英军要塞。南非各地的英军都遭到布尔农场主围攻。斯坦德顿、比勒陀利亚、波切夫斯特鲁姆、莱登堡、瓦克斯特鲁姆、勒斯腾堡和马拉巴斯德的布尔人都得到资金支持并一直顽抗到第一次布尔战争结束。在南非，英军打仗并不占优势。在布龙克霍斯时令河①，一小批英军被偷袭，对手却毫发无伤。一个已经离开这支英军的军医曾记录过：每个伤员身上平均有五处伤口。在朗宁山鞍，一支英国内务部队登山时遭到布尔士

---

① 只在雨季有水的小河。——译者注

兵的拦截，造成一半士兵伤亡。在因戈戈战役（即舒因绍格特战役）中，尽管英军的损失比敌人更大些，但双方也许勉强算得上平分秋色。最后，在马尤巴山战役中，英军惨败。在马尤巴山腰，四百名英军步兵被击败，之后又遭到布尔枪手追击。这些布尔枪手借助石头的掩护行军，非常隐蔽。虽然这几次战役规模都不大，但胜利激起了布尔人的野心，战役的重要性也被布尔人夸大了。这些战役的胜利证明布尔人的军事实力已经十分强大，同时表明成就士兵的不是军事训练而是枪支。令人不解的是，第一次布尔战争失败后，英国军事部门依然每年只发放三百匣弹药供步兵训练。就这样，军事部门竟然鼓励士兵用扫射的方式消灭所有目标。在军事策略和步兵射击技能方面，英国没做任何改善。骑兵的价值、准确射击移动目标的能力和利用掩体等技巧，完全被忽视了。

马尤巴山战役失利后，格拉德斯通[1]彻底放弃了军事征服。这算是英国在近代历史上最懦弱，也最慷慨的举动。通常，即使受到打击，大人物也不会从小人物的领地先行撤出，尤其是大人物连受三次打击后，更不可能撤退。英国将军声称，在战场上，英军占有绝对优势，对付敌人手到擒来。公众也认为英军实力强大，但还是觉得应该适可而止。这么做无疑是出于道德和慈善的考虑，因为公众认为兼并德兰士瓦共和国并不是正义之举，布尔农场主有权获得他们为之奋斗的自由，何况对一个强大的国家来说，为了报仇而继续一场非正义的战争并不划算。这是理想主义者的高尚情操，但只能让对手得寸进尺。

1881年3月5日，英国政府和布尔人达成了停战协议。1881年3月23日，双方签订了和平协议。英国政府先是屈服于布尔人的武力，后又在自己的属地上就代表权问题做出了蹩脚的妥协。既然要尝试，那不如让理想

---

① 即威廉·尤尔特·格拉德斯通（William Ewart Gladstone, 1809—1898）。——译者注

马尤巴山战役。
小理查德·卡顿·伍德维尔（Richard Caton Woodville Jr，1856—1927）绘

主义和善良的基督教义来得更彻底一些。如果兼并是非正义的，那么德兰士瓦共和国应该恢复到兼并之前的状态，也就是《桑德河公约》所界定的状态。但出于某种原因，德兰士瓦共和国并未恢复到兼并之前的状态。布尔人讨价还价，争得不可开交。最终，德兰士瓦共和国成为一个世人从未见过的"四不像"。德兰士瓦共和国承认维多利亚女王的统治，其外交事务由英国殖民部代理。《泰晤士报》的《殖民地》专栏报道了此事。德兰士瓦共和国看似完全自治，但受到宗主权的约束。还没有人能够说得清楚这种宗主权的约束到底是什么样的约束。《比勒陀利亚公约》的所有条款似乎都证明了在1881年，英国处理政治事务的能力和处理军事事务的能力一样糟糕。

显然，逻辑不通、引人争议的《比勒陀利亚公约》不可能解决问题。事实上，公约上的墨迹还未干，为了修改公约而引起的骚乱就已经开始。布尔人认为，他们如果是战争中无可争辩的胜利者，就应该享有所有胜利的果实。一方面，布尔人得寸进尺；另一方面，生活在纳塔尔和开普殖民地的英国人愤愤不平。骄傲的盎格鲁–凯尔特人向来不习惯卑躬屈膝，但现在英国政府的妥协行为让他们颜面扫地。伦敦人可以用慷慨、大度安慰自己受伤的自尊，但身处德班和开普敦的英国殖民者深感屈辱。这些英国殖民者不能采取过激行动，在自己的地盘没有话语权，在荷兰邻居面前卑微至极。不管怎样，如果德兰士瓦共和国的布尔人从内心接受《比勒陀利亚公约》，那么他们心中的憎恨也许会慢慢消失。但在1881年之后的十八年里，这种憎恨变得越来越危险。英国人看到了这种变化，也思考了这种变化。最后，他们终于明白，一味让步只会让布尔人更加贪得无厌。德兰士瓦共和国想要的不仅是平等，还有南非的统治权。布赖斯[①]教授是一个和善的评论

---

① 即詹姆斯·布赖斯（James Bryce，1838—1922）。——译者注

家。对德兰士瓦共和国出现的问题调查一番后，他得出结论：布尔人只看到了英国人的恐惧，却看不到英国人的大度，感受不到英国人的仁慈。布尔人将自己的不满向左邻右舍倾诉。德兰士瓦共和国又开始蠢蠢欲动。英国统治下的阿非利卡人热切期盼着复仇时刻的到来，英国人却一无所知。

第一次布尔战争后，德兰士瓦共和国由比勒陀利乌斯[1]、克吕格尔与朱伯特共同执政，但只持续了一年。之后，克吕格尔成了总统，并且担任总统十八年。克吕格尔对南非的多年统治，证明了美国宪法规定四年举行一届选举是多么明智。最终，将近二十年的统治成为独裁统治。克吕格尔经常拐弯抹角地说："既然找到一头好公牛来领导牛群，那么换掉它就会留下遗憾。"问题是如果这头公牛总是自行其是，就极有可能给牛群带来灾难。

1881年到1884年，德兰士瓦共和国一直有动乱的迹象。考虑到这个国家跟法国一样大，人口也不过五万，你一定会想，布尔人很有可能安居乐业，绝不会有动荡的危险。事实上，在北、东、西三个方向上，布尔人都跨越了边界。克吕格尔说他们四面受敌，所以一定会继续寻找出路。布尔人计划北进，所幸并没有成功。在东面，德兰士瓦共和国入侵了祖鲁兰的英国人定居点并获得了成功。于是，祖鲁兰的三分之一成了德兰士瓦共和国的一部分。在西面，德兰士瓦共和国不顾刚签订三年的《比勒陀利亚公约》，入侵了贝专纳兰，并且建立了两个新共和国——戈申和斯特拉兰德。基于布尔人的如此行径，终于，1884年，在查尔斯·沃伦[2]的领导下，英军开始了远征，目的是将这些强盗赶出英国的领地。读者可能会问：是这些布尔开拓者建立了罗得西亚，为什么将他们称为强盗呢？答案就是：条约规定德兰士瓦共和国不能随意跨越英国势力在北方的边界。越界的最

---

① 即马蒂纳斯·韦塞尔·比勒陀利乌斯（Marthinus Wessel Pretorius, 1819—1901）。——译者注
② 查尔斯·沃伦（Charles Warren, 1840—1927）。——译者注

终结果，是南非上演的这出闹剧在武力干预下落幕。英国的纳税人非常不快，因为为了让这些违约者遵纪守法，他们不得不拿出大约一百万英镑用来支付警力开销。"詹姆森突袭"确实欠考虑、愚蠢至极，也确实给德兰士瓦共和国造成了物质损失和精神损失，但我们必须先来弄清楚"詹姆森突袭"的起因。

1884年，德兰士瓦共和国代表访问英国。在他们的请求下，本就一团糟的《比勒陀利亚公约》变成了更糟糕的《伦敦公约》，并且所有条款都强调布尔人优先。布尔人即使获得第二次布尔战争的胜利，得到的也绝不会比和平时期德比伯爵①给予他们的更多。"德兰士瓦共和国"的名称改回了南非共和国。名字的变化也预示着将来南非共和国的扩张。虽然英国保有否决权，但英国的外交政策太宽松了。最重要的是，诸多变化都为将来的麻烦埋下了隐患。宗主权是一个模糊的政治概念。从理论上说，政治概念越不清楚，就越能激发人们的想象和野心。在《比勒陀利亚公约》中，就曾有过宗主权的规定，但在《伦敦公约》中，关于宗主权的规定只字未提。是取消了还是没取消呢？英国政府认为，只是条款发生了变化，两个公约同时有效，宗主权和南非共和国的独立都是在之前的公约中规定的，既然之前的公约没有被废除，那就与新的公约同时有效。然而，布尔人指出，在《伦敦公约》之前还有一个《比勒陀利亚公约》。因此，《伦敦公约》似乎应该取代《比勒陀利亚公约》。不得不说，布尔人的思考方式非常巧妙，但《比勒陀利亚公约》是否取消的问题似乎只是诸多问题中的一个。所有问题都应该提交给第三方的裁决者来解决，或者提交给美国最高法院进行裁决。英国如果败诉，就应该本着受罚的精神，把判决当作对英国代表的疏忽所进行的适度惩罚，因为英国代表没有将英国真正的意思传

---

① 即爱德华·史密斯–斯坦利（Edward Smith-Stanley，1799—1869）。——译者注

达清楚。托马斯·卡莱尔①说过，政治错误需要用生命的代价来弥补。遗憾的是，流血的总是无过错方。我们都读过有关政治错误的故事。很快，英国就要付出血的代价。

这就是《伦敦公约》签订的大致经过。此后，南非共和国的地位被确立下来。现在，我们必须将这些大问题放到一边，来关注一下发生在南非共和国的一系列事件。这一系列事件是印度叛乱之后最让英国人愤慨的事件，也是19世纪最让英国军事实力蒙羞的事件。

---

① 托马斯·卡莱尔（Thomas Carlyle，1795—1881）。——译者注

第 2 章

争执的起因

表面贫瘠、一文不名的地方似乎总是跟地下矿藏联系在一起。美洲西部陡峭的山峰、澳大利亚西部干旱的平原与加拿大一到冬天就会冰封的克朗代克河，以及南非大草原上威特沃特斯兰德光秃秃的山坡，都是通往世界宝库的大门。

从前，人们只知道南非有金子。直到1886年，人们才知道南非共和国首都比勒陀利亚以南大约三十英里的地方有一个巨大的天然宝库——威特沃特斯兰德金矿，简称"兰德金矿"。通常，石英中的含金量并不高，矿脉也不够厚。兰德金矿的特别之处在于，岩层中的金子分布均匀。也就是说，即使没有掌握开采技术也一样能采到金子。开采金矿就和采石头一样简单！同时，原来进行的地面岩层开采，现在开始往深挖掘。兰德金矿深层呈现的特征跟地面岩层一致，因此，保守估计可开采黄金的价值在七亿英镑。

兰德金矿的发现使大量冒险家蜂拥而至。有些人心满意足，有些人却大失所望。因为从兰德金矿获利困难重重，所以暴徒或亡命之人总是奔着新开的金矿而去。事实上，金矿对单打独斗的冒险家没有吸引力，因为即使是在澳大利亚的巴拉腊特，金子也不会躺在那里俯拾即是。即使是在美国的加利福尼亚，历经长途跋涉、重重艰险后，淘金者也不一定会获得丰厚的回报。金矿开采需要精密的机械设备，但这些都被牢牢控制在南非共和国政府手中。金矿经理、工程师、矿工、机械师、商人和中介都是生活在南非的外侨。外侨几乎包含了世界上所有种族，而盎格鲁－凯尔特人占外侨人口的绝大部分。最优秀的工程师是美国人，最优秀的矿工是科尼什人，最优秀的经理人是英国人，开采金矿所需的运营资本大部分都是英国提供的。随着时间的推移，从事金矿开采的德意志人和法兰西人越来越多。最后，他们的人数总和与英国人数总和不相上下。很快，集中在采矿领域的外侨比当地的布尔人还要多，并且这些外侨主要由体力和脑力条件不错的男性组成。

　　这个现象可不一般。我曾经与一个美国人探讨过外侨人数超过本地人数的问题。我们不约而同地想到了纽约的荷兰裔。纽约的荷兰裔向西迁移并最终建立了一个极度落后、不受美国政府管控的州。现在，我们假定这个州就是加利福尼亚州。加利福尼亚州的金子吸引了大量美国人涌入加利福尼亚州。外来人口数量超过了荷兰裔居民人口数量。这些美国人被征税，并且要承担较多的体力劳动，而华盛顿政府对他们的遭遇一无所知。现在，南非共和国、外侨和英国政府就处于类似的关系中。

　　谁都无法否认，南非的外侨遭受了实实在在的巨大伤害。想算清外侨到底遭受了多少非难，是一项不可能的任务，因为他们一生都在不公的阴影下生活。1835年，布尔人离开开普殖民地，并不是因为受到不公正的待遇，所以没有任何理由将自己承受的苦难强加给别人。然而，1895年，布尔人对外侨的不公可怕至极。在诱惑面前，布尔农场主原有的美德消失了。生活在乡村的布尔人受到的影响较小，有些甚至未受丝毫影响，但比利陀利亚政府变成了腐败无能的寡头政府。南非共和国政府官员和荷兰商人勾结，掌握了金矿命脉。将自己收入的十分之九都贡献给税收的外侨，却备受欺诈、讥笑和讽刺。外侨想要的不过是通过努力工作，获得南非共和国的公民权，获得一点儿安慰。外侨并没有无理取闹，相反，他们宽容，有耐心，甚至忍耐到了谦卑的地步。终于，无数次和平请愿及向人民议会请求未果之后，外侨认识到除非靠自己赢得胜利，否则永远无法改变现状。

　　使外侨无比痛苦的事例数不胜数。下面是其中较严重的：

　　一是外侨被征以重税。整个国家大约八分之七的税收来自外侨。1886年，南非共和国的税收为十五万四千英镑。1899年，税收已达四百万英镑。通过侨民的辛勤努力，南非共和国从全世界最穷的国家一跃成为最富有的国家。①

二是外侨尽管为南非共和国的繁荣发展做出了贡献，但多数没有选举权，也没有支配大笔资金的权利。

三是外侨没有权利选举政府官员，更无权过问官员的薪酬。品行恶劣的人也许身居要职，牟取巨额私利。1899年，全体官员的薪金足以给所有布尔男性公民每人四十英镑。

四是南非共和国对外侨学校的教育投入过低。约翰内斯堡教育委员会会长约翰·鲁滨孙先生曾经估算过：南非共和国一年的全部教育资金为六万三千英镑，但其中只有六百五十英镑划拨给外侨学校。侨民的孩子每人每年只有一先令十便士的教育资金，而布尔人的孩子每人每年享有八英镑六先令的教育资金。然而，整个国家的大部分教育资金是由外侨贡献的。

五是外侨在约翰内斯堡市政府中没有任何权利。外侨用的是水车而不是自来水，是脏水桶而不是下水设施。约翰内斯堡的警察腐败、暴力。外侨的生活本该闲适、安全，但实际死亡率居高不下。外侨用双手建设约翰内斯堡，却无法享有与布尔人平等的权利。

六是在出版和公共集会方面，南非共和国政府专制高压。

七是外侨受伤时无法得到及时救助。

八是法律法规不断压榨金矿开采收益，让外侨非常恼火。

南非共和国的政策给外侨带来了深重的苦难。有些政策只对矿产行业的外侨产生影响，有些则影响全体外侨。南非共和国政府垄断炸药，使矿工每年要额外支付六十万英镑购买炸药，并且得到的炸药往往是劣质的。饮酒方面，法律允许三分之一的科萨人经常性醉酒。国有铁路部门无能并压榨员工。个人日常消费品虽然购买数量放宽了，但需要高价购买。途经

---

① 人均。——原注

约翰内斯堡附近区域需要缴纳通行费。总之，外侨承受的经济压力体现在生活的方方面面。有的还可容忍，有的却压得人喘不过气。

在这些不公面前，生来自由的美国人和英国人日子过得如何？在南非共和国政府二十五位主要领导者的统治下，他们深感痛苦。在"斯科拉底铁路公司案"中，这二十五人中有二十一人被公开指控受贿。法庭揭露了大量受贿细节。除了腐败，这些官员还愚蠢、无知。在后来出版的人民议会的报告书中，他们竟然说："使用炸药是在对上帝开火；杀死蝗虫是大不敬的；不应该使用'参与'一词，因为《圣经》里没有这个词；安装邮筒太过奢侈。"这种荒诞的说法也许听起来非常好笑，但如果在这样的统治下生活，恐怕就没那么有趣了。

实际上，这些领导人沆瀣一气，只知追名逐利。但外侨并不是鬼迷心窍的政客，只是希望在南非共和国政府中获得一席之地，来改善自己的工作条件，让生活更加舒适一些。这种诉求不知道还要多久才能实现。只有真正怀有公正思想、了解侨民疾苦的领导者，才有可能实现外侨的理想。布尔领导者对自由的理解有些狭隘。他们施加给侨民的不公，与当年他们反抗的不公不相上下。

随着金矿重要性的提升及矿工数量的增加，当地政府统治的无能愈发凸显出来。各国侨民对自由的渴望程度取决于在自己国家时享受的自由程度。其他国家的侨民对这种生活更有耐心，但美国人和英国人没有太多耐心。然而，美国人数量太少，影响力不大。尽管在数量上，英国人比其他侨民的总数加起来还多，但英国人能够忍耐，这有多重原因。首先，很多生在南非的英国人知道周边的英国殖民地政府比较开放。这些殖民地政府给予了布尔人自由，但南非共和国的外侨很多生活方面的需求无法得到保障。其次，每个英国人都知道，英国对南非共和国拥有权力。英国人觉得南非共和国就是自己的家园，是自己有责任保护的家园，所以英国人对这样的情况采取了纵容和默许的态度。然而，让人难堪的是，虽然英国对南非共和国行使宗主权，但英国子民正受到不公平对待。

考虑到布尔人的感受，外侨的到来是不是对布尔人也不够公平呢？如前面所述，布尔人竭尽全力建立自己的国家。经过长途跋涉、努力工作、勇敢战斗，布尔人却看着陌生人进入自己的国家，甚至有些外来人口品行低劣。不仅如此，外侨的人数超过了布尔人。如果给予这些外侨管理国家的权利，也许最初布尔人还可在人民议会中占多数，但不久，外侨就会在人民议会中占多数席位。外侨推选自己的总统，甚至总统采取的政策都可能对布尔人不利。难道布尔人用步枪换得的胜利要在投票箱边失去吗？外侨期待的民主对布尔人公平吗？换言之，新来的外侨是为了金子来的。外侨付出了劳动，得到了金子，难道这还不足以让他们满意？外侨如果不喜欢南非共和国，那为什么不离开？没有人强迫侨民留下。既然决定留下，就应该心怀感恩，而不应幻想改变布尔人的法律秩序。从礼数上来讲，布尔人允许外侨留在这个国家，是很友好的。

这样描述布尔人的处境是合理的，也是公平的。但有种观点认为，这种描述虽然理论上站得住脚，但实际并不公平，也无法实现。

19世纪末20世纪初，世界上存在着众多国家，也许某个黑暗的角落里还在施行独裁专断。但在一个主导了工业革命的国家，独裁统治是行不通的。布尔人目前的局面与独裁有很大关系。一部分布尔人认为自己征服了这里，就可以独占这个国家。布尔人零零散散地生活在这片土地上，逢人就吹嘘：南非大到从一处房舍根本看不到另一处房舍的炊烟。尽管南非人少地多，但布尔人还是拒绝给予其他人平等的权利。不仅如此，布尔人还要成为特权阶层，彻底控制新来的外侨。外侨普遍受过高等教育，思想先进。在自己的土地上，布尔人的人数却不占优势，所以他们采取各种方法限制外侨。布尔人有什么权力？是征服赋予了布尔人权力！照这样的说法，外侨是不是也可以用这样的权力来改变自己的处境？就这一点，布尔人毫不避讳。"来反抗啊！来啊！"一位人民议会的官员在外侨请求公民权时说道。"抗议！抗议！抗议有什么用？"克吕格尔总统曾对W.Y.坎贝尔说："你没有枪，我有。"外侨的请愿最后总是被法院驳回，因为克吕格尔总统手里有武器。

如果没有从外侨身上榨取好处，那么布尔人的争辩或许还有些道理。布尔人毫不在意侨民的请愿，也许还觉得又没有人请他们到南非来。但就在侨民抗议时，人民议会的布尔官员还在因外侨的纳税而获得丰厚的报酬。鱼与熊掌不可兼得。如果打压外侨，就不要从他们身上捞取好处；但如果用他们的钱来建设国家，就该让他们生活得舒适一些。这两种情况都可以被接受。但布尔政府一方面对待外侨不公，另一方面靠外侨的纳税变得强大。这么做本身就不公平。

布尔人的整个论点都是建立在狭隘的种族主义基础上的：非布尔人一定不热爱这个国家。这种判断其实并不准确。新来的移民很快就开始为这个国家感到自豪，渴望得到老居民所享有的自由。如果克吕格尔总统慷慨地给予外侨公民权，那么南非共和国的金字塔从上到下都会异常牢固，而不是像现在这样。如果能够给予外侨公民权，腐败的专制统治就会消失，国家决策就更具普遍性、包容性，完全体现自由的精神。如果南非共和国国内的所有人只是在一些小事上存在分歧，而在根本问题上团结一致，那么这个国家就会变得更强大、更富有生命力。暂且不说给予外侨公民权对生活在南非的英国人有没有好处，起码克吕格尔总统会获益良多。此举也会让他成为英国人的好友。

为什么南非的外侨如此义愤难平，为什么布尔人这么冷酷无情，这些已经论述了不少。一方寻求平等的公民权，另一方拒不理会。了解争执的起因后，现在让我们再来看看这场争执的结果。

1881年《比勒陀利亚公约》签订时，外侨只要在南非居住满一年就可以获得公民权。1882年，外侨获得公民权的期限延长到五年。五年时长，算是合情合理，因为英国和美国的外侨也需要五年才能获得公民权。如果事情一直如此，相信外侨永远不会有异议，这场战争自然也不会爆发了。痛苦如果无法通过外部干预消除，就只能内部消化。

1890年，突然涌入的外来人让布尔人警惕起来。随后，外侨取得公民权的年限延长到十四年。随着外国移民人数飞快增长，移民承受的压力也越来越大。此时，外侨认识到他们遭受的不公正待遇根本无望得到改变，只有获得决定公民权时限的权力，才有希望将加诸他们身上的枷锁除去。1893年，一万三千名侨民用最恭敬的方式进行了请愿，将请愿书递交给人民议会，但遭到了无情的蔑视和怠慢。外侨并没有因失败而退缩。1894年，请愿的发起方——侨民改革委员会——起草了一份请愿书。三万五千名成年男性侨民在请愿书上签了字。签字的侨民人数超过了南非共和国男性布尔人的总和。人民议会中有小部分自由派人士支持这次请愿并努力为这些侨民争取公正的待遇，尽管这种努力并没有成功。耶珀①是自由派人士的发言人。"侨民拥有一半的土地，但至少贡献了全部税收的四分之三，"弗里德里克·耶珀说，"他们居住在首都比勒陀利亚，在能源、教育方面的待遇至少应该跟我们一样。将来某一天，当我们身处人群中，二十人里其他十九个人竟没有一个是自己的朋友，那时我们该怎么办？我们的孩子该怎么办？这些侨民告诉我，他们希望和我们成为兄弟，但我们的所作所为让他们成了共和国的陌生人。"这一发声让人动容，但有人反驳说签名的侨民并不是守法公民，因为他们的行为违背了公民权法令，甚至有人觉得无法再容忍请愿行为，叫嚣让侨民出来武力解决。

---

① 即弗里德里希·耶珀（Friederich Jeppe，1834—1898）。——译者注

于是，排外情绪胜利了，种族仇恨升级了。请愿以八比十六的投票数再次失败。在克吕格尔总统的提议下，公民权法令比原来更加苛刻。从此，获得公民权需要十四年时间，同时申请人必须放弃原有国籍。这就意味着在获得南非共和国公民权前的十四年内，申请人不属于任何国家。外侨的希望破灭，他们获得公民权的渴望再无可能软化克吕格尔总统和布尔人的心。克吕格尔将一个抗议者带到政府办公大楼的外面，指着南非共和国国旗说："看到那面国旗了吗？我如果给你们公民权，就得亲手把它降下来。"克吕格尔对移民有着深深的成见。他曾公开表示"布尔人和侨民的矛盾、侨民带来的偷盗问题，还有一些其他矛盾"是不可调和的。虽然侨民最多的约翰内斯堡距离首都比勒陀利亚只有三十二英里，虽然克吕格尔总统领导的国家是靠约翰内斯堡的金矿获得税收，但1885年到1894年，克吕格尔只到访过约翰内斯堡三次。

敌视外侨可悲可叹，但不是不能理解。布尔人自诩是被上帝选中的人。但除《圣经》之外，布尔人读的许多书都在培养仇视英国的情绪。他们没有享受过英、美的自由，无法得知自由的好处。就像阿莫尼特人和摩押人永远无法走近上帝一样，布尔人无法了解自由的内涵。布尔人错把侨民的激动情绪当成对国家生存的挑战。事实上，想要在南非共和国建立英国体制的只是极少数人，而给予广大侨民公民权，其实会让南非共和国的根基更加稳固。来自世界各地的外侨只有在遭受不公待遇时才团结在一起。外侨通过请愿期待拥有自由的权利，却一再失败。他们只能悄悄地羡慕南非共和国北面、西面和南面的殖民地人民的生活，因为这些殖民地有英国政府给予的平等权利和平等义务。于是，外侨搁置了请愿事宜，开始走私武器。一场有组织的起义正在悄悄酝酿。

1896年初发生的事情太过惨烈，也许本书能做的只是将事实呈现在读者面前。不可否认，反对压迫的起义是由外侨发起的。起义是因为受到了压迫。就侨民而言，他们的行为理所当然、公平正义。面对布尔人的不公待遇，外侨没有理由继续忍受，英国人的后裔更不会忍气吞声。但问题是，如果外侨十分相信自己是为正义而战，那他们的精神应该更强大、物质准备应该更充分才对。到底是谁在背后支持外侨还不明朗。经过两次调查，事件的性质和过程依然不甚明了。似乎给外界的印象——我相信是完全错误的印象——是英国政府谋划发起了这场不道德并且造成灾难性后果的"詹姆森突袭"。至于容易误导人的调查和庇护某些人的文件的真实性，还有待研究。

哪天晚上起义、怎么进攻比勒陀利亚、怎么夺取碉堡、如何用枪支弹药武装，一切都安排好了。虽然起义的计划十分可行，但侨民只是看起来作战经验丰富，实际上只是不得已而为之。侨民计划在约翰内斯堡起义，以便引起广泛同情，最后让英国进行干预。但侨民寻求了外界帮助，就让问题变得复杂了。罗兹[①]是开普殖民地总理。他精力充沛，尽心尽责地为英国服务。罗兹的动机还不清楚。当然，必须得说，他的动机并不卑劣，因为他平时就是一个心胸宽阔、自律的人。也许是错误地认为应该对南非加强监管，或者是出于对外侨受到不公正待遇的同情，罗兹允许副官詹姆森[②]集合特许公司的警察，准备在约翰内斯堡配合侨民起义。当约翰内斯堡起义因争论胜利后升起哪面国旗而被推迟时，詹姆森[③]带领一支人数不多的队伍入侵了南非共和国。1895年12月29日，五百名警察带着三门大炮从马弗京出发，穿过了南非共和国边境线。1896年1月2日，在多恩科普丘附近的乡村，詹姆森率领的队伍被布尔人包围。在没有食物，战马也筋疲力尽的情况下，突袭队伍被迫放弃抵抗。战斗造成六人死亡，多人受伤。

---

① 即塞西尔·罗兹（Cecil Rhodes，1853—1902）。——译者注
② 即利安德·斯塔尔·詹姆森（Leander Starr Jameson，1853—1917）。——译者注
③ 也许获得了罗兹的许可，也许没有。——原注

詹姆森突袭，最后一战。
出自 1902 年出版的英国历史插图，绘者信息不详

外侨因没有及时派人增援詹姆森而备受指责。但人们可能不知道，外侨本来想用其他方式来解决问题。外侨尽力阻止詹姆森解救他们。当然，现在看来，詹姆森也根本没有能力解救外侨。事实上，外侨高估了詹姆森的实力。收到詹姆森被俘的消息，外侨简直难以相信。消息得到证实后，侨民起义了。但在这次起义中，侨民并没有倾尽全力，并不是因为他们缺乏勇气，而是因为当时面临的困境：一方面，英国政府彻底放弃了詹姆森，并且奉劝侨民不要起义；另一方面，克吕格尔将参与詹姆森突袭的成员扣押在比勒陀利亚，而他们的命运取决于外侨如何行动。南非共和国的行为让侨民意识到，如果他们不放下武器，詹姆森就要被处决。实际上，詹姆森和他的人早就投降了。克吕格尔巧妙地利用了人质，兵不血刃地让几千名激愤的约翰内斯堡侨民放下了武器。诡计多端的克吕格尔完全掌控了局势。改革运动的领导者也尽全力争取了和平。就在侨民局促不安时，警察和武装市民控制了约翰内斯堡的情势。六十人被匆匆押往比勒陀利亚监狱。

　　对詹姆森等人，克吕格尔表现出极大的宽容。也许对能够帮他纠正错误、赢得国际舆论同情的人，他的内心并没有那么冷酷。克吕格尔发表了一番演讲来为突袭者开脱。在这一举动面前，侨民谅解了克吕格尔对他们的压迫和对他们自由的限制。事情的真相也因侨民的谅解而变得愈发模糊。人们花了多年时间想弄清这些真相，但或许这些事情根本无法完全弄清楚，于是人们忘记了，南非共和国政府的所作所为才是"詹姆森突袭"的真正原因。"詹姆森突袭"之后，南非共和国政府对外侨的压迫变本加厉。一提起公平、正义，布尔人就拿"詹姆森突袭"来搪塞侨民。外侨还会有公民权吗？"詹姆森突袭"后，外侨取得公民权还有希望吗？面对南非共和国的积极备战，英国还会反对大规模进口武器吗？多年来，"詹姆森突袭"不仅阻止了外侨所有争取进步的机会，而且成了南非共和国拒绝

詹姆森突袭后被布尔人俘获。
绘者信息不详

给予外侨公民权的借口。尽管侨民自己在尽力避免"詹姆森突袭"的发生，但失控的行动还是让英国政府成了背信弃义的一方。

突袭者被遣送回英国。随后，他们被撤销了军衔，解除了军籍。"詹姆森突袭"行动的主要军官受到审判，并且被监禁，以防止在犯错的道路上越走越远。罗兹没有受到惩罚。他在枢密院的职务得以保留，他领导的皇家特许公司以企业的形式继续运营。对罗兹的处理方式完全不合情理，与没有处理差不多。克吕格尔曾经说过："狗犯错不应该打狗，应该打放狗出来的主人。""詹姆森突袭"之后，开普殖民地的荷兰人开始对英国表现出敌意，英裔非籍群众看到自己爱戴的领导詹姆森成了替罪羊，感到很寒心。不管这个处理结果是出于怎样的考虑，可以肯定的是，布尔人对罗兹未受惩罚这件事耿耿于怀。但不得不承认，杰出的罗兹为维多利亚女王尽心尽力。如果不是他在政治领域为英国尽心尽力，那么在非洲，英国的地位也不会像现在这样形势大好。

同时，克吕格尔和布尔人惩罚约翰内斯堡的政治犯比惩罚詹姆森的追随者更严厉。这些政治犯的国籍值得深究。其中，有二十三个英格兰人、十六个南非人、九个苏格兰人、六个美国人、两个威尔士人、一个爱尔兰人、一个澳大利亚人、一个荷兰人、一个巴伐利亚人、一个加拿大人及一个瑞士人，以及一个土耳其人。1896年1月，这些政治犯被捕，但1896年4月才被审讯。最终，所有人都被定为叛国罪。菲利普斯[1]、罗兹的哥哥弗兰克·罗兹、乔治·法勒[2]和美国工程师哈蒙德[3]被判死刑。但后来，他们因支付了大笔罚金而被减刑。其余人被判两年监禁，并且处以每人两千英镑罚金。监狱里的生活异常艰苦，让人难以忍受。监狱的饮食和卫生条件

---

[1] 即莱昂内尔·菲利普斯（Lionel Phillips，1855—1936）。——译者注
[2] 即乔治·法勒（George Farrar，1859—1915）。——译者注
[3] 即约翰·海斯·哈蒙德（John Hays Hammond，1855—1936）。——译者注

极其糟糕。典狱长杜普莱西斯对待犯人非常苛刻。这些囚犯中，有一人割喉自杀，还有几人患了重病。1896年5月底，除六人之外，其余人都被释放。随后，六人中有四人也被释放。只有桑普森和卡里·戴维斯拒绝签署认罪书。因此，直到1897年，这两人才被释放。南非共和国政府一共收到了二十一万两千英镑的罚金。充满戏剧性的是，紧接着，南非共和国向英国支付一百六十七万七千九百三十八英镑三先令三便士，其中绝大部分是精神损失费。但到现在，还有三先令三便士没有支付。

"詹姆森突袭"已经过去，改革运动也已经过去，但引发这两起事件的问题还没有解决。很难理解，一个热爱自己祖国的政治家为什么不努力找到危机的根源，并解决它。年复一年，南非的局势愈发严峻。什么都无法改变克吕格尔的铁石心肠。外侨遭受的不公比以往任何时候都严重。在南非这片土地上，外侨受到不公对待时，唯一能寻求帮助的地方就只有法庭了。但依据法令，法庭要听从人民议会的意见。大法官因支持给予外侨公民权而被解雇，并且到头来，连退休金都没有拿到。现在，一个反对变革的法官填补了这个职位，维护原来的法律制度。外侨再无机会上诉。

南非共和国成立了一个委员会调查采矿业的情况，了解外侨的遭遇。委员会主席沙尔克·伯格是一个具有自由精神的布尔人。整个调查详细、公正，最后形成了一份报告。报告证实了改革者的诉求合理，建议采取长远措施改善外侨的生存状况。如果这样开明的法律法规得以实施，那么在解决公民权的问题上，侨民也不会困难重重。然而，克吕格尔和人民议会并没有采纳委员会的意见。克吕格尔这个顽固的统治者宣布，沙尔克·伯格因签署了这份文件而犯叛国罪。

一个新的反改革委员会随之成立，来核查之前的报告。核查材料堆成了山，但结果和之前完全不同。外侨的状况没有得到任何重视。最后，反改革委员会也做了一份报告，报告后面还有最值得尊重的市民签名。在这个说着英语的国家，"詹姆森突袭"揭开了事情的本来面目，并且让它越来越清晰。事实上，在一个少数人压迫多数人的国家，多数人不可能取得永久居住权。外侨尝试了和平的方式解决问题，但失败了。他们还有别的办法吗？南非共和国也是属于众多侨民的国家，且英国在南非共和国拥有权力，但这一切从来都没帮侨民走出过困境。也许只有直接行使英国的最高权力才会奏效。为了英国的威望，无论如何都不能让英国的子民长期处在压迫下了。外侨决定向维多利亚女王递交请愿书，希望通过这种方式将自己受到的不公从当地的争议中转移到更广泛的国际政治领域。英国政府要么保护侨民，要么承认无力保护侨民。1899年4月，两万多名侨民在请愿书上签字，并且直接递交给维多利亚女王请求保护。从此，事情不可避免地朝着战争的方向发展了。历史的河流有时湍急，有时平静，但流水永远向前。瀑布的轰鸣声比以往任何时候都震耳欲聋。

第3章

谈判

英国政府和人民并不希望直接管理南非。英国最大的理想是来自各国的侨民可以和谐地生活在一个富强的国家之中，并且整个南非不必由穿着红色军装的英军驻守。外国评论家对英国的殖民体制也存在误解。他们不会明白，无论金矿上空飘扬的是南非共和国四色旗还是代表殖民地自治的英国国旗，英国的税收都不会多一分钱。南非共和国可以拥有自己的法律、自己的税收、自己的经费和自己的关税。南非共和国的一切都可以跟英国不一样，也可以跟世界上任何一个国家不一样。显然，英国侨民不再幻想通过和平方式获得南非共和国公民权。正因为这个想法，英国被国际社会误解了。征服南非并不会让英国获利，相反，英国要为此付出血的代价和巨大的经济成本。英国有充分的理由不做这样的决定，因为不做这样的决定虽然什么也得不到，但至少不会失去什么。征服南非与野心毫无关联，相反，它体现的其实是推脱责任和主动承担重大责任之间的差别。

毫无疑问，英国是时候兼并南非共和国了。自由的政府总是以民意为先。民意受到新闻报纸的影响。同时，新闻报纸会反映民意。但翻阅谈判期间的所有报纸，你会发现没有一个人赞成兼并，甚至从未有人提过兼并南非共和国的建议。英国已经铸成在南非共和国的错误，现在只想用一个小小的改变纠正这个错误，从而恢复南非白人之间的平等。

"在公民权的问题上，克吕格尔如果民主一次，"一家报纸说出了大多数英国人的心声，"就会发现南非共和国的权力非但不会被削弱，反倒会更加稳固。如果克吕格尔给予多数成年男性居民选举权，南非共和国就会更安定，并且拥有别的国家从未有过的权力。如果他坚持现行的政策，那么他邪恶的日子将所剩无几，他坚持的寡头政治也将时日无多。无论他做何选择，历史的主流都不会改变。"然而，有一两家报纸认为，即使南非共和国一直在利用英国人民，即使英国是本着为南非共和国负责的态度，干涉他国内政也是不对的。不可否认，有些人希望代表英国强制性干涉南非共和国事务。但"詹姆森突袭"之后，这股势力受到了打压。人们有种感觉：资本家正在操控时局以谋取利益。暂且不说一旦引发战争会怎么样，哪怕是引发社会动荡对资本家又有什么好处呢？如果资本家想利用侨民的痛苦来谋取利益，那么挫败他的最好办法不就是解除侨民的痛苦吗？总是有一些人无视明摆的事实，偏偏愿意过分夸大后果。对一个先进的现代化国家来说，理想主义和病态、泛滥的良知是两个最危险的魔鬼。

1899年4月，英国侨民递交了请愿书，请求英国政府予以保护。1899年4月初以来，南非共和国国务大臣莱德[①]和英国殖民部大臣张伯伦[②]就宗主权到底存不存在的问题进行了沟通。南非共和国政府坚持认为《伦敦公约》一签订，《比勒陀利亚公约》就自动失效了。英国方面却坚持认为《比勒陀利亚公约》和《伦敦公约》同时有效。如果南非共和国的说法成立，就意味着英国受到了蒙蔽和欺骗，因为在伦敦会议上，英国没有收到南非共和国的任何补偿。如果英国已经丧失了宗主权，那么此次张伯伦的谈判根本无法取得任何进展。对宗主权的争论让双方又回到了老问题，即什么是宗主权的问题。南非共和国承认英国对自己的外交政策有否决权。这就意味着除非南非共和国公然撕毁公约，否则南非共和国就不是一个主权独立的国家。总之，这个问题必须交给一个值得信赖的仲裁机构才能有答案。

现在，经过七个月反复陈述、申辩，双方又回到了最关键、最难解决的问题上：外侨承受的不公及其获得公民权的请求。英国保守党政府任命的驻南非高级专员米尔纳[③]请求双方互相尊重并对结果抱有信心。米尔纳说："任何一个正直的、头脑清醒的人都不会容忍非正义的存在。"他

---

① 即威廉·约翰内斯·莱德（Willem Johannes Leyds，1859—1940）。——译者注
② 即约瑟夫·张伯伦（Joseph Chamberlain，1836—1914）。——译者注
③ 即阿尔弗雷德·米尔纳（Alfred Milner，1854—1925）。——译者注

建议在奥兰治自由邦的首府布隆方丹和克吕格尔举行会谈。1899年5月30日，两人会面。克吕格尔声称，除南非共和国独立的事情不容商量之外，其他事情都可以协商解决。"所有事！所有事！所有事！"克吕格尔一再强调。

然而，事实上，双方就到底什么会与什么不会威胁到南非共和国独立这一问题始终无法达成一致。对一方至关重要的事情总是被另一方否定。米尔纳提出侨民居住五年可获得公民权，并且在矿区给予侨民一定的代表权。克吕格尔提出取得公民权的期限为七年，但无数的附加条件让公民权的价值大打折扣。克吕格尔还承诺议会三十一个席位给男性外侨五个席位，附加条件是所有分歧应该交给国外仲裁机构处理。这个附加条件明显有悖于关于宗主权的规定。因此，英国根本无法接受南非共和国的提议。1899年6月初，米尔纳返回开普敦，克吕格尔返回比勒陀利亚。这次会面除增加了解决问题的难度之外，没有任何进展。历史的河水奔流向前，瀑布的轰鸣声更加震耳欲聋。

1899年6月12日，在开普敦，米尔纳接待了一个代表团。纵观当时的局势，他说："民族平等对南非至关重要。一个国家存在的不平等让其他所有国家抓狂。英国的政策不是武力，而是耐心等待，但耐心等待绝不等于袖手旁观。"两天后，即1899年6月14日，在人民议会上，克吕格尔发表致辞："对方没有任何让步，我也不会后退。上帝永远与我们站在一起。我不希望发生战争，即使发生战争，我也不会退缩。我们的独立曾被剥夺，但上帝会将它恢复。"克吕格尔的致辞看似真诚，实际上，他的政府鼓励将酒卖给当地人牟取暴利，由此滋生了严重的腐败问题。然而，上帝是不会听到政府的这种声音的。

在一篇报道中，米尔纳曾就当前局势发表了看法。这篇报道让英国人认识到，当前南非的局势已经非常严重，国家有必要努力纠正偏差。

英国已经做了充分的调解工作。付出所有努力的唯一答案是，顺其自然或许会让南非局势自行好转。事实上，顺其自然的政策已经施行多年。然而，情况越来越糟。把责任推到"詹姆森突袭"上是不正确的。"詹姆森突袭"前，英国和南非共和国的关系已经非常糟糕。"詹姆森突袭"后，英国的外交政策是不插手他国事务，希望事情可以自行好转。但现在看来，南非的局势并未有任何改变。

几千个英国人一直受人奴役，在不公中苦苦挣扎。英国侨民恳请维多利亚女王出兵的愿望屡次落空。英国的影响和荣誉被削弱。一部分媒体，尤其是南非共和国境内的媒体，多次公开宣扬要在南非建立一个统一的共和国，并且号召一旦发生战争，维多利亚女王统治下的荷兰籍臣民应主动给予同情和帮助。同时，南非也会联合奥兰治自由邦全部军力，来保护自己的安全。我不得不遗憾地说，南非共和国无休止地恶意揣度英国政府的真实意图。在大部分荷兰殖民者中，这一言论也确实引起了强烈反响。常有人暗示，在英国殖民地上，荷兰人拥有某种至高无上的权力，甚至可以凌驾于英国人之上。可以预见，成千上万名已经接受英国和平统治的布尔人将会走上背叛之路。届时，英国侨民的处境将更艰难。

我无法阻止恶意的宣传。但无论如何，英国政府绝不会因此退让。

通过这些经过慎重考虑、反复权衡的措辞，米尔纳提醒了英国侨民接下来会发生什么。米尔纳看到了南非上空累积的乌云，但还不知道暴风雨什么时候来临，也不知道会来得多么猛烈。

阿非利卡人联盟是开普殖民地的荷兰人建立的政治联盟。1899年6月末到1899年7月初，人们寄希望于阿非利卡人联盟领导人能从中调解。阿非利卡人联盟成员都是布尔人血统，又是英国国籍。在英国殖民地，他们享受着自由体制带来的福利，这也正是英国想在南非推行的体制。"请像对待自己的人民一样对待我们的人民！"英国的态度，已经从最开始的据理力争转变为请求。尽管由阿非利卡人联盟的霍夫迈耶[1]和赫霍尔特与奥兰治自由邦的费希尔[2]联名签署的倡议书已经被递交给人民议会，并且得到了身为阿非利卡人的开普殖民地总理施赖纳[3]的赞赏，但事情还是没有取得任何进展。在辩论中，布尔人同意增加补充条款，将取得公民权的期限降到七年，建议金矿的代表席位为五个。南非共和国并没有做出大的让步。布尔人认为，议会三十一席中给五个代表席位，已经非常照顾占人口绝大多数的英国人了。但获得公民权的年限下降，让英国人如释重负，他们认为这是南非共和国开始让步的迹象。"如果克吕格尔愿意做出重大改变，"殖民部大臣张伯伦说，"那么英国政府有信心期待这份新的报告、之前的补充协议及米尔纳在布隆方丹会议上确定下来的条款，将成为解决外侨问题的基础。"张伯伦还表示，尽管还有一些不合理的附加条件，但问题终于要解决了。"英国政府确定，克吕格尔一旦开始着手解决外侨问题，就会重新考虑细节，同时发现某些细节阻碍了问题的解决，随即会通过改变法律或施政方式来保障解决问题的效率。"与此同时，《泰晤士报》宣布危机解除。"如果开普殖民地的荷兰政治家成功地让南非的兄弟着手解决外侨问题，那么无论是他们的同胞还是南非的英国殖民者，或者是英国和整个文明世界，都应该向他们表示敬意。"

---

① 即扬·亨德里克·霍夫迈耶（Jan Hendrik Hofmeyr，1845—1909）。——译者注
② 即亚伯拉罕·费希尔（Abraham Fischer，1850—1913）。——译者注
③ 即威廉·施赖纳（William Schreiner，1857—1919）。——译者注

然而，光明的前景很快笼罩上阴云。生活在南非的英国侨民和其他侨民都曾领教过克吕格尔的言而无信，所以这次他们坚持要求克吕格尔对承诺做出保证。七年即可获得公民权的时长比米尔纳要求的五年时间多了两年，但可以肯定的是，如果在代表权问题上，英国再做些妥协，那么布尔人也不会拒绝再缩短两年。

然而，不信任的情绪再次蔓延。布尔谈判官又狡猾地增加了条件。其中一个条件是外国人要想获得公民权，就必须有在一定时间内连续居住的证明。但南非用于居民登记的法律已经废弃了。这个条件，很有可能使全部努力毫无意义。南非共和国敞开了大门，却放了块石头挡在门口。此外，新来的侨民如果想获得公民权，就必须参考第一次人民议会做的决定。这样一来，矿工一旦提出改革的要求，非但不会获得公民权，反倒有可能被扫地出门。如果侨民无法在政府内获得席位，所有反对意见还有什么用？显然，提出这种条件是刻意为之。

一方面，英国政府根本无法接受这样的条件作为解决问题的最终方案，也不会让步。另一方面，这些条款为改善外侨生存条件提供了可能，让人很难拒绝。最终，英国方面建议双方政府各派一个代表团组成联合委员会，在法案最终确定前论证它的可行性。1899年8月7日，这个建议被提交给人民议会。同时，米尔纳提出，一旦公民权的问题确定下来，就准备讨论其他问题，包括不受国外势力干涉的仲裁问题。

组成联合委员会的提议，使英国受到无权干涉其他国家内政的指责。实际上，整个问题从一开始就是关于另一个国家的内政问题，并且南非共和国能否恢复自治的前提就是白人之间的平等。比如，假设生活在法国的德意志人和法兰西人一样多，并且所受待遇极其糟糕，那么德意志帝国会怎么做？它一定会尽快干涉，直到达成某种公平的解决方案。实际上，南非共和国的问题没有先例。之前从未出现过类似的情况，所以根本没有经验可以借鉴。唯一可以遵循的就是一个原则：绝不应该允许一小部分白人毫无节制地对大多数白人征税并控制大多数白人。虽然情感上似乎应该偏向南非共和国，但理智和正义都在英国一方。

英国殖民部大臣张伯伦的建议提出后又被拖延了很久。南非共和国始终没有答复。但可以肯定的是，现在，南非共和国在"詹姆森突袭"前就已经开始的军事准备工作正在加紧进行。南非共和国虽然是小国，但花费了大笔军费。成箱的步枪和成盒的弹药源源不断地运往军火库。最让英国殖民者愤怒的是，这些军事装备都是从德拉瓜湾经开普敦和伊丽莎白港运进来的。印着"农业机械"或"采矿设备"等字样的巨大货箱来自德意志帝国或法国，在约翰内斯堡或比勒陀利亚附近的堡垒卸下。来自不同国家、穷兵黩武的人集聚在布尔人的城镇里。欧洲的雇佣兵像以往一样准备为了金子卖命，在战场上换得钱财。在克吕格尔保持沉默的三周多的时间里，南非共和国的军事准备一直在进行。

此外，还有一件更重要的事情主导着局势的发展：布尔人没有马就不能打仗，马没有草就不能作战，草必须下雨才能茂盛，但当时距离非洲大草原雨季来临还有几周时间。谈判必须慢慢来，因为非洲大草原还是一片贫瘠的土褐色。张伯伦和英国民众等了一周又一周，他们的耐心也是有底线的。1899年8月26日，在一次与以往不同的外交辞令的演讲中，张伯伦直白地表示，事情不能无限期地拖延下去了。"草丛中风沙阵阵，"他说，"如果布尔人从风沙中跳出来，英国人一定不会客气，尽管我们一直很客气。英国对局势有十足的把握，但只有在有充分理由对南非行使权力时，英国才会发动战争。英国要确保自己的子民拥有与布尔人相同的权利和待遇，这是维多利亚女王承认南非共和国独立时，克吕格尔亲自承诺的。这也是正义赋予所有人的最基本的权利。"不久前，塞西尔也强调过，"英国没有一个人希望看到公约遭到破坏。众所周知，南非共和国获得独立时承诺，所有国籍的居民都能获得平等的政治权利和公民权。然而，公约没有像米堤亚人和波斯人的法律那样得到切实的执行。布尔人也是人，也可以被摧毁……南非共和国一旦被摧毁，就很难回到最初的样子。"长久以来，英国的耐心被逐渐消磨殆尽。

这时，南非共和国派代表来向联合委员会表示，布尔政府会接受米尔纳建议的公民权问题，条件是英国放弃对南非共和国的宗主权，并且要同意第三方仲裁，承诺永不干涉南非共和国内政。对此，英国回应：同意第三方仲裁，并且希望以后可以永远不再因保护自己的臣民而干涉别国内政；如果南非共和国兑现公民权的承诺，那么这样的干涉将永不再发生；但英国不同意放弃宗主权。张伯伦提醒南非共和国政府，除公民权的问题之外，双方政府还有其他争议，最好能够一次性解决所有问题。张伯伦说的这些问题包括土著的地位问题和英裔印第安人的问题。有些人可能会想，殖民部大臣张伯伦同时提出这些问题可能会让南非共和国和它的支持者觉得南非共和国的让步是在纵容英国不断提出新问题，而英国在得寸进尺。实际上，这些都不是新问题，是长久以来一直存在的问题。显然，张伯伦希望在彼此摩擦最小的时候一并解决所有问题。在谈判的关键时刻，重新探讨这些尚未明确的争议也许更有希望。

1899年9月2日，南非共和国政府的回复内容简短，丝毫没有让步。南非共和国收回有关公民权的提议；布尔人重申宗主权根本不存在。谈判进入僵局。很难看出要怎样做才会重启谈判。鉴于布尔人开始荷枪实弹，一支纳塔尔卫戍部队来到边境驻防。南非共和国要求英国解释这一情况。米尔纳回应道："纳塔尔卫戍部队在保护英国的利益，并且防范可能发生的事情。"瀑布的咆哮声越来越近，也愈发震耳欲聋了。

1899年9月8日，英国召开内阁会议。这也是19世纪末英国最重要的一次会议。随后，一封信被送往比勒陀利亚，提出应和平解决问题。此时，英国政府的语气已经非常谦卑了。这封信一开始就强调：不承认南非共和国像奥兰治自由邦那样成为国际上的主权国家，任何以此为基础的建议都是无法接受的。不过，英国政府猜测双方在人民议会上肯定又会各执一词，所以准备接受南非共和国1899年8月19日提出的五年给予公民权的提议。

> 一旦南非共和国接受英国提出的条件，双方剑拔弩张的紧张态势就会立刻得到缓解。将来，英国政府很有可能永远不再派兵驻守。侨民的问题可以交给执行委员会和人民议会来解决。
>
> 双方关系的紧张态势极大地伤害了南非的利益。英国政府看到的只是南非共和国一再拖延解决问题的态度。对当前的提议，我们希望得到立即、明确的答复。如果南非共和国接受，英国将立即着手解决之前所提出的仲裁法庭的所有细节问题……如果南非共和国——希望这种情况不会成真——的回复是否定的或者是犹豫不决的，我声明英国政府有权重新考虑当前局势，并且为最终解决问题自行制定解决方案。

英国焦急地等待着答案，结果等来的还是拖延。此时，雨季来临，青草开始生长，南非的大草原向骑兵敞开了怀抱。南非共和国不再轻言让步。布尔人清楚自己的实力，觉得自己拥有目前南非最强大的军事力量。"英国也曾是我们的手下败将，我们再也不会去讨好英国了。"一个"杰出市民"叫嚣道。正如这个市民所说，他代表的是自己的国家。英国一直在等待，一直在争取。然而，当政治家还在谈判桌上争吵时，战争的号角已经吹响。如果注定要再次经历战火和灾难的洗礼，那么上天会让英国拥有高尚、尊贵的结局。

第4章

第二次布尔战争前夕

显然，1899年9月8日内阁会议发出的信不是成为和平的契机，就是成为战争的前奏。阴云密布的天空不是云雾散尽，就是突降大雨。就在所有英国人等待南非共和国的回复时，英国花了点时间盘点了一下也许会派上用场的军事装备。几个月来，英国陆军部一直在未雨绸缪地做一些军事部署。这在南非共和国看来是充分的军事准备，但不久的将来，英国的经历就会证明英军对这场残酷战争的准备是多么不充分。

　　翻阅当时《泰晤士报》刊载的相关报道，你会发现最早的外交和政治报道专栏中只有一两个段落是讨论打击布尔人的军事议题。但随后的相关报道篇幅越来越长，直到最后，有关用外交手段解决问题的篇幅变成寥寥数字，而有关战争的报道充斥着整个版面。1899年7月7日，千篇一律的报道都在谈战争。就在这一天，皇家工程兵团的两个连和各兵种的部队携带弹药及军需品出发，开赴南非前线。皇家工程兵团的两个连！在世界历史上的任何阶段，英军都是优秀的部队。英军将士们纵横海洋、驰骋陆地。但谁能想到，如今充当先锋的竟然是皇家工程兵团的两个连！同一天，报纸上出现这样的文字："南非总指挥受命调集军队。以下军官开赴前线。"接下来就是八个名字：巴登–鲍威尔[①]、爱德华·塞西尔勋爵、汉伯里·特雷西、普卢默[②]、詹纳[③]、皮尔森、麦克米金[④]与伯德[⑤]。虽然这些背着毯子和背包赶赴战场的士兵只是些普通人，但之前英国战场上从未有如此英武的队伍。

　　布隆方丹会议无果而终。之后，米尔纳就南非时局发表了评论。1899年8月15日，英国人和布尔人的关系已经异常紧张。此时，英国竟然

①　即罗伯特·巴登–鲍威尔（Robert Baden-Powell，1857—1941）。——译者注
②　即赫伯特·普卢默（Herbert Plumer，1857—1932）。——译者注
③　即亨利·詹纳（Henry Jenner，1859—1912）。——译者注
④　即吉尔伯特·麦克米金（Gilbert McMicking，1862—1942）。——译者注
⑤　即威尔金森·伯德（Wilkinson Bird，1869—1943）。——译者注

无力在边境进行有效防御。然而，布尔人罔顾这一事实，坚称战事是由英国挑起的。通常，挑起战事的政客对战争早有准备。克吕格尔恰恰准备充分，英国政府却几乎毫无准备。在漫长的边境线上，空有宗主权名头的英国只部署了两个骑兵团、三个皇家野战炮兵连和六个半步兵营，总兵力六千人。此时，假装无辜的南非共和国却在战场上投入了四五万骑兵。布尔人作战灵活，还配备了最先进的大炮，包括后来在战场上出现的重型武器。布尔人极有可能就近入侵德班港或开普敦。此时，英军的防守力量非常薄弱，随时有被摧毁的危险。在入侵者的主力军面前，非正规的地方武装根本不可靠，因为这些人随时可能倒戈相向，加入荷兰殖民者的队伍。显然，英国政府从没想过布尔人会先发制人，也从来没想到援军一登陆就要面对南非共和国的炮火袭击。

1899年7月，纳塔尔局势紧张。纳塔尔殖民地总理①向总督希利-哈钦森②请求支援。最终，求援信息到了殖民部。此时，南非共和国已经全副武装。据说，奥兰治自由邦也有可能加入。布尔人还通过新闻媒体尝试在英国的两个殖民地煽动荷兰裔市民造反。第一场雨过后，布尔人迫不及待地烧掉了非洲大草原上的干草以便新草迅速生长。他们征集战马，分发枪支弹药。冬天，在纳塔尔的土地上，奥兰治自由邦的农场主们喂饱了牛羊。现在，他们已将牛羊赶到德拉肯斯山北面以便伺机而动。每一个迹象都表明大战临近了。英军即使加派了一个团来保护纳塔尔，也一样显得兵力不足。1899年9月6日，殖民部收到了希利-哈钦森的第二条求援信息。信息明确说明，战争已不可避免了。

---

① 即阿尔伯特·亨利·伊梅（Albert Henry Hime，1842—1919）。——译者注
② 即沃尔特·希利–哈钦森（Walter Hely-Hutchinson，1849—1913）。——译者注

纳塔尔殖民地总理请求内阁同意立即派遣部队前往纳塔尔，以便在受到南非共和国和奥兰治自由邦攻击时进行防御。南非战事总指挥官告诉我，即便曼彻斯特团抵达纳塔尔，以他现有的兵力也无法既保住纽卡斯尔又防止敌人从南部边境突袭纳塔尔。彼时，只能放弃朗宁山鞍、因戈戈河和祖鲁兰的防御。部长们一定知道南非共和国和奥兰治自由邦已经做了充分的准备，很有可能立刻对纳塔尔展开进攻。有迹象表明，布尔人已决意发动战争。既然战争不可避免，布尔人必然会在英国援军赶到前放手一搏。我们已经收到消息，布尔人将经米德尔渡口进入格雷敦，再经邦得渡口进入斯坦杰，袭击彼得马里茨堡和德班港之间的铁路，切断英国运送援军和运输补给的通道。绝大部分生活在奥兰治自由邦克勒普河的农场主至少会在原地待到10月份，因为如果现在北上南非，途中绵羊会产崽。幼崽不是死去，就是被杀掉，这对布尔人来说损失极大。恩通杰纳尼至少有两个农场主已经携带所有财产进入南非共和国。其中一个农场主还企图在途中劫持当地农户的孩子作为人质。

　　根据可靠情报，布尔农场主虐待忠于英国的当地百姓，挑起土著部落之间的争斗，制造混乱，伺机探查纳塔尔的守卫力量。福尔克斯勒斯特、弗雷黑德和斯坦德顿已经储备了大量食物和军事装备。有人看见奸细侦察了纳塔尔铁路沿途的桥梁。目前来看，纳塔尔殖民地几乎所有主要地带都有奸细出没。部长们也一定知道，布尔人正在准备阴谋夺取朗宁山鞍，破坏纳塔尔北部铁路，突袭或入侵纳塔尔。这样的灾难一旦发生，就会让纳塔尔居民和忠于英国的欧洲人民心动摇，让居住在纳塔尔的布尔人受到极大的蛊惑。生活在纳塔尔的欧洲人和布尔人虽然已经武装起来准备为英国战斗，但一旦受到蛊惑和进攻，就很有可能缄默不语或倒戈相向。他们虽然赞成英国政府要穷尽一切和平方法帮助外侨减轻痛苦获得赔偿，并且在战前承认英国至高无上的权力，但坦言只做防御，不会主动发起进攻。

鉴于战争的可能性增大，纳塔尔卫戍部队的人数也有所增加。这些士兵一部分来自欧洲，还有一部分是从印度调来的五千人的英军。第二伯克郡团、皇家明斯特燧发枪团、曼彻斯特团和第一都柏林燧发枪团携带大量武器相继到来。第五龙骑兵团、第九枪骑兵团和第十九轻骑兵团来自印度，第一德文郡团、第一格罗斯特团、第二王属皇家步枪团和第二戈登高地人团也来自印度。来自印度的部队和皇家野战炮兵四十二连、皇家野战炮兵二十一连和皇家野战炮兵五十三连组成了印度分遣队。1899年9月末，这些部队抵达纳塔尔时，英军的人数才增加到两万两千人。要在野外对付人数众多、灵活机动、作战勇猛的敌军，这些兵力仍然不够，不过起码能拖住敌军，不至于立刻遭受灭顶之灾。以我们现在对这场战争的了解能够看出，灾难只是暂时被延缓了而已。

纳塔尔殖民地的行政领导与军事统帅就军队的部署问题产生了分歧。克拉夫特·霍恩洛厄-英格尔芬根亲王曾说："战略与战术应该遵从政治需求。"政治需求必须公正、明确，否则就会造成流血事件。或许是判断出了问题，也或许是对布尔民族了解不够，所以即使之前跟布尔人有过激烈的交锋，作战经验丰富的士兵也很难分辨出对面站的是骑马的布尔农场主还是作战的布尔士兵。但可以肯定的是，尽管新闻媒体一再强调不应掉以轻心，纳塔尔守军还是严重低估了对手。

纳塔尔北部三分之一属于军事部署最薄弱的地方。就像军棋游戏的玩家一样，布尔人也希望在最薄弱的地方找到突破口。此处地势逐渐上升，渐渐形成一个夹角。角的两条线在顶点相交，形成了凶险的朗宁山鞍。朗宁山鞍极难通过——只有站在地势更高的马尤巴山上方才能俯瞰朗宁山鞍。夹角的其他两面都容易受到攻击，因为一面连接南非共和国，另一面连接奥兰治自由邦。敌人的机动部队极有可能从朗宁山鞍涌入纳塔尔，然后一路向南，切断英军的补给线，开掘多条战壕，但战壕会给敌军撤退造成困难。朗宁山鞍下方就是莱迪史密斯和邓迪。

战争还没有迫在眉睫，但很明显，莱迪史密斯和邓迪已经危机四伏。如果在莱迪史密斯和邓迪的开阔区域作战，英军需要大量机动部队，以防止敌人的骑兵从两翼展开进攻。根据军事经验来看，目前一万两千人的守军数量严重不足，所以退守图盖拉防线才是明智的选择，但纳塔尔卫戍部队选择死守莱迪史密斯。实际上，莱迪史密斯几乎无法防守，因为它至少两面都有高山。莱迪史密斯守军似乎从未想过会遭遇围城，所以并没有在周围山上安置大炮。莱迪史密斯有一大堆据说价值超过一百万英镑的物资堆在小小的铁路枢纽，所以一旦撤离，必然会造成极大的损失。莱迪史密斯还是铁路主干道的交叉点：一条从莱迪史密斯通往奥兰治自由邦境内的哈里史密斯，另一条经邓迪煤矿和纽卡斯尔通过朗宁山鞍隧道进入南非共和国境内。纳塔尔殖民地政府强调煤矿十分重要，但现在看来，煤矿的重要性被夸大了。

在莱迪史密斯行政长官的强烈建议下，佩恩·西蒙斯同意将守军分流：大约三四千人被派往四十英里外的邓迪，其余主力在乔治·怀特[1]的带领下驻守莱迪史密斯。佩恩·西蒙斯因为低估了入侵者的力量，已经付出了惨痛的代价。我们也很难再批评他的决策失误了。此时，随着政治和谈失败，1899年9月8日，英国内阁宣布向南非派兵。纳塔尔守军的处境似

---

① 乔治·怀特（George White，1835—1912）。——译者注

乎没那么绝望了，但依然前途未卜。在南非，英国有两万两千名正规军和一万名殖民地民兵守卫漫长的边境线；开普殖民地居民态度左右摇摆，很有可能会变成敌对一方；科萨人也不失时机地给英国施加压力，而英国只有一半的正规军可以用来守卫纳塔尔。英国人和布尔人的矛盾逐渐升级，并且一个月内不可能有英国援军到来。如果说张伯伦是在玩一个虚张声势的游戏，不得不说在这场游戏中，英军并没有什么胜算。

现在有必要介绍一下克吕格尔和斯泰恩[1]投入战场的兵力。奥兰治自由邦虽然从未与英国起过冲突，但现在在给英国施加压力。有人认为奥兰治自由邦背信弃义，也有人觉得它顾念与南非共和国的情谊。新闻媒体估算，南非共和国和奥兰治自由邦的兵力总和约两万五千人到三万五千人。约瑟夫·本杰明·鲁滨孙是克吕格尔的密友，他大半生的时间都与布尔人一起生活。他认为，三万五千这个数字有些虚高，但他无法提供一个准确的数字。布尔人分布较散，住所又偏僻。因此，很难估计出准确的数字。有人统计过1881年到1899年布尔人的人口自然增长情况，但这个数字本身就是一种猜想。还有人在上次总统选举时计算过选民的人数，但谁都说不清有多少人弃权。何况，在南非共和国和奥兰治自由邦，居民参军的年纪要比法定投票的年纪低得多。据此猜测，所有预估的数字都比实际要小得多。

考虑到这一点，英国情报部的统计结果应该与实际情况相差不大。根据英国情报部统计，南非共和国的兵力可以达到三万两千人，奥兰治自由邦的兵力可以达到两万两千人，加上雇佣兵和殖民地反叛者，可以达到六万人。大量开普殖民地的荷兰人的加入，又使这一数字达到十万以上。布尔人约有一百门大炮，其中多数[2]都比英军大炮更先进、更有杀伤力。

---

[1] 即马蒂纳斯·特尼斯·斯泰恩（Martinus Theunis Steyn，1857—1916）。——译者注
[2] 到底多少还有待确定。——原注

关于布尔军的素质，不说大家也都知道：布尔人骁勇善战、吃苦耐劳，并且作战时带有一种宗教般的狂热；布尔人虽然穿着打扮和17世纪的人没有区别，但他们的枪支是最先进的；布尔人骑马作战、枪法极准，作战能力强、机动灵活。此外，布尔人内部的交流方式简短而安全。与英国人作战时，他们很快就能了解任务的难易。了解了布尔人的实力，再来看看英军：只区区一万两千人的队伍，还分守在纳塔尔的两个地方。现在，大众或许可以认识到，不应该为这场灾难哀伤，而应该庆幸没有失去纳塔尔这个位于英国、印度和澳大利亚之间的省。纳塔尔是英国殖民统治中最重要的一环。

也许下面的话题有些乏味，还有些偏离主题，但我还是要讲一下布尔人多年来筹备战争的动机。可以肯定的是，"詹姆森突袭"并不是起点。"詹姆森突袭"虽然让布尔人获得了大量舆论同情，但只是加快了事态的演变。当布尔人找到这样一个冠冕堂皇的借口，现在就可以光明正大地做以前背地里做的事情了。实际上，"詹姆森突袭"前，布尔人就已经进行了很久的军事准备。"詹姆森突袭"前的两年里，布尔人已经着手在比勒陀利亚和约翰内斯堡构建防御工事了，也在悄悄地进口武器。1895年，布尔人花了一大笔钱用于采购战争武器。

如果没有"詹姆森突袭"，如果布尔人还有理由惧怕英国政府，南非共和国及与英国友好相处四十年的奥兰治自由邦还会翻脸吗？这个问题很难回答，即使回答，也只能是猜测而不是可以肯定的事实。

而即使是最公正、最没有偏见的历史学家也必须承认，大量证据显示，在南非共和国、奥兰治自由邦和开普殖民地，大部分荷兰领导者都想建立一个荷兰联邦——南抵开普敦，北至赞比西河，在联邦的土地上竖立荷兰的国旗，说着荷兰的语言，制定荷兰人自己的法律。很多头脑清醒、了解内情的人都能看出，荷兰联邦的建立，是布尔人坚持武装反抗的根本原因，是他们长久以来与英国为敌的原因，是南非共和国和奥兰治自由邦团结作战的原因，也是最终破坏英国人和荷兰殖民者之间感情的原因。布尔人的目的只有一个，那就是将英国人从南非赶出去，从而建立一个完全由荷兰人统治的共和国。南非花在侦察方面的金钱——我相信是一大笔，比整个英国花费得还要多——会对英军产生不可估量的影响。间谍、特工、奸细遍布英国殖民地。布尔人花在收买法国和德意志帝国媒体上的钱，相信也不在少数。

从本质上来说，荷兰人就是想取代英国人统治南非。当然，这种事情不会公然地在官方文件中探讨，但很容易得到证实。尽管阴谋策划者的自信很有迷惑性，但仍然有大量证据能够证明那些大人物有着极大的个人野心。这些大人物努力把自己的野心变成多数人共同的奋斗目标，最后让事情朝着他们期待的方向发展。菲茨帕特里克[1]在《德兰士瓦面面观》[2]中记叙了1896年赫拉夫[3]是如何向他灌输"英国就应该被赶出南非"的想法的。赫拉夫是开普立法委员会的前委员，也是阿非利卡人联盟成员。赫拉夫也曾向拜特[4]表达过同样的想法。下面是开普殖民地总理施赖纳的哥哥西奥多·施赖纳的回忆：

> 十七年前，也就是南非再次成为英属殖民地后不久，在布隆方丹，我遇到赖茨[5]。当时，他是奥兰治自由邦的一位法官，正忙着建立阿非利卡人联盟。每个人都清楚，当时英国政府根本无意剥夺南非共和国独立的权利，因为它刚刚宽宏大量地允许了南

---

① 即詹姆斯·珀西·菲茨帕特里克（James Percy FitzPatrick，1862—1931）。——译者注
② 一本后来的学者研究南非共和国时的必读书。——原注
③ 即戴维·赫拉夫（David Graaff，1859—1931）。——译者注
④ 即阿尔弗雷德·拜特（Alfred Beit，1853—1906）。——译者注
⑤ 即弗朗西斯·威廉·赖茨（Francis William Reitz，1844—1934）。——译者注

非共和国的独立，也根本无意与南非共和国及奥兰治自由邦开战，因为它刚刚与它们和解，更无意夺取兰德金矿，因为兰德金矿还没有被发现。就是在那时，我遇到了赖茨。他极力想让我成为阿非利卡人联盟的一员。但了解该联盟的法则和目标后，我拒绝了。下面就是我们之间的对话。这段对话深深地印在了我的脑海中。

赖茨：为什么要拒绝？实现所有人都期待的政治目标不好吗？

我：嗯，但我能清楚地看到法则之外的东西。

赖茨：是什么？

我：我清楚地看到你们最终的目标是要推翻英国的统治，让英国国旗不再在南非升起。

赖茨脸上带着愉快的微笑，是那种当一个人的秘密和目的被发现时的笑容。即使秘密被发现，他也没有不开心。

赖茨：那么，假设确实是这样呢？

我：你不用假设。要想英国国旗永远从南非消失，必须经过艰苦卓绝的斗争。

赖茨脸上依然挂着愉快的、满意的、含着歉意的笑容。

赖茨：嗯，我觉得不一定。就算如此，那又怎样？

我：战事一起，你我就是敌对的两方。还有，在刚刚发生的战争中，上帝站在了南非共和国一边，因为上帝总是站在对的一边。但这次上帝会站在英国这边，因为他讨厌推翻英国在南非的统治的阴谋。

赖茨：我们走着瞧。

对话结束了。在过去的十七年里，我目睹布尔人为了推翻英国在南非的统治，穷尽了各种宣传方法——报纸、神坛、讲台、

学校、大学和立法。直到现在，宣传已经达到了巅峰。挑起了战
争，而赖茨及其同伙便是始作俑者。相信我，赖茨坐下来签署给
英国的最后通牒时，就是他一生中最骄傲、最幸福的时刻，也是
他多年来热切盼望的时刻。

以上就是这个开普殖民地的荷兰政治家，也是奥兰治自由邦政治家
的言论。下面这段文字摘自1887年克吕格尔在布隆方丹所做的演讲：

> 我觉得现在说南非已经统一在一面旗帜之下还为时尚早。何
> 况这面旗帜到底是哪面旗帜？英国女王是不会愿意降下英国国旗
> 的，而我们，南非共和国人民，也不同意降下我们的国旗。怎么
> 办？我们现在虽然弱小、无足轻重，但仍在发展，也准备在世界
> 强大的国家中获得一席之地。

"我们终生的理想，"一个政治家说，"就是将南非各地紧密团结在
一起。这个理想发自心底，不受任何外因影响。我们实现这个理想后，南
非共和国将变得强大。"

很多迹象表明，建立强大的南非共和国不只是荷兰人的想法，这种想
法也得以切实地执行。还是那句话，即使是最公正、最没有偏见的历史学
家，也无法忽略阴谋论这种说法。

也许有人会反驳：布尔人为什么不能谋划？布尔人为什么不能对南非
共和国的未来发表自己的看法？布尔人为什么不能为了建立一个统一的国
家和让南非人都说荷兰语而努力？布尔人如果有能力，为什么不能打败殖
民者，把英国人赶出这块土地？为什么不能，我还真回答不上来。布尔人
如果愿意就试试吧，然后再看看英国会怎样做。现在先不讨论英国是不是

在侵略的问题，先不讨论资本家是否垂涎南非金矿，不讨论生活在大草原上的布尔人让外侨承受的痛苦，也不讨论被掩盖的事实真相，先让质疑南非共和国受英国摆布的人来想一想，如果让南非共和国自己设计殖民地会怎样？一个是白人平等的制度，另一个是少数族裔迫害多数族裔的制度。想一想，到底哪个才真正平等、代表最广泛的自由，又是哪个代表反动和种族仇恨。让提问的人好好想一想这些问题的答案，再决定应该同情谁。

现在，先把这些宽泛的政治问题放在一边不谈，也先不去考虑这些军事决策会起到多么重大的作用，让我们先回到事件的进展中来，回到南非政府和殖民部的交涉中来。前面已经说过，1899年9月8日，英国政府给比勒陀利亚递了一封信，信中罗列了英国政府能接受的、最公平的让步条款。英国需要一个明确的答复，所有英国人都在焦急地等待着答复。

在南非，人们对和平解决南非问题并不乐观。显然，事情的进展给英国人带来了无尽的烦恼。第一次布尔战争给英国人民带来的痛苦还记忆犹新。英国人知道布尔人格外勇猛，很难战胜。英国人虽然心情沉闷，却无比坚决。直觉告诉英国人，这不是简单的区域纠纷，而是关系国家存亡的头等大事。直觉往往比政治家的智慧更靠谱。英国人民的凝聚力正在接受检验。最终，英国等来的是握手言和，还是兵戎相见？英国到底是一盘散沙，毫无同气连枝的默契，还是一个有机整体，能够同仇敌忾合力抗敌？目前，这些问题还没有答案，只有未来的历史才能够给出答案。

事实证明，世界各地的英国殖民地都认为，英国有权维护英国的统一，并且纷纷发声表示支持英国。早在1899年7月11日，地处亚热带的昆士兰就派了一支携带机枪的部队前来增援；新西兰、西澳大利亚、塔斯马尼亚、维多利亚、新南威尔士和南澳大利亚派来的部队也相继赶到。地处北美的加拿大深思熟虑后，也声援英国。加拿大这么做是有充分理由的，因为它与此事最不相干。在南非，澳大利亚人人数众多，而加拿大人则非常少。尽管如此，加拿大还是主动承担了这份责任，并且在这份责任越发沉重时，表现出了最坚忍、最乐观的态度。

英国的士兵肤色各不相同，来自世界各地：有来自印度的上层人士，有来自西非胡萨斯的人，有来自马来西亚的警察，还有来自美洲西部的印第安人。他们都全心全意地为英国服务。但这是一场白人的战争，英国人如果无法完成自我救赎，就有愧于白人的身份。印度有十五万士兵都是久经沙场的老兵，但因为他们不是白人，英国政府并没有要求他们奔赴南非战场。对英国此举持反对意见的学者可能会问："有多少外国评论家会尊重英国的道德标准？又有多少评论家了解英国的原则呢？一旦自己的国家身处同样的情形，又有多少人会赞成自我克制呢？"

1899年9月18日，经内阁会议讨论，南非共和国政府正式向英国做出回复，并且在伦敦公布。从态度上来看，这份回复不屈不挠，丝毫没有让步；从内容上看，它彻底拒绝了英国的请求。该回复拒绝建议人民议会接受侨民五年获得公民权的提议，也否定了保障公平的其他措施。在人民议会进行辩论时，在开普殖民地和加拿大一样采用双语的建议也被搁置。该回复已经超出英国能容忍的极限了。英国政府已经指出，如果南非共和国的回复是否定的或犹豫不决的，英国有权"重新考虑当下局势，为最终解决问题自行制定解决方案"。而该回复就是否定的、犹豫不决的。因此，1899年9月22日，英国召开会议商讨下一封信的内容。信的内容应该简短而语气坚定，但同样要考虑到不能将最后和谈的大门关死。这封信主要说明，英国政府上一封信的内容温和，对南非共和国的拒绝表示深深的遗憾，现在，根据商议的结果，英国将提出自己的解决方案。这封信不是最后通牒，但可说是最后通牒的前奏。

几乎与此同时，9月21日，奥兰治自由邦人民议会召开会议。之前，英国跟奥兰治自由邦几乎从未有过纷争。相反，英国对奥兰治自由邦表示了友好和尊重，但现在，奥兰治自由邦给了英国无比巨大的压力。不久前，南非共和国和奥兰治自由邦结成攻守联盟。但实际上，直到现在写这段历史时，这个联盟似乎都只是个轻率的决定，对弱小的一方来说都毫无利益可言。其实，奥兰治自由邦根本不必惧怕英国，因为英国愿意让它实现独立。在和平相处的四十年里，奥兰治自由邦的法律跟英国的法律一样，是自由的，但奥兰治自由邦签署了这份"自杀式"的协议。奥兰治自由邦同意与南非共和国分享财富，南非共和国却用一直以来不友好的态度引发了一场战争。很容易想象，最终，南非共和国反动、狭隘的法律一定会辜负奥兰治自由邦的同情。也许，南非共和国和奥兰治自由邦跟前面对话中的赖茨一样野心勃勃。也许他们对自身的实力太过乐观，所以对南非共和国的未来充满幻想。无论怎样，联盟协议已经签署，检验两国关系是否牢靠的时刻已经来临。

斯泰恩受到了大多数布尔人的支持。他在人民议会上说话的语气，无疑表明南非共和国和奥兰治自由邦已经协同一致，准备共同对付英国。在一次公开的演讲中，斯泰恩宣布绝不会向英国妥协，并且宣布奥兰治自由邦与南非共和国紧密相连。在英国政府采取的军事防御中，最值得关注的就是派了小部分兵力保护漫长的铁路线，因为从金伯利到罗德西亚的铁路刚好位于南非共和国边境线附近。

米尔纳就此次派兵行动提前与斯泰恩进行了沟通，指出这次行动绝不是针对奥兰治自由邦的。米尔纳还补充说，英国政府仍然希望用友好的方式解决与南非共和国的冲突，一旦希望破灭，英国希望奥兰治自由邦可以保持中立，并且阻止自己的人民参与任何军事行动。同时，米尔纳保证绝不入侵奥兰治自由邦的边境。最后，米尔纳声明，没有任何事物可以破坏奥兰治自由邦和英国的友好关系，因为英国对奥兰治自由邦从来都是善意的。

针对这一点，斯泰恩的回复显得粗野无礼，大意是他不赞成英国针对南非共和国采取的行动，并且对英国的军事行动表示谴责，因为向边境派兵已经对奥兰治自由邦人民造成了安全威胁。最后，奥兰治自由邦人民议会做出了这样的决定："尽管来吧！基于南非共和国和奥兰治自由邦的政治联盟，奥兰治自由邦会忠实地履行对南非共和国的责任。"一切都表明，英国一手打造的奥兰治自由邦尽管从未与英国有过任何纷争，却无可避免地卷入战争的旋涡了。

在纳塔尔和奥兰治自由邦的边境，布尔人一直在进行战争准备。1899年9月末，部队和武装市民集中在边境线上时，人们终于相信一场大战即将来临。纳塔尔边境的福尔克斯勒斯特集中了大量的炮火、弹药和其他军事储备。一场暴风雨即将来临。9月的最后一天，有报道说，二十六列装满军用物资的火车离开比勒陀利亚和约翰内斯堡，向纳塔尔边境驶来。同时，有消息说布尔人出现在贝专纳兰边境上的马尔玛尼，威胁英国的铁路线及马弗京。不久，马弗京这个名字注定要为世人熟知。

英国政府尽管已经耐心到了卑微的边缘，并且一直不愿发动战争，甚至还在努力争取最后的和平，但1899年10月3日发生的一件事，让英国彻底清醒过来。在弗里尼欣，从南非共和国出发到开普敦的邮政列车被拦截了，运往英国价值五十万英镑的金子被布尔人抢走。同一天，开普敦的法庭上，阿非利卡人内政部部长承认劫持了一列火车，但拒绝归还。之前，布尔人的武器弹药经开普敦运抵比勒陀利亚和布隆方丹。这次，英国火车却遭到布尔人劫持，使生活在南非殖民地的英国人和英国国内百姓心中涌起强烈的愤慨。同时，有报道称，金伯利和弗雷堡等边境城市计划用加农炮进行防御的请求遭到拒绝。消息一出，更加深了英国人的愤怒。南非共和国召开人民议会。克吕格尔在最后几句话中指出："战争不可避免，让上帝来做最后的裁决吧。"英国虽然对战争的准备并不充分，但诚心地祈求令人敬畏的上帝可以做出公正的评判。

10月2日，斯泰恩通知米尔纳，他要调集奥兰治自由邦的部队了。米尔纳回复道，英国对奥兰治自由邦的战事准备表示遗憾，并且声称他本身并没有放弃对和平的期待，因为他确定任何有利于和平的建议，英国政府都会予以考虑。斯泰恩回复道，根本没有谈判的必要，除非英军停止进入南非共和国。由于英军的兵力还处于弱势，停止增兵是不可能的。至此，协商暂时搁置。10月9日，英国动用了陆军后备役部队。其他迹象也表明，英国要派出大批部队前往南非。英国议会召开会议，请求国家正式同意采取之前被搁置的严厉措施。

10月9日，此前还相对轻松的英国殖民部收到了布尔政府的最后通牒。最后通牒出乎英国人的意料，也表明了布尔人的蛮横。英国人和布尔人的关系立刻高度紧张。必须承认，在这场智慧与力量的博弈中，生活在草原上、性格直率的南非邻居总能出其不意，这一次也不例外。英国政府总是小心翼翼、充满耐心，不想走到最后一步，但对手出其不意地亮出了那张英国一直捂在桌下的牌。最后通牒态度坚定、用意明确，但通牒的条款根本无法让人接受，完全是有意立刻挑起战争。最后通牒要求驻扎在南非共和国边境的英军立刻撤离；1898年抵达的所有部队立刻离开南非；目前海上的增援部队不得登陆，立刻返回；如果四十八小时内得不到令人满意的答复，"南非共和国政府将不得不遗憾地认为英国政府正式宣战，南非共和国政府对此不负有任何责任"。在整个英国境内，这个蛮横的最后通牒引起了嘲笑和愤怒。第二天，即10月10日，米尔纳针对此通牒进行了回复：

> 1899年10月10日，英国政府极其遗憾地收到了南非共和国政府1899年10月9日发来的电报。对此，我国的回复是：英国政府完全不能接受南非共和国政府的条件，也没有任何商量的可能。

终于，漫长的谈判过后，英国人和布尔人的友谊走到了尽头。谈判期间，有口诛笔伐，也有刀光剑影。事情发展到这个地步，令人非常遗憾。这些布尔人虽然与英国人不是同族，却有一种天然的亲近感。布尔人跟弗里斯兰人一样，生活在沿海地区。无论是思维方式、宗教信仰，还是法律法规，布尔人都和英国人一样。布尔人勇敢无畏、热情好客，具有和盎格鲁-凯尔特人一样宝贵的运动天赋。世界上再没有哪里的人能像布尔人一样拥有令英国人羡慕的身体素质。布尔人对独立的热爱也让人震撼。英国鼓励人们热爱自由，也正在努力践行自由的承诺。然而，双方还是走到了今天。广袤的南非竟然没有两者共存的空间。

在处理双方关系方面，不能说英国完全正确：由维多利亚女王麾下的官员领导、英国人执行的"詹姆森突袭"就是一个例子。此外，英国政府的态度犹豫，对这场毫无正义可言的谈判很耐心地再三询问布尔人的意见。英国的纵容最终烧出了一把大火，但实际上，这个最终演变成大火的小火苗并不是英国能控制的。布尔人对半个国家的人民施行了不公正的待遇，并且决意对他们征税并进行欺辱。外侨已在南非共和国生活了二十几年，早已将这个国家视为自己的家乡。英国为之战斗的绝不是什么小事。

在接下来的几个月里，英国毫无怨言地一直坚持，这本身就能够说明它追求正义。既然这场战争无可避免，那就让双方拭目以待，到底是荷兰人的想法还是英国人的想法能够在这块广阔的土地上得到施行？一个意味着某一种族的自由，而另一个意味着在共同治理下，所有白人享有平等权利。面对一个多民族的国家，就让历史来评判这两种想法到底意味着什么吧。1899年10月11日17时，标志着战争已经打响。这场战争将决定南非的命运，极大地改变英国历史的进程，甚至影响世界历史的进程。这场战争尽管物质方面极其匮乏，但精神层面值得关注和探讨。下面，我就将这场战争讲给大家听。

第 5 章

塔拉纳山战役

1899年10月12日早上，天气寒冷，雾气蒙蒙。驻扎在桑德斯普雷特和福尔克斯勒斯特的布尔士兵踏上了征战之路。这支部队大约一万两千人，全部骑马。部队配有两个炮兵连，每个连配备八门克虏伯大炮。拂晓前一个小时，炮车出发，步兵紧跟在炮车后。整个队伍在山间穿梭，就像一条弯曲的墨线。一个目睹过此景的人说："他们的眼睛在仔细观察，疲惫的脸上满是果断与坚毅，没有恐惧也没有动摇。无论是什么在支撑着布尔人，都必须得说，布尔人勇敢、坚强，就像英国人锻造的钢铁一样。"这些话虽是第二次布尔战争初期所说，可如今，整个英国也必须承认这些话无比正确。英国能否让布尔人心甘情愿诚心地臣服？

　　在这支布尔人组成的部队里，有一千八百人来自比勒陀利亚，其余人来自海德堡、米德尔堡、克鲁格斯多普、斯坦德顿、瓦克斯特鲁姆和埃尔默洛。炮兵来自奥兰治自由邦，配备当时最先进的武器。除十六门克虏伯大炮之外，这支部队还有两门口径六英寸的的克勒索大炮。在战斗初期，这两门克勒索大炮给英军造成了严重损失。除当地人之外，队伍里还有大量来自欧洲的志愿者。大部分德意志人和奥兰治自由邦的士兵编在一起，其余几百个德意志人编在南非共和国的队伍里。一队人马来自荷兰，大约二百五十人。还有一队来自爱尔兰，确切地说是美裔爱尔兰。爱尔兰队伍的人数与荷兰队伍差不多，他们的旗帜以绿色为底，中心带有金竖琴。

　　部队里的布尔人有两类。一类是居住在城镇的布尔人。他们是商人或有公职的人，受过教育，行为举止更文明。这些来自城镇的布尔人比来自乡下的布尔人动作更快、反应更敏捷。他们不说荷兰语，而是说英语。实际上，这些人中还有为数不少的英国人的后裔。另一类是南非大草原上土生土长的布尔人。他们实力强大，人数众多，遗传了布尔人最原始的基因——皮肤黝黑、头发蓬乱、长着络腮胡子，他们自我标榜为"被上帝选中的人"。这类布尔人善于使用枪支，保留着古老的游击战传统，是天生的猎人、神射手。他们做事不拘小节，说话嗓门粗大。尽管英国人跟他们有诸多过节，也受过他们的诽谤中伤，但不得不承认，他们纪律严明，能征善战。

现在，简单介绍一下指挥塔拉纳山战役的南非共和国军队统帅——朱伯特[①]。朱伯特在开普殖民地出生，和克吕格尔一样，是个乡下人。朱伯特坚持认为外来移民不应该拥有权利。朱伯特有法兰西胡格诺派教徒的血统。在他身上，这种基因得到加强和改善，让他拥有了宽容大度的骑士风范，使他备受尊重，甚至对手也会喜欢上他。1881年，在布尔人与英国人的一系列战役中，朱伯特表现出了一位杰出领袖的潜质。他一贯认为南非共和国应该独立。即使是克吕格尔，也曾接受英国政府提供的职位，但他保持了一贯与英国势不两立的态度。朱伯特身材高大、体格健壮，长着一双灰色的眼睛，嘴巴有一半被胡子盖住。他领导的士兵也几乎有跟他一样的性情。这时，朱伯特六十八岁。他虽然不再年轻，但作战经验丰富、狡猾善战。他从不鲁莽行事，也从不好大喜功。他为人沉稳、脚踏实地，一旦做了决定就绝不回头。

除朱伯特率领的南非共和国军队之外，还有两支布尔军出现在纳塔尔。一支来自乌得勒支和斯威士兰。在距离邓迪不远的弗雷黑德，乌得勒支和斯威士兰的布尔人集合。另一支人数更多，大约六七千人。有的来自奥兰治自由邦，有的来自南非共和国。此外，还有席尔[②]率领的德意志部队。这支德意志部队经廷特瓦关、范里宁关，最终穿越德拉肯斯山来到纳塔尔西部肥沃的平原。布尔军的总人数在两万到三万之间。据说，这些布尔人士气高昂，相信通往胜利的路就在脚下，没有什么能阻止他们占领纳塔尔并且打通出海口。有人说是英国的指挥官低估了对手，但我们有足够

---

① 即皮特·朱伯特（Piet Joubert，1831—1900）。——译者注
② 即阿道夫·席尔（Adolf Schiel，1858—1903）。——译者注

的证据表明，英国并不是轻敌，而是太自信了。

现在，再来介绍一下英国的军事部署。乔治·怀特尽管统领全军，但才到纳塔尔不久，所以军事安排由佩恩·西蒙斯负责，由当地行政官员从旁协助。也正是这些地方官员的协助，害了佩恩·西蒙斯。佩恩·西蒙斯的主要任务是守卫莱迪史密斯，但英军的突前据点在格伦科。格伦科距离邓迪火车站五英里，距离莱迪史密斯四十英里。让守军分散驻守尽管很危险，但能够保护比加斯伯格铁路，从而确保重要的比加斯伯格煤矿的安全。

英军每次选择的防御地点似乎都表明指挥官既不清楚布尔军的人数，也不了解布尔大炮的真正实力。如果敌军使用步枪，也许英军还能抵挡一阵儿。但在大炮的袭击下，英军就不堪一击了。格伦科战役就是如此。敌人的炮弹从山上袭来，英军只能弃守。驻守在格伦科的是第一莱斯特团、第二都柏林燧发枪团、第二王属皇家步枪团第一营、第十八轻骑兵团和三个皇家野战炮兵连——第十三连、第六十七连和第六十九连。第一次行动前，第一皇家爱尔兰燧发枪团赶来增援。在格伦科营地，英军共有兵力四千人。

英军主力驻扎在莱迪史密斯，包括第一德文郡团、第一利物浦团、第二戈登高地人团、第一莱斯特团、第二王属皇家步枪团第二营、第二步枪旅，以及前来增援的曼彻斯特团。骑兵包括第五龙骑兵团、第五枪骑兵团、第十九轻骑兵团分遣队、纳塔尔卡宾枪手团、纳塔尔乘骑警察团、边境乘骑步枪团。后来，帝国轻骑兵团[1]前来增援。帝国轻骑兵团的人员组成主要是兰德金矿起义的矿工。炮兵包括皇家野战炮兵第二十一连、皇家野战炮兵第四十二连和皇家野战炮兵第五十三连、第十山地炮兵连、纳塔尔野战炮兵连。炮兵连使用的大炮都是轻炮，在战场上根本起不到太大作用。最后，还

---

① 今约翰内斯堡轻骑兵团。——译者注

有皇家工程兵团第二十三连。纳塔尔全部兵力大概有八九千人，由乔治·怀特直接指挥。刚从苏丹回来的亨特[①]、弗伦奇[②]和汉密尔顿[③]担任中尉。

布尔人的第一轮进攻有四千人参加。如果第一轮进攻被击溃，还会有八千多个布尔人冲上来。处在布尔人和大海之间的英军只有一些当地的志愿者、驻守在科伦索的德班轻步兵团与纳塔尔皇家步枪团，以及一些埃斯特科特的海军志愿者。布尔人火力凶猛、灵活机动。很难解释英军到底是怎样保住纳塔尔殖民地的。布尔人和英国人也许是因为源自同一血脉，所以都犯了相同的错误。英军的过度自信让布尔人有机可乘，而布尔人的过度自信让他们没能立刻攻陷纳塔尔。

1899年10月11日，双方正式宣战。12日，布尔军从北、西两个方向跨过纳塔尔边境。13日，布尔人占领了纳塔尔北部的查尔斯顿。15日，布尔人抵达距离边境线十五英里的一个较大城镇——纽卡斯尔。人们从房子里看到帆布覆盖的牛车在路上绵延六英里。这时，人们才意识到，这不是突袭，而是入侵。同一天，英军指挥部收到消息：一支布尔军已经通过纳塔尔西面的关隘，另一支布尔军从东面的布法罗河朝英军扑来。13日，在布法罗河，乔治·怀特曾进行了侦察，但没有碰到任何布尔军。15日，在布法罗里弗的一个渡口，纳塔尔乘骑警察团的六个士兵被布尔人包围并俘虏。18日，在阿克顿霍梅斯和贝斯特斯火车站，英军骑兵巡逻队遭遇布尔侦察兵。这些侦察兵都是奥兰治自由邦南非先民的后裔。18日，在距离格伦科营地七英里远的哈德斯时令河，英军发现了一支布尔小分队。"乌云正在聚集，不用太久大雨就会倾盆而下。"

终于，两天后，即10月20日3时30分，两军交火。破晓前，在兰德曼斯通

---

① 即阿奇博尔德·亨特（Archibald Hunter, 1856—1936）。——译者注
② 即约翰·弗伦奇（John French, 1852—1925）。——译者注
③ 即伊恩·汉密尔顿（Ian Hamilton, 1853—1947）。下文单独使用"汉密尔顿"的地方，均指此人。——译者注

往范特思渡口的路上，英军侦察队遭到了多伦堡的布尔民兵袭击。英军侦察队得到第二都柏林燧发枪团两个连的增援后，布尔民兵撤退。20日5时，天气晴好，有雾。佩恩·西蒙斯领导全体士兵准备战斗。全体士兵心里清楚，布尔人正朝他们猛扑过来。身穿卡其色军装的英军站成一排，眼睛紧紧地盯着东面和北面马鞍形山峰，想竭力看清山上敌人的踪迹。这些鞍形山峰为何没有英军驻守呢？必须承认，这个原因现在还不清楚。但在一个山谷的一端埋伏着第十八轻骑兵团和乘骑步兵，而另一端有十八门大炮，并且全部填满炮弹蓄势待发。在这个寒冷的清晨，战马焦躁地原地踏步。

倏然间，是敌人吗？一个英国军官手持望远镜聚精会神地看向前方的山坡。军官们一个接一个地抬起战地望远镜看向同一个方向。接着，大家也都看到了什么。在队伍中，一阵低语传开。

塔拉纳山有一条长长的斜坡。在晨光下，斜坡呈现出橄榄绿色。山势向上延展，在山顶形成一个圆形的冠。随着晨雾渐渐消散，在蓝莹莹的天空映衬下，塔拉纳山的轮廓清晰起来。大约两英里半或三英里远的山坡上出现了一群黑点。清晰的天际线因这些移动的人形而变得七扭八歪，影子时而粘在一起，时而又分开，然后……

没有看到烟雾，但一阵呼啸声由远及近，变成了尖锐的哀号。炮弹就像一只只巨型蜜蜂在英军耳边发出鸣叫。但步兵根本没时间理会炮弹，因为他们的任务是绕到塔拉纳山的侧翼与敌人战斗。不管科技如何进步，不管书本上记录了多少战术，最好的计划就是勇气。英军用尽全身的力气，抓住机会直击敌人要害。骑兵绕到敌人的左翼；大炮已经推到前线，上膛，开火；步兵从桑德斯普雷特绕行过去进攻塔拉纳山。英军步兵经过小镇邓迪时，女人和孩子们来到门边、窗前为他们鼓劲。第一莱斯特团和皇家野战炮兵第六十七连留下守卫营地及营地西面的纽卡斯尔公路。1899年10月20日7时，英军的反击已经准备就绪。

英军在塔拉纳山附近渡河。
拍摄者信息不详

有两个重要的军事情况需要说明一下。一是在软土地面，布尔人的炮弹根本不起作用，因为炮弹无法爆炸。二是布尔人的大炮比英军常用的十五磅野战炮射程远。野战炮也许是整个英军里最好的军事装备了。野战炮兵连的第十三连和第六十九连不断接近敌人。开始是三千码[①]，最后只有两千三百码。在这么近的距离下，两个连迅速占领了塔拉纳山的左翼阵地，获得了有利位置。在塔拉纳山东面的一座山上，布尔人开火，但很快被野战炮兵连第十三连的炮火压制。7时30分，英军步兵得到命令向塔拉纳山挺进。他们排好队形，排与排间隔十码。第一排是第二都柏林燧发枪团，第二排是第二王属皇家步枪团第一营，第三排是第一皇家爱尔兰燧发枪团。

　　先头的一千码行军经过的是无遮拦的草地。步兵因为棕黄色的卡其军装和枯萎的大草原颜色相近，起到了很好的隐蔽作用，所以到达林地的时候几乎没有伤亡。这片林地位于塔拉纳山长长的斜坡上，是一片落叶松林，覆盖了几百码的范围。在这片松林的左侧，也就是英国行军部队的左侧，是一条长长的峡谷。峡谷的走向几乎与塔拉纳山相垂直，所以峡谷边根本无法找到掩体，英军完全暴露在敌军的火力范围内。敌军将火力集中在松林和峡谷，所以英军只能趴在地上躲避子弹。第一皇家爱尔兰燧发枪团的一个军官曾跟我讲述过，一个受伤的中士想从一个倒地的列兵身上拿走借给他的打火机，但手立刻被子弹打穿。佩恩·西蒙斯腹部中弹，从已经身受重伤的马上跌落下来。但为了守住阵地，他拒绝下山。佩恩·西蒙斯用无尽的勇气牵制了敌人的火力。在整个行动过程中，他一直手持一面红色的信号旗。"攻占塔拉纳山了吗？攻占塔拉纳山了吗？"这就是佩恩·西蒙斯问的最后一个问题。最终，士兵抬着佩恩·西蒙斯撤到后方。在松林边，

---

① 英美制长度单位，1码等于0.9144米。——译者注

佩恩·西蒙斯在塔拉纳山战役中腹部中弹，并在此次战役中阵亡。
绘者信息不详

舍森以身殉职。

　　从此时开始，就像英克曼战役一样，这场战斗变成了一场没有统帅而单纯依赖士兵的战斗。在松林的掩护下，三个团的士兵愈战愈勇，不断向前方逼近。没多久，林边就都是英军了。大家因为穿的都是一样颜色的军装，根本无法分清彼此是哪个团的，所以不可能在激烈的战斗中保持队形。敌人的火力太猛了，英军几乎一度无法向前推进，但在距离敌人一千四百码的地方，第六十九连的炮兵发射榴弹炮，压制了敌军步枪的火力。终于，1899年10月20日11时30分，英军步兵可以再次向前推进了。

　　林子向上几百码的地方是一块空地。人们为了放牛，建了两堵结实的石墙。一堵顺坡而建，通向林地的方向，另一堵与第一堵垂直。敌军占领的是石墙上方的小丘。此时，一支步枪从小丘后面向英军猛烈扫射。为了避开扫射，在第一堵石墙的掩护下，英军列成一队来到了第二堵石墙后。英军从石墙缝隙将子弹自下而上地射向敌人。在敌人密集的子弹下，第二都柏林燧发枪团还无法抬头反击。挤在墙下的大多是第二王属皇家步枪团第一营和第一皇家爱尔兰燧发枪团的士兵。子弹在空中呼啸。英军一旦跨过这堵墙将必死无疑。墙和丘顶之间只有二百码的距离，而要想取得胜利必须拿下小丘。

　　就在此时，躲在墙下的人中有一个军官高喊了一声，十多个士兵弓起身子跟上了他的脚步。这个高喊一声的人就是第一皇家爱尔兰燧发枪团的康纳上尉。康纳上尉身背几杆步枪，带领几个士兵向前冲去，但这点微弱的希望很快破碎。1899年10月20日夜里，康纳上尉去世了。但还有和康纳上尉一样勇敢的人站起来。"冲啊！冲啊！"第二王属皇家步枪团第一营的纽金特[1]喊道。他已经身中三枪，但仍然拖着受伤的身体爬上了那座布满

---

① 即奥利弗·纽金特（Oliver Nugent, 1860—1926）。——译者注

石头的小丘。其他士兵紧跟在纽金特身后。这些身着卡其色军装的士兵从各个方向向前奔跑。不断有人倒下去或发出呻吟。增援部队从后方迅速赶来。让人没想到的是，这时，队伍背后遭到英国队友发射的榴弹炮攻击。炮兵认为，不到两千码的距离是榴弹炮的最佳射程。这真是太令人难以置信了。第二王属皇家步枪团第一营的冈宁上校和许多勇敢的士兵的生命走到了尽头。有些是被友军炮弹射中，有些是被敌人子弹射中。然而，布尔人在英军面前溜走了。看到丘顶晃动的英军头盔，这些来自大草原的布尔人知道已经失去了这块阵地。

必须承认，这是一场皮洛士式的胜利[1]。英军确实攻占了塔拉纳山，但此外还有什么呢？被英军火力压制的布尔人已经从山顶撤离。关于布尔人的损失，到现在我们也说不清楚。最先占领塔拉纳山的是迈耶[2]领导的布尔民兵。据统计，迈耶带了四千人参加战斗，所以保守估计他的损失是三百人伤亡。英军在塔拉纳山的损失是五十人死亡、一百八十人受伤。在那些死去的人中，有很多人其实可以避免厄运。同一天，勇敢乐观的佩恩·西蒙斯、第二王属皇家步枪团第一营的冈宁、舍森、康纳上尉和汉布罗，以及很多勇敢的人阵亡了。其中，军官的阵亡比例要高于士兵。

行动开始后，一系列突发事件几乎夺走了英军的胜利果实。英国大炮本应该瞄准两个山头之间的史密斯山鞍。当时，布尔人已经溃不成军，正以大约五十人或一百人为一组的队伍撤退，但英军错过了这个使用榴弹炮的绝佳机会。

塔拉纳山的背面有一座古老的铁质结构教堂。和英军交战时，这个教堂被布尔人用作医院。当时，一个人拿着白旗跑了出来。或许是因为英军觉得胜利已经到来，又或许那个人只是想保护紧跟其后的救护队使用的障

---

[1]　西方谚语，意思为代价高昂的胜利。——译者注
[2]　即卢卡斯·约翰内斯·迈耶（Lucas Johannes Meyer，1846—1902）。——译者注

眼法，英军炮兵相信了他，认为双方已经停战，所以在这宝贵的几分钟内没有开炮。如果开炮，英军就不仅是战胜布尔人，而且是击溃他们。时机转瞬即逝。炮兵错误地轰击了己方阵地，又错失了击溃敌人的良机。

同时，几英里外的战场上，人数本就不多的骑兵队也遭受了灾难性的损失，给步兵得来不易的胜利蒙上了一层阴影。毫无疑问，步兵行动本身是成功的，但一天下来，战斗的最终结果让人并不满意。威灵顿公爵[1]曾说过，他的骑兵经常会给他惹麻烦。英国的整个军事战争史也可以证明这一点。这次，英军骑兵又惹了麻烦。为了满足读者的需要，本书只是记录事实。至于孰对孰错，还是留给军事评论家来评判吧。

第二王属皇家步枪团有一个连的乘骑步兵接到命令前去掩护炮兵。其余的乘骑步兵和莫勒上校带领的第十八轻骑兵团部分骑兵，绕过敌人右翼来到敌人后方。如果梅弗是英军唯一的敌人，那么骑兵的行动无可厚非。但要知道，在格伦科周围还有好几股布尔民兵。显然，让骑兵在没有支援的情况下远离主力部队是严重的冒险行为。很快，在沟谷交错地带，这支骑兵部队遭遇了人数占优势的布尔人的袭击。有那么一会儿，骑兵有机会袭击山后布尔人的矮种马，以此来打击布尔人的气焰，但机会还是溜走了。骑兵一度尝试回到主力部队那里，但布尔人正在紧密防守，从而掩护部队撤离。敌人的火力太密集，所以英军骑兵无法撤出。现在似乎只有一条路没被封死，所以骑兵选择了这条路，结果却遭遇了另一支布尔民兵。在无路可退的情况下，骑兵准备战斗。一部分骑兵留在农场，另一部分则占据了一座小丘。

留在农场的是第十八轻骑兵团的骑兵、第二都柏林燧发枪团的一个乘骑步兵连和第二王属皇家步枪团的部分乘骑步兵，大约两百人。在几个小

---

① 即阿瑟·韦尔斯利（Arthur Wellesley, 1769—1852）。——译者注

时内，他们都受制于布尔人猛烈的炮火。炮弹落在农场里，造成了多人伤亡。1899年10月20日16时30分，在完全没有希望的情况下，这支骑兵队伍放下武器投降了。他们的子弹打光了，马也死了，现在被人数占优势的布尔人团团包围。对决定投降的幸存者，我们不应再有一丝一毫的指责，尽管投降的举动很容易招致公众的批评。这支骑兵队伍本是整支队伍的精英，本可于战争结束时在比勒陀利亚庆祝战胜了无畏、狡猾的敌人，但现在他们遭遇了失败，内心苦涩。占据小丘的是第十八轻骑兵团的部分骑兵。他们准备在敌人的侧翼发起进攻，但同样遭遇了布尔人围攻。不过，在诺克斯[①]少将的率领下，这支骑兵队伍成功撤离，付出了六死十伤的代价。白天，这支骑兵队伍吸引了大量的布尔兵力。不仅如此，战斗结束时，他们还带回来几个俘虏。

塔拉纳山战役在战术上是成功的，但在战略上是失败的。这是一场正面交锋的残酷战役，几乎没有侧翼交锋。英军的处境十分糟糕，但上至将军，下到列兵，勇气贯穿整个战斗过程。在塔拉纳山战役中，英军唯一学会的就是知道了交替掩护撤退。布尔民兵从四面八方向塔拉纳山聚集。布尔人使用的重炮比英军炮弹的攻击力强得多。塔拉纳山战役的第二天，即1899年10月21日，敌人大炮的优势尽显。因为塔拉纳山并无任何用处，所以英军连夜从山上撤退到铁路边。

1899年10月21日16时，一门重炮在远处山上开火。大炮射程超过了英军所有大炮。炮弹一发接一发地落在英军营地。历史上，这是克勒索大炮首次亮相。英军一个军官、几个第一莱斯特团的士兵和几个骑兵被大炮击中。幸运的是，几个士兵活了下来。很明显，这里已经不安全了。22日2时，全体官兵转移到了邓迪南面。同一天，英军在格伦科火车站进行军事

---

① 即查尔斯·埃德蒙·诺克斯（Charles Edmond Knox，1846—1938）。——译者注

侦察，发现所有出口都有重兵把守。这支人数所剩无几的英军再次撤到原来的位置。现在，这支部队由尤尔[1]指挥。尤尔认为，部队已经暴露，正处于危险境地，所以他的策略是撤退，并且如果可能，就和莱迪史密斯的主力军会合。

现在，佩恩·西蒙斯和两百个受伤的士兵还躺在邓迪的医院里。尤尔做出了一个痛苦的决定：抛弃他们，前往莱迪史密斯。只要是了解那种处境的人都会赞成这个决定。撤退并不容易。尤尔率领部队行进了六七十英里，走过一片崎岖的山路，穿越遍布敌人的乡村。这次，英军的撤退没有任何伤亡，士气也丝毫没有低落。撤退的成就也许堪比以前任何一次胜利立下的军功。

在乔治·怀特的大力配合下，本次撤退获得了成功。为了保证尤尔顺利撤退，乔治·怀特指挥英军先后在埃兰兹拉赫特和里特方丹与敌军展开了战斗。在纳塔尔乘骑警察团的达特内尔[2]上校巧妙的指引下，邓迪的英军成功撤退。23日，驻守邓迪的部队到达比思，24日到达瓦斯班克时令河，25日到达森迪河。26日早晨，将士虽然满身泥水、筋疲力尽，但精神抖擞地进入了莱迪史密斯。莱迪史密斯的守城部队为他们的归来欢呼。

从塔拉纳山战役开始直到进入莱迪史密斯，这些将士六天没有好好合眼，四天没吃过一顿饱饭。在崎岖的山路上，这支英军行军三十二英里，经受了暴雨的洗礼。在塔拉纳山战役中，邓迪的英军获得了胜利。之后，英军将士付出了艰苦卓绝的努力，用超越常人的毅力艰苦跋涉，到达了莱迪史密斯。他们超强的忍耐精神将会永存，因为所有宝贵的事迹都不会被磨灭。当威灵顿公爵率领的轻装步兵师艰苦行军五十英里到达塔拉韦拉时，英军将士的行为就深深地烙在了人们心中，他们的榜样力量就比成功

---

① 即詹姆斯·赫伯特·尤尔（James Herbert Yule，1847—1920）。——译者注
② 即约翰·达特内尔（John Dartnell，1838—1913）。——译者注

还要重要。这支英军承受苦难的精神和超强的忍耐力，必将激励其他将士在未来的南非战场上做出相同的壮举。

第6章

埃兰兹拉赫特战役和里特方丹战役

英军先是在格伦科给了迈耶迎头痛击，随后又经过艰苦行军从威胁自身安全的无数险境中脱身。与此同时，莱迪史密斯的英军精诚合作，吸引了敌军的注意，保证了邓迪部队撤退路线的畅通。

1899年10月20日，也就是塔拉纳山战役当天，邓迪和莱迪史密斯之间的通讯被布尔人切断了。一支由奥兰治自由邦人、南非共和国人和德意志人组成的骑兵队伍作为布尔民兵主力部队的先锋，在科克的指挥下，经博塔关进入纳塔尔。这支布尔军配备的两挺马克沁-努登费尔德机枪是布尔人在"詹姆森突袭"中夺去的，现在注定要回到英国人手中。而这一次，负责指挥布尔炮兵作战的是精通大炮的席尔上尉。

1899年10月20日晚，弗伦奇将军率领一小支侦察兵队伍确定了敌军的位置。这支侦察队包括纳塔尔卡宾枪手团、第五枪骑兵团和皇家野战炮兵二十一连。1899年10月21日早晨，弗伦奇回到莱迪史密斯。或许是敌人在夜间增派了军队，又或许是前一天弗伦奇低估了敌军的实力，无论什么原因，他带的侦察队都无法与敌人抗衡。听说塔拉纳山的战况后，这支侦察队着急支援邓迪的部队，一大早又从莱迪史密斯出发了。这次，弗伦奇的队伍增加了五个帝国轻骑兵团中队、半个营曼彻斯特团，还有一个纳塔尔野战炮兵连。他们带着几门轻型七磅炮坐上火车出发了。

这批英军正在奔赴战场，心怀激动，满怀情感——一种责任感、一种为正义而战的信念、一种对军队和对祖国的热爱。这些来自兰德金矿的英国人憎恨将重负压在他们身上的人。帝国轻骑兵团的士兵对不公的憎恨像火焰般燃烧着。他们来自各个阶层，有富家子弟，也有受过高等教育的人。这些在约翰内斯堡从事和平职业的人们，现在要用自己的方式抗争了。"詹姆森突袭"留下的污点刺激着帝国轻骑兵团的士兵。这个污点只有用自己和敌人的鲜血才能洗干净。现在，脾气暴躁的奇泽姆[1]负责指挥帝国轻骑兵团。在帝国轻骑兵团里，卡里·戴维斯和桑普森担任少校。他们和奇泽姆一样，宁可在比勒陀利亚蹲监狱，也不愿意去拍克吕格尔的马屁。

1899年10月21日早晨，帝国轻骑兵团回到莱迪史密斯时，一个消息让他们火冒三丈。前一晚，在莱迪史密斯城外，一小队人自称是来自约翰内斯堡的布尔人和荷兰人。这些人询问帝国轻骑兵团的士兵穿什么样的军装，因为他们迫切希望在战场上与帝国轻骑兵团一决高下。这些布尔人与帝国轻骑兵团的士兵来自同一个城镇，彼此相识。其实，这些人完全不必为军装的事纠结，因为夜晚来临时，他们就会近距离地看到帝国轻骑兵团，近到足以看清每个人的脸。

21日8时，弗伦奇率领的部队遭遇了几个布尔人的前哨士兵。布尔人边打边撤，帝国轻骑兵团则紧随其后。远处土褐色的山坡上，布尔人的营帐跃入英军眼帘。帝国轻骑兵团下方就是红砖砌成的埃兰兹拉赫特火车站。20日晚，布尔人就是在火车站过夜的。此时，布尔人从火车站蜂拥而出。帝国轻骑兵团的炮弹飞向火车站。据说，其中一颗落到了布尔人的救护车上。因为英军炮兵使用的还是过时的黑火药，所以烟雾阻挡了英军炮手的视线，从而误炸了布尔人的救护车。英军炮兵对这件事表示遗憾，但救护车上没有伤员。因此，这个失误并没有造成严重的后果。

冒着黑烟的七磅炮很快就遇到了对手。突然，一千码外的山坡上[2]出现了一束光亮：没有烟，只有火焰的跳动和炮弹的尖声嘶鸣。炮弹落在地上发出"砰"的声音。紧接着"砰！砰！砰！"的声响一声接一声地传来。炮弹刚好落在英军的中心位置。愤怒之下，英军的六门小炮上膛，以极限射程齐射出去，但根本伤不到远处的布尔人。又一颗炮弹袭来。弗伦奇绝

---

[1]　即约翰·詹姆斯·斯科特–奇泽姆（John James Scott-Chisholme，1851—1899）。——译者注
[2]　英军炮弹射程根本达不到的地方。——原注

望地放下手中的战地望远镜，因为他清楚地看到己方的炮弹根本打不到对面布尔人的阵地。尽管受到炮弹射程的限制，但这并不代表英军会再次蒙受"詹姆森突袭"失败的耻辱。弗伦奇眯着眼睛仔细思考，很快做出判断：布尔人的人数远超我们。既然敌人的十五磅炮这么精准，那么纳塔尔野战炮兵连就应该避其锋芒。弗伦奇发布了几个简短命令后，整支部队就开始后撤。脱离敌方大炮的射程后，队伍停了下来。电报线被切断了，弗伦奇与莱迪史密斯指挥部进行了电话连线。他向莱迪史密斯的接线员讲述了自己的遭遇，对方表达了同情。弗伦奇并没有无谓地抱怨，只是汇报说之前他觉得只有几百个布尔步兵的地方，现在大约有两千个；之前觉得没有大炮的地方，现在有两门远射程大炮。弗伦奇得到的回复是，会有部队从公路或铁路赶来增援。

很快，援军陆续赶到：首先是性格温和、训练有素、值得信赖的第一德文郡团，接着是性格似火、热情洋溢、作战勇猛的第二戈登高地人团，第五枪骑兵团的两个中队、皇家野战炮兵第四十二连及第二十一连，以及第五枪骑兵团的另一个中队和第五龙骑兵团的一个中队。有了援军，弗伦奇心中立刻有了底气。现在，无论在人数上还是大炮数量上，弗伦奇都比布尔人占优势，但布尔人已经在埃兰兹拉赫特的山上构筑了防线，占据了地理优势。一场恶战即将拉开帷幕。

21日下午，英军开始发起冲锋。在连绵的群山中要准确找出布尔人的位置并不容易，唯一可以确定的是他们就在山上。弗伦奇部计划将敌人诱出。"敌人就在那里，"汉密尔顿对他的士兵说道，"我希望大家可以在日落前将敌人引出来，我知道你们能做到。"士兵笑了，发出一阵欢呼。队伍以分散的队形穿过草原时，身后的两门英国大炮隆隆作响。这两门大炮似乎在告诉布尔炮兵，现在轮到英军来主宰战场了。

弗伦奇计划采取正面和侧翼攻击，但难以决定由哪支队伍发起正面攻击，哪支队伍从侧翼攻击。事实上，只有尝试了才能知道，谁更适合从哪路进攻。乔治·怀特率部从莱迪史密斯赶来增援，但拒绝接替弗伦奇手中的指挥权。乔治·怀特就是这么有骑士风度。他没有因埃兰兹拉赫特的胜利而将功劳据为己有，尽管他这样做无可厚非。相反，他为塔拉纳山战役的失败承担了全部责任，尽管当时他不是战场上的指挥官。现在，乔治·怀特亲眼看着才华出众的弗伦奇中尉排兵布阵。

21日15时30分，行动开始了。英军前方是两座连在一起的山峰，而较低的那座山没人防守。步兵打破了原来的密集队形，分散着向较低的那座山进发。越过第一座山后，他们看到的是一个宽阔的、碧草如茵的山谷。从山谷通向山顶的斜坡长而缓。绿色的斜坡却是一条通向死亡的路。此时，斜坡上方的乌云正在聚拢，将阴影投在双方士兵身上。在大自然的风暴到来前，总有一段宁静的时光。英军将士脚踩大地，发出"刷刷"的声音。背着的枪支与身体摩擦发出"沙沙"的声音。悬在天空的巨型黑云也给进攻前的气氛增添了一份肃穆。

在距离布尔人四千四百码处，英军开炮了。黑黝黝的山体方向很快传来布尔人无烟火药的回应。在这场战斗中，虽然双方并不势均力敌，但勇气可以战胜一切。英军的炮弹一发接一发地射出。布尔人的大炮所在地，爆开了一枚炸弹，散发出一阵烟雾。一阵短暂密集的炮火袭击后，布尔人的两门大炮哑火了。此时，英军炮兵开始用榴弹炮轰炸山脊，以便为前进的步兵扫清障碍。

弗伦奇计划让第一德文郡团从正面吸引布尔人的火力，让第二戈登高地人团、曼彻斯特团和帝国轻骑兵团在侧翼发起助攻。然而，在机动、分散的布尔人面前，所谓的"正面"与"侧翼"根本没有什么意义。本来从左翼发起的攻击现在变成了正面，第一德文郡团则发现自己刚好在布尔人的右翼。最后的冲锋时刻，大雨倾盆而下，如浪般拍在士兵的脸上。英军穿过湿滑的草地，发起了最后的冲锋。

倾盆大雨中，布尔人密集的毛瑟枪子弹带着尖锐的呼啸声从山顶倾泻而下。前面的英军倒下去，后面的英军立刻顶上。山丘的海拔最高点在八百英尺左右。英军想到达山顶，还有一段路程。山的一侧有一处斜坡，但坡势高低不平。前行的步兵一会儿进入低处躲避，一会儿又在枪林弹雨中穿行。在这条行军路线上，随处是卡其色军装的身影，有的已经死去，有的还在痛苦中呻吟。第二戈登高地人团的一位少校因为腿部被子弹射中，所以正坐在地上抽烟斗。向前冲锋时，帝国轻骑兵团的奇泽姆上校因为手中挥动着一条醒目的带子，已经身中两枪。

行军路线太长了。这座山丘尤其考验人的意志。还在低处时，士兵趴在地上大口喘气，冲锋之前，他们赶紧再猛吸一口气。与在塔拉纳山战役中一样，他们几乎无法保持队形。在长长的山脊上，曼彻斯特团、第二戈登高地人团和帝国轻骑兵团勇敢向前。为了减少伤亡，这些英格兰人、苏格兰人和生活在南非的英国人，以分散队形行军。现在，他们终于可以瞥见前方巨大的岩石中布尔人的破旧毡帽和靠在步枪杆旁的布尔人长满络腮胡子的脸。

英军稍事停留，等到大家聚在一处，便猛地向布尔人扑去。一些布尔人举起步枪投降了，还有一些在岩石中间双手抱头，四散奔逃。此时，这些攀爬者大喘着粗气站在山的边缘。战斗中，两门喷火的布尔大炮周围躺着死去的炮手。一个受伤的军官站在路边，他就是著名的德意志专业炮手席尔。还有一小拨的布尔人仍在负隅顽抗。"他们身穿黑色罩袍，就像穿着破烂的商人一样，"一个目击者说，"杀死他们轻而易举。"有些布尔人投降了，有些被当场击毙。此时，布尔人的领袖科克，那个留着白胡子的老绅士，躺在石头中间，身上三处中弹。科克受到了礼貌的关心和对待，但几天后，他还是在莱迪史密斯的医院里死去。

战斗规模扩大后，第一德文郡团占领了山的右侧。大炮运上了山，距离布尔人只有两千码了。第一德文郡团遇到的阻力不大。在山顶，英军进行了搜查，发现布尔人已经逃下山去。现在，整个山脊都被英军占领了。

然而，这些顽强的布尔士兵并没有被彻底击败。有些人在绝望中逃到了高地边缘，从岩石后面向英军开枪。为了第一个缴获布尔人的枪支，曼彻斯特团的一个军官和第二戈登高地人团的一个中士展开了一场竞赛。军官杀死一个布尔人后，跳起来奔向布尔人的步枪。其他团的士兵也都冲了上来。突然，英军耳畔响起意为"停火"和"敌人投降了"的号声。英军开始高喊、欢呼。但这个号声让人有些意外，有些不可思议。号声再次响起，清晰、急促。带着一种本能，英军开始慢慢后退。接着，有些人想到了真相：狡猾的布尔人学会了英国的军号。一个小号兵尖着嗓子喊道："投降是假的！"号兵用尽所有力气吹响了意为"前进"的号角。英军将高地团团围住。布尔人的营地上倒着一支白旗，这表明战争还没有结束。在微弱的光线中，第五枪骑兵团和第五龙骑兵团冲向撤退的敌人。他们击毙了很多布尔人，还抓了二三十个俘虏。

"这就是马尤巴山战役的代价！"一些步兵高喊着冲向敌人。从某种程度上说，埃兰兹拉赫特战役是马尤巴山战役后英军的翻身仗。当然，在埃兰兹拉赫特战役中，英军的人数比马尤巴山战役时布尔人的人数要多，但马尤巴山战役时布尔人的防御部队人数不少，并且当时英军没有大炮。事实上，马尤巴山的地势比埃兰兹拉赫特要险峻得多。每个有作战经验的士兵都知道，防守缓坡比防守陡坡要容易得多，因为陡坡下面的岩石可以为进攻者提供掩护，而守军只能伸着脖子向下看。总之，这场漂亮的胜仗可以说极大地恢复了英军的自信。埃兰兹拉赫特战役还表明，英军和布尔士兵一样勇敢。埃兰兹拉赫特战役的胜利是一次军事壮举。英军将士在塔拉纳山战役、埃兰兹拉赫特战役和马尤巴山战役中表现出来的勇气，都值得钦佩。

埃兰兹拉赫特战役的胜利比之前的邓迪战役有更多值得关注的地方。在行动中，两门马克沁－努登费尔德机枪造成的杀伤力有目共睹。现在，它们能再次为英军所用，更是让人欢喜。在埃兰兹拉赫特战役中，布尔人死伤二百五十人，被俘两百人，损失最惨重的是约翰内斯堡人、德意志人和荷兰人。科克、科斯特[①]、席尔、安德列斯·比勒陀利乌斯，以及很多著名的南非人都成了英军的俘虏。英军的伤亡情况是四十一人死亡，二百二十人受伤，与塔拉纳山战役的伤亡情况相仿。第二戈登高地人团和帝国轻骑兵团损失最严重。

英军在布尔人临时营地的马车里度过了一夜。由于黑漆漆的夜空一直下着小雨，睡觉是不可能的。一整晚，疲惫不堪的士兵都在搜山、将伤者抬进营帐。篝火点起来了，英军和俘虏围坐在篝火旁，愉快地回忆着最温暖的角落和最好吃的食物。英军的赞赏和同情，缓解了布尔人战败的痛苦。这份记忆将会永远留在这些沮丧的布尔人心里。有时，美好的回忆可能比政治家硬要将两个民族合而为一的想法更可贵。

显然，将布尔人从铁路沿线清理干净后，乔治·怀特不会继续留在埃兰兹拉赫特。乔治·怀特知道大批布尔军正从北面向纳塔尔扑来，而现在的首要任务是保卫莱迪史密斯。1899年10月22日一大早，这支打了胜仗的疲惫军队回到莱迪史密斯。一抵达莱迪史密斯，就传来消息说，尤尔并不想利用已经遭到破坏的铁路撤退，而是打算通过公路辗转前来。乔治·怀特的主要任务是对莱迪史密斯进行严防死守，同时狠狠打击北面来的布尔军，防止布尔军阻挠尤尔撤退。24日，在里特方丹，乔治·怀特与布尔军展开战斗。里特方丹战役不是为了保障莱迪史密斯的英军的安全，而是为从邓迪

---

① 即赫尔曼·科斯特（Herman Coster，1865—1899）。——译者注

返回的尤尔及其军队保驾护航、扫清障碍。

　　埃兰兹拉赫特战场上被击败的奥兰治自由邦军队只是布尔军的先头部队。现在，更多奥兰治自由邦的布尔民兵已经跨过纳塔尔边界，打算从东、北两个方面切断邓迪和莱迪史密斯之间的通信。乔治·怀特率领部队从莱迪史密斯城出发，前去阻止奥兰治自由邦军队跨过纽卡斯尔公路。这次，乔治·怀特率领的部队包括第五枪骑兵团和第十九轻骑兵团、第四十二皇家野战炮兵连、第五十三皇家野战炮兵连、第十山地炮兵连、第一德文郡团、第一利物浦团、第一格罗斯特团、第二王属皇家步枪团第二营，以及帝国轻骑兵团和纳塔尔志愿军，总兵力四千人左右。

　　在距莱迪史密斯七英里远的地方，布尔人占据了一排小山。其中，人们最熟知的一座是延塔因约尼山。总是在敌人选择的地点作战，并不明智。因此，乔治·怀特并没有计划将布尔人赶出这排小山，而是将他们牵制在原地，以保证尤尔顺利撤退。为了达到这个目的，英军并没有直接进攻，因为这时大炮的作用更大。24日9时到13时30分，零零散散的行动一直持续着。布尔人的大炮非常精准，但还是被英军的野战炮压制住了。布尔士兵被炮兵的榴霰弹打得无法前进。布尔人的大炮比在埃兰兹拉赫特战役中更容易被发现，因为这次他们用的是黑火药。第一格罗斯特团不小心误入了开阔地带。威尔福德上校和五十名将士被敌人用步枪交叉火力击中。如果不是这样，英军整个行动的损失可以说是微不足道。

　　10月21日到24日，第二戈登高地人团的迪克–坎宁安①上校、帝国轻骑兵团的奇泽姆上校、第二王属皇家步枪团第一营的冈宁上校和第一格罗斯特团的威尔福德上校都因冲在前方而或死或伤。24日下午，乔治·怀特穿过危险的比加斯伯格山鞍。截至目前，乔治·怀特完成了自己的目标，确保了

---

① 即威廉·迪克–坎宁安（William Dick-Cunyngham，1851—1900）。——译者注

邓迪部队的安全。最后，他将兵力撤到了莱迪史密斯。

我们无法确定布尔人的损失。英军有一百零九人伤亡，但受伤的人中，只有十三人是致命伤。一百零九人中六十四人属于第一格罗斯特团，二十五人是在纳塔尔征召的士兵。第二天，在莱迪史密斯，所有纳塔尔英军集结。从此，战役也进入了一个崭新的阶段。

在第一周双方激烈交火后，我们有必要盘点一下战果。布尔军尽显战略优势，使英军在邓迪立足不稳，把邓迪部队赶到了莱迪史密斯。布尔人占领了纳塔尔北部四分之一的土地，并且控制了铁路，造成英军六七百人伤亡，俘虏了大约两百名英军骑兵，迫使英军丢弃大量物资和伤员。在被俘期间，英国将军佩恩·西蒙斯去世。尽管如此，英军仍然具有战术优势。英军缴获了两门大炮，俘虏了两百个布尔士兵，使布尔军的伤亡数与英军的伤亡数相差无几。总之，在这周的战斗中，两军势均力敌。然而，艰苦的一周即将来临，伤亡人数也将比第一周要多得多。

第7章

伦巴德丘战役和尼科尔森山鞍战役

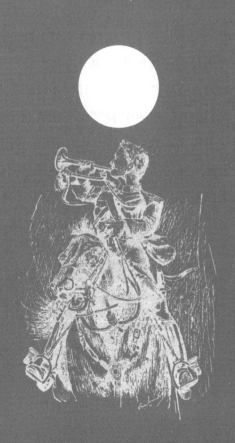

现在，与邓迪部队会合后，乔治·怀特指挥的是一支大约一万两千人的强大部队。骑兵包括第五枪骑兵团、第五龙骑兵团、第十八轻骑兵团部分兵力和第十九轻骑兵团、纳塔尔卡宾枪手团、边境乘骑步枪团、部分乘骑步兵和帝国轻骑兵团。步兵有刚从塔拉纳山撤回来的第一皇家爱尔兰燧发枪团、第二都柏林燧发枪团、第二王属皇家步枪团第一营，在埃兰兹拉赫特浴血奋战的第二戈登高地人团、曼彻斯特团和第一德文郡团，还有在里特方丹战役中作战的第一莱斯特团、第一利物浦团、第二王属皇家步枪团第二营、第二步枪旅和第一格罗斯特团。现在，乔治·怀特有六个优秀的皇家野战炮兵连：十三连、二十一连、四十二连、五十三连、六十七连、六十九连和第十山地炮兵连。任何一个将军都希望自己的部队人数众多、士兵骁勇善战。

从一开始，乔治·怀特就知道自己的战术必须是防守，因为英军人数上不占优势，任何一次失误都可能给整个纳塔尔殖民地带来灭顶之灾。在埃兰兹拉赫特战役和里特方丹战役中，乔治·怀特不得不主动出击。但现在，主动出击就显得没有必要了。乔治·怀特知道，在大西洋上，援军正日夜兼程从英吉利海峡赶往佛得角。大约两周，也许最短一周内，援军先头部队就能抵达德班港。因此，现在，乔治·怀特要做的就是保存实力，等待援军到来。只要挖好战壕并且在原地等待，纳塔尔的英军就有最好的结局。

但对真正的将士来说，这种做法太过温和，并且极不光彩。有这支优秀的队伍撑腰，乔治·怀特不会无动于衷地缩在原地。10月27日，布尔人靠近莱迪史密斯。据说，布尔人还在从四面八方赶来。朱伯特及其主力军正穿越邓迪赶往莱迪史密斯。奥兰治自由邦的士兵也从北面和西面扑来。如果朱伯特率领的南非共和国军队和奥兰治自由邦军队合在一起，人数虽然无法确定，但无论如何会远超莱迪史密斯守军，并且战斗力可能比预期还要强。英军已经尝过布尔人炮弹的滋味，不会继续认为他们不善于使用大炮了。主动出击，离开莱迪史密斯的后果严重，因为布尔人机动性强，可能会绕到莱迪史密斯后面夺取城池。尽管如此，乔治·怀特还是决定冒险一试。

29日，布尔人向莱迪史密斯聚拢。在一座高山上的岗哨里，一个英国哨兵看到东面和北面至少有六顶布尔人的营帐。弗伦奇率领骑兵对布尔人进行了侦察，随后发来报告说，乔治·怀特如果要打击敌人，最好趁各路布尔军尚未会合之前立刻动手。莱迪史密斯的伤员被送去了彼得马里茨堡，平民也没有参战。29日晚，朱伯特距离莱迪史密斯只有六英里了。虽然布尔人切断了莱迪史密斯城内的供水，但克勒普河水量丰沛，正好流经莱迪史密斯。因此，莱迪史密斯城内并没有发生饮水危机。英军给一只侦察气球充满气升到了空中。这只侦察气球让生活在大草原的布尔人惊奇万分。气球侦察到，敌人的军队已经来到了莱迪史密斯附近。

乔治·怀特派出了最优秀的两个团——第一皇家爱尔兰燧发枪团和第一格罗斯特团。在第十山地炮兵连的协助下，借着夜色，两个团准备夺取尼科尔森山鞍。尼科尔森山鞍在莱迪史密斯北面大约六英里处。这支向尼科尔森山鞍进发的英军大约有一千人。关于这支部队的命运，我们在后面会详述。

1899年10月30日5时，布尔人将加农炮拖到莱迪史密斯北面的一座山上开火了。不过，布尔人开炮之前，英军已经离开莱迪史密斯，准备与他们一较高下。

乔治·怀特的兵力分成了三股。左翼与其他部队距离遥远，由第一皇家爱尔兰燧发枪团的卡尔顿率领前往尼科尔森山鞍。与卡尔顿同行的是埃迪少校。右翼是格里姆伍德率领的一个旅，包括第二王属皇家步枪团第一营、第二营，第一莱斯特团，第一利物浦团和第二都柏林燧发枪团。中路是汉密尔顿率领的第一德文郡团、第二戈登高地人团、曼彻斯特团和从德班港乘火车赶来参战的第二步枪旅第二营。除步兵之外，汉密尔顿还有六个炮兵连。弗伦奇率领的骑兵和乘骑步兵在最右翼，但几乎没有机会发挥作用。

从目前的情况来看，布尔军的地理位置更具优势。布尔军的火力集中在距莱迪史密斯大约三英里的锡格纳尔山上。山上有两门四十磅炮和三门轻炮。随着战事的推进，布尔军得到增援，大炮不仅门数增多，射程也更远了。现在，乔治·怀特还看不出布尔人的兵力部署。英国哨兵通过望远镜向西看去，发现在锡格纳尔山下的开阔地带，布尔人的乘骑步兵来来回回地巡逻。也许炮兵正围在大炮边上，也许布尔军的指挥官正聚精会神地注视着山下的莱迪史密斯。不过，布尔人注定只能看看这座城市了。莱迪史密斯前方暗褐色的平原上有几条细长的曲线。偶尔闪过的钢铁光芒，表明汉密尔顿和格里姆伍德的步兵正在行军。在这个晴朗、寒冷的清晨，远处一列火车正喷着烟雾前行。这列火车从弗里尔出发，经科伦索桥，正向莱迪史密斯驶来。

英军一连串的仓促行动并没有经过慎重考虑，结果当然不尽如人意。但当时还很难说这场战役的走向到底如何。布尔人的防线大约七八英里长，防线上的山丘像一连串的堡垒，形成了一个巨大的半圆，而英军的进攻则呈弧形。布尔人半圆形防线的优势，可将火力集中在一点。30日一大早，英军的四十二门大炮发起猛攻，但可能是阳光折射的缘故，炮弹投得不精准。据说，因为非洲大草原空气洁净、光线折射太强，所以炮弹投不准也很正常。

英军的炮火并不是集中在一点，而是在一段时间内对准布尔人半圆形防线的不同点开火。有时，布尔人的火力不强，只是发出夸张的"隆隆"声而已。不过，布尔人发射大炮的准确度倒是因为训练提高了不少。布尔人的巨型炮弹——在战场上爆炸的最大威力的炮弹——从远处袭来时，英国的十五磅炮非但根本无法拦截，反倒被笼罩在一片烟雾和火焰中。

佩普沃斯山上巨大的克勒索大炮从四英里的地方发射九十六磅重的炮弹。敌人四十镑榴弹炮的射程也比英军的野战炮射程远。

30日这一天，英军花了巨大的代价认识到，大炮并不是只靠人的力量和美好的愿望就可以顺利运抵阵地的；布尔人已经接触了更先进的武器——这也是英国军需处的耻辱；在这次战斗中，布尔人不仅用到了最大的炮，还用上了最小的炮。为什么是英国的炮手，而不是英国军需处的官员率先听说了维克-马克沁这种只有一磅重的"恶魔之炮"呢？维克-马克沁炮弹爆炸时就像一串巨型爆竹，带着一连串"砰砰"的爆炸声，在英军将士的身边炸响！

7时，英军还没想到办法压制敌人，因为敌人的战线太长，又占领了多处小山，所以很难摸清敌人的主力在哪里，也不知到底应该进攻还是继续侦察。这时，布尔人决定对格里姆伍德率领的右翼发起进攻。在野战炮、维克-马克沁炮、步枪的掩护下，布尔军迅速向格里姆伍德右翼包抄过去。英军中路部队派了一个接一个的团去增援格里姆伍德。第二戈登高地人团、第一德文郡团、曼彻斯特团和三个炮兵连被派去帮助格里姆伍德解除危机。第五枪骑兵团也被当作步兵派去支援。

9时，战斗暂停。很明显，这是因为有布尔民兵携带武器进入前线。之后，战斗继续，激烈程度比之前增加了一倍。格里姆伍德只能放弃之前守了五个小时的山脊而撤退。这次撤退并不是因为格里姆伍德的部队无法继续守住阵地，而是因为坐镇莱迪史密斯的诺克斯上校给乔治·怀特传来消息说，布尔军似乎要从左侧进攻莱迪史密斯。格里姆伍德的部队撤退时毫无章法，穿过空旷地带时损失惨重。如果不是皇家野战炮兵第五十三连冲到前面，为掩护步兵撤退，在短距离内发射了榴霰弹，也许格里姆伍德的部队损失会更惨重。在布尔人九十六磅巨型炮弹的轰炸中，在令人防不胜防的炮轰中，在布尔人步枪的交替开火中，英军炮兵将炮口对准敌人，左右开弓，在火花与轰鸣中将无数马匹和敌人放倒在战场上。终于，撤退任务完成。英军步兵安全地走下山脊后，完成掩护任务的大炮又调整方向瞄准布尔人开火。皇家野战炮兵第二十一连和第十三连一起使用交叉火力掩护了步兵撤退。

当时，乔治·怀特必定是进退两难。他唯一的选择就是退回莱迪史密斯，集中精力守住此城。英军左翼部队战况未明，唯一的消息就是五英里外传来的炮火声。英军右翼部队已经被迫撤回。最危险的是，莱迪史密斯受到威胁，而守在城里的只有第二步枪旅。如果布尔人强攻莱迪史密斯就糟了。布尔军的大炮的射程也为他们攻占莱迪史密斯提供了便利。可怕的克勒索大炮射程远，威力惊人，现在正准备将炮弹射向撤退的英军。对正在撤退的英军来说，这门克勒索大炮简直就像噩梦一般。一旦布尔人开炮，英军的撤退很快就会演变成溃退。看见英军正加快撤退的脚步，莱迪史密斯的军官将目光投向炮弹袭来的方向，忧心忡忡：离莱迪史密斯还有几英里路呢！平原毫无遮蔽，怎样才能掩护他们安全撤退呢？

就在此时，惊喜出现了。侦察兵看到的火车喷着烟雾越来越近，在陡坡上因载重过大而发出"吱吱嘎嘎"的声音。在莱迪史密斯，火车还没停稳，一队留着络腮胡子的人下来了。在奇特的海军号声中，这些人用绳子将细长的大炮连拉带拽地拖出火车，送上马车。这种马车是海军上校斯科特[1]发明的。士兵齐心合力将十二磅速射炮运向战场。最终，大炮运抵指定位置，准备射向山上的敌人。两门大炮对布尔人的克勒索大炮的轰炸予以还击。此时，疲惫万分、士气不振的英军听到一声轰响，声音比英国的战地炮更大、更尖。紧接着，他们看到远处布尔人的克勒索大炮所在的位置冲起一股烟雾和火焰。一发，两发，三发……终于，布尔人那边沉寂下来。

---

① 即珀西·斯科特（Percy Scott, 1853—1924）。——译者注

已经满身泥污的英军相继回到莱迪史密斯。在伦巴德丘战役中，英军损失三百人。然而，更大的不幸还在等待着他们。与这场不幸相比，1899年10月30日早上的撤兵根本无足轻重。

　　接下来，让我们跟随乔治·怀特派出的卡尔顿的英军来看看他们不幸的遭遇。卡尔顿所率部队的任务是阻止布尔军会合，同时牵制从邓迪赶来的布尔主力军的右翼部队。虽然乔治·怀特在第二次布尔战争中展现出独特的个人魅力，但对一个指挥者来说，让卡尔顿率领的部队离开主力部队过远很可能是危险的。乔治·怀特是一个不折不扣的乐观主义者。如果不是这样，在接下来的黑暗日子里，他也许无法承受围城之苦。乔治·怀特没下达破坏纽卡斯尔铁路的命令，只能眼睁睁地看着布尔人占领邓迪。之后，乔治·怀特又让莱迪史密斯处于无人防守的状态，在没有精心准备的情况下，与布尔人开战。最终，英军被迫撤回莱迪史密斯城内。很遗憾，上面说的每一件事都让纳塔尔的局势越来越糟糕。但现在说什么都于事无补了。乔治·怀特一直在努力扭转局势，但最终还是错失了扭转局势的机会。无论是在邓迪还是在莱迪史密斯，由于布尔人动作迟缓，英军本来有机会摆脱厄运。

　　乔治·怀特将尼科尔森山鞍战役失利的责任揽到自己身上。任何一个公正的历史学家都会认为乔治·怀特不必这样自责。毫无疑问，失利的直接原因是英军运气不佳，外部因素更是乔治·怀特无法掌控的。卡尔顿率领的英军成功的前提是英国主力军在伦巴德丘取得胜利。乔治·怀特本可以在伦巴德丘战役中增援右翼部队，将布尔军牵制在中路和尼科尔森山鞍之间。只有这样，卡尔顿率领的这支孤立无援的部队才有可能回到主力部队的怀抱。但如果伦巴德丘战役失利会怎样呢？五英里外卡尔顿率领的这支孤立无援的部队又会怎样呢？这支部队能摆脱困境吗？据说，卡尔顿得到保证，只要坚持到1899年10月30日11时，任务就结束了。如果乔治·怀特可以在伦巴德丘战役中取胜，卡尔顿的任务自然就结束了。然而……

卡尔顿的队伍包括第一格罗斯特团的四个半连、第一皇家爱尔兰燧发枪团的六个连和携带了六门七磅炮的第十山地炮兵连。在塔拉纳山战役前十天，即1899年10月10日，第一皇家爱尔兰燧发枪团赶来参战。第一格罗斯特团和第一皇家爱尔兰燧发枪团的士兵都是从印度来的老兵。尼科尔森山鞍战役由第一皇家爱尔兰燧发枪团的卡尔顿指挥，埃迪少校是他的参谋。卡尔顿曾为英军从邓迪成功撤退贡献良多。1899年10月29日晚，卡尔顿率领一千人的部队走出莱迪史密斯。将士看了全副武装的同伴最后一眼，甚至还和外围的警戒哨说了一两句俏皮话。

这是一个没有月亮的夜晚。崎岖不平的道路两旁是黑黢黢的山峰。卡尔顿率领的部队在黑暗中摸索前行。第一皇家爱尔兰燧发枪团在前，大炮和第一格罗斯特团在后。队伍几次停下来确定方位。最后，在黑漆漆的寒夜中，大约是凌晨，这支部队离开大路。前方漆黑的地方有一座山丘，这就是卡尔顿要守卫的尼科尔森山鞍所在的山丘。意识到已经接近指定位置时，卡尔顿和埃迪少校一定长舒了一口气。这时，队伍离尼科尔森山鞍还有两百码的距离。接下来发生的事情影响了卡尔顿这支部队完成任务，也决定了他们的命运。

在微弱的光线下，五个人骑着五匹马飞奔向前。没有人知道这五个人从哪里来，到哪里去。也许是因为任务紧急，也许是出于惊恐，这五人根本没发现卡尔顿率领的部队。第一皇家爱尔兰燧发枪团的一个中士打出了一发子弹。有人高喊："上刺刀！"驮着弹药的骡子受到惊吓跳了起来。要拽住两匹受惊的骡子，就算是大力神赫拉克勒斯恐怕也无法做到。骡子蹦跳着、摇晃着，挣脱了缰绳，惊慌失措地逃走了。接着，几乎所有骡子都受到了惊吓。士兵试图拽紧缰绳，却是徒劳。

骡子左冲右突，士兵被这些疯狂的骡子撞倒、踩踏。在黎明的微光中，卡尔顿的部队被冲得七零八落，仿佛受到了布尔骑兵的攻击一样。这时，士兵才意识到降临在他们身上的不幸有多严重。疯狂的骡子朝着远方疾驰而去，带走了弹药筒、大炮和加农炮。一门山地炮因为没有绑在车上，被骡子带跑了。拉炮的车四分五裂，剩下的弹药筒横七竖八地散落在路边。大多数骡子朝着莱迪史密斯的方向去了，留下这支部队面对糟糕的局面。

人们当然要问，卡尔顿既然丢了枪支弹药，为什么不趁着夜色回到莱迪史密斯呢？对这个问题，卡尔顿立刻就会给出他的答案。首先，一个好的士兵应该忠于职守，遇到困难重整旗鼓，而不是放弃执行任务。如果卡尔顿放弃任务撤回莱迪史密斯，那么他的谨慎保守也极有可能招致大众的批评，同样会引来不满。一个训练有素的士兵要善于抓住机会，在有限的条件下做到最好。其次，卡尔顿和埃迪少校了解战斗的全盘计划。也许在几个小时之内，战事就会扩大。如果撤兵，那么乔治·怀特将军的左翼就会暴露在北面和西面敌军的眼前。现在我们知道，这两支敌军一支来自奥兰治自由邦，另一支是来自南非共和国的约翰内斯堡警察团。卡尔顿希望可以坚持到指定时间，并且坚信队伍可以坚持到那个时候。正是出于这些思考，卡尔顿决定继续向山顶爬，随后占领了尼科尔森山鞍。

然而，当卡尔顿爬上山顶时，他的心猛地一沉。山顶空间太大了，大到他所指挥的军队根本无法进行有效防御。这块地方长约一英里，宽四百码，外形看起来像一只靴底。卡尔顿觉得只有靴跟的地方有可能进行防御，周围其他地方都可以为布尔士兵提供掩护。但这没什么可惧怕的！卡尔顿立即着手让士兵用石头搭建防御工事。1899年10月30日早晨，布尔人枪响前，卡尔顿部队的防御工事已经初步建好。只等援军一到，他们就可以结束任务了。

然而，怎么让援军知道自己的糟糕处境呢？没有信号器，又怎么能发出求助信号呢？有人尝试用一个亮面的饼干盒将光线反射到莱迪史密斯的信号器上，但没有成功。他们重金收买了一个科萨人帮忙传递信息，但此人一去不回。在这个晴朗、寒冷的早晨，莱迪史密斯的观察气球就挂在卡尔顿部队的南面。远处传来"隆隆"的炮声，那是乔治·怀特在率领英军战斗。如果卡尔顿率领的部队能够吸引到观测气球的注意就好了！但他们只是徒劳地挥动着旗子，得不到主力部队任何回应。

现在，布尔人包围了尼科尔森山鞍。1899年10月30日5时，双方开始交火。1899年10月30日6时，战斗激烈起来。1899年10月30日7时，战斗依然胶着。第一格罗斯特团两个连守在靴跟处的一道矮墙后，防止布尔人靠近靴跟。一支布尔人小分队从大约一千码外的地方开火，企图突破第一格罗斯特团的防线。子弹向英军袭来，射到石头垒起的矮墙上。第一格罗斯特团的两个连想要撤退，却在穿越开阔地带时损失惨重。周围布尔人的火力表明敌人正在慢慢逼近。黑暗中，在石头构成的掩体后，布尔人灵活地移动。因为弹药有限，英军需要减慢子弹的消耗速度，以保证能够持续开火。布尔士兵巧妙地利用各种掩护，很难被射中。"你能看到的，"一个在场的士兵说道，"只有步枪的枪管。"这个早晨变得十分漫长。英军在训练场上一年才用掉一袋子弹，并且总是在测量好的距离内射击暴露的靶子。这种机械训练怎么可能应对灵活、机动的布尔人呢？

在艰难的几个小时内，尼科尔森山鞍的英军一直处在子弹横飞的山上。他们能听到的只有子弹发出的嘶鸣及子弹打在岩石上发出的"咔哒"声。同时，他们能看到南面的战斗异常激烈。在南面战场上，布尔人的大炮在英军的阵地上爆炸，但英军的大炮射程远远不及布尔人的大炮。布尔人的长射程大炮向上扬起四十五度角，将巨型炮弹射向英军阵地。远处步枪的声音渐渐地小了下去。此时，乔治·怀特已经撤到了莱迪史密斯。1899年10月30日11时，卡尔顿和他的部队意识到自己只能听天由命了。

接下来，卡尔顿率领的部队一直在敌人的火力下坚持。随着损失越来越严重，弹药逐渐减少，希望也变得越来越渺茫了。数小时过去，这支部队顽强地在到处是石头的山上坚持了九个半小时。

此前，第一皇家爱尔兰燧发枪团从格伦科长途跋涉来到莱迪史密斯。连续作战让士兵疲惫不堪。有些人在石头后面打起了瞌睡，有些人执着地坐在地上，手里拿着无用的步枪和空子弹袋，还有些人从死去的同伴尸体上捡起弹药筒。明知道取胜的希望渺茫，这些将士到底是为了什么战斗？为了国旗的荣誉、部队的荣耀，还有就是骄傲、勇敢的民族不愿服输的精神。有些人已经做好了为英军的荣誉、为军人的尊严战死沙场的准备，还有人决意率领第一皇家爱尔兰燧发枪团的士兵杀出一条血路。在这场已经注定失败的战斗中，用没有子弹的步枪与看不见的敌人决一死战，但该来的总是要来的。卡尔顿的部队亮出了白旗。到底是怎样举了白旗，是谁举起的白旗，这一切都无关紧要了。

据现场的人说，你永远都不愿见到，也不愿想起那样的场景。憔悴的军官折断了佩剑，大声咒骂他们出生的年代。士兵用双手盖住了脏兮兮的脸，发出阵阵呜咽。这些英军将士可以接受最艰难的考验，却接受不了亮出白旗投降。"神父，神父，我们宁愿战死！"第一皇家爱尔兰燧发枪团的士兵对牧师说道。这些勇敢的士兵报酬不高，也从来没有人向他们表示感谢，但他们依然无私奉献、为国尽忠。

投降已经给卡尔顿率领的部队带来了侮辱和伤害，公众就不必再增加他们的不幸了。尼科尔森山鞍战役后，布尔士兵与英军的友谊跨越了国家间的分歧。我们希望，这份友谊可以治愈卡尔顿这支部队的创伤。此时，布尔人从石头后面跳出来。他们的长相奇特，有着胡桃木颜色的皮肤，留着浓密的胡子。他们取得了尼科尔森山鞍战役的胜利，但在山顶对自己的胜利和对英军的惩罚只字未提。以前，如果有人说布尔人不擅长射击就是对布尔人最恶毒的攻击。但现在，再没有人会说年轻的布尔人不擅长射击了。

英军死伤一两百人。受伤的英军得到了最大限度的人道主义救治。第一皇家爱尔兰燧发枪团的赖斯上尉曾经讲过，他被一个大块头的布尔人扛在背上下了山。赖斯上尉提出要给他金子，但被拒绝了。还有些布尔人只是向英军要了绣花的腰带作为这一天的纪念，因为腰带可以当作家里最珍贵的装饰。

清理完战场，布尔人唱起了圣歌，但唱的不是欢快的歌，而是悲伤的歌。疲惫不堪、衣衫不整的英军俘虏排成一排走向位于沃思科班克的布尔人营地，然后登上开往比勒陀利亚监狱的火车。一个胳臂上包着纱布的第一皇家爱尔兰燧发枪团的号手出现在莱迪史密斯。伤口是尼科尔森山鞍战役留下的记号，不仅是身体上的，更是心灵上的。这个号手带回了消息：两个营的老兵在左翼掩护了乔治·怀特将的主力部队，却付出了全军覆没的代价。

第8章

梅休因的行军

至此，纳塔尔境内的战斗已经历时两周。布尔军咄咄逼人的攻势引起了英国国内媒体的紧张情绪。几乎所有欧洲国家的媒体都在不怀好意地窃喜。无论是因为对英国的憎恨，还是这些国家支持以小搏大的天性，或者是因为莱德无处不在的影响力及其秘密基金的支持，可以肯定的是，此前，欧洲国家的媒体从未如此一致地认为，与布尔人的战争一定会给英国带来沉重打击。这种观点毫无根据，并且完全忽略了英国人不屈不挠的精神。

　　法国、俄罗斯帝国、奥匈帝国和德意志帝国一直对英国心怀敌意。即使德意志帝国皇帝威廉二世亲自到访英格兰并且及时传递亲善之情，也无法挽回其《祖国报》给英国人带来的巨大伤害。英国已经从外国媒体一贯的冷漠中醒悟过来，一定不会被外国媒体的敌意左右。只有竭力扭转战局才是对这些欧洲国家最有力的回击。与此同时，英国获得了美国的同情和一些欧洲国家，如意大利王国、丹麦、希腊王国、奥斯曼帝国和匈牙利的美好祝愿。

　　经过前两周的鏖战，英军现在的处境是：纳塔尔殖民地的四分之一和一百英里铁路线落在了布尔人手里。两周内，英军经历了五次战斗，但没有一次是真正意义上公平的战斗。英军获得了一次明显的胜利，两次势均力敌，一次战败，还有一次灾难性的打击。英军共有一千两百人被俘，损失了一些轻型大炮。一万两千名英军被困莱迪史密斯。布尔军损失两门精良的大炮。还有三门大炮受到重创。纳塔尔再也没有英国正规军能够阻止布尔人获得德班的出海口了。不过，在遥远的大海上，英军的增援部队正在日夜兼程。这支增援部队是纳塔尔领土安全和英国荣誉的希望所在。在开普殖民地，英国忠实的臣民非常清楚地知道，不用多久，奥兰治自由邦的布尔人就会入侵开普。一旦如此，开普殖民地大片土地就会被布尔人占领，而开普殖民地的荷兰人也会倒戈相向。

布尔人费尽心机地困住了莱迪史密斯，但我们必须暂且放下这一事实，来叙述一下西线战事，以便全面了解南非战场。在西线，金伯利城被布尔人围困。为此，梅休因[1]的部队前来解围，但行动并未奏效。

布尔人宣战后，在西线采取了两个重要行动。一个是克龙涅[2]指挥布尔大军进攻马弗京——后面我会单独用一章来详细叙述事件经过；另一个是由韦塞尔斯和路易斯·博塔指挥的以奥兰治自由邦士兵为主的部队攻占金伯利。罗兹赶乘金伯利城被困前的最后一班火车奔赴金伯利，誓与金伯利共存亡。作为德比尔斯钻石矿的建立者和领导者，罗兹希望在人民需要自己时，与人民并肩作战。在罗兹的建议和帮助下，金伯利由凯克威奇[3]中校负责防守。也是由于罗兹的倡议，金伯利准备了步枪和加农炮，用于围城期间的防守。

凯克威奇领导的部队包括北兰开夏郡团[4]四个连、皇家工程兵团部分兵力、一个配备两挺机关枪的山地炮兵连。此外，还有士气高昂、作战灵活的地方武装：开普警察团一百二十人、志愿军两千人、金伯利轻骑兵团的一支部队。金伯利守军将几门轻型七磅炮和八门马克沁机枪安置在山丘上。这些山丘环绕着钻石矿，形成了最有利的防守。

在悲壮的氛围中，一支由警察组成的队伍前来增援金伯利。弗雷堡是贝专纳兰共和国的首都，位于金伯利北面一百四十五英里处。弗雷堡的居民向来对荷兰人有很强的同情心。由于布尔军携大炮攻城，所以弗雷堡失守几乎是一定的。斯科特试图带领地方警察部队组织防御，但因为没有大炮，也没有地方百姓的支持，只好放弃防御，将弗雷堡让给了入侵者。勇敢的斯科特带领部队向南撤退，因自觉失职而在途中羞愧自尽。弗雷堡被

---

① 即保罗·梅休因（Paul Methuen，1845—1932）。——译者注
② 即皮特·克龙涅（Piet Cronjé，1836—1911）。——译者注
③ 即罗伯特·凯克威奇（Robert Kekewich，1854—1914）。——译者注
④ 团长是凯克威奇本人。——原注

布尔人占领后，贝专纳兰共和国正式被南非共和国兼并。布尔人习惯立刻兼并所有入侵的领土，因为这样可以将当地的英国人监管起来，防止他们与布尔人为敌。同时，几千个奥兰治自由邦和南非共和国的士兵包围了金伯利，切断了城内通信。

解金伯利之围，成了英国援军的首要任务。这次解救行动的大本营在奥兰治河。为了向金伯利行军，奥兰治河和德阿尔的部队开始集结物资。尤其是德阿尔，作为殖民地北部的主要铁路枢纽，聚集了大量物资、弹药和给养，以及英国政府从各地征收的几千匹用于运输物资的骡子。守护这些贵重物资，成了最难、最危险的任务。奥兰治河和德阿尔之间六十英里的距离内，分别驻守着第九枪骑兵团、皇家明斯特燧发枪团、第二王属约克郡轻步兵团和第一诺森伯兰郡燧发枪团。三千人的英军守卫着价值两百万英镑的物资，而奥兰治自由邦的先头部队与他们近在咫尺。尽管战斗留下了遗憾，我们还是应该表达对将士的感谢之情。

到1899年10月末，战势对英军非常不利，但很难解释为什么布尔人没有乘胜追击、掌握主动权。英国主力部队集中在奥兰治河铁路桥附近，因为这座桥对英军向金伯利进军十分重要。现在，驻守德阿尔、保护重要物资的只剩下没有配备大炮的第二王属约克郡轻步兵团。如果布尔军指挥官采取激进的策略，那么布尔人这个时候进攻德阿尔就是最好的契机，但布尔人的骑兵没有现身。机会稍纵即逝，布尔人错过的机会不止这一个。11月初，英军放弃了科尔斯伯格和瑙普特，将全部精力集中在守卫德阿尔上。第二伯克郡团携带九门战地炮前来增援第二王属约克郡轻步兵团。伍德将军尽最大努力利用周围的小丘进行布防。一周的时间里，德阿尔看起来勉强安全了。

11月10日，双方爆发第一场冲突。高夫上校率领第九枪骑兵团的两个中队、第一诺森伯兰郡燧发枪团的乘骑步兵、皇家明斯特燧发枪团和北兰开夏郡团，以及皇家野战炮兵连，侦察了奥兰治河以北的区域。在贝尔蒙特东面十五英里左右的地方，高夫上校跟踪了一支配备一门大炮的布尔分遣队。

为了弄清布尔军主力的位置，英国侦察队需要接近一个遍布布尔神枪手的山丘。巨石后面突然传来致命的枪响，被击中的六人中有四人是军官。这个数字足以说明布尔人的射击是多么精准，也证明了衣着显眼的英国军官是多么危险。好在在之后与布尔人的战斗中，这种鲜艳的穿着已被改换。苏丹战场上军功卓著的第一诺森伯兰郡燧发枪团的基思-福尔克纳上校被击毙了，同时丧生的还有北兰开夏郡团的伍德将军。第一诺森伯兰郡燧发枪团的霍尔和贝文受伤。驻扎在德阿尔营地的英军迅速乘火车前来击退了布尔人。当时，这支侦察队正身处险境，因为一支人数占优势的布尔军就在侦察队的侧翼。英军返回营地。虽然预想的目标没有实现，但对骑兵侦察来说，这也是常有的事。

12日，梅休因开始在奥兰治河召集军队，解金伯利之围。1885年，梅休因曾在贝专纳兰指挥过一支人数很多的非正规骑兵部队，因而有了一些南非作战的经验。现在，当年英勇无惧而享誉军中的梅休因五十五岁了。

在奥兰治河逐渐集结起来的军队虽然人数不多，但实力不容小觑。这支军队包括一个卫兵旅：第一苏格兰燧发枪卫兵团、第三榴弹兵卫兵团、第一科德斯特里姆卫兵团和第二科德斯特里姆卫兵团。此外，还有第二王属约克郡轻步兵团、第二北安普敦团、第一诺森伯兰郡燧发枪团、北兰开夏郡团的部分兵力[1]和海军旅的炮兵及水手。骑兵有第九枪骑兵团和几个乘骑步兵分遣队。炮兵包括皇家野战炮兵第七十五连和第十八连。

在行军途中，这支金伯利救援部队吃尽了苦头。无论是军官还是士

---

[1]　此时，北兰开夏郡团的主力部队正坚守在金伯利。——原注

兵都没有帐篷，白天要面对炙热的太阳烘烤，夜晚还要承受极寒的天气。1899年11月22日破晓时分，这支大约八千人的英军踏上了命运多舛的征程。到金伯利只有不到六十英里的距离，但部队中没有一个人会想到这次行军将会多么漫长，等待他们的命运又是多么残忍。1899年11月22日黎明时分，在贝尔蒙特，梅休因发现了布尔人的踪迹。当天晚上，威洛比·弗纳上校进行了侦察，并且准备在第二天早晨发起攻击。

布尔人有两三千人，在人数上并不占优势。虽然布尔军所处的地理位置易守难攻，但英军绝不会容许布尔人来威胁补给线。在通往金伯利的路上，有两排陡峭的小山，山势绵延起伏。布尔人正藏在石丛中静待英军。经过几周的准备，布尔人挖了很多深坑用作防御。深坑里的布尔人相对安全，外面的平地都在布尔人的步枪火力范围内。美国记者拉尔夫①在英国人与布尔人的战斗中起到了积极的联络作用。他曾向我描述过那些如野兽洞穴般的深坑。坑里有草和食物，彼此独立。每个坑里都有一个虎视眈眈、作战能力极强的布尔士兵。"布尔人如同巢里老鹰窥视猎物一样，等待着英军"，拉尔夫用这样的词语向我描述。布尔神枪手藏在深坑里，嘴里嚼着肉干和玉米。

1899年11月23日黎明，贝尔蒙特战役开始了。这是一场古老的英式战斗，是士兵与士兵的战斗。战役规模不大，但要面对布尔人致命的武器。英军无声无息地慢慢接近长得像野人一样的布尔人。他们没吃早餐，把饥饿变成了动力。无论是阿让库尔战役还是塔拉韦拉战役都表明，不吃食物可以唤醒士兵勇往直前的精神。第一诺森伯兰郡燧发枪团的一位军官一提起他手下的士兵就滔滔不绝。战斗中，他用明显的北方口音高喊道："布尔人就在那里！让他们下地狱去吧！开火！"冉冉升起的太阳散发出金

---

① 即朱利安·拉尔夫（Julian Ralph, 1853—1903）。——译者注

光，英军咬紧牙关迅速向山上攀登。有人倒下去了，有人登上了山顶，有人在欢呼，还有人咬牙切齿地咒骂布尔人。

梅休因本来计划从正面和侧翼同时发动攻击，但因为榴弹炮无法发挥作用，并且布尔人又极其灵活机动，所以放弃了侧翼进攻，变成了完全的正面进攻。这场战役被分成了几组独立的行动，不同的英军分别攻击不同的山丘。有些行动是成功的，有些是失败的。根据伤亡反馈记录，这场战斗中伤亡最多的是第三榴弹兵卫兵团、科德斯特里姆卫兵团、第一诺森伯兰郡燧发枪团和第一苏格兰燧发枪卫兵团。勇敢的士兵一个接一个地倒在了斜坡上，但他们的同伴还是登上了制高点。在绝望中，布尔士兵坚守阵地，向猛攻上来的英军开火。即将抵达一个深坑时，一个年轻英国军官被布尔人的步枪打碎了下巴。卫兵旅的布伦德尔将一个水瓶递给一个受伤的布尔人，却被这个暴徒用枪打死。某处，布尔人举起了白旗，但英军离开掩体时遭到敌人的攻击。《清晨邮报》的奈特[①]成了敌人两面三刀的受害者。奈特中弹失去了右臂。举白旗的人被逮住了，但英军表现了强烈的人道主义精神，并没有将这个人当场处决，因为他们明白，因少数人的错误而谴责整个民族并不公平。

在贝尔蒙特战役中，英军付出了高昂的代价：五十人死亡，两百人受伤。布尔人的伤亡数字跟英方差不多。像英国人与布尔人之前的多场小规模战斗一样，物质损失是其次的，最重要的是胜利鼓舞了士气。英军认为，俘虏了五十个布尔人才是贝尔蒙特战役最大的收获。大多数布尔人从容地骑马撤离，只留下小部分枪手阻击追赶的英军骑兵。梅休因因为缺乏骑兵和炮兵，所以并没有乘胜追击，进一步扩大战果。英军放弃追击，让布尔人非常张狂。撤退的布尔士兵中有一人在马上回过头来，伸出手指放

---

① 即爱德华·弗雷德里克·奈特（Edward Frederick Knight, 1852—1925）。——译者注

贝尔蒙特战役。
绘者信息不详

在鼻子上表示对胜利者的嘲笑。尽管这么做让他暴露在半个营的英军火力之下，但他在做这个动作时，很可能已经知道，就英军现在的步枪射击技术来说，半个营的火力都不太可能射中他。

1899年11月23日，贝尔蒙特战役胜利后，在贝尔蒙特营地，英军过了一夜。24日一早，英军开始向大约十英里外的格拉斯潘进发。恩斯林平原四周的山丘跟贝尔蒙特山丘一样危险。由第九枪骑兵团和里明顿侦察兵团组成的侦察队伍虽然人数不多，但骑术精湛。侦察兵回来报告说，恩斯林平原周围的山丘已经有布尔军的重兵把守。金伯利救援部队面前出现了更大的考验。

英军沿着从开普敦到金伯利的铁路线行军。沿途被布尔人破坏的铁路已经修好，完全可以允许配备了舰炮的装甲列车掩护救援部队行动。1899年11月25日6时，英军炮兵用舰炮和战地炮轰炸恩斯林平原周边的山丘。这场战役的教训之一就是榴弹炮的火力完全不如预期。那些理论上根本无法防守的地方，则一次次地证明，布尔人克服了重重困难牢牢地守在那里。那些对榴弹炮威力充满自信的人再也无法用经验说话了。在恩斯林战役中，只能直线射击的榴弹炮根本毫无用处，必须设计出能够曲线发射的大炮，来对付那些藏在岩石之间和掩体后面的布尔士兵。

在第二次布尔战争的半数战役中，榴弹炮的表现都无法让人满意，在恩斯林战役中更是如此。现在，一个独立的山丘成为英军炮兵的主要攻击点。在这个山丘上，布尔人花了很大力气做准备。英国人用大炮扫射了这个山丘，搜索着每一个可能埋伏步枪枪手的角落。炮兵连至少发射了五百发炮弹后，步兵得到命令向前推进。在这次战役中，之前在贝尔蒙特战役中发挥了巨大作用的卫兵旅被当作后备军。在大炮的掩护下，第一诺森伯兰郡燧发枪团、第二北安普敦团、北兰开夏郡团和第二王属约克郡轻步兵团从敌人右翼开始进攻，很快就夺取了布尔人的战壕。

夺取山丘的任务落在了海军旅的水手和海军士兵的肩上。最终，海军旅经历了常人无法承受的磨难后，成为胜利者。海军旅行动之前，英军大炮已经狂轰滥炸了山丘。现在，海军旅迅速攻上山坡，但遭遇了布尔人可怕的火力。每一块石头后面都喷射出步枪的火花。在强大的火力下，英国前锋部队被打压下去。一个目击者曾经这样写道："子弹激起的大量沙石几乎淹没整个海军旅。"有那么一阵儿，海军旅退到掩体后喘息了一会儿，马上又咆哮着开始向上冲锋。海军旅一共只有四百人，其中包括两百名水手和两百名海军士兵。海军旅虽然在冲锋中损失惨重，但还是勇敢地向上攻去。

　　这些英勇的军官有些还是海军军校的在校生。普罗瑟罗上尉倒下前还在高喊："誓死拿下山丘！"最后，海军登上这座"杀人峰"时，有三名军官和八十八名士兵阵亡。仅仅几分钟，海军的损失将近一半。穿着蓝衫的水手仅有十八人伤亡。这次行动中，海军伤亡数字占英军伤亡总数的一半。海军用生命捍卫了军人的荣誉和声望。

　　恩斯林战役尽管没有重创布尔军，但扫清了通往金伯利的道路。英军将士用生命拿下了山丘。布尔人的伤亡数字也许不及英军的一半。由于骑兵力量薄弱，英军无法追击敌人、缴获枪支。1899年11月23日到1899年11月25日，在南非的炎炎烈日下，英军将士进行了两场精疲力竭的战斗，付出了巨大代价却收获甚微。为什么会这样呢？这个问题值得在英国国内和殖民地进行公开探讨。答案经常会集中在梅休因缺少骑兵、没有马匹运送大炮这些理由上，还有很多不公平的指责，直接指向英国陆军部。但我们必须知道，缺少骑兵也好，没有马匹运送大炮也罢，问题的关键是布尔军十分灵活机动。

　　参加贝尔蒙特战役和恩斯林战役的布尔人主要是从雅各布斯达尔和福尔史密斯征召而来的民兵，还有一些来自博斯霍夫。著名的克龙涅正率领南非共和国民兵从马弗京赶来支援。贝尔蒙特战役和恩斯林战役的俘虏因克龙涅没能及时赶来指挥作战而表达了强烈的失望。有证据表明，恩斯林战役中，如果布尔人的援军及时赶到，那么梅休因解救金伯利的努力很可能付诸东流。英军右翼的侦察兵报告说，有一队人数众多的布尔骑兵正在靠近，并且占领了英军右后方的一座山丘。很明显，这支布尔军所在的位置对英军造成了威胁。梅休因派威洛比·弗纳率领卫兵旅的士兵前去阻击。勇敢的威洛比·弗纳运气不佳，在返程途中因坐骑受惊而受了重伤，但他拦截敌人的任务已经完成。穿越平原的卫兵旅阻击了布尔援军，使他们无法援助恩斯林的布尔军。这支布尔援军只能眼睁睁地看着恩斯林防线被攻破。第二天，即1899年11月26日，这支布尔骑兵向北撤退，参加了之后的摩德河战役。很快，在摩德河战场上，梅休因的军队就会与他们兵戎相见。

22日，梅休因的部队从奥兰治河出发。23日，梅休因的部队参加了贝尔蒙特战役，25日又参加了恩斯林战役。对白天的烈日和夜晚的寒冷，英军没有任何准备。水不多了，水质也偶尔得不到保障。部队亟需休息。因此，25日晚上和26日全天，梅休因的部队都在恩斯林休整。27日，才继续向金伯利行军。

一大早，这支风尘仆仆的英军继续穿越非洲大草原向金伯利前进。经过一天的行军，1899年11月27日晚上，在克洛普方丹的河边，英军休息。整整一天，英军都没有碰到布尔人。将士多么希望两次连续的胜利已经摧毁了布尔人的战斗意志，多么希望之后的行军路上不再遭遇布尔人。然而，了解克龙涅作风和性格的人不这么想。不得不说，后者对局势的判断更客观。现在，克龙涅在西线战场，朱伯特则在东线战场。接下来，有必要介绍一下著名的布尔领导人克龙涅。

克龙涅六十三岁，久经沙场，是一个皮肤黝黑、内心冷酷的人。克龙涅话不多，但异常凶狠，因做事果断而在布尔人中享有较高的声誉。他黑黑的脸上胡子拉碴，显得很有男子汉气概，但他的表情总是冷静温和。克龙涅虽然沉默寡言，但讲话时充满激情和号召力。无论是打猎时还是战斗中，克龙涅的勇气和才华都赢得了布尔人的尊重。1880年的第一次布尔战争中，克龙涅率领布尔人包围了波切夫斯特鲁姆，并对那里发起连续猛攻，即使是英军骑兵也没能阻止他的进攻。最终，克龙涅不顾英国人和布尔人已经签署休战协议这一事实，迫使波切夫斯特鲁姆守军投降。当然，这一行为并没有得到英国政府的承认。

接下来的这些年，克龙涅专心经营农场、饲养牲畜。他深受许多人敬重，却让所有人惧怕。担任国家专员期间，克龙涅留下了难与人相处的名声。"詹姆森突袭"后，克龙涅再次回到战场。他有能力将敌人逼到无路可退的绝境。据说，克龙涅对待俘虏用的都是最残酷的手段。他精明能干、做事果断、极富个人魅力。

此时，克龙涅正率领一支实力强大的援军横穿梅休因的行军路线。克龙涅的部队实力与梅休因率领的英军实力不相上下。布尔人作风硬朗，擅长射击，大炮精良，并且防守严密。英军则是责任心强、组织纪律严密，有着无尽的勇气。现在，这支身着灰色军装、满心要去解救金伯利之围的英军正穿行在土褐色的非洲大草原之上。

英军将士认为，布尔人总喜欢选择在山丘上进行布防。因此，当得知摩德河从平原上蜿蜒流过时，英军之前时刻准备战斗的状态瞬间松弛了下来。但他们太自信了。由于侦察工作不到位，英军根本没发现，一支人数与己方队伍人数不相上下的布尔军已在七英里外集结，并且配备多门大炮。此时的英军根本没想到战斗已经迫在眉睫。哪怕是普通人都知道，在河流区域发起阻击的胜算很小，梅休因当然更了解这一点。因此，将战斗的失利归咎于他并不公平。相反，我们更应该同情这位性格温和、勇敢无畏的将军，因为有人听见他在睡梦中呼喊："要是有两门大炮就好了！"
但如果认为骑兵侦察部门和情报搜集部门都不用为此次轻敌负责，那就
错了。11月28日早晨，英军接到命令立刻开始行军，到摩德河后再用早
餐——对活着享受这顿早餐的将士来说，这真是一个残酷的玩笑。

27日夜里，梅休因的军队得到了阿盖尔郡和萨瑟兰郡高地人团的增
援，补充了前两次战斗中损失的兵力。28日早晨，万里无云，一轮炫目
的太阳从深蓝色的天空中升起。英军将士虽然饥肠辘辘，但行军时精神抖
擞。烟斗里冒出的烟味飘荡在空气中。终于，致命的山丘被抛在了身后，
英军士气高涨。平原走势缓缓向下，前方一条绿色的曲线就是摩德河。摩
德河对岸零零散散地坐落着几间房子，还有一座金伯利商人周末度假的旅
馆。这家旅馆看起来安静祥和，窗户敞开，外面是开满鲜花的花园。但
就在窗户后面的花园里，死亡之神正悄悄靠近。那个身材矮小、皮肤黝
黑，正倚门站立、透过望远镜紧紧地盯着英军的不是别人，正是危险的
克龙涅。

克龙涅的军事部署非常原始，但异常巧妙。与平常的河岸军事部署
不同的是，他把队伍安排在河岸两侧。英军这侧的河岸安排的是克龙涅不
太信任的部队，因为在这些非亲信部队的掩护下，他的子弟兵可以及时撤
离。克龙涅的部队利用斜坡地形挖了战壕，所以尽管地处平原，但更安
全。布尔军配有几门重炮和不少机枪，包括一门火力凶猛的大型机关炮。
大炮置于河流的远端，不仅有炮坑为其掩护，还有好几排备用炮坑。一旦
大炮的位置被英军发现，炮体就可以立刻撤到另一处。一条宽阔的河流、
一排排战壕，加上一排排备用战壕，还有守卫严密的房子和占据了有利地
形的远射程大炮，这些都对英勇的英军构成了极大的威胁。布尔人设置的
战线长达四五英里。

对军事生疏的读者心里可能都会有一个疑问："为什么是在这个位

118

置受到攻击？英军为什么不从平原高处渡河，那里并没有不可跨越的障碍呀？"现在只能这样解释：英军对布尔人的部署知之甚少。战斗打响时，撤退已经来不及了，因为在一千码范围内的开阔平原上，撤退比就地反击更危险，并且很可能带来灾难性的后果。既然已经身处险境，那么最明智的选择就是突破重围。

在旅馆的花园里，皮肤黝黑的克龙涅正等待英军进入布尔人预先埋伏好的地点。英军步兵正在大草原上列队前行。这些可怜的士兵已经跋涉了七英里，心里正惦记着摩德河岸边的早餐。28日6时45分，英军队伍前方的枪骑兵遭到了布尔人的火力攻击。英军的早餐被布尔人的进攻搅黄了！炮兵得到命令，准备还击。卫兵旅在右翼，第九旅在左翼，阿盖尔郡和萨瑟兰郡高地人团负责左右两翼的联络。步兵向前方致命的火线冲去——四英里外，布尔人的步枪、加农炮、机关枪同时开火。此刻，英军才意识到他们已经卷入一场非常激烈的战斗。

在距离布尔战壕七百码远的地方，卫兵旅的士兵才明白自己已经身处险境。第九旅大约九百人身处一个缓坡上，根本无从寻找掩护。前方有一片地方显得异常宁静。除了河流、房屋与旅馆，没有人影，也没有烟尘，只是偶尔出现一丝火花。一切平静得似乎被人遗忘了一般。突然爆出的声音让人感到恐惧和震惊。虽然英军已经习惯了大炮的隆隆声、震耳欲聋的马克沁机枪的咆哮声和毛瑟枪发出的"啪啪"声，但自动速射枪发出的"嗖嗖"射击声还是让他们感到恐惧。在一阵暴风雨般的炮弹攻击下，第一苏格兰燧发枪卫兵团的马克沁机枪哑了。布尔人的炮弹和核桃一样大小，可以十几个同时飞过来。一旦被击中，人和机枪立刻就被摧毁。空中到处是步枪射出的子弹。子弹激起的沙石让人感觉像在其中沐浴一样。前进是不可能的，但就这么撤退太不光彩了。英军将士趴在地上，脸紧贴着地面。如果碰巧有个蚁丘，哪怕没法给人提供掩护，他们心里都会暗自庆幸。在英军面前，布尔人用步枪进行了一轮又一轮的扫射。英军步兵也开火了。虽然扫射一轮接一轮，但到底射向谁呢？偶尔有人抬起头来瞄一眼七百码外的战壕和石头，根本看不到有人的迹象。这一天，英军将士领略到了无论用多少颗子弹都找不出一个敌人的感觉。

英军骑兵发挥不了作用，步兵根本无力还击，唯一管用的就是大炮了。当其他武器都不奏效时，将士们通常把希望寄托在大炮身上，因为大炮通常不会让人失望。现在，皇家野战炮兵第七十五连和第十八连冲到了前线。大炮发出轰隆隆的声音，射程是三千码。四千码外还有两门舰炮，但舰炮的火力根本不及对面布尔人的重炮。当时，梅休因一定像威灵顿公爵祈祷黑夜降临一样，祈祷能够拥有更多大炮。然而，祈祷一般不会得到回应。

就在此时，一个炮兵连突然出现在英军后方。谁也不曾料到会有一个炮兵连出现。疲惫不堪的战马喘着粗气。累死的战马尸体记录了这个炮兵连的行军路线。炮兵一路小跑赶到前线，现在满身尘土、全身湿透。这是皇家野战炮兵第六十二连！听到前方战斗的声音，他们经过二十小时三十二英里的行军，拼命赶到了火线。他们的表现与在斯皮切伦战役中解救了德意志步兵的德意志炮兵相差无几。

现在是大炮与大炮之间的对决，唯有最优秀的炮手能够胜出！英军的十二门野战炮和舰炮对战布尔人隐蔽的加农炮。战场弹雨纷飞，从英军头顶呼啸而过。皇家野战炮兵六十二连的士兵不顾长途奔波和疲累，立刻将土色的十五磅炮运到战场，但这些大炮有半数都在布尔人步枪的射程内。因此，拉着大炮的马匹成了布尔人射击的焦点。在摩德河战役中，英军东西两翼本应采取一致的战略，但由于距离遥远，双方根本无法联络。这一事实表明，在摩德河战役前，布尔人的统帅做了十分缜密的安排。"从马车上卸炮弹时，"一个炮兵军官说，"敌人射中了一个车夫和两匹马。我

摩德河战役。
绘者信息不详

自己的马也倒下了。当我们组装炮弹时，我身边的一个炮兵头部中弹倒在了我的脚下，还有一个士兵也中枪了。紧接着，敌人的炮弹就飞了过来。"加农炮的咆哮声震耳欲聋，但英军炮兵逐渐占据了优势。前方随处喷射火花的地方变得安静了。布尔军的一门重炮撤出战场，另一门重炮向后撤退了五百码，但战壕里布尔人的火力毫无减弱。

1899年11月28日整个下午，战斗处于非常奇特的状态。大炮无法前进，也无法后退。步兵无法前进，也无法后退。右翼的卫兵旅没有取得任何进展。由于里特河几乎与摩德河呈直角汇入摩德河，卫兵旅根本无法接近布尔人的阵线。1899年11月28日一整天，卫兵旅都在太阳的炙烤下，子弹像冰雹一样从头顶呼啸而过。"子弹密集得就像电报线一样。"一个通信兵这样说道。士兵有的闲聊，有的抽烟，还有很多人睡着了。英军把步枪放在身下，以防枪杆被太阳晒烫。子弹不时发出沉闷的声响——那是它们击中了人的身体。接下来，就会有一个人喘着粗气或抽搐着脚。此时，英军的伤亡数字并不大。借助小小的掩体，大多数子弹只是从头顶飞过而已。

最终，左翼部队取得的进展让英军成为摩德河战役的胜利者。左翼有足够的空间可以利用。第九旅分散开来，向摩德河下游布尔人的防线靠近。第九旅找到一个布尔人的火力不太致命的地方，准备渡河后发起进攻。第二王属约克郡轻步兵团和北兰开夏郡团——或者只是这两个团的一部分人——成功渡过了摩德河。随后，第一科德斯特里姆卫兵团和阿盖尔郡团赶来增援。早些时候，科德林顿[①]率领一支卫兵部队曾试图在右翼取得突破。但最终，他们毫无办法突破，只能撤退。在左翼，英军发现了一条渡河路线，士兵因此蜂拥而至。北兰开夏郡团的科尔里奇少校喊道："小

---

① 即阿尔弗雷德·科德林顿（Alfred Codrington，1854—1945）。——译者注

伙子们，谁要下河去捕水獭？"说完，科尔里奇少校就跳进了河里。在炙热的太阳下烤了一天的士兵跳进河里时是多么开心呀！他们在河里激起水花，游向对岸。卡其色的军装紧紧地贴在英军身上！有些人跌进了水洞，但牢牢抓住了同伴扔过来的绑腿，从而获救。大约1899年11月28日15时，在布尔人的右翼，一支强大的英军站稳了脚跟，并牢牢掌控了战局。

此前，从英军右翼寻找突破口时，科德林顿曾大喊道："嘿，这里有条河！"结果，他们却发现这根本不是摩德河，而是里特河。梅休因在战报中说："我本来以为随处都可以渡过摩德河。"读到这样的字眼，不由让人震惊。这些粗浅的想法让英军付出了如此沉重的代价。将士艰难地渡过了摩德河。如果指挥官清楚地知道该做什么，那么摩德河战役就不至于打得如此艰难了。但不得不说，梅休因身上大无畏的精神和坚定不移的决心给部队树立了最好的榜样，激励将士勇往直前。再没有哪个将军能像他一样愿意把自己的身心都放在士兵身上了。

漫长、疲惫、炎热又饥肠辘辘的一天快要结束了。布尔人开始从战壕里撤退。英军炮兵发出榴霰弹用于搜寻敌军。因为担心自己的大炮受到伤害，布尔军等到夜晚降临，就偷偷把加农炮运走了。1899年11月29日早晨，当焦急的梅休因率领疲惫的士兵准备再战时，却发现整个村庄已经人去屋空，徒留空空的毛瑟枪弹药筒表明顽强的布尔人曾在那里作战。

梅休因恭喜部队获得胜利时说："这是英国在南非战史上最艰难的一次胜利。"同样的用词也出现在了他的战报中。挑剔一个在战斗中受伤的将军如何措辞可能有点吹毛求疵了，但要说摩德河战役可以与作战人数相仿的阿尔布埃拉战役或英克曼战役媲美，就算是稍稍了解历史的学生也会觉得滑稽可笑。在阿尔布埃拉战役或英克曼战役中，英军死伤人数达五百人，活下来的胜利者多是被抬下战场，而不是自己离开战场。摩德河战役虽然激烈，也算是殊死搏斗，但与这两场战役相比，仍然是无法相提并论的。

不过，摩德河战役的一些特征还是让它有别于其他上百场中规中矩的战斗。摩德河战役是英军一周内在西线进行的第三场战斗。在受到敌人火力攻击的前十个小时到十二个小时内，在热带的骄阳下，将士滴水未进，身体虚弱无力。这是英军第一次在空旷地带面对现代步枪和机关枪的火力。与英军在阿尔马战役和法国军队在滑铁卢战役中一样，正面攻击根本无法取得胜利。这也是梅休因和士兵们都觉得摩德河战役是第二次布尔战争中打得最艰难的战役的原因。

由于现代速射武器无情的子弹和炮弹袭击，战役的难度已经超出了人类能承受的极限。如果不是侧翼部队渡河后站稳了脚跟，那么英军根本不可能取得摩德河战役的胜利。摩德河战役再次证明：面对意志坚定、掩藏在有利位置的布尔士兵，再好的炮兵都无能为力。还有两点值得一提，一个是皇家野战炮兵第六十二连的行军记录无人能及，还有一个是英军炮兵从布尔人那里学会了使用火炮掩体。只要大炮的位置不固定，敌人就很难定位它。

摩德河战役的胜利归功于阿盖尔郡和萨瑟兰郡高地人团、第二科德斯特里姆卫兵团和炮兵连。在四百五十人的伤亡名单上，有一百一十二人来自作战勇猛的阿盖尔郡和萨瑟兰郡高地人团，还有六十九人来自第二科德斯特里姆卫兵团。英国陆军部内一长串的伤亡名单让人心痛无比。布尔人的损失很难估计，因为他们在整场战斗中极其隐蔽。根据比勒陀利亚的官方数据，在这次漫长的殊死战斗中，只有一个布尔人受伤。虽然从某种意义上来说，隐瞒伤亡数字可能是布尔人的策略，但这种做法并不高尚。可以肯定的是，在摩德河战役中，布尔人的伤亡数字不会比英军少很多，并且几乎都是大炮袭击造成的伤亡，因为在这场战斗中，几乎没有多少布尔士兵出现在英军的视线中。

漫长而激烈的摩德河战役结束了。克龙涅趁着英军匍匐在地上躲避子弹、疲累后睡觉休息的时机，借着夜色，突然撤退了，但他一定异常坚决地期待着在将来的战斗中与英军一较高下。

第9章

马赫斯方丹战役

一周内，梅休因的部队已经参加了三次战斗，死伤大约一千人，差不多是总人数的十分之一。如果有证据表明布尔人的士气已经严重受挫，那么梅休因一定会立刻奔赴二十英里外的金伯利。然而，梅休因收到的消息是：现在，布尔人已经退守斯皮方丹，他们斗志昂扬，并且得到了来自马弗京的布尔民兵支援。在这种情况下，梅休因别无选择，只能让士兵原地休息等待增援。如果不能彻底挫败人数越来越多的布尔军，即使抵达金伯利，也没有丝毫用处。当时，梅休因男爵一定是想到了第一次解除印度勒克瑙之围时的情形，他绝不允许这样的情景重演。

梅休因的当务之急是加强防守，巩固阵地，因为越深入，部队的补给线就越可能遭到福尔史密斯和奥兰治自由邦南部的布尔人的破坏。身后的铁路线遭到任何破坏都有可能将英军置于危险的境地。因此，加强防守铁路沿线薄弱处是必要之举。事实证明，这种考虑是正确的。1899年12月8日，奥兰治自由邦部队总指挥普林斯卢率领一千骑兵，配备两门轻型七磅炮突然出现在恩斯林，攻击守卫在恩斯林的第二北安普敦团的两个连。他们破坏了几处电缆，捣毁了三百码长的铁路。起初几个小时，戈德利[1]上尉率领的第二北安普敦团受到敌人猛烈攻击，但他们及时向摩德河营地发出求援电报。第十二枪骑兵团和皇家野战炮兵第六十二连被派去增援后，布尔人像往常一样迅速撤退了。十个小时后，通信彻底恢复。

现在，英国增援部队已经抵达摩德河，梅休因的兵力比之前大大增强。值得一提的是，第十二枪骑兵团和骑马炮兵G连的加入，让梅休因在战斗后有可能跟进打击敌人。高地旅也赶来支援，由作战勇敢但运气不佳的沃科普[2]指挥。高地旅包括第二黑警卫团、第一戈登团、第二锡福斯团和第一高地轻步兵团。炮兵的力量也因四门口径五英寸的榴弹炮的到来而

---

① 即亚历山大·戈德利（Alexander Godley，1867—1957）。——译者注
② 即安德鲁·沃科普（Andrew Wauchope，1846—1899）。——译者注

大大增强。同时，加拿大团、澳大利亚团和几个辅助团正沿铁路线从德阿尔向贝尔蒙特进发。英国国内百姓似乎觉得这次英军有条件大步向前行军了，但普通的观察者，甚至军事评论家认为，作为进攻方，英军的武器优势并不明显。在之前的三次战斗中，克龙涅率领的军队为阻止英军前进设置了重重障碍。布尔人相信自己有着坚不可摧的优势地位，加上战斗发生在他们的地盘上，所以主动权掌握在他们手里。因此，对英军来说，形势并不乐观。

1899年12月9日，为了弄清楚前方山丘形成的半圆地带情况如何，梅休因一大早就派出了一支侦察队。侦察队包括骑马炮兵G连、第九枪骑兵团及八十名海军炮兵。侦察队配备了一门由三十二头公牛拉着的口径四点七英寸的舰炮。在平原上，牛车"吱吱呀呀"地向前推进。是谁在前方布满石头的山丘上射击？侦察队员趴在地上，顶着炫目的阳光一动不动。在对面山脊上，五十磅重的立德炸药爆炸，却一个敌人都没有出现。榴霰弹在对面每处缝隙和每条山谷爆炸，还是一个敌人都没出现。远处的山上没有一点回应，也没有一点枪炮的烟雾或火花能让英军捕捉到隐藏在乱石中的布尔人的身影。于是侦察队只好一无所获地返回营地。

每天晚上，一个景象都会让前来救援的队伍感到压力备增：黑暗中，北方的地平线上，危险的群山后面，有一道长长的光束上下跳动，就像闪着寒光的宝剑。光束是金伯利在请求救援，是金伯利正热切盼望着援军到来的消息。德比尔斯钻石矿的探照灯时亮时暗，让人焦虑，也让人心烦意乱。越过克龙涅埋伏的群山，黑暗中，金伯利南面二十英里处也传来一道光束，似乎在回答，也似乎在承诺，又似乎在安慰："放心吧，金伯利！我们在这里！我们有英国做后盾。我们没有忘记你们。也许几天，也许几周，但请相信，我们很快就来了。"

12月10日15时，又一支部队出发了。这支部队计划为英国大部队通过马赫斯方丹一带扫清道路。但这次，这支部队走上了一条艰险之路。这支部队就是第三旅，也就是高地旅，包括第二黑警卫团、第二锡福斯团、阿盖尔郡和萨瑟兰郡高地人团，还有第一高地轻步兵团。第一戈登团因为当天刚刚抵达营地，所以1899年12月11日早晨才出发。此外，第九枪骑兵团、乘骑步兵和所有炮兵也全部开始向前进发。雨下得很大，士兵两人一个毯子，晚上就在湿冷的地上宿营。离英军三英里的地方就是布尔人的阵地。1899年12月11日1时，在黑暗中，英军将士没有食物，全身湿透，顶着小雨前去袭击可怕的布尔人。

天空中云层低垂，雨一直下个不停。高地旅排列成纵队前进：第二黑警卫团在前，第二锡福斯团居中，其他两个步兵团殿后。为了防止夜晚有人掉队，四个团排成一个方形部队，以密集队形向前行军。最左侧一列士兵手里握着绳子以保持队形。这支运气不佳的部队深一脚浅一脚地向前走。到哪里去，要干什么，士兵完全不知道。不仅普通士兵不知道，连军官也一头雾水。毫无疑问，这个问题的答案只有沃科普知晓。但他很快就阵亡了，再没有机会告诉别人此次行动的目的。当然，其他将士也能感觉到，这次行军如果不是去捣毁布尔人的战壕，就是对布尔人发动袭击。但以这样的队形前进，如果距离敌人太近，会有怎样的后果？我们现在无法得知部队当时为什么要用密集队形行军，也无法知道走在队伍一侧勇猛又经验丰富的长官到底在想什么。有些1899年12月10日晚上看见过沃科普的人提到，当时，沃科普那张愁苦的脸就预示了他的命运。只有一个词能够形容这种感觉，那就是"命中注定"。当时，死神冰冷的手已经慢慢伸向沃科普。

不远处，就是布尔人长长的战壕了。战壕的边缘是支出的枪杆和凶猛的布尔人急切的脸庞。此时，布尔人的双眼正紧紧地盯着这支英军部队。布尔人知道，猎物已经上钩了。此时，在雨水和黑暗中，呈密集队形前进的四千英国大军继续向前，根本不知道死亡和毁灭已经潜伏在了路上。

战斗信号是怎么发出的已经不重要了。也许是布尔侦察兵手中的信号灯发出的一束光，也许是英军队伍里某个士兵拉了拉队列一侧的绳子，也许是队伍中某人率先发出的一枪。可能是其中之一，也可能哪样都不是。事实上，我更愿意相信一个在场的布尔士兵所说的，是连在报警线一端的锡罐发出的声音，让布尔人开火了。

无论是哪种原因，黑暗中，枪声立刻大作，子弹迎面而来，步枪喷射出火花。战斗打响的那一刻，这支英军的统帅可能还在疑惑：这到底是哪里？散开队形的命令已经下达，但士兵还没来得及反应，枪林弹雨就扑面而来，直击队伍的右翼。在致命的步枪齐射下，队形被打得七零八落。沃科普中弹了。他挣扎着想站起来，但还是永远倒下了。曾有人诟病沃科普临死前嘴角的微笑，但他本来就脾气温和，又有军人的勇敢，流言也就消散了。"真是太可惜了！"这是高地旅的一个士兵谈起沃科普时的唯一一句话。

英军向布尔人冲去。在大草原上，愤怒和痛苦的怒吼传出很远，既有惊恐，也有拼死的决心。英军成百地倒下去。有些死去了，有些受伤了，有些被横冲直撞的人群推倒了，这真是一幅可怕的画面。以这样的距离和队形，一颗毛瑟枪子弹就可以放倒很多人。有人向前冲去，却死在布尔人的战壕边上。排头队伍极力挣脱死亡之人和将死之人，拼命想逃离这块不祥之地。在黑暗中，有些人被布尔人的铁丝网缠住。1899年12月11日早晨，有目击者发现这些人像"乌鸦"一样挂在铁丝网上，身上都是子弹窟窿。

高地旅的士兵确实撤退了，但谁又会因此指责他们呢？这支部队因突然受到袭击而处于绝境。冷静思考一下，一个人如果头脑清醒，就知道撤退才是最好的选择。战场上一片混乱。失去指挥后，没有人知道下一步该怎么办。当务之急就是寻找掩体，躲避致命的炮火，因为当时已经死伤六百人了。这支部队遭到攻击时异常惊恐，如果士兵四散开来，再也无法聚合在一处作战，那才是最危险的。

士兵素质过硬，部队也有顽强作战的传统。黑暗中传来沙哑的呼喊："召唤第二锡福斯团、召唤阿盖尔郡团、召唤C连、召唤H连。"应答声也从四面八方传来。1899年12月11日，晨曦微露时，除第二黑警卫团的一个半连之外，在半个小时内，高地旅重新集结。虽然之前受到了沉重打击，人员也四散开来，但英勇无畏的高地旅还是重新集结起来准备战斗。有些人尝试在右翼发动进攻。上去了被打下来，就再攻上去。一支小分队甚至攻到了敌人的战壕，但最终不是被俘，就是鲜血染红了刺刀。大多数士兵只能匍匐在地上，寻机抬起头来朝敌人射击，但敌人的掩体太隐蔽了。一个军官用光了一百二十发子弹，却根本看不到一个敌人。林赛中尉带着第二锡福斯团的马克沁机枪上了火线。最终，林赛中尉的队伍里只有两个人没有中弹。第九枪骑兵团表现得同样出色。最后，第九枪骑兵团只剩下一个中尉在指挥，一个骑兵在战斗。

幸好英军还有大炮。很快，在糟糕的境地中，大炮发挥了作用。现在，太阳还没升起，英军的榴弹炮将立德炸药投向四千码外的敌军阵地。一英里外，皇家野战炮兵第十八连、第六十二连和第七十五连发射榴霰弹，骑马炮兵将大炮射向前线，试图摧毁敌人的战壕。大炮压制了布尔人的步枪火力，让疲惫的高地旅得以片刻喘息。此时，摩德河战役的情形重现了。英军步兵距离布尔人的火力六百到八百码远，无法前进，也无法后退。炮兵让战斗继续，只不过庞大的舰炮只是发出震耳欲聋的声音而已。布尔人明白——敌人最优秀的军事素质就是可以快速学以致用——只要自己躲在战壕里，大炮的威力根本发挥不出来。这些战壕在山脚下大约几百码远的地方。因为炮弹根本找不到战壕准确的位置，所以这一天的战斗

马赫斯方丹战役。
绘者信息不详

中，布尔人伤亡非常有限。

在山脚下几百码的地方挖战壕——克龙涅的这个军事部署非常高明，因为炮兵轰炸的对象往往是高处的物体。普林斯·克拉夫特曾提过一件事：在距离萨多瓦的赫卢姆教堂两百码远的地方，奥地利人用炮弹几乎精准地射中了教堂的塔尖。但现在，在两千码之外，英国的炮弹越过那些看不见的战壕，击中的只是防线后面的山头而已。

原本留下守卫营地的卫兵旅被派来增援。第一戈登团、科德斯特里姆卫兵团第一营和第二营及所有炮兵都朝阵地赶来。同时，有迹象表明，布尔人要袭击英军右翼。第三榴弹兵卫兵团和第二王属约克郡轻步兵团的五个连向右翼移动。巴特[①]率领第二王属约克郡轻步兵团三个连守住了摩德河渡口，防止布尔人渡河。如果这次敌军袭击英军右翼成功，就会直接威胁高地旅的安全。1899年12月11日整个上午，在第三榴弹兵卫兵团和第二王属约克郡轻步兵团到来前，勇敢的乘骑步兵和第十二枪骑兵团都在组织小规模的反击，抵御布尔人的进攻。在掩护高地旅侧翼的这场漫长战斗中，米尔顿少校、雷少校和很多勇敢的士兵阵亡了，但防御战起了相应的作用。科德斯特里姆卫兵团和第三榴弹兵卫兵团的加入，缓解了右翼的压力。第十二枪骑兵团下马作战。枪骑兵已经不是第一次向人们证明，手持现代卡宾枪的骑兵可以在危急关头迅速变成步兵上场杀敌。在突破传统、灵活用人方面，艾尔利勋爵[②]表现出过人的智慧。艾尔利勋爵和他领导的士兵总是出现在战斗最激烈的地方。

就在科德斯特里姆卫兵团、第三榴弹兵卫兵团和第二王属约克郡轻步兵团在右翼抵御布尔人进攻时，顽强的第一戈登团为了给高地旅的同伴报仇，直线行军逼近布尔人的战壕，在没有重大损失的情况下，抵达离战壕

---

① 即查尔斯·圣莱杰·巴特（Charles St Leger Barter, 1857—1931）。——译者注
② 即戴维·奥格尔维（David Ogilvy, 1856—1900）。——译者注

四百码的地方。但仅凭一个团的兵力根本无法攻克阵地，尤其是在兵力损失惨重的情况下，要在白天接近布尔人的阵地是不可能实现的。

在没有得到命令的情况下，受到沉重打击的高地旅撤退了。此时，无论梅休因有什么样的计划，都被彻底打乱了。军队撤退的秩序混乱。对多数人来说，这也算在战火中经受了洗礼吧，毕竟在烈日的炙烤下，士兵已经一整天没有进食了。高地旅撤退时，部分大炮暴露在布尔人的视野中。不过，幸运的是，布尔军作战缺乏主动性，行动迟缓让高地旅逃过一劫。

此时，第一戈登团和第一苏格兰燧发枪卫兵团还在敌人的炮火之下。正是因为他们在前方勇敢坚毅地战斗，高地旅的撤退才没有造成更严重的后果。这两个团的士兵已经非常接近布尔人的战壕了，但后面没有了同伴的支援。高地旅向后撤退了一英里，士兵还没有从刚刚的经历中缓过神来。尤尔特少校和其他军官穿梭在分散各处的队伍里，企图将士兵召集到一起，使他们振作起来。这些可怜又疲惫的人们啊！在烈日的炙烤下，他们的腿都被晒破了皮、起了水泡，膝关节僵硬得无法弯曲，但冲锋的号角传来，高地旅重新加入了战斗。在炮兵的配合下，勇敢的士兵挺过了危险的时刻。

夜幕降临，正面进攻依然无法取胜。让士兵待在布尔人的阵地上毫无意义。克龙涅的队伍还隐藏在战壕中。英军既无法接近战壕，更不可能击败布尔人。有些人认为，只要英军守在这里，布尔人就会像在摩德河战役中一样，一到晚上就撤离战场，给英军让出路来。虽然有人赞成，但我觉得这种想法毫无根据。在摩德河战役中，克龙涅知道他后面还有其他战线可以用来阻击英军前进，所以放弃摩德河战线不会产生大的损失。但在马赫斯方丹战役中，布尔军阵地的后面是平原，放弃这条战线就等于放弃了整个战斗。况且，克龙涅为什么要放弃呢？他已经重创了英军，而英军对他的防线根本无法造成任何威胁。让克龙涅乖乖地放弃有利条件，将胜利的战果拱手让人，这可能吗？我们还是不要在痛苦中哀悼失败，更不要在痛苦中妄想如果再多一点坚持就能扭转败局了。要想夺取布尔阵地，只能采取侧翼包抄的策略，但英军人数不够，又没有机动部队，所以现在扭转战局根本不可能。

1899年12月11日17时30分，不知是什么原因，一整天都没有动静的布尔大炮开始炮轰英军骑兵。炮声响起意味着中路部队必须全面撤退，英军不得不放弃最后一搏的打算。此时，高地旅受到了致命的打击；科德斯特里姆卫兵团受到重创；乘骑步兵也损失惨重。只有第三榴弹兵卫兵团、第一苏格兰燧发枪卫兵团和两三个辅助团可以组织新的进攻。只有在为数不多的情况下，如萨多瓦战役，将军可以指挥部队背水一战，或者在后有援军的情况下，将军也能率领士兵放手一搏。格兰特[1]将军曾有一句至理名言：筋疲力尽时是进攻的黄金时刻，因为此时敌人也很有可能筋疲力尽，两支筋疲力尽的部队交锋，进攻者往往士气占优。梅休因决定撤军。在当时的情况下，梅休因根本没有时间和其他军官商量，就自行做了撤军的决定。毫无疑问，这个决定是明智的。英军被迫撤到了布尔人的大炮射程外。1899年12月12日上午，英军将士心情苦涩、备感屈辱地撤到了摩德河营地。

马赫斯方丹战役的失败，让英军损失了将近一千人。这一千人中，有七百人来自高地旅。仅高地旅就战死了五十七名军官，包括旅长沃科普和第一戈登团的唐曼上校。战斗开始时，科德斯特里姆卫兵团的科德林顿上校就受伤了，但他一直坚持战斗，晚上被人抬了回来。同在科德斯特里姆卫兵团的温彻斯特男爵[2]阵亡了。1899年12月11日一整天，温彻斯特男爵都在布尔人的火力范围内，这虽然不明智，但不失为英雄之举。第二黑

---

① 即尤里西斯·S.格兰特（Ulysses S. Grant, 1822—1885）。——译者注
② 即奥古斯塔斯·保利特（Augustus Paulet, 1858—1899）。——译者注

马赫斯方丹战役的最后一战。

小理查德·卡顿·伍德维尔（Richard Caton Woodville Jr, 1856—1927）绘

警卫团十九名军官阵亡，三百多名士兵伤亡。马赫斯方丹战役的灾难堪比1757年泰孔德罗加战役[1]的大屠杀。当时，英军五百多人倒在德·蒙特卡姆[2]及其部下的毛瑟枪下。

在马赫斯方丹战役中，苏格兰人经历了最痛苦的一天。苏格兰人总是将自己最珍贵的血液慷慨地贡献给英国。之前，从未有过哪次战斗会让从特威德到凯斯内斯海岸这么多的家庭同时陷入失去亲人的悲痛中。据说，当悲痛席卷苏格兰时，古老的爱丁堡城堡里的灯就会被鬼魂点亮，而在午夜的黑暗中，每一扇窗户都会透出白色的微光。如果哪位读者曾经看过这么凄惨的景象，那一定是1899年12月11日那个致命的夜晚。至于布尔人的损失，几乎没有办法确定。布尔官方数据显示七十人阵亡，二百五十人受伤，但战俘和逃兵记录显示，伤亡数字应该更高才对，因为在斯皮方丹，第二锡福斯团击败了斯堪的纳维亚人团。斯堪的纳维亚人团或死或伤，剩余八十人全部被俘。战俘和逃兵所说的伤亡数字比布尔官方宣布的伤亡数字要高得多。

据说，在总结战斗时，梅休因将失败怪在高地旅的头上。这种说法引起了高地旅将士的强烈不满。梅休因认为，如果高地旅勇往直前，而不是撤退，那么英军也许能攻下布尔人的阵地。对此，我的解读是，高地旅明显对布尔人的进攻缺乏防备，在人员伤亡惨重的情况下，让丝毫没有准备的士兵去完成他们也不知道是什么目的的任务，太强人所难了。从1899年12月11日早晨沃科普死去到傍晚，高地旅由休斯－哈利特继续指挥，士兵根本不知道此次行军的目的是什么。一个列兵说道："我们的中尉受伤了，上尉死了。""将军死了，但我们待在原地，因为没有命令让我们撤退。"所有高地旅士兵都这么说。最终，布尔人的侧翼进攻迫使高地旅开

---

① 今称卡里永战役。——译者注
② 即路易－约瑟夫·德·蒙特卡姆（Louis-Joseph de Montcalm，1712—1759）。——译者注

始撤退。

马赫斯方丹战役最值得关注的一点是，现代武器有时会在短时间内造成大规模伤亡，但有时不会造成一丝伤亡。在马赫斯方丹战役总共一千人的伤亡中，有七百人的伤亡是在五分钟内造成的，而一整天的炮轰、机枪扫射和步枪火力造成的伤亡只有三百人。这太奇怪了。在伦巴德丘战役中，从10月30日5时30分到11时30分，乔治·怀特指挥的部队一直受到重火力压制，造成的伤亡还不到三百人。保守估计，未来战斗中的伤亡数字要比过去少得多，但战斗本身持续的时间会更长。到底谁会取得胜利取决于谁更有耐力，而不是谁更勇猛。水和食物的供应变得十分重要。因为战斗持续的时间可能是几周，而不是几天。在持久战中，水和食物有助于将士坚持更长时间。当一支部队受到重创时，及时投降也许是唯一能够避免全军覆没的方法。

事实证明，矩阵队形行军对英军造成的伤害是致命的。泰勒凯比尔的行军是个例外，因为当时，行军是在开阔的沙漠地带进行，但最后一两英里是呈分散队形行军的。英军将士必须记得，在夜里以密集队形行军是不可取的。在黑暗中，一营两连[①]的队形最难保持。一旦任务不清楚，很容易引发毁灭性后果。马赫斯方丹战役中，最大问题就是英军错误地认为离布尔人的战壕还有几百码。如果队伍早五分钟分散开来，虽然不敢肯定，但或许就可以攻陷布尔人的阵地。

马赫斯方丹战役并不是没有减少伤亡、争取更好结果的机会。如果布尔人的炮弹在卫兵旅的队伍中爆炸时，士兵能像接受检阅时那样，从阵地上有序撤离，那么伤亡数字也许不会这么高。另外，12月12日上午，战斗结束后，如果骑马炮兵G连能够表现出更优秀的克制力就好了。那时，英

---

① 原文为 "battallion double-company"。英军队形中的一横排是一个营两个连。——译者注

军与布尔军已经达成停火协议，但骑马炮兵G连不知道已经停战。在英军阵地最左翼，一门舰炮开炮，布尔军立刻还击。紧接着，骑马炮兵G连认识到了错误，再没有采取行动。在阵地上，所有战马、炮手和车夫不顾布尔人的炮火一字排开。当布尔人搞清楚问题的原因，炮弹才开始稀疏起来并最终停止。

军队里最值得赞扬的要数勇敢的外科大夫和救护车担架员了。11日一整天，在炮火纷飞的战场上，外科大夫和救护车担架员都冒着生命危险忙碌着、工作着。比弗、恩索尔、普罗宾……所有救护人员都拼尽全力。你可能不信，但这就是事实：战斗结束后，也就是1899年12月11日10时，作战部队还没有返回营地，五百多个伤员就已经坐上火车，前往开普敦了。

第10章

斯托姆山战役

前面已经对发生在纳塔尔北部的莱迪史密斯战役做了概述，也介绍了为解金伯利之围，英军在西线进行的几场战斗。对欧洲读者来说，两个战场的距离就像巴黎和法兰克福的距离一样。对美国读者来说，莱迪史密斯就像波士顿，而梅休因要去解救的是费城。干旱的沙漠和连绵的群山将这两个战场分隔开来。表面上，两个行动好像没什么关联，但只要经过一百多英里的陆地行军，由克龙涅和朱伯特率领的两支布尔军就可以联起手来。布尔军要达到联手的目的，有两条铁路线可以选择，一条是"布隆方丹—约翰内斯堡—朗宁山鞍"铁路线，另一条是直接从哈里史密斯到莱迪史密斯的铁路线。如果拿下这两条线路上的地点，布尔人就会大大受益，因为这样布尔人的部队就可以出其不意地从一个战场到达另一个战场。

　　后面的章节会记述英国救援军如何兵分两路，既进入纳塔尔防止纳塔尔殖民地被布尔人颠覆，又解救了金伯利的受困友军。但现在，有必要宏观地介绍一下东线部队和西线部队的军事部署。

　　布尔人向英国宣战后几周内，开普殖民地北面的英军危机重重。德阿尔集中了大批物资，要时刻提防来自奥兰治自由邦的偷袭。如果布尔骑兵的统帅采用激进策略，那么英军价值一百万英镑的物资必然遭受重大损失，整个战役的格局也会大大改变。1899年11月1日，布尔人再次肆意骚扰开普殖民地边境。英军立刻进行部署，集中精力守卫重要据点。英军统帅的目的是在大批援军到来前，守住奥兰治河大桥[①]，保护有大量物资的德阿尔，不惜一切代价保住从开普敦通往金伯利的铁路线，并且尽可能防止另外两条铁路线落入奥兰治自由邦的军队手中。这两条铁路线一条经科尔斯伯格，另一条经斯托姆山通往奥兰治自由邦境内。现在，两支入侵开普殖民地的布尔军正沿着这两条铁路线行军。一支已经在诺瓦尔渡口通过了

---

① 通往金伯利的必经之路。——原注

奥兰治河，另一支经贝图利过了奥兰治河。在布尔军的猛攻下，人数居于劣势的英军节节败退，不得不在一条线上放弃了科尔斯伯格，在另一条战线上放弃了斯托姆山。下面，我们就介绍一下这两支英军的战况。

两条战线中，科尔斯伯格沿线更重要，因为如果布尔军沿着铁路线快速行军，就会对"开普敦—金伯利"铁路线造成巨大威胁。在科尔斯伯格沿线作战的是弗伦奇率领的英军骑兵。在埃兰兹拉赫特战役中，弗伦奇曾获得胜利。在第二次布尔战争早期，他就以前瞻性的军事行动控制了索尔兹伯里平原，表现出一位骑兵统帅卓越的领导能力。莱迪史密斯被困前，弗伦奇奉命乘坐最后一班火车离开。他领导骑兵的能力比领导骑马炮兵的能力更强。

另一支与途经斯托姆山的布尔军作战的英军的统帅是加塔克[1]将军。加塔克在苏丹战场上因勇敢无畏和精力充沛而获得了很高的声誉，但他因让部队消耗了过多无谓的精力而受到谴责。士兵打趣地称呼他为"背疼客将军"[2]。加塔克身材修长，像唐吉诃德一样勇气过人。他的下颌棱角分明，有一种咄咄逼人的杀气。与生俱来的智慧和丰富的经历让加塔克堪当大任。在第二次苏丹战争的阿特巴拉战役中，他指挥一个旅，第一个冲向敌军阵地，并且亲手撕开敌人带刺的围栏。作为士兵，加塔克是勇气的典范；但作为将军，他的这种勇气饱受质疑。只有在战斗中，才足以检视这种勇气到底是好是坏。

名义上，加塔克统领一个师，但实际上，他的一部分人马已经被调去纳塔尔支援布勒[3]将军，还有一部分人马去支援梅休因。因此，他能调动的只有一个旅的兵力。1899年12月初，加塔克率领部队撤退到斯泰克斯特鲁

---

[1] 即威廉·福布斯·加塔克（William Forbes Gatacre, 1843—1906）。——译者注
[2] 加塔克和背疼的英语发音相似。——译者注
[3] 即雷德弗斯·布勒（Redvers Buller, 1839—1908）。——译者注

姆。此时，布尔军已经牢牢占据了斯泰克斯特鲁姆以北三十英里的斯托姆山。布尔军离他这么近，不采取行动就不是他的作风了。当时，加塔克也认为以自己的实力足以与布尔人一搏。他收到线报说，布尔人正在煽动开普殖民地的荷兰人造反。当时，布勒和梅休因分别在东线和西线作战，分身乏术，但很可能是他们敦促加塔克采取行动，将敌人牵制在中线。1899年12月9日晚，加塔克出击了。

事实上，在实际行动的前几天，加塔克将军要做什么，甚至什么时候开始行动已经不是秘密了。12月7日，《泰晤士报》的记者已经详细报道了行动的目标。对普通人来说，能上报纸是种荣耀，但对士兵来说，这就是伤害。整个行动过程中，英军对如何保守军事秘密似乎毫无概念，高调得似乎生怕别人不知道部队要采取什么行动。这不禁让人想起拿破仑[1]远征埃及的经验。拿破仑给其他国家的印象是要远征爱尔兰，但只有几个亲信知道他真正的目标是热那亚。土伦的主要官员对法国军舰和军队到底要干什么知道得并不比普通老百姓多。当然，想让率直的撒克逊人和科西嘉人一样心细如发也不太可能，但布尔人无处不在的间谍怎会不清楚所谓的"惊喜"就是英军要向布尔人发动进攻了呢？

加塔克率领的军队包括第二诺森伯兰郡燧发枪团九百六十人，配一挺马克沁机枪；第二爱尔兰步枪团八百四十人，配一挺马克沁机枪；开普乘骑步枪团二百五十人，配四门轻炮；乘骑步兵团二百五十人；皇家野战炮兵第七十四连和第七十七连。部队总人数不到三千人。前面已经说过，加塔克的两个步兵团一个在加塔克行动当天去支援布勒，另一个去支援梅休因。终于，12月9日15时左右，士兵在炎炎烈日下登上了火车。不知什么原因，在这次行动前，一向雷厉风行的加塔克足足让将士等了三个小时。9

---

① 即拿破仑·波拿巴（Napoleon Bonaparte，1769—1821）。——译者注

日20时，在莫尔泰诺，部队下了火车，经过短暂的休息，吃了顿饭，然后开始连夜行军，打算在破晓时抵达布尔人的战壕。也许你会觉得这好像又在重述马赫斯方丹战役的情形。确实，这两个行动的遭遇几乎一模一样。

12月9日21时，英军出了莫尔泰诺，在黑暗中穿越大草原。为了消除车轮发出的辘辘声，炮车的轮子都被包裹了起来。实际上，行军距离只有不到十英里，但走了两个小时，向导还是没有把部队带到指定地点。很明显，他们走错了路，都累坏了。一整天的行军下来，黑暗中，将士们双腿沉重、困顿不堪。在坑洼不平的地面上，疲惫的士兵跟跟跄跄地向前走着。黎明时，这支队伍还在寻找目的地。很明显，加塔克的计划失败了，但他的精力和不服输的性格不允许他无功而返。你也许可以佩服加塔克充沛的精力，但绝不会苟同他的军事部署。这里的地形正适合布尔人展开偷袭、伏击。然而，加塔克的部队仍然以密集队形毫无目的地行进，更糟糕的是，根本没有对前方和侧翼展开侦察。

10日4时15分，随着清晨的来临，南非大草原上的光线亮了起来。这时，一声枪响传来，接着又是一声。然后，毛瑟枪发出了轰隆声。枪声再次提醒英军，在战场上，缺乏警惕性将会是多么惨痛的教训。布尔士兵隐身于山的斜坡。敌人的战线不长，火力集中在暴露的英军侧翼。从外貌上来看，这些布尔人主要是开普殖民地的叛军，而不是草原上土生土长的布尔人。因此，英军不大可能受到重创。

尽管事发突然，但指挥官只要头脑清醒，就有可能改变战斗结果。也许这是事后诸葛亮吧，但如果当时将部队从原位置撤离出来，随后再组织进攻，战斗结果就不会是现在这样了。当然，这支英军没有这样做，而是在山侧发起反击。步兵冲了一段距离，发现根本无法翻越前方的土坡。前进是不可能了，将士掩身在石头后躲避上方的猛烈火力。这时，英军炮兵开火了，但火力非但没有对敌人造成威胁[1]，反倒给自己的同伴带来了致命伤害。塔拉纳山战役和摩德河战役虽然造成的伤亡不大，但都表明，使用射程更远的大炮多么重要；想要定位一个使用无烟火药的步兵有多么难；在指挥作战时，英国军官必须保持清醒的头脑；军中的高级军官都应该配备高倍望远镜，以便在行动中做出正确的判断，为下属负起应有的责任。

组织进攻失败了，现在的问题是如何摆脱目前的处境。为了躲开布尔人的火力袭击，很多英军从布满石头的山地跑向毫无遮拦的空地；还有士兵守在原来的位置，因为他们中有些人相信胜利之神会眷顾自己；还有些人则清楚地知道躲在石头堆里比穿过子弹横飞的空地要安全得多。坚守的和后退的士兵之间没有配合，他们根本想不到要互相掩护撤退。所有留在山坡上的步兵被布尔人俘虏了。其余人在战斗地点五百码外集合，开始有序地向莫尔泰诺撤退。

与此同时，三门威力巨大的布尔大炮朝着英军开火了。炮弹精准地到达指定位置。幸运的是，这些都是劣质炮弹。在斯托姆山战役中，如果布尔人的军火商和他们的炮手一样值得信赖，那么英军的损失将更惨重。事实上，国家的腐败就像一个魔咒，炮弹质量问题只是冰山一角。在山脊上，布尔人的大炮灵活地移动，一遍又一遍地开火，但没有给英军造成严重损失。皇家野战炮兵第七十四连和第七十七连，以及一小部分乘骑兵竭尽全力掩护部队撤退，牵制了敌人的追击。

不得不说，斯托姆山战役是又一场多种原因导致英方士气低落、最终战斗失败的案例。这场战役和马赫斯方丹战役、尼科尔森山鞍战役一样，士兵没有得到有力领导，导致军事实力发挥不到位。斯托姆山战役结束后，一夜未眠的士兵疲惫至极，撤退途中就睡在了路边。同样疲惫的军官

---

[1] 在作战中已经不是第一次了。——原注

斯托姆山战役。
《南非的布尔人和英国人》一书中的插图，1900 年出版

叫醒他们，催他们振作起来。在睡梦中，很多人被后面清扫战场的布尔人俘虏了。1899年12月10日10时左右，部队零零散散地回到了莫尔泰诺。队伍后面的第二爱尔兰步枪团始终保持着一定的队形。

英军伤亡情况并不严重，如果组织得力，也许伤亡数字还会更小。二十六人死亡，六十八人受伤，仅此而已。但山坡上没有及时撤离的和睡梦中被俘的达到六百人。六百个人中，第二爱尔兰步枪团和第二诺森伯兰郡燧发枪团各占一半。在匆忙撤退中，英军还丢了两门大炮。

此时，历史学家，尤其是那些平民历史学家，就没必要再责备加塔克来增加他的痛苦了。在莫尔泰诺接待室的桌子上，有人看见这个一贯勇往无前的人哭泣，为了"可怜的士兵"哀号。不错，加塔克打了败仗。但纳尔逊[1]在特内里费岛，拿破仑在阿卡都打过败仗，之后重整旗鼓，获得了极大的赞誉。斯托姆山战役惨败也有一个收获，那就是经过及时反思，英军将来可以做得更好。如果连开诚布公的讨论都不允许，那才是真的危险。

失败不见得对英国的军队没有好处。相反，失败会让参战的将士更勇敢，将来在战场上付出更多努力。突袭的作战方案可以凸显一个人的军事才干。尤其在细节安排上，部队将领应该更谨慎，事先考虑到可能给行动造成的困难，甚至是阻碍行动顺利进行的所有因素。突袭斯托姆山的想法是好的，但实施过程中的细节值得探讨。

尽管斯托姆山战役造成了不幸后果，但还有一些问题值得思考。斯托姆山战役开始前两天，在大本营中，所有行动细节就人尽皆知了，难道英军的命运不是在长途行军前就已经注定了吗？当部队从莫尔泰诺出发，跋涉了那么远的距离还没有到达攻击地点时，难道不该停下来重新调整作战方案吗？黎明时分，部队已经进入敌军阵地，难道组织侧翼侦察、分散队

---

[1] 即霍雷肖·纳尔逊（Horatio Nelson，1758—1805）。——译者注

形行军不是最明智的部署吗？改变进攻策略不是不可能达到目标吧？在莫尔泰诺，还有第一皇家苏格兰团。如果第一皇家苏格兰团能够及时收到情报，那么大部队撤下来时，是不是可以重新集结队伍，组织反攻呢？这些问题留给读者来思考，希望可以给关注斯托姆山战役的人一点儿启示。

目前，我们还不清楚布尔人在斯托姆山的伤亡情况。布尔人自称损失非常小，这应该是可信的。布尔人的部队从未暴露在英军火力下，英军却完全暴露在布尔人的火力下。布尔人的作战人数比英军少，枪法不佳，追击时也没有拼尽全力。这让英军在斯托姆山战役中的失败显得更难堪。不过，布尔人的炮手技能高超、勇敢无畏。参加斯托姆山战役的布尔民兵是奥利维尔[①]的手下，来自贝图利、鲁维尔和史密斯菲尔德，还有一些是被布尔人煽动起义的开普殖民地居民。

加塔克的失利，发生在有不满情绪的开普殖民地。开普殖民地对英国有着重要的意义。幸运的是，斯托姆山战役的失败并没有产生更坏的结果。毫无疑问，斯托姆山战役让布尔人更肆无忌惮地在英国殖民地征兵，但布尔人并没有采取进一步的军事行动，莫尔泰诺仍掌握在英军手中。同时，因为皇家野战炮兵第七十九连与德比郡团的到来，加塔克的部队实力得到增强。现在，加塔克手握第一皇家苏格兰团和第二伯克郡团的部分兵力，足以守住阵地，直到大批援军到来。至此，斯托姆山跟摩德河一样，处于尴尬的防守境地。战斗陷入僵局。

---

① 即科内利斯·赫尔曼纳斯·奥利维尔（Cornelis Hermanus Olivier，1851—1924）。——译者注

第11章

科伦索战役

一周内的两次重大失败让身处南非的英军将士非常痛心。克龙涅利用战壕和铁丝网挡住了梅休因男爵解救金伯利的必经之路。在开普殖民地北部，加塔克率领的疲惫的军队被一支生活在英国殖民地的布尔军击败。现在，英国国内媒体将目光全部聚焦到了纳塔尔，因为纳塔尔有资深的将军和英军主力部队。英国援军陆续抵达开普敦，随后立刻前往德班港。很明显，援军部队承载着英国最后的希望。在交谊厅、餐厅、火车上，所有人见面和说话的地方，你都能听到同样的话："等待布勒采取行动吧。"

　　1899年10月30日，乔治·怀特毅然投身莱迪史密斯。1899年11月2日，莱迪史密斯城内的电报线受到干扰。1899年11月3日，通往莱迪史密斯的铁路线被切断。1899年11月10日，布尔军控制了科伦索和图盖拉河一带。1899年11月14日，一列英国武装列车被劫持。1899年11月18日，布尔人在埃斯特科特附近活动。1899年11月21日，布尔军抵达穆伊河。1899年11月23日，在柳树田庄，希尔德亚德[1]袭击了布尔军。所有这些行动都引起了人们的热议。柳树田庄的行动标志着战局的扭转。从那时起，布勒开始在奇夫利集合军队，准备全力渡过图盖拉河，为莱迪史密斯解围。北面莱迪史密斯城里的守城部队期盼着友军的到来。布勒率领的部队不断进攻，但布尔人也在顽强地防守。

　　即使对久经沙场的将军来说，解除莱迪史密斯之围这个任务也异常艰巨。通往图盖拉河南岸长长的缓坡已经被布尔人的火力覆盖。因此，怎样穿过这片开阔地带成了英国部队最大的问题。将士们可能不止一次地想过，要是每个人都有一个防弹盾牌该多好啊！确实，每次冲锋之后，部队都需要一个安全地带喘口气。只有这样，才能保证部队在纷飞的战火中暂时休整和松弛一下紧绷的神经。现在探讨这些，对降低战斗的难度没有任

---

① 即亨利·希尔德亚德（Henry Hildyard，1846—1916）。——译者注

何帮助。

英军通过那片开阔地带后会看到一条又宽又深的河和一个孤零零的堡垒。河上有一座桥，但实际行动中英军发现堡垒根本不存在。河对岸连绵起伏的群山上布满了石头。山体上遍布布尔人的战壕，战壕里埋伏着几千名世界上最好的枪手，还有一支优秀的炮兵部队。先不说在开阔地带行军和之后的渡河有多危险，就算渡河后拿下一座山，后面还有另一座山。这些山连绵起伏，就像大洋里的巨浪，波峰和波谷交替向北，通往莱迪史密斯。所有英军的进攻都要在开阔地带进行，而所有布尔人的防守都有掩体掩护。通往莱迪史密斯的路无比艰难，但荣誉感让英军将士把未来交给了命运，他们必须冒这个险。

关于科伦索战役，人们诟病最多的就是，即便进攻势在必行，也不必按照敌人的设计往圈套里钻吧。缓坡、河流、战壕的难度是不是被夸大了？后来的作战经验证明，绕过敌人的警戒、快速行军渡过图盖拉河并没有那么难。一个英军指挥官曾说过，从威灵顿公爵指挥的杜罗河战役到俄国人的多瑙河战役，历史上很多战役表明，只要军队意志坚定，任何一条河流都无法阻挡它的前进。

对布勒来说，他确实有特殊的困难要克服。布勒的骑兵力量薄弱，布尔人又十分机动灵活。如果布勒的队伍暴露在布尔人面前，那么布尔人很可能袭击他的侧翼和后方。当时，布勒的部队人数并不占优势，是后来增援部队的到来才让他有可能组织大规模进攻，使战事有了转机。当时，布勒唯一的优势就是拥有一支实力强大的炮兵部队，但重炮的机动灵活性最差，只有正面进攻时才能发挥最大作用。不管怎样，布勒决定对布尔人坚固的阵地发动正面进攻。1899年12月15日破晓时分，布勒命令奇夫利营地的部队全部出动，对布尔阵地发起了进攻。

布勒这次指挥的是阿尔马河战役以来最优秀的军队。步兵有四个旅：

第二旅由希尔德亚德指挥，包括第二德文郡团、第二西萨里团[1]、第二西约克郡团和第二东萨里团；第四旅由利特尔顿[2]指挥，包括第二卡梅伦团、第三王属皇家步枪团、第一达勒姆轻步兵团和第一步枪旅；第五旅由阿瑟·菲茨罗伊·哈特指挥，包括第一恩尼斯基林燧发枪团、第一康诺特游骑兵团，第一都柏林燧发枪团和边境团，边境团是替补第二爱尔兰步枪团的，因为这个团正跟随加塔克作战；第六旅由巴顿[3]指挥，包括第二皇家燧发枪团、第二苏格兰燧发枪团、第一威尔士燧发枪团和第二爱尔兰燧发枪团。步兵总人数大约为一万六千人。骑兵由邓唐纳德伯爵[4]指挥，包括第十三轻骑兵团、第一皇家龙骑兵团、贝休恩[5]乘骑步兵团、桑尼科罗夫特[6]乘骑步兵团、南非骑兵团的三个中队，以及由第三王属皇家步枪团乘骑步兵、第一都柏林燧发枪团乘骑步兵、纳塔尔卡宾枪手团的几个中队和帝国轻骑兵团组成的混编骑兵团。挑剔的人也许根本看不上这些非正规的骑兵队伍，但其中的骑兵都是最勇敢的士兵。有些是因仇恨布尔人而参军，有些则是出于探险心理而参军。说到探险，不得不提到南非骑兵团的一个中队。这个中队几乎都由赶骡人组成。他们赶着骡子前来参战完全是出于勇于探险的精神。

骑兵部队是布勒的软肋，但无论是在大炮的质量上，还是在大炮数量上，他的炮兵部队实力都是上乘的。布勒有配备三十门大炮的五个皇家野战炮兵连：第七连、第十四连、第六十三连、第六十四连和第六十六连。除皇家野战炮兵连的三十门大炮之外，布勒还有十六门从皇家海军舰艇

---

① 即女王皇家团。——译者注
② 即内维尔·利特尔顿（Neville Lyttelton, 1845—1931）。——译者注
③ 即杰弗里·巴顿（Geoffrey Barton, 1844—1922）。——译者注
④ 即道格拉斯·科克伦（Douglas Cochrane, 1852—1935）。——译者注
⑤ 即爱德华·塞西尔·贝休恩（Edward Cecil Bethune, 1855—1930）。——译者注
⑥ 即亚历山大·桑尼科罗夫特（Alexander Thorneycroft, 1859—1931）。——译者注

"恐怖"号上卸下来的舰炮。十六门舰炮中有十四门是十二磅炮，其余两门是口径四点七英寸的大炮。从奇夫利营地出动的兵力大约两万一千人。

从表面上看，布勒的军队的任务很容易，但实际执行起来非常危险。图盖拉河上有两处可以渡河。一处是离英军三英里远的布赖德尔渡口，另一处就是科伦索桥。第五旅也就是爱尔兰旅的主要任务是从布赖德尔渡口过河，然后沿对面河岸向下游移动，配合第二旅也就是英格兰旅通过科伦索桥。第四旅处在爱尔兰旅和英格兰旅之间，一旦谁遇到困难就赶去支援。最右翼的邓唐纳德伯爵指挥的骑兵要掩护右翼部队进攻哈兰瓦山。哈兰瓦山位于图盖拉河南岸，已经被布尔人占据。英国大炮用来配合各部的行动，如有可能，就压制布尔军战壕里的纵射。前面已经说过，英军的任务只是看起来容易。1899年12月15日清晨，阳光灿烂，湛蓝的天空万里无云。将士怀着胜利的希望，先经过辽阔的平原，后走过弯曲的河岸。远处的群山像波浪一样此起彼伏，一幅和平的景象。1899年12月15日5时，英国舰炮开始"咆哮"。远处山上出现大片红色烟尘，这是立德炸药爆炸时的样子。布尔人没有回应，阳光照射下的群山没有一点儿动静。一方面是猛烈的轰炸，另一方面却如此平静，毫无回应。即使是最敏锐的眼睛也看不到任何大炮和敌人的影子。然而，死亡潜藏在每一个洞穴和每一块岩石后。

科伦索战役的情况非常复杂，很难将其中的现代战争复杂性描述清楚。英军战线长达七八英里。部队左翼阿瑟·菲茨罗伊·哈特率领的爱尔兰旅已经出发前去攻打布赖德尔渡口。

一阵没有目标的重炮火力袭击过后，对面没有回应。爱尔兰旅接到命令开始向之前定下的目标移动。第一都柏林燧发枪团是先锋，紧随其后的是第一康诺特游骑兵团、第一恩尼斯基林燧发枪团和边境团。让人难以置信的是，马赫斯方丹战役和斯托姆山战役的错误再次上演：处于部队后方的两个团再次以方阵之势前进，直到敌人开火，队伍才分散开来。在这么近的距离内，敌人如果用榴霰弹攻击这种密集队形，必会造成严重、毫无必要的损失。

在向布赖德尔渡口行军时，爱尔兰旅似乎连渡口的位置，甚至渡口是否存在都没有搞清楚。在一条河流形成的弯道上，爱尔兰旅右翼遭到了布尔人猛烈的交叉火力袭击。榴霰弹像下雨一样从正前方射来。士兵尽管迅速找到掩护，但完全看不到布尔人。这真是太诡异、太震撼了。明明是白天，这个地方却一个人影都没有。前面看上去没有丝毫风吹草动，而身后全是呻吟、喘息和因痛苦而身体扭曲的人们。空气里都是毛瑟枪的子弹。没有人能准确地判断出子弹是从哪来的。远处一座山的山顶飘过一丝薄薄的烟雾，似乎是在暗示刚刚倒下的六个人是被那里射出来的子弹打中的。他们倒下时整齐得像约定好了似的。石头丛中传来一阵恐怖的"嘎嘎"声，就像可怕的猎狗在叫。那是一磅重的马克沁炮弹，是令人生畏的机关炮发出的声音。在地狱般的炮弹风暴中，人们不禁会想，这些士兵到底在经历着怎样的苦难啊！英军要么想出其他办法，要么放弃，因为无烟火药、速射机枪和现代步枪的威力让人根本无法抵御！

勇敢的爱尔兰士兵冒着生命危险冲了上去。现在，四个团混成了一个团。团与团之间的界限消失了，士兵只有无畏的精神和跟敌人近身肉搏的强烈愿望。愤怒的士兵大声喊叫着，冒着敌人的火力冲上了图盖拉河岸。第一恩尼斯基林燧发枪团橘色的军装和第一康诺特游骑兵团绿色的军装交织在一起。两个团唯一的目标就是将自由之血洒在共同的事业上。那些将人们分隔开的地方政治和狭隘的宗派主义教条是多么可憎！

爱尔兰旅已经抵达河边，但战前说的堡垒去哪儿了？将士面前的河水宽阔、平静，根本就不是之前提到的那个浅水区。几个勇敢的士兵跳进水里，但身上背的弹夹和步枪的重力把他们拽向水底。有一两个士兵

科伦索战役，都柏林燧发枪团试图渡过图盖河。
摘自路易斯·克雷斯威克1900年出版的《南非和德兰士瓦战争》

努力泅渡到河对岸，但和预计到达的地点完全不同。现在，河水已经上涨，渡口的水非常深。这很可能是因为爱尔兰旅刚刚行军速度太快，错过了目标渡口。无论怎样，部队都找不到堡垒。士兵像往常行动后一样趴下来，既不愿意撤退，也无法前进。爱尔兰旅前方和侧翼受到的攻击丝毫没有减弱。舰炮让布尔人的大炮安静了下来，但谁又能让看不见的布尔士兵安静下来呢？

爱尔兰旅隐蔽在每一个弯道和每一个小丘后面，等待着更好的时机。士兵毫无抱怨，甚至还开起了玩笑。第一康诺特游骑兵团的布鲁克上校最先倒下了。列兵利文斯通[①]把他扛到了安全的地方。布鲁克上校说了句"感觉糟糕极了"，就倒在了地上，因为一颗子弹射穿了他的喉咙。另一个被子弹打中了双腿的人喊道："给我一支笛子，我能吹出你们想听的任何曲子。"还有一个人手臂上挂着绷带，抽着黑色的短烟斗。此时此刻，面对不可能完成的任务，个性粗犷的凯尔特人变得非常冲动。一个中士喊道，"上刺刀，同伴们，让我们青史留名吧！"但随后他就再不能说话了。五个小时里、炎炎的烈日下，备受煎熬的爱尔兰旅牢牢守住了之前占领的阵地。英军大炮因射程短而导致炮弹落在爱尔兰旅所在处爆炸。一支前来支援的队伍朝爱尔兰旅开火，他们根本不知道爱尔兰旅的战线已经推进到那么远了。前方受到布尔人攻击，侧翼和后面受到自己人攻击。爱尔兰旅苦苦地坚持着。

终于，撤退的命令传来了。可以肯定的是，如果命令不到，爱尔兰旅就会在坚守处阵亡殆尽，而这种损失根本是无谓的。布勒亲自下达了撤退的命令。这一整天，没有人能猜透布勒的心思。撤退时，虽然军官和士兵混在一起，但队伍丝毫没有着急和恐慌。人们偶尔会质疑阿瑟·菲茨罗伊·哈

---

① 即盖伊·利文斯通（Guy Livingston，1881—1950）。——译者注

特的判断能力，但他在撤退中表现出的镇定和勇气让人不得不钦佩。阿瑟·菲茨罗伊·哈特竭力组织这支六个小时前从奇夫利营地出征的优秀作战旅有序撤退。爱尔兰旅阵亡数在五百人到六百人之间，与马赫斯方丹战役中高地旅的损失差不多。第一都柏林燧发枪团和第一康诺特游骑兵团损失最惨重。

爱尔兰旅的遭遇就先介绍到这。但还是忍不住想说，如果不善于总结战斗经验，那么结果永远不会改变。行军部队朝着埋伏起来的布尔人行军时，为什么要用方阵队形呢？为什么侦察兵没有事先确定堡垒的位置？行军前为什么没有以小股部队做先锋？

战场上的经验教训和书本上强调的重点统统被忽视了。在科伦索战役中，之前战役中犯的错误不断地重复上演。军官一定在坎伯利的皇家军事学院学习过军事科学，但一到非洲大草原，就把学到的军事常识全忘了。列兵表现英勇，各团军官奋不顾身，这些都是部队最宝贵的财富，但英国的指挥官粗心大意，丝毫没有前瞻性。我知道做出这样的结论一定会让某些人不满，但每个人都有责任无畏、自由地说出他心中所想。科伦索战役给英军的教训就是绝不可低估布尔人的战斗力。

现在，让我们从英军左翼的爱尔兰旅来到利特尔顿指挥的第四旅。第四旅得到的指令是不要主动发起进攻，在中路和左翼需要时随时进行支援。在舰炮的掩护下，第四旅竭尽全力掩护了第二爱尔兰燧发枪团的撤退。在行动中，第四旅因为没有承担重要任务，所以损失微乎其微。第四旅的右侧是希尔德亚德指挥的英格兰旅。英格兰旅对科伦索桥发起了进攻。希尔德亚德指挥的英格兰旅包括第二西萨里团、第二德文郡团[①]、第二东萨里团和第二西约克郡团。很明显，布尔人已经预料到英军主力将

---

① 第一德文郡团与莱迪史密斯守城部队一起战斗，表现突出。——原注

袭击科伦索桥，所以不仅将战壕挖得结实牢固，还在桥边排满了大炮。现在，至少十二门重炮和为数不少的速射枪已经瞄准科伦索桥的方向。

在第二东萨里团和第二西约克郡团的协助下，第二德文郡团和第二西萨里团负责主攻。这两个团以分散队形行军。士兵身上穿的卡其色军装与土地的颜色接近，部队即使停下，也很难被敌人辨别出来。与阿瑟·菲茨罗伊·哈特领导的爱尔兰旅一样，英格兰旅也在敌人强大的火力下经受了一番折磨，但因为英格兰旅保持分散队形行军，部队半数以上的士兵距离达到六人的空间，所以大大减少了战损。英格兰旅因为面前是图盖拉河，所以右侧并没有像爱尔兰旅那样受到致命攻击。英格兰旅大约损失了两百人后，负责主攻的第二德文郡团和第二西萨里团成功抵达科伦索桥。第二西萨里团一口气向前行军五十码，获得了一处立足之地，但此时，助攻的大炮遭到毁灭性打击，英格兰旅再无法前进了。科伦索桥上埋了多少地雷，通过科伦索桥的几率到底有多大，一切都是未知数。

位于第二旅右翼的炮兵任务是掩护主力部队夺取科伦索桥。这支炮兵部队由朗上校指挥，包括两个皇家野战炮兵连：第十四连和第六十六连。还有六门舰炮：两门口径四点七英寸的大炮和四门十二磅炮。舰炮由"恐怖"号的奥格尔维中尉指挥。朗是一个十分热情、激进的军官。在苏丹的阿特巴拉战役中，他指挥埃及炮兵，为行动胜利贡献良多。遗憾的是，虽然阿特巴拉战役获得了胜利，但英国并没有惩罚战斗中出现的野蛮行为，导致炮兵部队留下了一个不良传统。第二次布尔战争中，部队以密集队形行军、坚称火力齐射更有效及科伦索战役炮兵突前的情况，都是蛮干的后遗症。

战斗刚开始，朗指挥的炮兵就抢在了步兵前面，也把行动缓慢、用牛车拉着的舰炮远远地落在了后面。最后，炮兵停在了离敌人战壕七百码——有人说是五百码——的地方。朗就从这个正对着布尔人阵地中心的

科伦索战役，布尔人在石头后面向英军射击。
绘者信息不详

位置开始炮轰怀利堡。

　　不幸的是，朗的两个炮兵连根本无法扭转战局，只能再次证明面对现代步枪火力时，大炮是多么无力。炮兵大片地倒下，有些死了，有些还在垂死挣扎。挣扎的士兵又伤及他人。在惊恐中，一个车夫发起狂来，袭击了一个指挥官，并且将套马的缰绳割断，狠狠地扔在地上。不过，绝大多数炮兵很快就恢复了镇定。一接到命令，炮兵立刻开始发炮。步枪子弹从前方敌人阵地袭来，也从炮兵左侧的科伦索村庄射来。除步枪之外，布尔人的自动速射机枪也十分精准。子弹不断射向英军炮兵阵地。每一门大炮周围都有一堆尸体，但愤怒的炮兵军官还在拼命，绝望的炮手还在挥汗如雨。可怜的朗一只胳膊中弹，肺部也中了一枪。"不能弃炮！绝不能丢掉大炮！"朗最后喊了一声，随即被戈尔迪上尉拖进一条干沟。

　　戈尔迪上尉、施赖伯上尉中弹身亡。亨特上校身中两枪倒下了，炮兵军官不断有人倒在战场上。大炮无法发挥作用，又无法转移。每次尝试将马车拖到大炮处，马匹就会遭到射杀。活着的炮兵跑进一条干沟。这也是朗上校藏身的地方。这条干沟距离敌人的加农炮只有大约一百码的距离。

　　战场上还有四名炮兵守着一门大炮不肯离开。当这四名炮兵和他们挚爱的十五磅炮一起在激起的沙石中、在炮弹爆炸时产生的蓝色烟雾中战斗时，真希望他们化险为夷。第一名炮兵已倒在路边；第二名炮兵倒在炮车边上；第三名炮兵刚抬起手，就扑倒在地；最后一名炮兵全身布满炮灰，直直地看向前方，随即也倒下了。也许你会说，这是无谓的流血，但目睹炮兵死去的战友会在营火旁告诉你，他们的死传递着榜样的力量。这种力量胜过冲锋号的号角，强过战鼓的隆隆声，会激励着英军前进。

　　两个小时里，在敌人的狂轰滥炸下，炮兵军官和士兵躲在干沟内，眼睁睁看着平原上子弹齐飞，英国那一排大炮却悄无声息。很多人都受伤了。朗躺在地上还喊着要他的大炮。这时，在致命的炮火中，勇敢的战地医生威廉·巴普蒂来到干沟，尽他所能帮助受伤的士兵。只见那个身影一会儿冲到开阔地，一会儿试图对着敌人开火，一会儿又将受伤的士兵从无情的子弹下拖开。一个炮兵身受六十四处枪伤。有几个人因伤势过重而倒下了。幸存下来的士兵也躲进干沟，心情沮丧到了极点。

现在，这些英军炮兵唯一的希望就是大炮不要丢，等步兵到来，大炮就可以重新发挥作用。终于，步兵来了，但人数太少。状况非但没有缓解，反倒更加艰难。布洛克[1]上校带来了第二德文郡团的两个连，第二苏格兰燧发枪团的一些士兵也赶来了，但这一小撮人根本无法力挽狂澜，只能躲进干沟内等待更好的时机。

与此同时，布勒和克利里[2]将军了解到炮兵遭遇的绝望处境后，来到一处沟渠。这处沟渠就在朗、布洛克、第二德文郡团士兵和炮兵藏身的干沟后方。"有没有志愿者前去把我们的大炮抢回来？"布勒喊道。纳斯[3]下士、炮兵扬和一部分人应声站了出来。这支抢炮分队由将军的三个副官指挥，分别是康格里夫[4]、斯科菲尔德[5]和舍斯顿[6]。舍斯顿是著名的罗伯茨伯爵[7]的儿子。两支抢炮小分队出发了。马匹惊恐地穿过布尔人致命的火力。每支小分队成功抢回了一门大炮，但付出了惨痛的代价。舍斯顿受了致命伤。康格里夫向我们描述了一千码外的现代步枪火力到底如何："第一颗子弹穿过我左边的袖子，我的手肘流血了。第二颗子弹击中了我的右臂和我的右腿，然后，我的马也中弹了……我从马上摔了下来。"这个勇敢的士兵用尽全身力气爬到大家都在躲避的干沟里。舍斯顿为了不给别人

---

① 即乔治·布洛克（George Bullock，1851—1926）。——译者注
② 即弗朗西斯·克利里（Francis Clery，1838—1926）。——译者注
③ 即乔治·纳斯（George Nurse，1873—1945）。——译者注
④ 即沃尔特·诺里斯·康格里夫（Walter Norris Congreve，1862—1927）。——译者注
⑤ 即哈里·诺顿·斯科菲尔德（Harry Norton Schofield，1865—1931）。——译者注
⑥ 即弗雷德里克·休·舍斯顿·罗伯茨（Frederick Hugh Sherston Roberts，1872—1899）。——译者注
⑦ 即弗雷德里克·罗伯茨（Frederick Roberts，1832—1914）。——译者注

科伦索战役，英军试图抢回大炮。
摘自路易斯·克雷斯威克 1900 年出版的《南非和德兰士瓦战争》

添麻烦，坚持留下来。

同时，皇家野战炮兵第七连的里德[①]上尉带着另外两队人马赶来。在里德的领导下，英军又发起了一次抢炮行动。敌人的火力太猛了，大部分马匹和士兵，包括里德自己都中弹了。布勒和克利里也受了轻伤。布勒下令停止抢炮行动。英军一直有一条不成文的规定，那就是大炮绝不可以落入敌人手里。很明显，在布尔人这么凶猛的火力下，抢炮就意味着死亡。不过，只要这几个团的步兵还在，敌人就无法将大炮运走。许多步兵团无法参与抢炮行动，还有一些团本来可以参加，但没有行动。乘骑步兵团的一些士兵自愿承担了抢炮任务，但没有成功。

1899年12月15日11时，炮兵将大炮扔在战场上。16时，布尔人还没有冒险将大炮拖走。为什么大炮还在战场上，整个英军却撤了下来？布尔人第一次试图走近大炮时一定也激动着、颤抖着。恐怕也很难相信这样的好运气会被他们碰上：十门大炮被布尔人缴获了。第二德文郡团的上校布洛克和部分士兵，以及幸存的炮手都在躲了一天的干沟内被俘虏了。

现在，我已经从左翼到右翼介绍了战事：阿瑟·菲茨罗伊·哈特旅进攻布赖德尔渡口，利特尔顿旅进行支援，希尔德亚德进攻科伦索桥，运气不佳的炮兵本来是要助力希尔德亚德进攻科伦索桥，结果却损失惨重。右翼还有两支部队：处在最右侧的是邓唐纳德伯爵指挥的骑兵，其任务是袭击哈兰瓦山，还有巴顿旅，其任务是协助邓唐纳德伯爵率领的骑兵与中路部队取得联络。

邓唐纳德伯爵的队伍实力太弱。面对躲在战壕里的敌人，邓唐纳德伯爵的队伍不堪一击。他们的行动与其说是进攻，不如说是侦察。他的队伍大约一千人，并且绝大多数是非正规军。其正前方是布尔人的战壕，以及

---

① 即汉密尔顿·里德（Hamilton Reed, 1869—1931）。——译者注

带刺的铁丝围栏和布尔人的自动步枪。邓唐纳德伯爵的队伍处境也异常艰险。但在行动中，这支由殖民地居民组成的队伍英勇作战，让布尔人龟缩不前。骑兵下马步行了一英里半的距离，却进入了隐藏在战壕中的布尔人的射程内。接下来，这支骑兵的遭遇和战线上其他英军队伍别无二致。虽然人数与防守哈兰瓦山的布尔人相差无几，但在空旷地带，面对隐藏起来的布尔人，邓唐纳德伯爵的队伍根本没有获胜的可能。血肉之躯的士兵已经竭尽全力。他们作战表现得老练，撤退时冷静有序。队伍中一百三十人阵亡。皇家野战炮兵第七连使尽浑身解数掩护队伍行军、撤退。在这一天的灾难中，没有任何一处的战斗散发出一丝成功的微光来温暖将士的心，回报他们这一天不堪回首的努力。

至于巴顿旅，则没什么好说的，因为它既没有在进攻哈兰瓦山时给予支援，也没有在侧方大炮陷入危机时起到应有的作用。如果布勒的目的就是为确定布尔防线的位置和实力而进行军事侦察，那么巴顿旅当然有理由不和其他队伍搅在一起。但这一天，布勒下达的命令是战况危急时立刻投入战斗，所以很奇怪在战斗中，为什么四个旅中有两个旅扮演着可有可无的角色。巴顿旅的任务是密切观察布尔人会不会在英军右翼发起进攻。因为布尔人未在此处发起进攻，所以巴顿旅也迟迟未动。人们可能会想，巴顿旅至少可以派出两个营对抗布尔人的火力、保护遗弃在战场上的大炮。的确，第二苏格兰燧发枪团的一些士兵去了大炮所在的阵地，结果和其他人一样，在干沟里被俘虏了。

到现在为止，第一次解救莱迪史密斯的尝试结束了。1899年12月15日12时，战场上的所有英军撤回大本营。在撤退途中，队伍井井有条，既没有惊慌失措，也没有溃不成军。在科伦索战役中，英军有一千二百人伤亡、失踪。付出这么大的代价，却一无所获。战斗中，英军损失惨重，布尔人却一整天都躲在战壕里。科伦索战役再次证明，对付躲在掩体中的布尔人，大炮的威力根本无法发挥。

庆幸的是，英军受伤比例要高于死亡比例。需要说明，有大约二百五十人失踪，主要是炮兵、第二德文郡团和第二苏格兰燧发枪团的士兵，以及第一康诺特游骑兵团、第一都柏林燧发枪团和其他团的部分士兵。他们躲在干沟内，结果等到其他部队撤退，却陷入了孤立无援的境地，最终，只能被布尔人俘虏。傍晚，被俘士兵中有一小部分被布尔人释放了，因为布尔人也不愿看管太多俘虏。爱尔兰旅的撒克里上校和一小部分士兵被敌人包围了，但最终，他们凭借幽默、高超的语言技巧安全撤离。损失最严重的是殖民地非正规骑兵。

在战后报告中，布勒解释，如果不是朗擅自行动，炮兵的灾难可能不会发生，或许还有胜利的希望。这一天所有作战因素都对英军不利：在开阔地行军，隐蔽的敌人，湍急的河流。也许朗已经看出来了，只有反常的手段才有可能改变战局。然而，在没有明确敌人位置时将大炮置于步兵前是战争中的冒险行为。"毫无疑问，"普林斯·克拉夫特说道，"除非在更短的距离内，己方步兵已经就位，否则将炮兵置于敌军步兵六百码到八百码的距离内是一种极其愚蠢的行为。"这件"极其愚蠢"的事就是朗做的。但一定要记得，朗和其他人一样，都认为布尔人藏在山上，并且当时毫无迹象表明布尔人的战壕就在河岸。虽然他的作战部署并不周密，但他已经尽其所能进行了侦察。如果不是让大炮落入敌手，恐怕评论家很容易就会原谅他。

科伦索战役说明了一个事实：不重视总结战斗经验，一定会吃苦头。英军不该在敌人准备充分的战场上作战；不该面对强敌还冒失地做正面进攻；不该在布尔人的步枪下以密集队形行军。在最黑暗的时刻总结的经验教训，终将带领英军走向光明。

第12章

黑暗时刻

1899年12月10日到1899年12月17日是英国人经历的最黑暗的一周，也是19世纪英军经历的最惨痛的一周。其间，英军采取了三次行动。这三次行动尽管各有失败的原因，但不可否认，都失败了。从整体战局上看，三次失败对南非的英国主力部队影响巨大。英军总体伤亡大约三千人，损失十二门大炮。三次行动的失败对英国的声誉造成了巨大影响，同时让布尔人信心大增，从而招募到更多士兵为南非共和国和奥兰治自由邦作战。这种间接的影响是不可估量的。

　　那时，欧洲所报道的几乎都是欧洲人兴奋和愚蠢的狂喜。法国媒体这样做倒不足为奇，因为法国一直以来都在与英国争夺"权力"。英国对法国的敌意早就习以为常。俄国，这个欧洲最落后的国家，也对英国充满敌意。俄国的敌意不是出于利益，而是出于对"权力"一词有着与英国完全不同的理解。对英国来说，"权力"意味着个人的自由和自由的制度。梵蒂冈对英国的不友好也是由于对"权力"的理解不同。但英国对德意志帝国毫无道理的敌意实在无法理解，因为一直以来，德意志帝国都是英国的盟友。在布莱尼姆战役中，在普鲁士国王腓特烈大帝最困难的时候，在共同对抗拿破仑的战斗中，德意志人和英国人都是并肩作战的兄弟啊！奥地利帝国与英国也曾是亲密的盟友。如果不是英国的援助和一贯的支持，德意志帝国和奥地利帝国恐怕早就被拿破仑征服并且成了法兰西的一部分。

　　几个盟友的背叛让英国认清了谁是朋友、谁是敌人。我相信，从此以后，无论何种情形都不会让英国为这样的朋友花一分钱，也不会让英军为这样的盟友流一滴血。第二次布尔战争让英国人懂得，只有自身强大才是最重要的。除与英国亲近的美国之外，让其他国家走自己的路、碰自己的运气去吧！尤其让英国惊喜的是，美国甚至觉得英国像刚刚起步时的美国一样正在积蓄力量。《纽约先驱报》预测科伦索战役失利正是英国彻底结束战斗的好机会。不过，其他美国主流媒体对战争局势的认识持更客观的态度。这些美国媒体认为，如果英国的决心不够坚定、物力不够充足，也许英国人和布尔人的战争十年都不会结束。

虽然英军在南非的失利让所有英国人伤心、失望，但他们认为，一定要战斗到胜利的那一天，他们还希望争取胜利的过程中不要再有人阵亡。可笑的是，英国军事上的失利竟然让某些人窃喜。这些人一直认为，英国人与布尔人的战斗就是强者肆无忌惮地攻击弱者。但总体来说，因为战场失利，英国国内反对战争的人越来越少。原来最不理智的演讲者都说，所有证据都证明布尔人为了这场战争进行了精心准备。但现在，他们意识到，从布尔人所处的地理位置，从他们国家的本质，从他们部队的机动性、数量和队伍的强悍程度来看，要想获得胜利，英军必须付出前所未有的努力。

第二次布尔战争初期，基普林曾经说："五万人马正赶往桌湾。"那时，五万人马简直太多了。现在，越来越多的人开始认识到，五万人马即使乘上四倍也不算多。如今，整个英国都开始行动起来了。但人们担心英国议会态度温和，无法征集足够的士兵前往南非战场。整个英国都在讨论战争。英国国内以议和为主题的会议最后一定以暴乱结束。《伦敦日报》是唯一一家持不同意见的媒体。《伦敦日报》的反战态度尽管表达得非常含蓄，但还是被敏感的公众察觉出来，强迫其修正立场。英国的殖民地几乎没有人反对战争。英国殖民地人民的战斗意愿比英国国内的人民还要强烈。

总之，英国人民群情激愤，英国政府的措施也异常坚决。科伦索战役两天后，即1899年12月18日，英国国内已经为接下来的作战进行了如下准备：

一是鉴于布勒在纳塔尔的任期已满，全军的指挥工作移交给罗伯茨伯爵。基奇纳伯爵^①任参谋长。终于，罗伯茨伯爵走上南非战场和他的儿子舍斯顿一起为国效力了。

二是所有预备役部队全部开赴战场。

三是一万人的第七师被派往非洲，第八师正在组建中。

四是大量炮兵部队，包括一个榴弹炮旅迅速出动。

五是派遣十一个民兵营前往南非战场。

六是派遣一支实力强大的志愿者分遣队前往战场。

七是派遣一支帝国义勇骑兵团前往战场。

八是骑兵部队由总指挥罗伯茨伯爵在南非自行招募。

九是接受殖民地爱国人士组织的分遣队前往战场。

通过这些措施，预计大约有七万人到十万人会加入南非的英军，而已经在南非的英军人数也不少于十万人。

然而，起草征兵文件是一回事，要把这些计划变成一个个看得见、摸得着的军队又是另一回事。一个自由的国家是不会强迫公民做任何事情的，但英国人只要还相信这个古老的帝国依然年轻，就不会惧怕任何困难。虽然战场距离遥远，敌人总是躲在掩体后面，伏击战也是致命的，但还是有很多志愿者请缨参战。志愿者的人数之多、意志之坚定，让英国政府十分感动。头戴礼帽、身穿长衫的年轻人排着长队，脸上写满急切和焦虑。微薄的薪水、非洲大草原的恶劣气候和布尔人致命的子弹，统统被置之度外。

帝国义勇骑兵团里都是最好的骑手或射手，代表着英国人最优秀的运动精神。有些人会骑马，但不会射击；有些人会射击，但不会骑马。被拒绝的人数比通过应征的人数还多。很短的时间内，英国成功征召了八千个

---

① 即赫伯特·基奇纳（Herbert Kitchener，1850—1916）。——译者注

各行各业的人从军。他们来自英格兰和苏格兰的每个角落。其中一支部队是由骑术精湛的爱尔兰猎狐人组成的。部队的军官多由德高望重的乡绅和猎户担任。在队伍里，贵族和马夫并肩骑行。这支志愿者队伍兵强马壮、装备良好，很难想象这是一支临时组建的队伍。参军的士兵不仅自带装备，甚至把自己的收入捐给国家作为军费。单一个青年俱乐部就有三百个会员骑马奔赴南非战场。这些来自城市的年轻人第一次开始审视自己的人生价值。

目前，除这些距离尚远的援军部队之外，身在非洲的将军正在期待另外两支援军的到来。第五师马上就会赶到战场，第六师正在海上。第五师由查尔斯·沃伦指挥，第六师由凯利-肯尼[1]将军指挥。很明显，在这两支援军到来之前，除非被困部队遇到紧急情况，或者欧洲的混编部队带来威胁，否则南非战场上的三支英军最好按兵不动。每过一周，战局对英国就越有利。因此，南非战局有了一段很长时间的平静期。梅休因男爵在摩德河休整；加塔克在斯泰克斯特鲁姆巩固防线；布勒按兵不动，伺机解除莱迪史密斯之围。在南非战局平静期，英军唯一一次行动是弗伦奇在科尔斯伯格附近展开的。关于科尔斯伯格战役，在其他章节会做详细描述。下面要介绍的是在这段南非战局平静期内，英国各部队的情况。

马赫斯方丹战役后，在摩德河防线，梅休因男爵加强了防守，认为不会受到布尔人攻击，感觉还算安全。布尔军的克龙涅向东、西两个方向拓展阵地，再次加固本就非常牢固的防线。如此一来，英军和布尔军都没有采取行动。自从梅休因男爵重新夺得铁路控制权，克龙涅的物资都要从公路经过几百英里进行运输。英军，尤其是高地旅经历了重创后急需休整。麦克唐纳[2]从印度赶来，接替运气不佳的沃科普。由于麦克唐纳有着几乎完

---

① 即托马斯·凯利-肯尼（Thomas Kelly-Kenny，1840—1914）。——译者注
② 即赫克托·麦克唐纳（Hector MacDonald，1853—1903）。——译者注

美的军事记录，士兵称他为"常胜将军麦克"。梅休因男爵期待着麦克唐纳和援军部队的到来，一直按兵未动。所幸布尔人也没有什么动静。北部地平线上闪烁的银光仿佛在告诉金伯利的英军，一定要挺住，一定要对未来充满希望。1900年1月1日，英军据点库鲁曼被布尔人攻陷，十二名军官和一百二十名警察被俘。由于地理位置偏僻，库鲁曼的陷落对整个战局没有太大影响，但库鲁曼是布尔人攻陷的唯一一个有兵力驻守的英军据点。

漫长的等待过程中，梅休因男爵的通信小分队组织了一次突袭。这支通信小分队包括两百名昆士兰团的士兵、一百名加拿大团多伦多连的士兵、四十名皇家明斯特燧发枪团的骑兵、两百名康沃尔公爵轻步兵团的士兵和一支骑马炮兵。这支部队人数不多，由皮尔彻[1]上校指挥。通信小分队从贝尔蒙特出发，准备突袭布尔人的临时营地。布尔人的临时营地位于布尔防线最右端，由开普殖民地的叛军驻守。一听说要行动，英军的战斗热情高涨。加拿大士兵接到命令时说道："终于要行动了！"结果英军大获全胜。叛军四散奔逃，营地被英军占领，四十个布尔人被俘。通信小分队的损失微乎其微：三人死亡，几个人受伤。通信小分队又迅速占领了道格拉斯并在道格拉斯升起了英国国旗。但英军力量薄弱，还无法驻守道格拉斯。通信小分队撤到了贝尔蒙特，战俘被押往开普敦等待审判。在皮尔彻的带领下，这次成功的行动用了四天时间。四天的行军距离分别是二十二英里、二十英里、十五英里和二十四英里。梅休因男爵的下属巴宾顿[2]率领的队伍负责掩护通信小分队。这支掩护小分队包括第九枪骑兵团、第十二枪骑兵团、部分乘骑步兵和骑马炮兵G连，任务是防止布尔军从北面攻击皮尔彻的通信小分队。这两支队伍虽然相距三十英里，但成功地使用电话进行了联络。在电话里，一问一答平均只需十七分钟便能完成。

---

① 即托马斯·皮尔彻（Thomas Pilcher，1858—1928）。——译者注
② 即詹姆斯·麦尔维尔·巴宾顿（James Melville Babington，1854—1936）。——译者注

受到这次行动的鼓舞，1900年1月9日，梅休因率领的骑兵对奥兰治自由邦的边境发动了一次突袭。值得一提的是，这是英军第一次袭扰敌人边境。除这次行动之外，只有普卢默上校率领的罗德西亚军队袭扰过南非共和国边境。远征小分队由巴宾顿指挥，其人员组成还是皮彻尔在突袭行动中率领的队伍。巴宾顿指挥的行动发生在布尔军阵地的左侧。在部分维多利亚乘骑步枪团士兵的协助下，远征小分队捣毁了奥兰治自由邦边境的大片土地，摧毁了一些农舍。英军这种极端措施表明，布尔人在纳塔尔的破坏活动迟早要遭到报应。

针对英军这一行为，克吕格尔提出抗议，指责英军没有人道主义精神，但英国这样做完全是因为布尔人也曾肆意破坏纳塔尔。之后，远征小分队再也没有遇见布尔军。

两天后，远征小分队回到了摩德河营地。除一两次类似的骑兵侦察，偶尔双方用远程炮弹互相试探，小规模的阻击和两次夜晚的错误警报之外，梅休因男爵的军队再没采取其他行动。两次错误警报让马赫斯方丹前线出现黄色预警，差点引发战斗。后来，麦克唐纳前往库都斯堡采取行动。这次行动体现了罗伯茨伯爵对战局的果断态度，也是平静期的一个转折。

经历了斯托姆山战役和撤退过程中的灾难后，在漫长的中场休息时间内，加塔克没有什么其他作为。虽然名义上，加塔克指挥的是一个师，但他的部队陆续被调往东线和西线。因此，加塔克实际能调动的军队只有一个旅左右。在几周的等待中，加塔克的部队只有皇家野战炮兵第七十四连、第七十七连和第七十九连，以及一些乘骑警察和非正规骑兵，还有第二爱尔兰步枪团、第二诺森伯兰郡燧发枪团、第一皇家苏格兰团、德比郡团和第二伯克郡团，总兵力大约五千五百人。加塔克的部队需要防守从斯泰克斯特鲁姆到东伦敦沿岸。部队前方是尝到了胜利甜头的布尔军，周围是随时可能背叛的殖民地百姓。因此，除在斯泰克斯特鲁姆守住自己的阵地之外，加塔克无暇顾及太多，只能按兵不动。在南非战局平静期，蒙特莫伦西[1]上尉组织的侦察和突袭行动会偶尔打破敌我双方的平静。可惜蒙特莫伦西英年早逝。1899年的最后一周里，以多德雷赫特为中心的区域发生了一连串小型战斗。在这些非常规作战中，英军得到了锻炼。

1900年1月3日，布尔军袭击了开普乘骑警察团驻守的营地。这个营地距离加塔克的主阵地只有八英里的距离。实际上，在这次袭击中，布尔人并没有倾尽全力，很快就被击退。布尔人损失不大，英军损失更小。从那以后，加塔克的队伍再没进行过有重大意义的行动。直到英军全线进攻，加塔克面前的障碍才得以清除。

与此同时，在等待中，布勒与布尔军僵持着。加强防守的同时，布勒伺机第二次解救处在重重压力下已经坚持太久的莱迪史密斯。在科伦索战役中受挫后，希尔德亚德旅、巴顿旅和两个配备了两门海军舰炮的皇家野战炮兵连驻守在奇夫利营地，其他部队则撤到几英里外的弗里尔。因为之前取得的胜利，所以布尔人的胆子变得大起来。布尔人袭扰了英军图盖拉防线，但被守在斯普林菲尔德到维嫩路段的英国巡逻队及时发现。这些间歇性的行动造成几间农舍被抢，双方少数骑兵伤亡。

随着时间的流逝，援军陆续加入布勒的麾下，为英军打破南非战场的僵局提供了可能。到1900年新年时，查尔斯·沃伦的第五师几乎全部到达埃斯特科特，随时可以调往前线作战。第五师包括第十旅和第十一旅。其中，第十旅由第二皇家沃里克团、第一约克郡团、第二多塞特团和第二米德尔塞克斯团构成；第十一旅也叫兰开夏郡旅，由第二皇家兰开斯特团、第二兰开夏郡燧发枪团、第一南兰开夏郡团、约克郡和兰开斯特团构成。

---

① 即雷蒙德·德·蒙特莫伦西（Raymond de Montmorency, 1867—1900）。——译者注

此外，第五师还包括第十四轻骑兵团，皇家野战炮兵第十九连、第二十连和第二十八连，以及一个榴弹炮兵连。现在，布勒指挥的军队人数超过三万。部队行军需要大量的后勤保障。因此，直到1900年1月11日，布勒新的行军和行动方案才开始实施。现在，我们先不讨论这些新方案的具体内容和等待布勒军队的霉运，让我们把目光移向被困的莱迪史密斯，来看看布勒的队伍成功解救莱迪史密斯的可能性有多小。有人甚至认为，莱迪史密斯没有落入布尔人手中，完全是因为莱迪史密斯城内将士的坚强不屈。没能解救莱迪史密斯是布勒的奇耻大辱，因为他眼睁睁地看着寻求援助的莱迪史密斯就在眼前却无能为力。

第13章

莱迪史密斯

对英国人来说，1899年10月30日不堪回首。在伦巴德丘战役和尼科尔森山鞍战役中，英军右翼被布尔人打得抬不起头来，左翼部队远离主力部队导致最后只能投降。虽然没有太大的战损，但最终主力部队被困于莱迪史密斯。大炮没了炮弹，步兵无法行动，骑兵几近瘫痪。与色当战役和乌尔姆战役相比，八百人被俘似乎损失并不算大。但事情是相对来说的，自从佛兰德斯战役中约克和奥尔巴尼公爵腓特烈亲王失利以来，在尼科尔森山鞍战役中，英军放下武器投降的人数是最多的。

现在，乔治·怀特面临的情况非常严峻。莱迪史密斯后面的铁路线被布尔人切断，但城里还有那么多人要吃饭。莱迪史密斯地处一条山谷内，周围是一圈山丘。这些山丘有些相隔咫尺，有些距离遥远。近处的山丘已被莱迪史密斯守城部队控制，但战斗初期，守城部队没有在布尔瓦纳山、伦巴德丘或其他可能使莱迪史密斯遭到炮轰的山上构筑防御工事。当初，将士就是否需要驻守所有山丘进行了激烈讨论。最后得出的结论是：至少应该守住布尔瓦纳山，因为那里拥有水源。当然，这个问题只能限于讨论了，因为远处的山丘都已被布尔人控制。恺撒营地山、瓦格山、步枪手哨卡和赫尔普梅卡尔山形成了一条十四英里长的内线。对乔治·怀特来说，守住如此长的内线已经非常吃力。因此，他只能放弃外线的那些山丘，骑兵也只能留在城内不能行动。

伦巴德丘战役后，英军撤入莱迪史密斯城。随后，布尔人将莱迪史密斯围得水泄不通。对英国指挥官来说，能够防止莱迪史密斯落入敌手已经是很勉强了。1899年10月31日到1899年11月3日，布尔民兵从东、南两个方向逼近莱迪史密斯。莱迪史密斯守城部队派出骑兵和侦察兵袭扰布尔民兵。1899年11月2日，在敌人密集的炮火下，最后一辆火车逃离莱迪史密斯，所有乘客藏在椅子后躲避布尔人的子弹。1899年11月2日14时，莱迪史密斯城内电报线被切断。从此，这座孤城就将布尔军牵制在城周围，直到有一天，救援部队能够翻越南部群山前来解围。面对敌人和群山，有些人觉得英国的救援部队根本无法前来。但守城部队里从将军到士兵都深信英军的运气会好起来，勇敢的同伴会前来解救自己。

在保卫莱迪史密斯的战斗中，英军曾有过一次运气极好的经历。莱迪史密斯的守城部队眼看着造价高昂的舰炮戏剧性地出现在佩普沃斯山的战斗中。但运气再好，被困的士兵也不可能希望布尔人的克勒索大炮一夜之间全部失灵。布尔人说莱迪史密斯被围是"天意"，但一个友好的德意志评论家说是"天不遂人愿"，因为战斗初期的几个月，莱迪史密斯守城部队不是没有机会。如果当时英军采取行动，莱迪史密斯就很有可能从灾难中解脱出来。1899年11月的第一周，九十六磅重的炮弹呼啸着从莱迪史密斯城外的东、南、西、北四个山头飞向城内。当精力充沛的布尔炮兵用口径四点七英寸的大炮进行轰炸时，守城士兵和城里的居民多么希望得到援助。但当时莱迪史密斯即使无法自救，也至少有能力还击。然而，只有既有能力防守也有能力进攻时，守城部队的结果才不会太糟糕。

1899年11月第一周结束时，布尔人的火力已经将莱迪史密斯团团包围。莱迪史密斯的东面有一片面积为几平方英里的绿色草原，克勒普河从草原上蜿蜒流过。草原是被围的莱迪史密斯的牛和马吃草的地方。穿过这片草原就是著名的布尔瓦纳山。一个长长的缓坡通向布尔瓦纳山顶，山上架着一门克勒索大炮和几门小型炮。北面的佩普沃斯山上也有一门克勒索大炮。布尔瓦纳山和佩普沃斯山中间是伦巴德丘，山上有布尔炮兵。英国的舰炮正对着伦巴德丘的方向，因为这里最容易遭到敌人攻击。从城西一直到南面的贝斯特斯中间都是连绵起伏的山丘，每座山上都有布尔人的大炮。这些大炮即使射程无法到达远处的莱迪史密斯，也至少可以起到威慑的作用。布尔人把莱迪史密斯围得如铁桶一般。在所有公开的评论中，没有一个人建议乔治·怀特冒着重大伤亡的危险以小搏大。

莱迪史密斯被围的前几天，人们都在为埃杰顿中尉的阵亡而难过。埃杰顿中尉是一个前途光明的海军军官。几天前，他还在沙袋堆砌的防御工事上视察守城部队的火力。当时，他的一条腿已经被截肢。"我的板球生涯结束了。"这个勇敢的运动型军官说道。随后，埃杰顿中尉被抬到后方。

　　1899年11月3日，一支莱迪史密斯骑兵侦察队沿着科伦索公路进行侦察以确定该方向敌人的兵力。侦察队由布罗克赫斯特[①]上校带领，包括第十八轻骑兵团、第十九轻骑兵团、第五枪骑兵团、第五龙骑兵团、帝国轻骑兵团和纳塔尔志愿军。侦察队里来自殖民地的士兵已经断断续续进行了几场战斗。士兵英勇作战，表现得和正规军一样优秀。在战斗中，汤顿少校、纳普上尉和年轻的阿瑟·爱德华·布拉班特阵亡。阿瑟·爱德华·布拉班特的父亲布拉班特[②]是一位将军，在第二次布尔战争的后半段为国效力。沉重的代价让英国人民清楚地看到了实力强大的布尔军。

　　到1899年11月第一周周末时，莱迪史密斯城内的人已经接受了被围困的事实。朱伯特最优秀的品质就是很有大将风度。他允许守城部队将非战斗人员转移到因托姆比营地[③]。在因托姆比营地，非战斗人员不会受到炮弹袭击，但补给无法得到保证，要完全依赖军需部与布尔军沟通。健壮的老人和男子多次拒绝躲避险情，依然固执地生活在已经被炮弹炸得七零八落的村子里。克勒普河流经的河岸上有很多深坑，是炮弹爆炸留下来的。好在克勒普河水量不多，所以居民在河岸上挖了洞。几个月的时间里，莱迪史密斯城的居民一直生活在洞中。因为星期日为安息日，所以这天，莱迪史密斯的居民可以回到家中。

---

① 即约翰·布罗克赫斯特（John Brocklehurst，1852—1921）。——译者注
② 即爱德华·布拉班特（Edward Brabant，1839—1914）。——译者注
③ 人们将其戏称为"坦克村"。——原注

整个莱迪史密斯的防线被分成了几个部分。每个部分都由不同的英军防守。南面的曼彻斯特团驻守的山丘是恺撒营地山。东北方向上的伦巴德丘和莱迪史密斯中间由第一德文郡团驻守。北面，也是最容易受到布尔人攻击的地点由第二步枪旅、第二王属皇家步枪团和第十八轻骑兵团部分士兵驻守。西面由第五枪骑兵团、第十九轻骑兵团和第五龙骑兵团驻守。其他部队在莱迪史密斯的市郊安营扎寨。

布尔人自觉占据地理优势，认为莱迪史密斯守军很快就会因缺衣少食而投降。但一周后，布尔人和英国守城部队同时意识到，双方都被困住了。布尔人火力很猛，并且随着时间的流逝，火力愈发有效，尤其是五英里范围内，火力更是非常精准，尽管无法造成致命伤害。布尔士兵越来越不耐烦。1899年11月7日，在南面曼彻斯特团驻守的恺撒营地山，布尔士兵冒险发起一次进攻，但并没有全力以赴，所以被英军毫不费力地击退了。1899年11月9日，这次布尔军的攻势更猛，持续的时间更长。英国守城部队先是受到重炮袭击，随后遭到步枪扫射。布尔人要阻止英国援军前来救援最危急的地方。这次，受到袭击的依然是南面的恺撒营地山。很明显，布尔人从一开始就决定重点攻克恺撒营地山，因为1899年11月9日和1900年1月6日的两次袭击，都是以恺撒营地山为攻击目标。

在恺撒营地山战斗的曼彻斯特团得到了第二王属皇家步枪团第一营的援助。第二王属皇家步枪团第一营本来驻守在瓦格山上。1899年11月9日黎明时分，布尔民兵距离英军只有八百码了。从那时一直到傍晚，山上一直枪声不断。布尔人尽管以勇敢著称，并且此时占尽优势，但在进攻中表现得不够坚决。布尔人的传统就是战斗中尽量避免人员伤亡。因此，曼彻斯特团和第二王属皇家步枪团第一营的兵力足够牵制布尔人一整天。最后，英军只有不到三十人伤亡，而布尔人因为暴露在皇家野战炮兵第四十二连的榴弹炮中，加上步兵的步枪火力大，所以损失一定比英军严重得多。这次行动的结果让英军守城部队相信，白天布尔人几乎没有机会夺取阵地。1899年11月9日这天刚好是威尔士亲王[1]的生日，因此英国守城部队鸣放二十一响舰炮来庆祝胜利。

进攻莱迪史密斯失败的教训，让布尔人深信等待才是最好的策略，况且就算不攻城，饥饿、炮火和疾病也一定会让他们以更小的代价夺得该城。布尔人守在山顶上继续围城，而英国守城部队和居民耐心等待救援。他们已经习惯了布尔人的九十六磅重的炮弹，也习惯了榴弹炮在铁皮屋顶上爆炸。莱迪史密斯城内供应充足。被困的莱迪史密斯有幸拥有一个优秀的军需官——沃德[2]上校。在斯通曼上校的协助下，沃德上校系统地管理所有食物、日用品和军需品，以便尽最大可能延长坚守莱迪史密斯的时间。在艰苦的条件下，守城士兵耐心地坚守着莱迪史密斯。几周过去了，英国援军始终没有到来。布尔人有时会多发几枚炮弹，有时少发几枚，有时打上几枪，有时一枪不发，有时也会派出骑兵侦察队或将大炮架在城外。不过，多数时候，大炮只是摆个样子而已。其间，布尔人会送来降书。降书的出现就像奏起莱迪史密斯的七弦琴一样，给军民单调的日子带来一丝戏谑、一丝烦恼。早上、中午和晚上，布尔人的炮弹像雨点儿一样袭来。

在守城部队和居民耳边，大炮爆炸时的轰鸣和榴弹炮奏起的"音乐"轮番响起。到最后连胆小鬼都知道，虽然布尔人的轰炸没有间断过，但炮弹的威力不大。守城部队还能用望远镜看到布尔女性的裙子和阳伞。这些布尔女性是坐火车来莱迪史密斯看热闹的。

布尔军数量庞大，加上强大的火力和有利的地理位置，完全有优势攻下莱迪史密斯，然后征服纳塔尔。如果布尔人真这么做，相信没有什么能够阻止他们最终攻克德班港打通出海口。不过，这支人数不多的英国守城

---

① 即阿尔伯特·爱德华（Albert Edward，1841—1910）。——译者注
② 即爱德华·沃德（Edward Ward，1853—1928）。——译者注

部队和当地志愿者恰恰挡在了布尔人和德班港之间，让布尔人无法前行。围城的布尔人被牵制得无法动弹。公路就在布尔人面前。英国的第一支援军已经通过圣文森特前往战场了。布尔人对是否拿下公路还犹豫不决时，英国的船已经载满物资和一万名援军日夜兼程来到了德班港。

现在，让我们暂时放下莱迪史密斯的命运不谈，将目光转向布尔人在纳塔尔南面的行动。为了困住莱迪史密斯，布尔人派围城部队的左翼人马进攻了莱迪史密斯以南十二英里的科伦索，用远射程大炮将德班轻步兵团赶了出去。之后，英军后退二十七英里，集中在埃斯特科特，将极其重要的科伦索铁路桥留给了敌人。从此以后，布尔人牢牢控制了图盖拉河以北的区域。为了重新夺回图盖拉河防线，很多英军献出了宝贵的生命。占领科伦索后的一周，布尔人再没有进一步的军事行动。整个纳塔尔北部成了奥兰治自由邦的一部分。布尔人将农场周围打上木桩占为己有，并且派人看守这些新得到的土地。

1899年11月5日，趁布尔人放松警惕，一小股英军返回科伦索转移了一批物资。在平静中，英军度过了之后的四天。对英军来说，这四天时间太宝贵了。四天后，即1899年11月9日晚上，桌山信号台上的观察兵看到一艘巨型蒸汽船驶过罗本岛。这是"罗斯林城堡"号载着第一批英国援军赶到了。接下来的一周里，"摩尔"号、"约克郡"号、"奥瑞尼亚"号、"哈登城堡"号、"加斯孔"号、"美国"号与"东方"号，以及一支舰队抵达德班港，带来了一万五千的援军。制海权再次拯救了英国。

埃斯特科特以北是海上援军前来支援希尔德亚德的地方，有两个小镇的地理位置因铁路而变得非常重要。一个是弗里尔，在埃斯特科特以北大约十英里处；另一个是奇夫利，在埃斯特科特以北五英里处。现在，布尔人先发制人，突然对这两个小镇发动攻击。1899年11月15日，英军派出一列装甲车从埃斯特科特出发，沿铁路线查看到底发生了什么事情。之前的战役中，这种蹩脚的侦察方法已让英军承受了一次灾难。现在，更大的灾难即将降临。让装甲车单独行动的想法真是让人无法理解。装甲车用来运送大炮、保护军队两翼和掩护撤退是可行的，但用来侦察时显得极其笨重，并且一旦失败，付出的代价会非常惨重。聪明的做法应该是派骑兵侦察，因为骑兵不容易被发现，即使被发现也可以轻松撤退。这次教训后，或许装甲车就该退出军事侦察的舞台了。

这列装甲车搭载了九十名都柏林燧发枪团士兵、八十名德班志愿军的士兵及十名水手，配有一门七磅舰炮。带头战斗的是戈登团的霍尔丹[①]上尉、都柏林燧发枪团的弗兰克兰中尉，还有一名著名的战地记者——温斯顿·丘吉尔。最终，让人担心的事情还是发生了。装甲车遇到了正在行军的布尔军，遭到了布尔军的火力攻击。装甲车试图逃跑，糟糕的是，后路被布尔人切断了。跳下装甲车时，都柏林燧发枪团和德班志愿军的士兵遭到布尔人的重火力袭击，只能无助地被射杀。装甲车的事故和遭遇伏击同样让人揪心。两者同时发生时，该是怎样触目惊心的场景啊！然而，本次战斗中涌现出很多勇敢的人。霍尔丹和弗兰克兰集合队伍对抗敌人的火力，温斯顿·丘吉尔则充当了装甲车司机。温斯顿·丘吉尔将装甲车的车头与车厢脱离。车头载满伤员冲出重围。温斯顿·丘吉尔带着伤员逃出布尔人的包围后，又勇敢地返回战场和其他士兵共同作战。受到袭击的士兵抵抗了一阵后发现既无法获得支援也无法逃脱，只能投降。即使是最刻薄的军事评论家也不会责怪这些勇敢战斗的英军士兵。除了装甲车车头上的伤员，只有少数几人逃脱了。英军的损失是两人死亡，二十人受伤，八十人被俘。值得一提的是，最终，三个领袖中，霍尔丹和温斯顿·丘吉尔从比勒陀利亚监狱成功逃脱了。

---

① 即艾尔默·霍尔丹（Aylmer Haldane，1862—1950）。——译者注

现在，英军和布尔军全副武装的队伍正争先进入纳塔尔。南面，火车满载着英国正规军前往战场上最危险的地方。铁路沿线孤零零的农舍挂上了英国国旗。面对热情的当地居民，火车上的回应是欢呼声和喧闹声。北面，布尔人也潮水般地涌来。正如温斯顿·丘吉尔看到的一样，布尔人不爱说话，表情严肃。布尔人总是在雨中默默地骑行或在篝火边吟唱赞美诗。

入侵纳塔尔的布尔人不过几千人，以机动灵活著称。现在，布尔军切断了埃斯特科特的补给线，并且将实力强大但缺乏机动性的英军牵制在埃斯特科特。有那么一两天的时间，英军考虑继续向后撤退，但最终希尔德亚德的部队得到了朗的支援，决定坚守埃斯特科特。1899年11月21日，布尔人已经抵达埃斯特科特南面的诺丁汉公路，距离埃斯特科特只有三十英里，距离埃斯特科特北面的彼得马里茨堡只有四十英里。埃斯特科特的位置十分重要，所以英军必须阻止布尔军入侵，否则纳塔尔殖民地第二大城市埃斯特科特就将落入布尔人之手。消息从四面八方传来，说布尔侵略者抢劫了农场、破坏了房舍。这些卑劣的行径正好反映着布尔人暴躁的性格和侵略者的本性。[①]

从希尔德亚德所在的埃斯特科特向南三十英里便是巴顿驻守的穆伊河。布尔人对穆伊河组织过一次突袭，但没有倾尽全力。朱伯特逐渐认识到：一旦英国援军赶到，他统率的部队便不再有人数优势，更不可能连续突破英国的防守。因此，他命令路易斯·博塔从穆伊河撤退，开始北上行军。

布尔军不得不加速行军，因为希尔德亚德已经从埃斯特科出发，开始清剿布尔人在南面建立的军事据点。为了清剿布尔人，英军派出的队伍包括第二东萨里团、第二西萨里团、第二西约克郡团和配备两门舰炮的皇家野战炮兵第七连，以及几百个优秀的殖民地骑兵。因为清剿队伍从柳树

---

① 我不止一次地听到奥兰治自由邦的农场主承认：所有破坏行动都是出于对纳塔尔的报复。——原注

田庄出发，所以战役得名柳树田庄战役。清剿队伍爬上一座陡峭的山丘，在黎明时分向布尔人发动伏击。这次伏击准备仓促，任务布置也不是很明确。最终，英军虽然清剿了布尔军的据点，但至少有十四人死亡、十五人受伤或失踪。从柳树田庄战役开始，布尔人的入侵次数开始减少。1899年11月27日，当布勒来到前线时，布尔人已经依托图盖拉河建立了防御工事。布勒动身去了弗里尔，将更多的时间和精力用来集中兵力和采取一系列行动。三次解围行动失败后，布勒不得不暂时停下前往莱迪史密斯的脚步。

布勒在弗里尔集中兵力的同时，布尔军的指挥官忙着沿图盖拉河加强防御工事。让我们先放下布勒不谈，再次回到备受世人关注的莱迪史密斯。现在，莱迪史密斯的命运很有可能关系着整个英国的命运。很明显，如果莱迪史密斯陷落，那么至少将会有一万名英军将士被俘，价值百万英镑的物资也将落入敌手。现在，莱迪史密斯的英军守城部队面临两个选择：要么投降，要么奋起反击。南非是英国帝国事业最重要的一环，而莱迪史密斯则是南非最重要的一环。现在，公众对莱迪史密斯的关注度不断升高。尽管莱迪史密斯已经千疮百孔，但守城部队从没有想过放弃。公众对英军解除莱迪史密斯之围也满怀期待。

1899年12月8日，一队守卫莱迪史密斯的英军做出了一个惊人之举。这次英军突袭，一点风声都没有，连参与行动的军官也是行动前十五分钟才知道内情。1899年12月8日22时，一队人马悄悄出了城。这队人马有六百人，全部是南非非正规军：帝国轻骑兵团、纳塔尔卡宾枪手团和边境乘骑步枪团。指挥官是最年轻、最勇敢的英国将军亨特，副指挥官是爱德华兹和罗伊斯顿。士兵对要去哪里、要做什么全然不知。在风吹云动、月牙高悬的夜晚，在长满含羞草的平原上，突袭队悄悄地前行。最终，突袭队面前出现了一座黑黢黢的山峰——炮山。炮山上，一门克勒索大炮正对莱迪史密斯虎视眈眈。在山脚，突袭队伍留下四百人接应。在亨德森[1]少校的带领下，剩余两百人悄悄地向山上爬去。途中，突袭队遭遇一个说荷兰语的布尔前哨士兵，但他被一个会说荷兰语的纳塔尔卡宾枪手团的士兵给对付了过去。大多数人将靴子留在了山脚。攀爬的过程悄无声息，只是偶尔有石头滑落的声音和士兵的呼吸声。即使是在黑夜中，行军队伍也保持了一定的队形。右侧士兵呈弧形突前进行侧翼防范。

　　突然，一支毛瑟枪喷射出火花，紧接着就是一片毛瑟枪声。"士兵！各就各位！"卡里·戴维斯高喊道。听到这句话，炮兵立刻开始准备。在突袭队的正前方，在隐约的光线中，一门克勒索大炮显得无比巨大。大炮上有巨型炮栓。细长的炮筒里塞着一块火药棉。突袭队一定要坚持，必须完成任务。亨特手持一盏夜间照明灯为炮兵照亮，其他人在周围警戒。随着一声巨响，克勒索大炮的炮筒飞上了天，然后回落到一个坑里。接着被炸的还有克勒索大炮边上的一门榴弹炮。爆炸声惊动了莱迪史密斯城里的英军和城外的布尔人。第二天，即1899年12月9日破晓时分，在人们的欢呼声中，这支突袭队伍回到了莱迪史密斯，还带回来一挺马克沁机枪。这次突袭只有勇敢的亨德森少校受伤。事实证明，经过周密的策划，英军可以用小代价换来大收获。严守计划，动作迅速——这个行动准则应该深植于每一个英军将士心中。布尔人防守薄弱，如果这次英军守城部队倾全部火力袭击布尔人，可能在1899年12月9日早晨，布尔人便被杀得片甲不留。[2]

　　1899年12月9日，一支骑兵侦察队奔向佩普沃斯山，目的是去确定布尔人是否还在原地。结果，可怕的毛瑟枪给了肯定的回答。为了这条消息，英军付出了两死二十伤的代价。在之后的五周里，英国守城部队连续进行

---

[1]　即戴维·亨德森（David Henderson，1862—1921）。——译者注

[2]　克勒索大炮并没有遭到严重破坏。它被带回了比勒陀利亚。炮筒上的三个支架被锯了下来，安装了一枚新的炮栓。之后，这门克勒索大炮被送往金伯利。后来，重型加农炮也出现在被围的金伯利，引起居民的极大恐慌。——原注

了三次类似的侦察。很难说这些侦察到底会不会给英军带来好处，也不知道这样做到底对不对。百姓很难做出判断，但绝大多数军官表示赞成。

1899年12月8日晚上，殖民地军队在突袭行动中表现突出。之后，英国正规军也想证明自己的实力。三天后，即1899年12月11日，莱迪史密斯的英军守城部队的正规军接到了同样的任务。这次行动选了第二步枪旅的四个连，还有一些工兵和炮兵。整支队伍由第二步枪旅的梅特卡夫[1]上校指挥。这次突袭的目标是瑟普瑞斯山上那门口径四点七英寸的榴弹炮。在黑夜中，突袭小队再次秘密行军，再次将援军留在山脚，再次由两个连谨慎登山，再次被敌人发现，然后匆忙采取行动，炮轰敌人。

到此，故事走向开始发生巨大转变。不知道什么原因，用于点燃火药棉的引信出了问题。终于，半个小时过去了，敌人的榴弹炮被炸毁了，但痛苦的时刻来临了。完成突袭任务的英军想要退往山下，但布尔士兵围了过来。英军用英语问话，布尔士兵用英语回答。在黑暗中，分辨敌我的唯一标志是布尔人的宽边软帽和头盔。当时，南非共和国国务秘书赖茨的儿子——年轻的赖茨——就在现场。根据他在一封信里的描述，布尔人一共只有八个。但因为在黑夜中无法确切辨别人数，所以他的描述有明显的不实之处。

> 我们朝英军开枪。英军停下来，全体高喊道："我们是步枪旅。"之后，我们听到其中一人说道："准备战斗！"英军中的佩利上尉冲在前面。当时，佩利身上已经有两处枪伤了，茹贝尔又射了他一枪。佩利倒了下去。四个英国人抓住了简·勒特赫，用步枪打他的头，用刺刀刺中了他的腹部。简·勒特赫锁住了其

---

[1] 即查尔斯·梅特卡夫（Charles Metcalfe，1856—1912）。——译者注

中两人的咽喉，喊道："救命啊，兄弟们！"离他最近的两个士兵射死了两个英国人，还有两个英国人跑掉了。然后，很多英国人顺着小路冲上来，大约有八百人[①]。

我们像老鼠一样安静地趴在地上。远处的英国人用刺刀杀了我们三个人，伤了两个人。1899年12月13日早上，我们在山上发现佩利上尉和其他二十二人。这二十二人要么死了，要么受伤了。

赖茨的说法是布尔人只有八个，并且不是刻意等在那拦截撤退的英军。根据赖茨的说法，在冲突中，布尔人中有五人伤亡。对八个人的队伍来说，这个损失不小。英国突袭队的损失是十一人死亡、四十三人受伤、六人被俘。因为英国突袭队炸了布尔人的榴弹炮，所以这个损失不算严重，并且英国守城部队因突袭行动而士气大振。如果不是引信发生故障，第二次突袭也许和第一次一样兵不血刃就获胜了。一个记者同情地对痛苦的佩利说："很遗憾您受伤了。"佩利轻声说："我们炸了布尔人的炮呢。"

在布尔人的炮火声中，被困的莱迪史密斯食物日渐短缺，痢疾等肠道疾病频发。不过，还有一线希望鼓舞着被困的守城部队：布勒距离莱迪史密斯只有十二英里了。一旦布勒到来，莱迪史密斯的苦难就结束了。但现在，这微弱的希望破灭了，守城部队必须独自面对艰难的处境。布勒倒是真的行动了——只不过不是前进，而是后退。由于在科伦索战役中，布勒惨败，莱迪史密斯之围非但没有结束，反倒刚刚开始。守城部队和居民虽然心情沉重，但从未丧失信心。城内的英军和居民安下心来面对这次艰难、漫长的考验。

---

① 实际上只有两百人，但在黑暗中，数字被夸大是可以理解的。——原注

现在，让我们来看一看1900年新年到来前，莱迪史密斯城内的疾病和物价情况。城里的医生就算加班加点也没能阻止疾病的蔓延。居民今天五十人倒下，明天七十人倒下。守城部队今天一千五百人倒下，明天可能就是两千人倒下。城里到处是垃圾，到处覆盖着黑乎乎的苍蝇。为数不多的食物开始发霉。鸡蛋已经卖一先令一个，香烟六便士一包，威士忌五英镑一瓶。这座城里的人已经不知道饱餐是什么滋味，更看不到有谁能酣畅淋漓地喝酒。

布尔人既想体验战斗的兴奋，又想将危险系数降到最低，还想让莱迪史密斯承受痛苦。于是，发射大炮成为他们的最佳选择。一般情况下，炮轰不会造成严重后果，但偶尔会造成伤亡。据说，在金伯利附近爆炸的一颗炮弹曾让九个布尔人死亡，十七个布尔人受伤。莱迪史密斯也一样，有时候，布尔人的炮弹发射得比他们预想得还要准。1899年12月17日，一枚炮弹使纳塔尔卡宾枪手团六人死亡，三人受伤，十四匹马毙命。1899年12月22日，一场炮轰造成第一德文郡团五人死亡，十二人受伤。同一天，第五枪骑兵团包括上校在内的四个军官和一个中士受伤。这一天也是莱迪史密斯被围后伤亡最惨重的一天。之后，厄运再次降临到第一德文郡团身上。一个军官死亡，十个士兵受伤。在痛苦中，圣诞节来临。饥饿、疾病无一不在折磨着人们。但布尔人九十六磅炮弹的轰炸就像圣诞老人一样如约而至。在所有这些问题中，最糟糕的就是城内的重火力弹药越来越少，所以只有紧急时刻才能动用，但布尔人的炮弹像冰雹一样从未停止射向城内，一般每天都会射出两三百发炮弹。

在布尔人无休止的轰炸中，1900年的新年开始了。整个纳塔尔战场的局势也悄然发生了变化。接下来，英军和布尔人双方展开了一场扣人心弦的战斗。1900年1月6日，布尔人对莱迪史密斯发动了一次围城以来最大规模的袭击。战斗中，布尔人勇敢冲锋，守城的英军将士奋勇杀敌。这是英国军事史上的一次经典战役。勇敢的英国守城部队牢牢守住了漫长的防线，为英国赢得了荣誉。荣誉也属于南非大草原上勇敢的布尔人。布尔军是一支从未经过正规训练的平民武装，却让英国的正规军倾尽全力才抵挡住。

　　或许是布尔人希望不惜一切代价一次性解决莱迪史密斯的问题，又或许是布勒对第二次解救莱迪史密斯的精心准备让布尔人压力倍增，1900年新年刚过，布尔人就决定迅速展开行动。直接进攻莱迪史密斯的布尔人队伍由德·维利尔斯指挥，有几百人，其中包括南非共和国海德堡志愿者和奥兰治自由邦哈里史密斯民团，都是经过仔细挑选的精兵。几千个布尔士兵准备支援，目的是保证进攻队伍的胜利成果或掩护进攻部队撤退。布尔人将十八门重炮对准莱迪史密斯内线长长的山脊。山脊的一端是恺撒营地山，另一端是瓦格山。恺撒营地山位于莱迪史密斯的南面，绵延三英里。1899年11月9日布尔人的袭击也是以恺撒营地山作为突破口，因为布尔人早就意识到，恺撒营地山是英国战线上最薄弱的环节。现在，布尔人又要更加坚决地进攻看似不够强大的守城部队。1900年1月6日0时，英国侦察兵听到布尔人的营帐里传来赞美诗的声音。1900年1月6日2时，在恺撒营地山山脚，赤脚的布尔人集合。在斜坡上的含羞草丛和石头的掩护下，布尔人端着步枪悄悄地爬了上来。当时，守护恺撒营地山的英军正将大炮推到作战位置。

　　恺撒营地山主要由顽强的曼彻斯特团防守。山上的很多石堆成了英军的防御工事。每个石堆都有十到二十人防守。黑暗中，多处掩体遭到敌人攻击，但曼彻斯特团的士兵迅速集合，顽强地守护阵地。毛瑟枪的枪声惊醒了沉睡的莱迪史密斯。城里的街道上回荡着英国军官的呐喊声和布尔人的子弹声。黑暗中，英军正紧急集合。

　　当时，第二戈登高地人团的三个连正在恺撒营地山附近防守。在卡内基上尉的带领下，这三个连迅速投身战斗。第二戈登高地人团的其他四个连也从莱迪史密斯城内赶来支援。途中，优秀的迪克-坎宁安阵亡。自在埃兰兹拉赫特战役中受伤以来，他第一次参加战斗，却不幸被三千码外的子弹射中。之后，第二步枪旅的四个连也赶来投入战斗。现在，在恺撒营地山，总共有两个半营的英军在战斗，但人数仍然不足。1900年1月6日黎明时分，布尔人占领了恺撒营地山南坡，而英军占据了北坡。中间狭窄的高地成了双方的必争之地。0.25英里长的战线上，每双眼睛都闪烁着光芒，每块石头后面都迸发出步枪的火花。漫长的战斗中，一会儿是突袭方占据优势，一会儿是防守方占据优势。几个小时内，双方距离近到可以从己方阵地扔块石头到彼方阵地，甚至双方的互相讥讽都能听得到。虽然已有布尔人越过了石堆，但还有人守在一些石墙后面。其中一个石堆由曼彻斯特团的十四个士兵把守，血腥的一天结束后，十四个士兵中只有两人活了下来。

1900年1月6日太阳刚刚露出头来时，在伦巴德丘战役中表现优秀的皇家野战炮兵第五十三连再次发挥了巨大作用。想绕到布尔人背后直接炮轰他们所在的山坡是不可能的。因此，皇家野战炮兵第五十三连的每一发炮弹都要越过自己人的头顶击中布尔人所在的山坡。皇家野战炮兵第五十三连的火力非常精准。阿布迪[1]少校和他率领的炮兵准确地将炮弹发射到恺撒营地山的南坡，保障了英军阵地的安全。在瓦格山上，布卢伊特[2]少校率领的皇家野战炮兵第二十一连面对的炮火比皇家野战炮兵第五十三连更猛烈，但皇家野战炮兵第二十一连的表现同样可圈可点。曾有人亲眼看见布卢伊特少校穿梭在自己指挥的大炮中间，并且灵活操作大炮。你如果曾目睹这样的场景，就一定会十分佩服炮兵在敌人爆炸的炮弹碎片中还能精准

---

① 即安东尼·约翰·阿布迪（Anthony John Abdy，1856—1924）。——译者注
② 即威廉·爱德华·布卢伊特（William Edward Blewitt，1854—1939）。——译者注

还击的能力。战场上还有一幕让人印象深刻：勇敢的博伊尔①中士被布尔人的炮弹炸掉了一条胳膊和一条腿，但仍然高喊着让同伴将自己移到大炮旁边继续战斗。

在对恺撒营地山发起猛攻的同时，或者更早一点儿，布尔人对西面的瓦格山发起了秘密进攻。赤脚的布尔人对驻守在瓦格山的帝国轻骑兵团和工兵团突然发动袭击。帝国轻骑兵团的马赛厄斯、工兵团的迪格比·琼斯和丹尼斯显示出了拿破仑说的最优秀的军事品质——"两点钟勇气"②。起初，受到攻击的帝国轻骑兵团和工兵团非常震惊，但很快就镇定下来，在最近的区域寻找合适地点坚守阵地。三十名工兵有一半是非正规军。十七名工兵倒下了。但是让人惊讶的是，这些工兵拥有十分丰富的作战经验，表现得非常勇敢。英国守军没有和布尔人一样的战壕、矮墙和铁丝网，并且人数远远少于布尔人。第二王属皇家步枪团的两个连和无处不在的部分第二戈登高地人团士兵刚好在瓦格山上。于是，他们也投入了这场血腥的战斗。因为人数处于劣势，麦克诺滕③中尉指挥的第二戈登高地人团的三十三名士兵有三十人负伤。当第二戈登高地人团从瓦格山北坡撤退时，沃尔纳特率领第二戈登高地人团的其他一百五十人前来支援。沃尔纳特就像北欧神话中披着熊皮的士兵一样勇敢。接着，又有两百名帝国轻骑兵团的士兵热血沸腾地加入战斗。前来增援的还有第二王属皇家步枪团半个营的兵力。1900年1月6日黎明时分，瓦格山的战斗情况与恺撒营地山几乎一模一样。进攻者占据了山的一侧，防御者占据了山的另一侧。不过，英国炮弹紧接着就越过自己步兵的上空轰炸另一侧的山坡。

布尔人在瓦格山的进攻持续时间最长，也最紧张。在瓦格山上，英国

---

① 即塞西尔·博伊尔（Cecil Boyle，1853—1900）。——译者注
② 指在毫无准备的情况下，表现出来的过人勇气。——译者注
③ 即恩斯特·麦克诺滕（Ernest Macnaghten，1872—1948）。——译者注

守军顽强对抗的是德维利尔斯率领的布尔军。汉密尔顿率领英军不断冲击布尔人的防线，但布尔援兵源源不断地爬上山，并且布尔人在瓦格山上的战斗意志十分坚定。在战斗中，布尔人表现出来的勇气也令人佩服。在这场战斗中，双方都以命相搏。在一座炮台，一群布尔人和英军遭遇。奥兰治自由邦的德维利尔斯射死了沃尔纳特。汉密尔顿用左轮手枪朝德维利尔斯射击，可惜没有射中。帝国轻骑兵团的扬·阿尔布雷克特射中了德维利尔斯。一个叫耶格的布尔人又射中了扬·阿尔布雷克特。工兵迪格比·琼斯射中了耶格。几分钟后，为老兵赢得荣誉的迪格比·琼斯也负伤了。同样为老兵赢得荣誉的丹尼斯倒在了迪格比·琼斯的身边。

再也没有比发生在瓦格山战役更激烈的战斗了，也再没有比在战斗中处于防御中心的帝国轻骑兵更勇敢的士兵了。一如埃兰兹拉赫特战役，在瓦格山，帝国轻骑兵团的士兵再次证明了自己无愧于"英国神射团"的称号。

瓦格山上的英军和布尔军势均力敌，展开了拉锯战。防御方无法驱逐突袭方，突袭方也无法击溃防御方。双方士兵经常会混在一起。一个受伤的英军士兵发现在自己身边休息的人不止一次换成了布尔士兵。1900年1月6日16时，双方鏖战正酣时，突然黑云蔽日，降下一场暴雨，并且伴有闪电和大风。很奇怪，在埃兰兹拉赫特战役中，英军的胜利也是经历了一场这样的暴风雨。在子弹横飞的山顶，在长长的战线上，英军和布尔军的士兵像牛头犬一样狠狠地牵制着对方，根本无暇顾及天气情况。沿着湿滑的山坡，身上满是泥水和血水的布尔援军爬上了山。第一德文郡团带着德文郡人特有的勇气也沿着北面山坡上来了。在指挥官卓越的指挥下，第一德文郡团横扫了面前的布尔人。第二王属皇家步枪团、第二戈登高地人团和帝国轻骑兵团陆续加入。最终，英军攻下了瓦格山。

战斗还没有结束。布尔人冒险发动进攻，现在，该是他们付出代价的时候了。撤退途中，布尔人要经过湍急的克勒普河。在克勒普河边，布尔人一愣神，英军的子弹已经铺天盖地般袭来。很多人跌进河中死去了。这些布尔人永远消失了，再也听不见战场上冲锋的号角声了。大部分布尔士兵游过了河，在隐蔽处找到自己的马匹，骑马越过布尔瓦纳平原。在势均力敌的战斗中，勇敢的人也可能被击败。

第一德文郡团胜利的欢呼声激励着不远处恺撒营地山上疲惫的士兵。最终，曼彻斯特团、第二戈登高地人团和第二王属皇家步枪团得到了两个炮兵连的火力支援，也结束了漫长的拉锯战。二十六个小时没吃没喝的英军守住了阵地。在一批死伤者中间，英军高喊着、挥舞着双手庆祝胜利。

如果恺撒营地山和瓦格山落入布尔人之手，莱迪史密斯必然会被布尔人攻破。历史是可以改变的。当年，马尤巴山战役经过几天战斗最终失守。如果能多坚持一个小时，也许马尤巴山战役的胜利就属于英国了。狡猾的布尔人总藏在岩石后，但在恺撒营地山和瓦格山战斗中，布尔人发现面前的英军同样老谋深算。终于，英军学会了猎人的技巧。这些英军躲在掩体后面，瞄准目标，不顾身上的伤口，把18世纪先辈过时的传统抛到脑后。他们打击了敌人，比任何一次打击得都要狠。在这次偷袭莱迪史密斯的过程中，布尔人损失惨重。山脊上、斜坡上、干沟里和河流里都有布尔人的尸体。保守估计，布尔人的伤亡不少于七八百人。根据其他统计，这个数字比七八百还要高。英国守城部队的伤亡也很严重。英军由于伤口多在头部，所以受伤致死的比例非常高。在这次保卫莱迪史密斯的战斗中，英军伤亡总数是四百二十人。个性暴躁的迪克–坎宁安、忠诚的沃尔纳特、勇敢的工兵迪格比·琼斯和丹尼斯、帝国轻骑兵团的亚当斯和帕克曼、有骑士风度的拉丰都阵亡了。伤亡报告显示，损失最惨重的是帝国轻骑兵团[1]、曼彻斯特团、第二戈登高地人团、第一德文郡团、第二步枪旅。但同

---

① 十位军官阵亡，最后指挥作战的是队长。——原注

时，荣誉属于他们。

1900年1月6日，还有另外两处英国据点遭到布尔人突袭。一处是莱迪史密斯北面的瞭望山，另一处是莱迪史密斯东面的赫尔普梅卡尔山。在赫尔普梅卡尔山，布尔人明显是佯攻，但在瞭望山就不是了。在瞭望山，布尔指挥官舒特和四五十个布尔士兵伤亡，最终放弃了进攻。这一天，在每个战斗地点，布尔袭击者发现：英军虽然分散，但防守密不透风，守城英军战斗力依然非常强大。这是布尔人第一次对英军防守的莱迪史密斯发起直接进攻，似乎也是最后一次。

英国举国上下都对这次保卫莱迪史密斯的进程给予了极大的关注。公众对受伤的将士表示了同情和关心。莱迪史密斯的电报线已经被切断，但守城部队通过日光反射信号器给布勒发去消息，称遭到了布尔人的袭击。大约几个小时后，"各处敌人均被击退，战斗仍在继续"的消息传来，然后是"进攻继续，敌人援军从南面赶来"，再然后是"新一轮进攻，压力巨大"。到此，消息中断，莱迪史密斯与英国失联。消息灵通的伦敦报业大胆猜测了莱迪史密斯的命运，都表示前途未卜。第一次有人公开表示：也许这场战争已经超过了英国的能力范畴。接着，从莱迪史密斯传来官方消息说，英军已经击退布尔人的进攻。在远处的莱迪史密斯，筋疲力尽的英军和历经考验的军官聚在一起感谢仁慈的上帝。但在伦敦，人们对这场危机依然心有余悸。越来越多的人开始为远在战场的将士祈祷。

第 14 章
科尔斯伯格行动

南非战场共有四支英军。我们已经介绍了计划解救金伯利的西线战事、英军在科伦索被击退的东线战事和中路的斯托姆山战役。事实上，除加塔克的部队之外，中路还有一支部队。下面我们就来介绍一下这支部队的情况。

1899年10月11日，布尔人对英国宣战。三个星期后，奥兰治自由邦人开始入侵开普殖民地。布尔人没有立刻入侵开普殖民地，很有可能是因为他们本来并没有打算在斯托姆山和科尔斯伯格的高山和低丘间展开战斗，而是打算从位于赫克斯河谷的关隘进入开普敦。赫克斯河谷就在开普敦北面，布尔人一旦进入开普殖民地，布尔军就会因开普殖民地布尔同胞的加入而实力大增。虽然战争的最终结果一定不会改变，但如果布尔军在开普获胜，那么南非的战局就会变得更复杂，英军面临的威胁也一定会更大。

布尔人可以从两处入侵开普殖民地。一处是经诺瓦尔渡口过奥兰治河进入开普殖民地，另一处是从诺瓦尔渡口东面大约四十英里的贝图利进入。这两处都没有英军驻扎。[①]布尔军慢悠悠地向南进军，他们途经之地的荷兰人还在犹豫到底是应该加入说着相同语言的布尔军的队伍，还是应该根据自己的认知加入代表正义与慷慨的英军。有很大一部分荷兰人加入了布尔人的队伍。和入侵开普殖民地的布尔人一样，这些开普殖民地的背叛者对英国的真诚报以极大的敌意和不敬。在远离铁路沿线的城镇，如东巴克利和格雷夫人镇，农场主带上子弹带，拿起步枪，在帽子上系上桔黄色的带子，跨马加入了布尔军。这些与世隔绝、愚昧无知的农场主几乎不知道自己在做什么，不过，很快他们就会知道了。

同时，英军的领袖勉强将几支军队合并起来抵抗布尔人的入侵。中路急需两支军队：一支用来阻止布尔人经贝图利和斯托姆山向开普殖民地

---

① 这个事实可以用来反驳那些怀疑英国早就对南非共和国图谋不轨的人。——原注

行军，另一支迎战入侵者，因为现在布尔人已经从诺瓦尔渡口过了奥兰治河，并且占领了科尔斯伯格。前面已经介绍过，第一个任务由加塔克负责，第二个任务则交给了弗伦奇。在埃兰兹拉赫特战役中，弗伦奇取得了胜利，乘最后一班火车离开了莱迪史密斯，现在准备迎击布尔军。加塔克的部队驻扎在斯泰克斯特鲁姆，而弗伦奇的队伍驻扎在阿伦德尔。现在，我们要介绍的就是弗伦奇的部队的行动。

　　弗伦奇是一个头脑聪明、精力充沛的骑兵指挥官。对弗伦奇来说，南非战场并不可怕。与此相反，他觉得哪里有战争，哪里才会有荣誉。1898年，在塞西尔麾下，弗伦奇指挥骑兵时，他的指挥才能得到了充分发挥。在布勒的极力举荐下，弗伦奇接受了赴南非作战的任命。从外貌上看，弗伦奇个子不高，身材粗壮，下巴向前突出。从性格上看，弗伦奇冷静执着、头脑敏锐，遇事小心谨慎，同时勇敢无畏。弗伦奇懂得衡量事情的轻重，在执行任务时勇往直前。作为一个骑兵领袖，弗伦奇能够迅速做出决定。他的一名崇拜者曾说："弗伦奇的思考速度和马儿飞奔的速度一样。"他就是这样一个人——时刻警醒、才华横溢、果断而坚决。现在，在科尔斯伯格拦截布尔人的任务交给了他。

　　虽然布尔军主要沿两条铁路线行军，但当意识到英军的防御力量非常薄弱时，布尔人就开始向铁路的东西两个方向拓展。在东面，布尔军占领了多德雷赫特；在西面，布尔军占领了斯坦斯伯格。当时，英军只能将注意力集中在布尔人的行动主线上，根本无暇顾及多德雷赫特和斯坦斯伯格。

　　在占领阿伦德尔前，瑙普特是弗伦奇的大本营。最初，弗伦奇指挥的部队人数不多，并且是各处东拼西凑来的。1899年11月23日，在铁路沿线，弗伦奇侦察了紧邻瑙普特的阿伦德尔。侦察行动中，弗伦奇只带了黑警卫团的一个连、四十名乘骑步兵和新南威尔士枪骑兵团的一部分人马。此次侦察行动中，弗伦奇和科尔斯伯格的布尔军首次接触。接下来的几个月，两支部队时有交火。直到最后，布尔人被赶回诺瓦尔渡口。因为阿伦德尔守卫力量薄弱，所以弗伦奇率领部队前往阿伦德尔驻守。1899年12月底，在阿伦德尔，弗伦奇建起英军营地。阿伦德尔距离布尔军在伦斯堡的防线只有六英里。弗伦奇的任务是阻止布尔人进一步深入开普殖民地，因为以他现在的实力还无法将敌人驱赶出去。

12月13日进驻阿伦德尔之前，弗伦奇的部队人数有所增加，并且大部分是骑兵，机动性较强。1899年12月13日，弗伦奇的部队试图阻止一部分布尔人向南行军。参与行动的主要是骑兵和骑马炮兵。弗伦奇选择的行动范围到处是独立的山丘。这些山丘外形奇特，总让人觉得是阳光折射给人造成的错觉。山丘是布尔人偏爱的作战地形，但山丘间绿色或黄褐色的广阔草原也深受英军骑兵或骑马炮兵的喜爱。埋伏在草原外围的弗伦奇的部队没给布尔人利用远处小丘作战的机会，包围圈逐渐缩小，布尔人被迫向科尔斯伯格移动。机动灵活的弗伦奇部队并没有与布尔人短兵相接。第二伯克郡团控制了中路。骑术精湛的塔斯马尼亚人、新西兰人与澳大利亚人，以及皇家苏格兰骑兵团、恩尼斯基林龙骑兵团和纳塔尔卡宾枪手团的骑兵形成了一个巨大的、无法穿越的屏障。英军还得到了骑马炮兵O连和骑马炮兵R连的支援。弗伦奇将军每天都要骑马外出，仔细侦察布尔人的位置，他的侦察兵和外哨则严密监视布尔人。

12月30日，布尔人放弃了作为前哨的伦斯堡，在科尔斯伯格集结。弗伦奇随即率领部队前往伦斯堡。从12月31日开始，弗伦奇展开了一系列积极持久的行动。17时，弗伦奇率领骑马炮兵R连、半个骑马炮兵O连、第十轻骑兵团、恩尼斯基林龙骑兵团、第二伯克郡团离开了伦斯堡营地，停在了科尔斯伯格西面。1900年1月1日2时，波特[①]上校带着另外半个骑马炮兵

----

① 即罗伯特·波特（Robert Porter，1858—1928）。——译者注

O连、纳塔尔卡宾枪手团[1]和新西兰乘骑步枪团离开营地，停在了布尔人的左翼。在麦克拉肯[2]少校的带领下，第二伯克郡团将布尔人的警哨赶下一座山丘，随后占领了这座山。骑马炮兵在布尔人右翼进行纵射。经过短暂的大炮对决，英军炮兵成功地让敌人的大炮安静了下来。然而，1月2日一早，布尔人得到了强有力的支援，又回头伺机进攻英军。弗伦奇不得不暂时牵制布尔人，等待英国援军的到来。

英国援军很快就赶到了。萨福克团首先到来，接着是皇家骑兵综合团和皇家野战炮兵第四连。然而，此时，布尔人得到了支援，极力想要打破之前弗伦奇的包围圈。1月4日，在休曼将军的带领下，一千名布尔士兵对英军左翼发起进攻。黎明时分，布尔人成功避开了英国外哨警戒，占领了一座小山。不过，布尔人被骑马炮兵O连的大炮驱赶下来，撤退途中在平原又遭到了第十轻骑兵团和恩尼斯基林龙骑兵团一个骑兵中队的追击。部分撤退的布尔士兵被团团围住。同时，德·莱尔[3]率领乘骑步兵重新夺回了之前的阵地。这次行动因弗伦奇组织严密而获得了很大成功。布尔人伤亡九十人，被俘二十一人。英军方面，第十轻骑兵团的哈维少校牺牲。此外，还有其他五人死亡，十五人受伤。

受到这次胜利的鼓舞，萨福克团又尝试攻占布尔人阵地核心位置的一座小山。科尔斯伯格位于盆地，周围被一圈丘陵环绕。如果能够夺下布尔阵地核心位置的任意一座山丘，那么占领科尔斯伯格就轻而易举了。攻占山丘的计划是由萨福克团的沃森上校执行的。但很明显，一旦战斗失败，将责任归结于下属是不正确的。当部队取得胜利时，我们通常认为将军的功劳最大，但一旦战斗失败，我们就把责任归结到沃森上校、朗或亚历山

---

① 波特担任团长。——原注
② 即弗雷德里克·麦克拉肯（Frederick McCracken, 1859—1949）。——译者注
③ 即比弗·德·莱尔（Beauvoir De Lisle, 1864—1955）。——译者注

大·桑尼科洛夫特这样的下属身上。公平地说，是弗伦奇命令沃森上校夜袭小山的。

战斗的结果是灾难性的。1900年1月3日深夜，四个连的士兵有的穿着帆布鞋，有的穿着袜子就踏上了这次冒险的旅程。4日黎明之前，部队到达了山脚下的斜坡。沃森上校带着队伍刚爬到一半，布尔人就开火了，但沃森上校和两个连的士兵坚持按照原计划组织进攻。布尔人的子弹像暴风雨一样射向英军。有人说，黑暗中听到布尔人喊了一声："撤退！"或许是我们把布尔人想得太狡猾了。这很有可能是英军里某个受到惊吓，失去组织纪律性的步兵喊出来的。我们有比马赫斯方丹更有力的证据证明布尔人事先已经得到了情报，就在那里等着英军上钩。最终，所有英国军官，从上校到副官，死的死，伤的伤，还有一些被俘虏了。在5日晨曦的微光中，从山上撤下来的和留在山脚的英军发现退路已经被布尔人切断了。最终，在这场不幸的战斗中，英军损失了十一名军官和一百五十名士兵。此时，本应将其他部队带到伊丽莎白港进行休整，但第一埃塞克斯团的到来让弗伦奇觉得有了反败为胜的机会。

弗伦奇没有顾得上休整队伍，继续执行原来的战斗方案——步兵正面牵制敌人，自己则率领骑兵绕到布尔人东面展开进攻。1月9日，波特率领纳塔尔卡宾枪手团、皇家骑兵综合团的两个班、新西兰乘骑步枪团、新南威尔士枪骑兵团，配备四门大炮开始行动。一场小规模战斗后，波特占领了一个叫斯林格斯方丹的地方，之后在斯林格斯方丹东面、北面警戒，以便在布尔人撤往诺瓦尔渡口的主要道路上进行拦截。之后，波特的队伍又与布尔人发生了几次冲突，但英军守住了斯林格斯方丹。15日，布尔人认为英军战线拉得太长，防守力量必然不够，所以组织了一次猛烈进攻。被攻击的地点由新西兰乘骑步枪团和增援弗伦奇的第一约克郡团的一个连驻守。双方进行了近距离战斗。第一约克郡团的奥尔上尉倒下了。关键时刻，新西兰乘骑步枪团的麦道科斯上尉接替奥尔上尉继续指挥战斗。麦道科斯与穿着长衫、头戴毡帽的布尔指挥官进行了近距离互射。最终，幸运之神让他杀了劲敌。布尔人死亡二十一人，更多的人因受伤而横七竖八地躺在地上。这次胜利也算是对萨福克团之前承受的灾难的一种补偿吧。

　　然而，16日，左摇右摆的命运天平再次抛弃了英军。因为战场面积辽阔，战线拉得很长，所以这里很难对行动的细节一一进行描述。每座山丘都是一个堡垒。山丘间的平原有英军骑兵在巡逻。

　　弗伦奇向东向北行军，布尔人也按照同样的方向行军，以防弗伦奇从侧翼包抄自己。双方战线越拉越长，伏击战时有发生。行动中，英军骑兵一发现布尔人就立即发动攻击。尽管英军骑兵很快就适应了新环境，但布尔人更擅长游击战。在其中一次行动中，一个由南澳大利亚骑兵团和新南威尔士枪骑兵团组成的十六人巡逻队遭遇了敌人的伏击。巡逻队一人死亡，一人受伤，十一人被俘，其他三人返回了营地。

　　弗伦奇与德·韦特[1]、休曼和兰伯特间的博弈与其说是战斗，不如说更像一场军事演习。英军战线拉得太长，已经超过了三十英里。危急时刻，弗伦奇先是得到了第一约克郡团的支援，然后又得到了第二威尔特郡团和部分榴弹炮兵第三十七连的支援。现在，在人数上，英军和布尔军没什么差别，但布尔人在距离更短的内线作战。僵持的局面是由皇家野战炮兵第四连的壮举打破的。皇家野战炮兵第四连凭借坚强的意志用绳索将两门十五磅炮拖到了科尔斯丘顶部。科尔斯丘海拔八百英尺，山势险峻。没有充分的准备，想要登上去几乎是不可能的。现在，山顶上，英军火力全开，射向布尔人阵营，很快就完全掌握了战斗的主动权。英军一些指挥官曾经表示，他们不相信战术和强大武器结合能够产生奇效，但皇家野战炮

---

① 即克里斯蒂安·德·韦特（Christiaan de Wet, 1854—1922）。——译者注

兵第四连的这次行动驳斥了这一观点。科尔斯丘上的大炮不仅控制了九千码以内的所有山丘，连科尔斯伯格也在英国大炮的射程内。

1900年1月底，随着英国援军陆续到来，弗伦奇的部队已经达到了一万人，守护着大片的土地。步兵包括第二伯克郡团、第一皇家爱尔兰燧发枪团、第二威尔特郡团、第二伍斯特团、第一埃塞克斯团、第一约克郡团；骑兵包括轻第十轻骑兵团、第六龙骑卫兵团、恩尼斯基林龙骑兵团、新西兰乘骑步枪团、新南威尔士枪骑兵团、里明顿向导兵团的部分向导兵和皇家骑兵综合团；炮兵包括骑马炮兵R连和骑马炮兵O连、皇家野战炮兵第四连和榴弹炮兵第三十七连的一部分。我不厌其烦地重复这些部队番号，是因为也许除罗德西亚部队之外，不如此重复部队的名字不足以给读者留下清晰的印象。作战部队不断变化、作战区域广阔，很多地点又是以小农场的名字命名，这一切都可能会让故事的叙述变得模糊不清。现在，英军形成了一个半圆形，右起斯林格斯方丹，左至克洛弗营地。英军的整个作战计划就是呈包围态势继续行军。当精力充沛的波特在左翼行军时，克莱门茨[①]将军在右翼呼应。战线逐渐拉长到五十英里。对战事的记叙不可能面面俱到，就算是前线记者，也无法事无巨细地报道。

25日，弗伦奇派斯蒂芬森[②]和布拉巴宗[③]前往科尔斯伯格北面侦察。侦察部队发现布尔人正在里特方丹修筑一个新的据点——距离英军防线只有九英里。接着，英军组织了一次小规模行动。行动中，第二威尔特郡团十几个人阵亡。终于，英军对布尔人的军事部署有了些了解。1900年1月的最后几天里，双方处于势均力敌的状态。因此，双方各自关注自身的防御工事，没有一方的力量强到可以主动挑起战事。弗伦奇前往开普敦帮助罗

---

① 即拉尔夫·阿瑟·彭林·克莱门茨（Ralph Arthur Penrhyn Clements，1855—1909）。——译者注
② 即西奥多·斯蒂芬森（Theodore Stephenson，1856—1928）。——译者注
③ 即雷金纳德·布拉巴宗（Reginald Brabazon，1859—1949）。——译者注

伯茨伯爵制订作战计划。很快，南非的整个战局就会发生改变。

援军还在一点点地汇入英军。霍德领导的澳大利亚团已经从步兵变成了骑兵。从印度赶来的骑马炮兵J连是最后抵达科尔斯伯格的援军。布尔人也获得了强有力的支援。现在，布尔军的实力甚至可以让其抢先发起进攻了。德·拉·雷伊[①]带着三千人离开摩德河，来到科尔斯伯格。德·拉·雷伊的到来，为科尔斯伯格的布尔军输入了新的血液。摩德河战线的布尔人来到科尔斯伯格时，英国却把科尔斯伯格的骑兵派去摩德河为进军金伯利做准备。就当时情况来看，克莱门茨的队伍人数锐减，布尔人的力量却增强了。在敌强我弱的情况下，英军应该守住自己的阵线，尽量避免严重伤亡。

2月9日和10日，一支主要由塔斯马尼亚团、澳大利亚团和恩尼斯基林龙骑兵团组成的英军骑兵巡逻队与布尔人遭遇。双方都没有严重伤亡。另一支英国巡逻队被包围。塔斯马尼亚团和里明顿向导兵团共有十一人被俘。

12日，布尔人加紧行动，猛烈进攻斯林格斯方丹右翼位置的英军。在斯林格斯方丹，英军阵地的关键位置是由第二伍斯特团的三个连驻守的一座山丘。布尔人对山丘发起猛攻，但遭到了第二伍斯特团同样猛烈的回击。1900年2月12日，月亮落下，太阳还未升起时，布尔人展开行动。第一缕阳光出现时，布尔人正隐藏在石墙后面。布尔军的领袖不太喜欢夜袭，但布尔军非常善于利用黑暗占据有利位置，等到视线清晰时就突然发起进攻。在清晨微弱的光线下，英军的外哨士兵发现了布尔人疾走的脚步和模糊的身影。当第二伍斯特团对掩体后的布尔人展开攻击时，布尔人立刻开始冲锋。当太阳初露地平线时，布尔人已经占领了半个山丘。

第二伍斯特团里有大约四百五十个神枪手。有这些神枪手在，布尔人

---

① 即科斯·德·拉·雷伊（Koos de la Rey，1847—1914）。——译者注

很难获得优势，双方步兵一直在进行拉锯战。为了夺回失去的阵地，科宁哈姆上校和斯塔布斯少校阵亡。赫费尔和巴塞洛缪继续鼓励士兵作战。在哈克特·佩因的指挥下，骑马炮兵J连将大炮拖到空地，向布尔人占领的阵地开炮。布尔人得到了增援，但面对骑马炮兵J连精准的炮击，依然无法推进。第二伍斯特团的射击能手比斯利大腿中弹，在因失血而倒下之前，他又向布尔人射出了一百多发子弹。在英军阵地最右翼的这场战斗中，第二伍斯特团没有因敌人人数占优势又发动猛烈进攻而怯战。天渐渐黑下来，布尔人撤退了，死伤两百人以上。英军二十八人死亡，将近一百人受伤或失踪——多数伤亡都是大清早布尔人突然发动袭击造成的。克莱门茨命令整个右翼部队收兵。之后，在哈克特·佩因的指挥下，部队连夜向伦斯堡方向行军。

在英军阵地最左翼，由第二威尔特郡团驻守的山丘发生了同样激烈的战斗。山丘上的几个连队因敌众我寡而被包围。维多利亚乘骑步枪团大约一百人赶来增援。经过艰苦战斗，英军的压力大大缓解。英勇的澳大利亚团总共有七个军官，其中六个战死。艾迪少校和大部分澳大利亚团士兵阵亡。澳大利亚团向人们证明，在英国遍布世界各地的殖民地中，再没有哪个国家的部队能像澳大利亚团一样拥有这样大无畏的精神和至高无上的责任感。在南非战场，澳大利亚团履行自己的职责，作为侦察兵或骑兵做了大量工作。澳大利亚团的事迹可能没有被历史记录，但被记录在了伤亡册中。在科尔斯伯格的英军队伍中，澳大利亚人和新西兰人的勇敢、精湛的骑术及射击能力值得英国人致以最深的敬意。

因为布尔人的力量强大起来，克莱门茨暂时无法扭转战局，甚至还要担心战局会更有利于布尔人。如果克莱门茨的部队实力被削弱，那么敌人就会从容地切断他与罗伯茨伯爵的联系。现在，克莱门茨将两翼部队集中在伦斯堡。面对布尔人咄咄逼人的势头，撤退同样艰难。但最终，整个撤退行动非常及时而顺利地完成了。不过，部队撤退期间，一件不幸的事发生了：第二威尔特郡团的两个连因没有接到明确的撤退命令而被留在了阵地。在战斗中，由于失去了与主力部队的联络，第二威尔特郡团的两个连伤亡达到三分之一，最终只能投降。在撤退时，恩尼斯基林龙骑兵团和维多利亚乘骑步枪团也遭遇布尔人拦截。在艰难的撤退过程中，第二威尔特郡团的卡特[①]上校进行了艰苦卓绝的努力。两个连的损失尽管是场意外，但在战争中是常见的。整体来说，克莱门茨还是以很小的代价将分散的部队集中了起来。英军对撤退心有不甘，因为他们已经在漫长的战线上顽强坚守了那么长时间。但将军认为撤退势在必行。由于科尔斯伯格的布尔军变得越来越强大，英军只能尽量避免与布尔人发生直接冲突。

科尔斯丘上的大炮运下来了。2月14日，克莱门茨率领整支部队退出伦斯堡，进入阿伦德尔。六个星期以前，弗伦奇就是从阿伦德尔开始展开了一系列惊心动魄的行动。说失败还为时过早，因为英军将士只是又回到了原点。克莱门茨返回阿伦德尔时，英军的行动目标已经完成。弗伦奇，这只翱翔在战争暴风雨中的海燕，要从开普敦前往摩德河。在摩德河，比科尔斯伯格更大的成就正等着他。克莱门茨则继续驻守瑙普特这个重要的铁路枢纽，直到罗伯茨伯爵的军队彻底扭转整个南非战局。

---

① 撤退当晚是卡特上校第六个不眠之夜。——原注

第15章

斯皮温丘战役

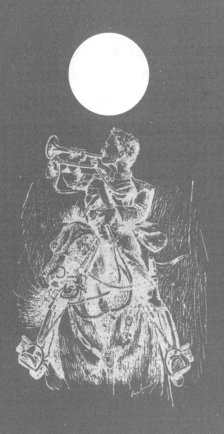

就在梅休因男爵和加塔克分别在摩德河和斯泰克斯特鲁姆各自防守之际，就在精力充沛的弗伦奇机动部队与布尔人在科尔斯伯格周旋之际，布勒，这位身材壮硕、执拗冷酷的将军正组织兵力为再次解救莱迪史密斯做着准备。距离英军丢失十门大炮的科伦索正面攻击战已经过去将近一个月。从那时起，查尔斯·沃伦指挥的步兵师和大量的炮兵前来支援。鉴于战场的残酷性和布尔民兵的作战能力，以及敌军一直在内线行动，明眼人都能看出来，布勒的现有兵力根本无法应对当前的状况。

不过，布勒现在还有几个优势。首先，他的部下充满战斗热情，对指挥官绝对信任。这位勇敢沉着的将军身上有一种魅力：他可以给予身边的人极大的勇气，并让他们信任自己。首先，尽管科伦索战役失利，但将军的表情让身边的人确信会赢得最终的胜利。其次，现在布勒的炮兵实力比之前更强，尤其是威力巨大的重炮。不过骑兵相对其他兵种实力较弱。1900年1月10日，布勒尝试对布尔军右翼的斯皮温丘发起进攻。战斗过程中，布勒动用了一万九千名步兵、三千名骑兵。炮兵的六十门大炮中有六门能够发射五十磅立德炸药的榴弹炮，还有十门远程舰炮。巴顿旅和部分其他部队留在营地守护补给线的安全。

下面我们介绍布勒在斯皮温丘行动时的军事力量：

克利里师	
希尔德亚德旅	第二西萨里团
	第二德文郡团
	第二西约克郡团
	第二东萨里团

阿瑟·菲茨罗伊·哈特旅	第一恩尼斯基林燧发枪团
	边境团
	第一康诺特游骑兵团
	第一都柏林燧发枪团

三个皇家野战炮兵连：第十九连、第二十八连、第六十三连；第十三轻骑兵团一个班；皇家工程兵团。

查尔斯·沃伦师	
利特尔顿旅	第二卡梅伦团
	第三王属皇家步枪团
	第一达勒姆轻步兵团
	第一步枪旅
爱德华·伍德盖特旅	第二皇家兰开斯特团
	第二兰开夏郡燧发枪团
	第一南兰开夏郡团
	约克郡和兰开斯特团

三个皇家野战炮兵连：第七连、第七十八连、第七十三连；第十三轻骑兵团一个班。

其他部队	
约翰·塔尔博特·科克旅	第二皇家沃威克团
	第一萨默塞特团
	第二多塞特团
	第二米德尔塞克斯团

榴弹炮兵第六十一连，配备两门口径四点七英寸的舰炮、八门十二磅舰炮；第十三轻骑兵团一个班和皇家工程兵团。

骑 兵

第一皇家龙骑兵团

第十四轻骑兵团

南非骑兵团四个班

帝国轻骑兵团一个班

贝休恩乘骑步兵团

桑尼科洛夫特乘骑步兵团

纳塔尔卡宾枪手团一个班

纳塔尔乘骑警察团一个班

王属皇家步枪团乘骑步兵一个连

六挺机枪

以上就是布勒的兵力情况。

在科伦索西面大约十六英里的图盖拉河上，有一个叫波特希特的渡口。布勒计划夺取波特希特渡口，利用此处往来的船渡河，然后对科伦索右翼的布尔人展开袭击。过河后，需要翻过几座小山，但一旦翻越这些小山，解除莱迪史密斯之围就相对容易了。布勒和英军抱着极高的希望，踏上了这次冒险之旅。

在斯普林菲尔德，邓唐纳德骑兵团穿过了小图盖拉河。之后，在能够俯瞰波特希特渡口的爱丽丝山上，他们驻扎下来。邓唐纳德伯爵骑行的距离已经远远超过了他收到的命令的距离。当人们为邓唐纳德伯爵的勇气和判断力欢欣鼓舞时，我们必须记得，还有一些不幸的军官因战斗失利而结束了自己的军事生涯。毫无疑问，布尔人也企图占领爱丽丝山，但英军行动迅速，占了先机。1900年1月10日一大早，在卡莱尔中尉的指挥下，南非骑兵团的一批人游过宽阔的河流，将船带了回来。如果接下来的行动像开始时那样快如闪电，那么布尔人很有可能还没来得及集结就被击溃了。

没有达到预想的效果并不是步兵的错。在没有后勤保障的情况下，任何一支两万人的军队都不可能远离大本营二十英里渡河行军。因为前夜下过大雨，加上小溪暴涨形成河流，马车无法前进。牛群负荷过重，牵引车又不起作用，于是，步兵只能在泥浆中艰苦跋涉。按照原计划的速度行军，是无论如何也做不到了。此时，邓唐纳德伯爵已经夺取了爱丽丝山，可以确保对波特希特渡口的控制权。但爱丽丝山上的部队等了一天又一天，眼睁睁地看着远处的布尔人挖战壕、运泥土，在对面山坡上大修工事，最后拦住英军前进的路。远处地平线上，在一片紫色的雾气中，莱迪史密斯的日光反射信号器从早到晚闪闪烁烁，诉说着守城部队的困境，寻求着远方的帮助。爱丽丝山的高处有一束希望的光，明明暗暗回应着，它在安慰远方的人们，鼓励他们要振作，向人们解释，目前的形势还无法前去。此时，草原上的布尔人正在莱迪史密斯和爱丽丝山之间拼命挖战壕、设置障碍。"我们就快来了！我们就快来了！"爱丽丝山在呐喊。手握铁锹和锄头的布尔人说道："敌人必须从我们的尸体上迈过去！"

1月12日，邓唐纳德伯爵率军占领了爱丽丝山。13日，利特尔顿旅赶来确保骑兵获得的成果。14日，重型舰炮被送到前线用来掩护部队渡河。15日，在波特希特渡口，约翰·塔尔博特·科克旅集结。16日，利特尔顿的四个团全部过河。这时，一切才开始变得明朗起来。原来，布勒的计划并不像想象中那么简单。在波特希特渡口过河只不过是个幌子——真正的行动地点是在波特希特渡口西面五英里外的特里哈特渡口。当利特尔顿旅和约翰·塔尔博特·科克旅佯攻波特希特渡口时，其他三个旅，即阿瑟·菲茨罗伊·哈特旅、爱德华·伍德盖特旅和希尔德亚德旅于16日晚以急行军的方式在邓唐纳德骑兵找到的特里哈特渡口集结。17日，在特里哈特渡口，英军搭建了一座浮桥，准备出其不意地进攻布尔军右翼战壕。说起在作战过程中英军运用的策略，本次渡河可以说是运用得最好的一次，不仅计划周详，而且执行得果断利落。18日，步兵、骑兵及大部分火炮已经安全渡河，没有一兵一卒的损失。

现在，战斗地点发生变化，恐怕布尔人要费力挖掘新的战壕了。说起挖战壕，布尔人是专业的。现在，英军已经全部集结在图盖拉河北岸，距离莱迪史密斯更近了。然而，有时，计划是一回事，实际情况可能是另一回事。希望这次好运可以降临到英军身上。如何迈出第一步至关重要。如果能够夺下斯皮温丘的制高点，那就事半功倍了。为了夺得斯皮温丘的制高点，英军和布尔军展开了斗争。如果渡河后能够马上采取行动，那么夺得斯皮温丘的制高点便如探囊取物。可惜，不知道是什么原因，查尔斯·沃伦率领部队进行了一段毫无目标的行军，然后又退回到原来的位置。这一来一回就浪费了两天宝贵的时间。

渡过图盖拉河的第一天，英军就获得了一次小小的成功。本次成功是斯皮温丘战役中少有的成就，显得难能可贵。邓唐纳德骑兵前去掩护左翼步兵行军，并且查看布尔军右翼的动向。当时，一支布尔巡逻队正在休息，一不小心进入了邓唐纳德骑兵的包围圈。有些布尔人逃跑了，还有一些在山丘后面抵抗。最终，二十四个布尔人毫发无损地投降，其他十三人伤亡。来自海尔布隆的德·门茨死亡。在这场伏击战中，邓唐纳德骑兵只有两人死亡，两人受伤。随后，骑兵在查尔斯·沃伦所率部队的最左翼待命。

现在，英军有两支队伍同时朝布尔人进发。从波特希特渡口过河的利特尔顿和约翰·塔尔博特·科克旅准备从正面向布尔人发起进攻。由查尔斯·沃伦指挥的主力部队从特里哈特渡口过河，准备对布尔人的右翼发起进攻。两支部队中间就是斯皮温丘的制高点。在纳塔尔湛蓝天空的映衬下，山峰的轮廓显得格外清晰。爱丽丝山上的舰炮，即两门口径四点七英寸的舰炮和八门十二磅炮，可同时掩护两支部队行军。两天来，英军行进缓慢，但在炮弹掩护下算是稳步前进。除偶尔开上几枪之外，少言寡语、性格坚忍的布尔人没有任何回应。

19日，查尔斯·沃伦开始行动。面前高低起伏的山势，意味着在行军途中查尔斯·沃伦要攻下一座又一座山丘。第二次布尔战争开始时，这种高低起伏的地势让英军吃了大亏，但现在，英军已经吸取了教训。步兵以十步的间距分散开来，用布尔人的方式各自寻找掩体向上冲锋，拿下了一块又一块阵地。布尔人总是不加反抗，只求全身而退。双方都谈不上胜利，更没有溃败一说。一方稳步向前，另一方有序后撤。19日晚，查尔斯·沃伦的部队就在阵地上休息。

1月20日3时，行军继续，但布尔人的步枪和一直沉默的大炮开始朝英军齐射过来。与在科伦索战役中一样，战斗的压力再次落在阿瑟·菲茨罗伊·哈特指挥的爱尔兰旅身上。秉承着爱尔兰人一贯的传统，他们英勇作战。爱尔兰旅会被英国人永远铭记。英军阵线缓慢向前推进，逼近了布尔人的阵地。南非骑兵团的托宾上校勇敢地登上了一座小山。托宾的同伴也紧跟着他登上小山，占领了这块阵地，但蔡尔德少校[①]阵亡了。1900年1月20日晚，英军虽然付出了三百人伤亡的代价，但阵地推进了几英里。将士士气高涨，都相信第二天会取得更大进展。当晚，部队在战斗的地方休息。

1月21日黎明时分，大炮的"轰隆"声和毛瑟枪发出的"啪啪"声再次响起。皇家野战炮兵连和榴弹炮兵第六十一连不断发射大炮，但遭到布尔人猛烈的回击。21日11时，英军步兵开始前进。这次行军一定会让奥尔德肖特等最讲究行军队形的人大跌眼镜。在地上，英军将士或者匍匐，或者蜷曲，或者蠕动，或者蹲伏。在这场死亡游戏中，将士做这一切时沉着冷

---

① 在死前，蔡尔德少校有一种奇怪的预感。1900年1月19日晚上他和同伴开玩笑地说，如果他死了，那就在他的墓碑上刻上"孩子（在英语中，"蔡尔德"的发音与"孩子"的发音一样。——译者注）好吗？他很好！"——原注

静，毫不做作。哪里还有军官衣着鲜艳、佩剑闪亮，哪里还有士兵在开阔地带勇猛冲锋，哪里还有人出于骄傲不愿伏地。三个月前的战术就像中世纪一样被抛在脑后。

战线继续向前推进。到晚上，英军又拿下了一块遍布岩石的阵地，但又有一列救护火车载着一百名伤员返回弗里尔营地的医院。这一天主要的损失是左翼的希尔德亚德旅。22日白天，在布尔军主阵地的边缘，希尔德亚德旅的四个团休息并商量要在哪里发起最后的攻击。在希尔德亚德旅右方，斯皮温丘的制高点耸立着。山上的大炮掩护着布尔军的左翼和右翼。1835年，南非布尔先民第一次登上斯皮温丘的山顶，从山上俯瞰着纳塔尔这块福地。"要是能夺下这里就好了！"布勒和查尔斯·沃伦用战地望远镜看到了斯皮温丘光秃秃的顶部后说道。虽然攻占斯皮温丘的想法有些冒险，但整个战争不就是一场冒险吗？勇敢的人就应该冒最大的风险。一次勇敢的尝试也许就会换来解决问题的万能钥匙。22日晚，伦敦当局收到一封电报。整个英国都在静静地期待，英军就要对斯皮温丘发起进攻了。

经过挑选，攻打斯皮温丘的先锋部队主要是由英格兰北部军队来担任，包括第二兰开夏郡燧发枪团的八个连、第二皇家兰开斯特团的六个连、第一南兰开夏郡团的两个连和一百八十名桑尼科洛夫特乘骑步兵及工兵团的半个连。

1月22日晚，在夜色的掩护下，英军鱼贯而行。沿着蜿蜒曲折、杂草丛生的小路，将士像易洛魁人一样神不知鬼不觉地向斯皮温丘顶部进发。旅长爱德华·伍德盖特和第二兰开夏郡燧发枪团的布洛姆菲尔德[①]在前面引路。部队艰难地向山上爬了两千英尺后，来到了松软的土地上。1900年1月23日，黎明前最黑暗的时刻，英军爬上了最后一个陡坡。第二兰开夏郡

---

① 即查尔斯·詹姆斯·布洛姆菲尔德（Charles James Blomfield，1855—1925）。——译者注

燧发枪团的士兵蹲伏在岩石间以便恢复体力。斯皮温丘下面柔和的灯光表明那就是同伴休息的地方。乌云悬在头顶，天上下起雨来。先锋部队的步枪没有上膛，但刺刀已经准备好。将士弯着腰继续向上爬，眼睛穿过黑暗寻找布尔人留下的蛛丝马迹。通常，布尔人出现的第一个迹象就是分散在各处的步枪齐射。桑尼科洛夫特乘骑步兵在队伍的最前面。终于，士兵脚踩平地了。英军将士到达了斯皮温丘的最顶端！

士兵屏住呼吸，呈分散队形静悄悄地穿过空地。布尔人有没有可能放弃这里了呢？突然，第二兰开夏郡燧发枪团的士兵手执刺刀一跃而起。黑暗中，一阵尖叫声传来，之后是一阵枪声，再之后是一阵"啪啪"的毛瑟枪声和喊叫声。来自弗雷黑德的布尔民兵一溜烟逃进黑暗中，没了踪影。英军的欢呼声惊醒了沉睡的双方军队。这欢呼声表明奇袭已经成功，斯皮温丘的最顶端已经被英军占领。

在黎明微弱的光线中，英军沿着起伏的狭窄山脊继续前进。一条战壕横在队伍面前，但英军只遇到了些许抵抗就轻而易举地攻下了战壕。之后，因为无法确定前方情况，所以队伍停了下来，希望等待光线充足再判定自己的位置、判断前方任务的轻重。这一停的后果是致命的，但谴责下达指令的军官并不公平，因为如果指挥官下令盲目前进，极有可能葬送之前已经取得的战果。

1900年1月23日8时，薄雾消散，爱德华·伍德盖特终于看清了当前情势。部队占领的山脊有一侧向远方绵延起伏几英里。在高地的另一侧，布尔人已经挖好了战壕。斯皮温丘的最顶端就在不远处。当英军来到布尔人的战壕前，交叉火力从队伍左侧袭来。远处地势较高的地方埋伏着一排排布尔人，还有几门大炮。英军占领的高地比媒体报道的还要狭窄。很多地方不过一百码宽，队伍根本没有足够的空间呈分散队形。因此，所有人只能簇拥在一起。能够对高地形成威胁的大炮数量极少，少到根本无法掩护部队前进。敌人的炮火，尤其是机关炮的火力，很快对英军造成极大威胁。也许，有人会说应该借助高地边缘的掩护增派部队。布尔人也意识到斯皮温丘的重要战略地位，已经派海德堡和卡罗来纳的布尔民兵前来增援。布尔人来势汹汹，英军根本无法攻克敌方战线。炮火从左、中、右三个角度射来，这批突袭斯皮温丘的英军将士只能匍匐在地上。战斗一开始，勇敢的爱德华·伍德盖特旅长和很多士兵就被布尔人的子弹射中。其他人分散开来，只能偶尔抬头还击，却只能看见布尔人的步枪杆和宽边帽的帽檐。

1月23日从早晨到中午，炮弹、马克沁机枪和步枪的火力就像沐浴时水龙头里流出的水一样，朝斯皮温丘射来。斯皮温丘下面，平原上的英国大炮根本无法确定布尔人的位置，因为炮弹只能击中暴露在外的布尔人。斯皮温丘掩盖了布尔大炮的踪迹。

根据布勒的建议，爱德华·伍德盖特中弹后，由亚历山大·桑尼科洛夫特接替指挥权。午后，约翰·塔尔博特·科克旅的第二米德尔塞克斯团、第二多塞特团、第一萨默塞特团及帝国轻骑兵团前来增援。然而，援军只是白白增加伤亡数字，根本无法进行有力防守。面对布尔人如同隐形的加农炮，三千多个英军步兵根本没有还手之力，连英国大炮也无法对布尔人构成威胁。斯皮温丘高处的部队伤亡惨重。现在，这些部队既没有大炮掩护，也没有空间散开队形。

第二兰开夏郡燧发枪团占领了布尔阵地前方较浅的战壕。布尔人的步枪和加农炮一股脑地射向此处。最终，第二兰开夏郡燧发枪团伤亡人数过半。有几人受够了这种折磨，一跃而起。身强力壮的亚历山大·桑尼科洛夫特朝布尔人冲过去，嘴里高喊着："去死吧！"但布尔士兵表现出无人能及的勇气。路易斯·博塔下令："所有人不许投降！冲锋！"布尔士兵不惜暴露在英军的子弹下，一次次地向英国战线发起进攻。除在进攻莱迪

1900 年 1 月 23 日至 24 日，斯皮温丘战役。

摘自 1901 年出版的《英国历史》中的插图，绘者信息不详

史密斯的战役中布尔人曾经如此之外，在其他战斗中，从未见过布尔人如此勇猛。14时，布尔人冲进第二兰开夏郡燧发枪团的战壕，但随即被赶了出去。几个小时里，布尔人的炮弹不停地落在英军阵地上。士兵呻吟着、尖叫着……最可怕的是，受伤人数之多，已经严重影响了军队的战斗力。山下有目击者看到布尔人的炮弹以每分钟七发的频率落在人员拥挤的高地上。英军阵地上不断有人受伤，但战斗在继续。英克曼战役后，这样的战斗情形已经很少见了。第二米德尔塞克斯团的缪里尔上尉被射穿了脸颊，但他继续领导连队作战，结果又被子弹射穿了脑袋；在被敌人射中第四颗子弹时，第二米德尔塞克斯团的斯科特·蒙克里夫才停止战斗；苏格兰步枪团也就是第二卡梅伦团的默里身上有五处枪伤，但依然在队伍中蹒跚着指挥战斗。大部分英军士兵也和军官一样英勇战斗。战线被布尔人攻入时，士兵喊道："绝不撤退！绝不撤退！"当然，整个队伍中也有胆小和畏缩不前的人。在应该守在山顶面对死亡时，很多人沿着背面的山坡溜了下去。整个英军从未经受过比斯皮温丘战役更残酷的考验。

战斗情形太糟糕了。无论是军官还是士兵，都处在致命的困境中。如果他们退下去寻找掩体，那么布尔人就会冲上阵地；如果他们坚守阵地，那么可怕的炮火就不会停息。炮山脚下的布尔阵地前，英军有五个炮兵连：第七十八连、第七连、第七十三连与第六十三连，以及第六十一榴弹炮兵连。一条山脊横在英军炮兵连和炮轰斯皮温丘的布尔大炮之间。在这条山脊上，布尔人已经挖了战壕。远处的爱丽丝山上的舰炮也尽力了，无奈射程太远，加上布尔人大炮的位置无法确定，所以英军炮兵实在无力拯救处在苦难中的英军步兵。

现在，人们还在争论，英国大炮到底能不能运到斯皮温丘顶部。温斯顿·丘吉尔得出结论：也许是可以的。战争期间，温斯顿·丘吉尔经常发表一些很有代表性的想法。我无意冒犯任何人，但我还是斗胆提出：有充分的证据表明，在没有大炮掩护或其他办法的前提下，英军根本无法把大炮运到斯皮温丘顶部。在战斗当天，皇家野战炮兵第七十八连的汉韦尔上尉表示，即便用四匹马将一门轻型马克沁机枪拉到斯皮温丘顶部也极其困难，除非道路畅通，否则以地形的复杂情况根本无法将大炮运到斯皮温丘顶部。夜晚降临时，西姆上校受命带领一队工兵前去清理道路，并且在山顶预备两个大炮的炮位。但工兵向上攀爬时，赶上了山上的英军步兵向下撤退。

23日，援军全部涌到山顶，足足有两个旅加入了战斗。利特尔顿派苏格兰步枪团从山脊的另一侧爬了上去。当苏格兰步枪团到达山顶后，山上更拥挤了。夜幕降临时，布尔人的大炮火力愈发凶猛了。英军将士趴在布满石头的山顶，又累又渴。除第二多塞特团之外，其他队伍都混在一个地方。第二多塞特团之所以没有与其他军队混在一处，可能是因为他们严明的纪律，或者是因为他们的军装在颜色上有别于其他队伍。十二个小时的惨痛经历在很多人身上留下了不可磨灭的痕迹。很难解释一提到战斗，为什么有些人就头晕，有些人就发狂，有些人像醉汉一样语无伦次，还有些人总是处于迷迷糊糊的状态。绝大多数人用顽强的毅力长时间忍耐着，对水的渴望超过了对其他一切事物的渴望。

23日夜晚降临前，为了缓解斯皮温丘上英军的压力，利特尔顿的第三王属皇家步兵团做了一次最勇敢也最成功的尝试。为了吸引部分敌军火力，第三王属皇家步枪团从北坡开始攀登并占领了从斯皮温丘绵延出来的脊部。一路上，将近一百人伤亡。第三王属皇家步枪团已经比预期的距离走得远了。因此，第三王属皇家步枪团完成任务后即被召回。

回程前，布坎南·里德尔站起来阅读利特尔顿写给大家的留言时，一颗子弹射穿了他的脑袋。又一个勇敢的军官阵亡了！奇泽姆、迪克-坎宁安、唐曼上校、威尔福德上校、冈宁、舍森、撒克里、西特韦尔和艾尔利勋爵都曾率领士兵出生入死。这次，吸引布尔人火力、缓解斯皮温丘英军压力的行动是第三王属皇家步枪团的战功。利特尔顿说道："我一生中从未见过如此残酷的对战、勇敢的攀爬、无畏的战斗。"可以肯定的是，如果利特尔顿不派苏格兰步枪团和第三王属皇家步枪团参加战斗，那么斯皮温丘顶部将士的压力将无法想象。

现在，夜幕降临，高地上的火力依然凶猛。亚历山大·桑尼科洛夫特已经尽了自己最大的努力。此时，他面临抉择：是守在这里再承受一天今日这般的折磨，还是趁着夜色掩护带领遭受严重打击的部队撤下高地。亚历山大·桑尼科洛夫特如果能够看到布尔人也同样灰心丧气，如果能够看到布尔人也在做撤退的准备，就一定会守在阵地的。可惜他看不到这些，他能看到的是自己的部队损失惨重。战场上，百分之四十的将士都倒下了：一千三百人死亡或濒临死亡。在一块高高的石头附近，到处是身体的残肢，听到的都是因痛苦而发出的悠长呻吟。更何况，如果在如此狭小的空间内继续战斗，伤亡数字还会继续增加。即便是铁石心肠，也受不了这悲惨的场景。

在巴达霍斯狭小的空间内，眼睁睁看着四千具尸体堆在眼前时，威灵顿公爵依然意志坚定，那是因为他知道自己面对的军事困局马上就会结束。在威灵顿公爵没有取得胜利前，我们也有理由怀疑他的决定是否正确。亚历山大·桑尼科洛夫特目睹了这一天的劫难，他退缩了。他说道："最好把六个团全部撤下斯皮温丘。撤退总好过第二天早晨被敌人消灭。"一个亲眼见到军队撤退的人告诉我，尽管撤退的人已经累得摇摇晃晃，但这绝不是溃退。整齐有序的队伍在黑暗中艰难撤退。

下山时，将士因为干渴甚至无法发出清晰的声音。他们悄声问道："水！哪里有水？"在斯皮温丘下面，士兵再次以团为单位列队回到营地。1月24日一早，经过前一天的血战，斯皮温丘顶部到处是尸体和伤员。

斯皮温丘战场上的英军尸体。
拍摄者信息不详

斯皮温丘已经在路易斯·博塔的掌控之下。路易斯·博塔和布尔民兵的勇气和坚持，配得上斯皮温丘战役的胜利。

现在，我们总结一下斯皮温丘战役。英军将士进行了勇敢的尝试，与布尔人进行了勇敢的战斗。虽然整个第二次布尔战争中，双方大炮的威力都有所不足，但在斯皮温丘战役中，无疑是布尔人的炮火帮助他们赢得了胜利。英国国内百姓对斯皮温丘战役的结果失望至极。有些媒体言辞犀利，但从目前掌握的证据来看，英军很难改变战斗的结果。亚历山大·桑尼科洛夫特如果知道我们现在掌握的信息，一定会牢牢守住斯皮温丘。从表面上看，很难理解影响整个战局的决定为什么是匆忙间做出的，并且这个决定是由当天才代替了上校之职的中校做出的。"我们的军官都在哪里？"当时一个第二兰开夏郡燧发枪团的士兵喊道。当然，历史学家也可以发出同样的质疑。查尔斯·沃伦将军就在斯皮温丘下面。查尔斯·沃伦是最应该登上斯皮温丘顶的人，让已经打得精疲力竭的军队下山，换一批精力充沛的士兵驻守，让工兵加深战壕，并且设法将水和大炮带到山顶。关键时刻，只有师级的统帅才能指挥部队，缓解已经战斗了一整天、疲惫至极的士兵的辛苦。对此，英军是不是需要好好地解释一下为什么没有这样做。[①]

当时，由于本来只能容纳五百人的山顶挤了四千人，英军损失惨重，至少一千五百人死亡、受伤或失踪。在布尔人猛烈的炮火攻击下，英军的死亡比例非常高。第二兰开夏郡燧发枪团损失最严重。查尔斯·布洛姆菲尔德受伤后，被布尔人俘虏。第二皇家兰开斯特团的伤亡同样惨重。桑尼科洛夫乘骑步兵团一百八十人中有八十人中弹。帝国轻骑兵团是一支由兰德金矿受迫害的矿工组成的队伍。这支队伍第一次经受战火的洗礼，一百三十人阵亡。在斯皮温丘战役中，军官的损失十分惨重：六十名军官

---

① 这里的评论和对斯托姆山战役的评论都是写在官方报告发布前。我觉得没有必要改变我的说法。——原注

伤亡。布尔人的报告显示，布尔军五十人死亡，一百五十人受伤。这些数字应该没有偏离实际太远。

渡过图盖拉河后，布勒损失了将近两千人。然而，解救莱迪史密斯的目标还是没有达成。是应该冒着更大的风险继续征服前方的山脊，还是回到图拉盖河对岸，寻找更适合的路径进攻呢？出乎百姓和全体将士的意料，布勒选择了后者。1月27日，布勒命令英军返回图拉盖河对岸。必须承认，面对处在胜利中士气高昂的敌人，为了士兵、大炮和其他物资的安全，做出撤退的决定是一个明智的选择。布勒不动声色地用无懈可击的行为，让愤怒、失望的军队恢复了理智和自信。英军和百姓的心情都非常沉重。经过两周努力，承受了巨大的损失，经历了难以想象的苦难，莱迪史密斯和它的解救者发现，一切又回到了原点。布勒依然驻守在爱丽丝山。经过了这么多将士的阵亡，解救莱迪史密斯的行动毫无进展。因为莱迪史密斯本次解救无望，所以城内食物配给再次减半。在微弱的希望中，莱迪史密斯的军民期待着布勒的下一次行动。

第16章

法尔克朗斯山战役

布勒和英军都没有因斯皮温丘战役失败和战斗中的惨重损失而气馁。不过，士兵确实因撤兵而有些怨言，他们认为，即使伤亡人数达到总人数的三分之二，也要冒着生命危险走出像迷宫一样的群山向莱迪史密斯进发。毫无疑问，英军做得到。但从始至终，布勒都给予了生命极大的尊重。但凡能够少流血，布勒都不会用生命铺就胜利的道路。返回营地的第二天，布勒宣布，他已经找到了化解当前窘境的关键，并且希望一周内再次展开行动解救莱迪史密斯。有人为此欢欣鼓舞，有人不以为然，因为他们依然记得布勒上次就承诺过绝不会再后退。无论别人态度如何，布勒仍继续埋头研究如何采取行动解救莱迪史密斯。

　　接下来的几天，一个配备两门重炮的骑马炮兵连、第十四轻骑兵团的两个骑兵中队和一千二百名到一千四百名步兵前来增援。无论接下来解救莱迪史密斯的过程中还有多少艰难险阻，将士都会一起面对。2月5日一早，部队再次尝试解救莱迪史密斯。城内痢疾盛行；可怕的炮弹、子弹和伤寒已经夺走了防守部队很多人的生命；许多马饿死；可食用的骡子数量锐减。眼睁睁看着在十五英里外的图盖拉河对岸，守城部队遭受着折磨，布勒的士兵是多么渴望经过艰苦卓绝的努力，来解除莱迪史密斯的困境啊！

　　之前的行动是在斯皮温丘西面展开的。如果沿着斯皮温丘东面行军，就会遇到一座叫多伦克洛夫的高山。在斯皮温丘和多伦克洛夫山之间有一座海拔较低的布拉克方丹山，还有一座独立的小山叫法尔克朗斯山。布勒的想法是，如果能够占领法尔克朗斯山，那么部队不用穿过高地就能直接到达高地另一侧。现在，布勒的部队依然控制着波特希特渡口旁边的福特山。爱丽丝山和斯沃茨丘上的重型大炮也对附近的布尔人有所威慑。现在，是否行动就看布勒的意愿了。他计划制造声势，佯攻布拉克方丹山，然后突然进攻法尔克朗斯山。如果这个计划能如愿，那么前往莱迪史密斯的院门就算是打开了。

首先，英军必须将大炮运上斯沃茨丘。这事儿可不容易。英军用钢丝和船用绳索将一门山地炮、两门野战炮和六门十二磅舰炮绑在升降架上运上了山，弹药则需要人工背上去。5日6时，英国大炮朝布拉克方丹山、斯皮温丘和对面所有布尔人的阵地开火，但并没有造成任何损失。之后，英军开始佯攻布拉克方丹山。行动弄出了很大的动静，让人误以为英军在全力攻打布拉克方丹山。佯攻部队要为攻打法尔克朗斯山做好充分的准备。斯皮温丘战役后，温[①]旅也就是原来的爱德华·伍德盖特旅已经恢复了元气。这次行动中，温旅承担了部分佯攻任务。六个皇家野战炮兵连、一个榴弹炮兵连及两门口径四点七英寸的舰炮全面开火。

三个小时后，一封电报被送往比勒陀利亚。电报的内容是布尔人击退了英军的进攻，但英军并无意向前进军。英军步兵最先撤退，然后是炮兵。这次，炮兵完美地使用了交叉掩护。皇家野战炮兵第七十八连最后撤退，因为他们要留下来吸引布尔大炮的火力。七十八连的炮兵被笼罩在炮弹激起的烟雾中。炮兵拉着马车，静静地走出死亡旋涡，轻得没有一点儿声响。这次撤退轻松又带有一丝蔑视。战斗中，英军炮兵的勇敢已经成为一道最迷人的风景线。在佯攻布拉克方丹山的过程中，炮兵的勇敢更是让人印象深刻。

布尔人的注意力全部集中在佯攻布拉克方丹山的温旅身上，而在向东几英里远的芒杰渡口，一座连接图盖拉河两岸的浮桥已经搭好了。当佯攻完全吸引了布尔人的火力时，三个步兵旅——阿瑟·菲茨罗伊·哈特旅、利特尔顿旅和希尔德亚德旅已经集结完毕，准备发起真正的进攻。之后，斯沃茨丘上的火力、布拉克方丹山佯攻战场撤下来的炮火突然转向，朝着真正

---

① 即阿瑟·温（Arthur Wynne，1846—1936）。——译者注

的进攻目标——法尔克朗斯山倾泻而去。我很怀疑是否曾有哪个地方遭受过如此残酷的炮击，因为这次战斗用的大炮全是重型大炮。普林斯·克拉夫特曾经说过，在这些威力巨大的榴弹炮和口径四点七英寸的大炮面前，四磅炮和六磅炮就和玩具差不多。尽管山侧的石头被炸得碎片纷飞，但布尔士兵狡猾地隐藏在战壕中。因为视线不清，英军并不确定凶猛的火力是否给布尔人带来了伤亡。

5日中午，英军步兵开始过桥。这座桥是在猛烈的炮火中，欧文少校带领的一队工兵搭建起来的。利特尔顿的第一达勒姆轻步兵团担任本次进攻的先锋，后面的第三王属皇家步枪团、苏格兰步枪团和第一步枪旅进行支援。在半岛战争中，轻装步兵师攀登山峰时表现出高昂的斗志和无尽的勇气。现在，第一达勒姆轻步兵团要面对的是法尔克朗斯山的斜坡。第一达勒姆轻步兵团的士兵以分散队形穿过平原，不顾榴弹炮爆炸激起的碎片起身奔跑。从一处掩体奔向另一处掩体，这些灵活的身影弯腰、冲刺、蹲伏、奔跑。斯沃茨丘上的人借着望远镜可以看到刺刀闪着寒光，愤怒的士兵勇敢地朝山峰攀登。终于，最后一个布尔人被赶出了战壕。七个英国军官和七十个士兵伤亡。五个俘虏和几匹巴苏陀兰小型马就是这次胜利为数不多的战利品。第一达勒姆轻步兵团期待在这座小山上收获更多战利品，但最终只有这么一点儿而已。

在现代战争中，第一达勒姆轻骑兵步团行军过程中发生的一件事体现了难得的人性的美好。在集体中被抹杀的个性、近乎隐形的布尔人及其大炮让战场只有残酷的杀戮，毫无人性。这次，一门布尔大炮的炮筒因英国火力攻击而从炮车上脱落。突然，炮筒从掩体的后面滚了出来，就像一只从草丛里蹦出的兔子。炮筒穿过平原迅速向前滚去，横冲直撞。英军的马受到了惊吓。车夫弯腰用力将炮筒抽走，使炮筒向后蹦去。英军的立德炸药和榴霰弹在炮筒的前后左右炸响。在一个坑的边缘，那个炮筒消失了。

过了几分钟，炮筒再次叽哩咕噜地滚到了英军战线的前方。英军欢呼雀跃，高声叫喊着看这个炮筒到底归向何处。顿时，现场气氛超越了所有种族仇恨。最终，随着雷鸣般"进洞藏起来"的喊声，炮筒消失了。

第一达勒姆轻步兵团已经将道路清理出来。利特尔顿的其他团紧跟其后。5日入夜前，英军已经牢牢地占据了法尔克朗斯山。但最要命的是，布勒行动拖沓的老毛病再次让他与成功失之交臂。尽管布勒麻痹大意，但在战斗中仍不失坚韧与顽强。因为这份顽强，公众对他的麻痹大意给予了谅解。不过，有证据证明，在解救莱迪史密斯的过程中，至少有两次，布勒完成一个任务后就按兵不动，再不做其他事情了。在科伦索战役中，布勒早早地就下达了全军撤退的命令。本来英军步兵有可能抢回大炮再撤退，结果夜晚来临时，他命令撤军，将大炮留在了阵地上。这次，在法尔克朗斯山战役的关键时刻，类似的情况又发生了。原计划中，布勒打算一并攻下法尔克朗斯山旁边的格林山，因为格林山上的火力可以部分覆盖法尔克朗斯山。若能拿下两座山，就不再有后顾之忧，只拿下一座山则后患无穷。当副官前来请示行动是否继续时，布勒回答道："今天就到此为止吧。"就这样，原计划中至关重要的部分没有完成。全部计划都因为这个决定付诸东流。

执行军事任务时，速度是成败的关键。因此，在组织进攻时，速度越快，胜算越高。防守方并不知道攻击方会从哪里突破，只能安排士兵和大炮守卫几英里长的战线，但攻击方知道要从哪里突破。攻击方可以集中力量攻击防守方的部分防线。一只"猛虎"必须在敌人的两翼前来支援前，击中敌人要害。一旦攻击方动作迟缓，敌人就会将分散的炮火集中起来，建起坚固的防线。届时，攻击方的优势就会荡然无存。在布勒第二次和第三次解救莱迪史密斯的过程中，英军出现了行动迟缓的问题。如果布尔军不是如此机动灵活，而是同样行动缓慢，布勒的行动部署有可能奏效。如果说在斯皮温丘行动初期，查尔斯·沃伦是因军需供应困难而磨磨蹭蹭还有情可原，那么为布勒在法尔克朗斯山战役中的麻痹大意寻找借口就不应该了。

占领法尔克朗斯山后，利特尔顿旅修筑了防御工事，挖掘了战壕。但6日早晨，英军的处境与在斯皮温丘战役中毫无二致。几千名将士在法尔克朗斯山顶，各个方向都暴露在敌人的炮火之下。英军因为没能得到己方炮兵的支援，所以只在一两个地方避免了灾难性的损失。当时，步兵所处位置相对分散，没有集中在一起，但英军在其他方面的处境与在斯皮温丘战役中一模一样。

布勒的原计划是占领法尔克朗斯山，然后从布拉克方丹山的两侧包抄布尔人，最终形成包围之势。但占领法尔克朗斯山后，英军就从进攻转成了防守。只有一个原因能够解释布勒为什么这样做。那就是他收到了罗伯茨伯爵的秘密指示：通过进攻，让布尔人紧张起来。因此，英军看似猛烈地进攻，实则并没有倾尽全力。布勒的军队一方面吸引布尔人的注意力，另一方面则出其不意地解救金伯利。目前，我们还没有证据证明事实就是如此，但如果事实确是如此，那么布勒将被后人景仰。出于崇高的爱国主义精神，布勒不惧外界的批评和声誉暂时受损，为自己奋斗的事业带来了极大的益处。如果将来有证据证明布勒在解救莱迪史密斯的战斗中行动拖沓的确是因为收到了罗伯茨伯爵的秘密指示，那么布勒默默奉献、不加辩解的精神则让人钦佩。同时，也体现了他宽广的胸怀和高尚的人格。

无论到底是为什么，对当时在场的将士来说，布勒的指挥都着实让人懊恼。6日，图盖拉河对岸的法尔克朗斯山上一个旅的英国兵力暴露在布尔人射程最远的大炮——能发射九十六磅炮弹的克勒索大炮的火力之下。这门克勒索大炮被置于多伦克洛夫山顶。除这门克勒索大炮之外，还有几门小型炮和机关炮隐藏在角落或崖缝中。英军大大小小的炮加起来有七十二门。这些炮虽然弄出的动静不小，但威力不大。坦白地说，布尔人刷新了英国人在火炮运用方面的观点。布尔人对火炮运用的观点更新颖、更正确。

在使用火炮的过程中，英军墨守成规。在布尔人的军事概念中，大炮应该藏在别人看不见的地方。在行动中，英国人的做法则是将六门大炮以一定的距离一字排开，所有人都可以看见大炮。"要永远记得，"英军的一个马克沁机枪手说，"一门大炮什么用都没有。"这种看法几乎成了战场上英军的信条。英军总是用六十门大炮对决布尔人的六门大炮。在以前黑火药的年代，大炮是藏不住的，因为一冒烟，大炮的位置就暴露了。但在无烟火药的年代，大炮几乎是隐形的。军官只能通过望远镜观察炮弹弹道的痕迹才能确定对方大炮的位置。布尔人的六门大炮如果在小山丘后一字排开，就很容易被英军锁定位置。如果布尔人在山丘后只放一门大炮，再在远方石丛中放另一门大炮，那么英军就很难分辨它们的位置了。

根据英国的传统，炮兵总是将大炮安排得非常近。在法尔克朗斯山战役中，就有两门重炮是这样排列的。只要有一颗炮弹在两门大炮中间爆炸，那么这两门大炮就会全部报废。在重要的法尔克朗斯山战役中，排兵布阵的炮兵军官忽略了最明显的战争常识。不过，这次英军炮兵恐怕会被布尔人灵活的军事安排和不合常规的行为震撼。

墨守成规、缺乏常识、无法适应新观念，是英国人民对英军最严厉的批评。在法尔克朗斯山战役中，有两条重要的经验教训：第一，步兵的任务是开枪射击，而不是像中世纪的武士一样去拼刺刀；第二，炮兵的首要任务是尽可能将大炮伪装起来不让敌人看见。英军无论多么墨守成规，恐怕都无法否定这两条经验教训。

利特尔顿身后还有两个步兵师和两个骑兵旅，但主力部队的境遇和山顶的利特尔顿旅可以说是天壤之别。所有将士都做好了流血的准备。即便血流成河，只要能到达莱迪史密斯那些已经处于半饥饿状态的同伴身旁，一切都在所不惜。然而，什么都没有发生。几个小时过去了，还是什么都没有发生，只是偶尔有一发炮弹落在主力部队的阵地上。这时，一发炮弹从容地从人群上空飞过。人们欢呼起来，兴奋地将帽子扔到空中。那是英军炮兵从大约五英里外的斯沃茨丘上向多伦克洛夫山发射的大炮。最后，在步兵的欢呼声中，这枚炮弹炸毁了布尔人的炮台。

利特尔顿旅占领法尔克朗斯山后，布尔人的大炮、小炮，以及如流水般源源不断的长距离步枪子弹从三个方向袭来。虽然利特尔顿旅搭建了防御工事、挖掘了战壕，但布尔人的交叉火力还是凶猛地袭来。法尔克朗斯山的战斗既不是佯攻，也不是演习。利特尔顿旅的位置吸引了布尔人全部的火力。有一次，山的西面战况告急。留着络腮胡子、头戴宽边软帽、身上背着子弹带的布尔人弓着腰出现在山脊上。幸运的是，利特尔顿旅及时发现了布尔人的行动。第一达勒姆轻步兵团和第一步枪旅迅速出动，将山顶上的布尔人清理干净。这再次证明了防御方比进攻方占有更大的优势。1900年2月6日夜幕降临时，双方对峙的情况没有发生改变。不过，白天时又有一座浮桥搭建完毕。通过这座浮桥，希尔德亚德旅前来增援利特尔顿旅。在斯沃茨丘上大炮的掩护下，利特尔顿旅得以从法尔克朗斯山上下来休息。1900年2月5日到1900年2月6日，利特尔顿旅的伤亡数字是二百五十人。如果达成预期目标，二百五十这个伤亡数字不算惊人，但对这次毫无成果的行动来说，这个伤亡数字就有些高了。

6日晚，希尔德亚德旅巩固了利特尔顿旅之前的防御工事，牢牢占据着法尔克朗斯山。整整一晚上，希尔德亚德旅都在拿着铁锹修建防御工事。偶尔有小股布尔士兵来袭，英军就放下铁锹拿起步枪进行战斗。7日早晨，希尔德亚德旅发现，布尔人像以前一样撤退了。疲惫的英军对整夜的防守毫无怨言。希尔德亚德旅的防守再次证明，只要队形分散，有合适的掩体，即使是最有威力的炮火，也不会造成太大伤害。在布尔人整夜的炮轰中，希尔德亚德旅只有四十人伤亡。7日夜里，希尔德亚德旅收到命令，由于布尔人大炮数量太多，前往莱迪史密斯障碍重重，英军需要撤回图盖拉河对面。这个命令让将士解救莱迪史密斯的愿望再次落空。希尔德亚德旅表达了强烈的不满，但还是遵照命令，放弃了法尔克朗斯山，回到营地。

第17章

布勒的最后行军

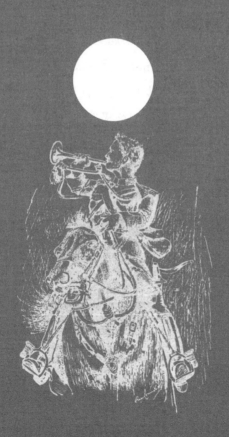

莱迪史密斯被困期间，守城部队组织过一次较大规模的突围行动，可惜没有成功。莱迪史密斯之围本有可能在那个戏剧性的时刻结束，然而，整件事情非但没有结束，反而朝着相反的方向发展。莱迪史密斯城内，医院人满为患，战马被屠杀食用，布尔人的炮弹不时袭来。突袭行动过后的六周内，交战双方都没有采取什么行动。莱迪史密斯的状况从最开始的不便演变成不幸，再从不幸演变成灾难。听到布勒军队大炮的隆隆声从莱迪史密斯南面传来时，守城部队屏住呼吸、心情紧张地等待战事的发展。结果，守城部队等到的是英军在斯皮温丘的悲惨遭遇。当斯皮温丘的炮声逐渐消失，守城将士的心也慢慢地沉了下去。听到法尔克朗斯山上的欢呼，希望又重新燃起。但法尔克朗斯山的战况再次辜负了守城部队的期待。在饥饿和虚弱中，莱迪史密斯守城部队和军民继续苦苦等待救援的到来。

前面已经说过，布勒为解除莱迪史密斯之围进行了三次尝试。布勒虽然行动缓慢，但解除莱迪史密斯之围的决心从未改变。几次连续的战斗失利让布勒非常沮丧。当听说罗伯茨伯爵已经到达金伯利边界，布勒又重新振奋起来。现在，布勒准备做出终极努力以解莱迪史密斯之围。英军群情激昂。这次，要么一举帮助受饿的同伴解除布尔人的围困，要么将尸骨埋在一直挡在面前的群山中。英军将士急需一场战斗来结束莱迪史密斯之围。现在，布勒的部队又要采取行动了。

布勒曾经尝试从中路突围，也尝试过从布尔人的右翼突围。此次，他计划从布尔军左翼进行突围。从布尔军左翼突围已经不是第一次了，但还是会达到奇袭的效果。从左翼突围有几点好处。首先，因为布尔军左翼的主阵地是图盖拉河南岸的哈兰瓦山，所以驻扎在哈兰瓦山的布尔民兵一方面要防止英军偷袭，另一方面，背靠图盖拉河不容易得到其他布尔军的增援。其次，英军如果占领哈兰瓦山，就可以对科伦索附近的布尔民兵造成威胁，更容易扩大战果。最后，攻击哈兰瓦山不必远距离行军，军队也不必将两翼暴露在危险中，通信线路也不会像斯皮温丘战役那样受到布尔人威胁。除这三点之外，还有一点好处。如果布尔军右翼的奥兰治自由邦士兵赶来左翼支援，那么布尔军若要撤退便困难重重。总之，一旦举全军之力发起进攻，英军获胜的希望就很大。在之前的战斗中，英军表现出了持久的忍耐力。英军将士虽然已经连续三次受挫，但依然对胜利抱有绝对的信心。经过前三次血腥的战斗后，英军马上要开始第四次尝试了。

2月9日，行动开始了。这次，布勒将大部分部队从左翼调到中线和右翼。11日，利特尔顿旅的第二师[1]、查尔斯·沃伦的第五师向东行军，默多克骑兵旅留在西面防守。12日，在胡萨尔山，邓唐纳德伯爵率领殖民地骑兵团、两个营的步兵和一个炮兵连的炮兵进行了仔细侦察。在英军打算占领的几座山中，胡萨尔山距离英军最近。很快，英军就占领了胡萨尔山。

在胡萨尔山上，布勒待了一两个小时。由于布尔骑兵在开阔地带尤其机动灵活，所以英军很难发现布尔军左翼的确切位置。很明显，布尔军左翼就在这一连串的小山上。布勒判定布尔军左翼就在钦戈洛山上。布勒用望远镜观察到的情况更坚定了自己的想法。他就是要先打击敌军的左翼，然后再去开创新的局面。

14日，整个英军开始朝胡萨尔山进发。15日早上，在胡萨尔山周围，两万英军集结。16日，进军的所有准备就绪。现在，挡在英军前进道路上的是哈兰瓦山和格林山。守在这两座山上的布尔军实力强大，如果正面强攻可能要放弃几千人的性命。布尔军左翼位于克里斯托山和钦戈洛山。现在，布勒的计划是用强大的炮火发起正面进攻，吸引布尔人注意，同时派遣部队发动真正的攻击，从而占领钦戈洛山脊。在夺取其他山峰前，必须先拿下钦戈洛山。

---

① 之前的克利里师。——原注

17日一大早，伴随着东方紫罗兰般的朝霞，非正规骑兵部队、第二师①和温旅开始沿着蜿蜒曲折的道路向钦戈洛山进军。英军途经的道路遭到了严重破坏，将士只能下马步行。如果在这里遭遇袭击，英军将非常被动。幸运的是，这样的担心并没有发生。钦戈洛山没有太多布尔士兵把守。到17日晚上，英军骑兵和步兵已经牢牢占据了钦戈洛山，锁定了布尔军的左翼。不过，英军一度遭到驻守在钦戈洛山上的布尔军的猛烈还击。

　　此时，布尔军的领袖还没有意识到这是英军主力。即使知道，由于河流的阻隔，钦戈洛山上的布尔人想得到增援也非常困难。英格兰旅以分散队形快速行军，利用每个掩体——这一点比南非战场上的很多行动都要强——很快占领了克里斯托山脊，然后迅速清理了克里斯托山顶。第二德文郡团的士兵因为一直惦记被困在莱迪史密斯的部队中还有第一德文郡团的兄弟在等待救援，所以在战斗中表现得十分英勇。英军攻下克里斯托山后，前方的布尔战壕立刻变得不堪一击。布勒马上命巴顿的燧发枪旅出发，占领了哈兰瓦山和格林山的全部阵地。这场胜利并不是战术上的巨大胜利，因为除一文不值的布尔人帐篷之外，战场上没有任何体现战功的战利品。然而，这是一场战略上的巨大胜利，因为英军不仅占领了图盖拉河以南的全部阵地，而且可以借大炮对长时间以来挡在路上的科伦索战壕构成威胁。英军一百七十人伤亡，其中只有十四人死亡。从结果来说，伤亡不算严重。现在，在克里斯托山上欢呼雀跃的英军可以看见远处莱迪史密斯房顶上弥漫的薄雾了。与此同时，莱迪史密斯守城部队的心也随着"希望"的升起而加速跳动。现在，守城部队朝着远方举起酒杯，心里默念着："同伴们离我们更近了。"

　　20日，英军已经牢牢占领了图盖拉河南岸的全部阵地。阿瑟·菲茨罗

---

①　即利特尔顿师。——原注

伊·哈特旅已经占领了科伦索。重炮已经推进到更前沿的阵地。下一步行动就是渡河了，但问题是从哪里渡河合适。前几天的战斗成果表明，最好是从布尔军左翼渡河，因为在行军途中，如果英军攻下彼得山，那么胜利就指日可待了。可惜英军并没有从布尔人左翼突破，而是采用了一个乏味冒险的方式。冒险的唯一理由就是[1]布尔人士气低落，不会死守中路阵地。最终，布勒放弃了侧翼的优势，下令直接向前行军。

21日，在科伦索附近的图盖拉河上，英国工兵修了一座浮桥。当天晚上，英军开始过河。首先渡河的是温指挥的兰开夏郡旅。22日早晨，英军步兵主力渡河。全军将士投入激烈的战斗，试图直抵莱迪史密斯。为了抵御西线罗伯茨伯爵的进军，几千名来自奥兰治自由邦的布尔士兵离开东线战场，返回奥兰治自由邦。英军前方的布尔人人数锐减、士气开始变得低落。留下作战的布尔人也因前线传来一个接一个的坏消息而心情沮丧，但依然有很多布尔士兵在英勇战斗，极力阻止布勒和乔治·怀特在莱迪史密斯的高耸街相见。

21日晚，兰开夏郡旅率先渡过图盖拉河。过河后，兰开夏郡旅遇到的第一个障碍就是一片高低起伏的丘陵。一过河，兰开夏郡旅就与布尔人展开了激烈的战斗。布尔人所在的矮丘上爆出毛瑟枪的火花。兰开夏郡旅坚守阵地，旅长[2]温和一百五十名士兵阵亡。天黑后，英军已经非常接近布尔人的前线。步枪的火力一直持续到第二天早上。在好几个地方，一些绝望的布尔士兵与英军步兵拼起了刺刀。22日，在烈日下，第二皇家兰开斯特团和第一南兰开夏郡团被炙烤了一天。越来越多英军步兵赶到，大炮也一门接一门地运上了战场。英军开始将顽强抵抗的布尔人向北驱赶。整个行军过程就是一曲勇敢之歌。一如既往的分散队形，一如既往的毛瑟枪和

---

① 再没有什么其他原因能解释这种做法了。——原注
② 一个月内的第二个。——原注

机关炮的轰鸣，一如既往地面对难以攻克的山脊。守在前面的是顽强的布尔人，但想要攻克阵地的是更顽强的英军将士。每一场胜利都让英军将士离目标更近一步。英军将士到底能不能攻下这些山峰？这个问题的答案关系着这场旷日持久的战斗到底能不能结束，以及莱迪史密斯的命运能不能扭转。

进攻铁路山的任务交给了阿瑟·菲茨罗伊·哈特。阿瑟·菲茨罗伊·哈特也一直是个独特的存在。即使是在战争中，他也把上至头盔下至脚上锃亮的棕色靴子打理得一丝不苟。他把对军容的严谨态度用在了部队管理上，要求士兵做事像做学问一样精确。科伦索战役中，在致命的炮火中，阿瑟·菲茨罗伊·哈特依然希望队伍从密集队形变成分散队形时也能像学术研究一样精准。从某种程度上来说，在科伦索战役中，爱尔兰旅的巨大损失是阿瑟·菲茨罗伊·哈特的错。这个错误影响了他的人缘，但当士兵了解他之后，就开始喜欢这个旅长了，喜欢他带有浪漫气息的勇敢，喜欢他军人风格的幽默。阿瑟·菲茨罗伊·哈特不惧危险的名气很大。人们经常这样开玩笑，"阿瑟·菲茨罗伊·哈特将军在哪？"行动中有人问道。"我没见过他，但我知道哪里能找到他。一直往前，到达前沿阵地，你就会看见他站在石头上。"这就是士兵的回答。阿瑟·菲茨罗伊·哈特充满魅力，但靠近他很危险。"你要去哪里？"副官回答："去找阿瑟·菲茨罗伊·哈特将军。""那么祝你好运！"他的同伴喊道。阿瑟·菲茨罗伊·哈特天生就有诙谐幽默的细胞。有一次，为了教士兵如何不在炮火中退缩，他让整个部队在山顶上一字排开，而他穿过分散的队列，在爱尔兰旅士兵的哄堂大笑中，将一个行动迟缓的士兵拽着耳朵揪了出来。他将全部的心血都倾注在爱尔兰旅。在英军这么多勇敢的人中，没有谁能比他更勇敢。一个挑剔的军事观察家说道："爱尔兰旅冲锋最快，也是冲在最前面的。士兵在掩体下躲藏的时间很短。"现在，为通往莱迪史密斯扫清道路的任务交给了阿瑟·菲茨罗伊·哈特和他的爱尔兰旅。

　　和阿瑟·菲茨罗伊·哈特一起执行这次危险任务的是爱尔兰旅，也就是第一恩尼斯基林燧发枪团、第一都柏林燧发枪团、第一康诺特游骑兵团和帝国轻步兵团，即边境团组成的第五旅。爱尔兰旅处于英军的最前面。后来，利特尔顿旅的第一达勒姆轻步兵团和第一步枪旅加入了爱尔兰旅。铁路山就在英军右侧。布尔人猛烈的炮火绵延了一英里。英军不得不成一列部队朝最佳行动地点前进。一路上，六十个士兵倒下了。在铁路山脚，重新整队后，英军开始小心行进，因为山上遍布布尔人的战壕和石头掩体。

　　有一段时间，英军将士尚且能够找到掩体，所以损失不大。当夕阳将连绵的山脊照射出一道长长的影子时，走在最前面的第一恩尼斯基林燧发枪团来到了一个斜坡边上。布满石头的斜坡上面就是布尔人的主战壕了。他们的榴霰弹倾泻而出，装有立德炸药的炮弹轰隆作响。透过烟幕，英军可以隐约看见一排长着络腮胡子、带着宽边帽的布尔士兵。随着一声怒吼，第一恩尼斯基林燧发枪团冲了出去。攻下了第一条战壕后，英军接着又朝第二条战壕发起冲锋。

　　英军发起异常猛烈的进攻，布尔军则坚决抵抗。在这个2月的夜晚，布尔人表现得比以往更加勇猛。在常人从未经历过的猛烈炮火中，布尔人坚守阵地。这些草原上坚毅的人朝着爱尔兰旅的阵线射出猛烈的炮火。英军的怒吼换来的是这些布尔农场主声嘶力竭的呐喊和毛瑟枪不屈不挠的轰鸣。英军步兵不断向上冲锋。有人倒下，有人站起来，有人弯腰朝敌人的火线猛冲，但长着络腮胡子的布尔人始终坚守着山坡。子弹像雨水一样倾盆而下。第一恩尼斯基林燧发枪团前面的人倒下去，后面的人跟上来，再有人倒下去。最后，冲锋的队伍换成了第一都柏林燧发枪团和第一康诺特游骑兵团。

　　冲锋过程中，前面的人回头从受伤的战友身上跨过，迅速撤向后方寻找掩体。即使失败了，活着的人也不必为失败感到羞耻，因为他们已经倾尽全力。第一恩尼斯基林燧发枪团的上校、十个军官和超过一半的士兵都战死在铁路山上。荣誉理所当然地属于第一恩尼斯基林燧发枪团的将士，也属于勇敢的布尔人。面对英军的猛烈攻击，布尔人坚守在战壕里寸步不让！今天属于布尔人，明天属于英军！在这场战斗中，英军遇到的布尔人是值得尊重的。

然而，击退英军的进攻是一回事，击溃英军是另一回事。在马赫斯方丹战役中经历痛苦煎熬的高地旅后退几百码后才得以重整部队，现在爱尔兰旅的士兵就近寻找掩体，牢牢地守着他们已经夺得的阵地，没有后退半步。现在，双方攻防发生转换。很多人认为防御比进攻更占优势，但英军的这条战线十分难防御。布尔人开始有序地组织进攻。面对布尔人凶猛的炮火，爱尔兰旅尽管已经遭受了严重的打击，但仍然竭尽全力地阻止布尔人的进攻。23日早上，英军部队依然坚守在已经夺得的阵地上，丝毫没有后退。

爱尔兰旅的损失非常惨重。包括第一恩尼斯基林燧发枪团的撒克里上校、第一都柏林燧发枪团的西特韦尔上校和三名少校在内，共二十名军官阵亡。一千二百名士兵中有半数伤亡。虽然损失极其惨重，但爱尔兰旅的将士保持了极高的战斗热情。如果按照原来的行军路线沿着克里斯托山行军，然后攻击布尔军左翼，损失是不是可以避免呢？除此之外，再没有别的可能降低损失。铁路山就挡在英军前进的路上，所以他们必须将其拿下。在战争中，失败了就要受到惩罚。只要战争是公平的，那么最好的队伍一定是坚不可摧的。爱尔兰旅为进攻做了充分的准备，执行任务也干净利落。只是因为布尔人了不起的防御能力，进攻暂时停滞了。爱尔兰旅的冲锋再次证明了一个已经被证明的事实：正面进攻时，面对勇敢、冷静、配备了速射机枪的敌人，无穷的勇气和严明的纪律是获胜的关键。塔拉纳山战役是唯一一次英军人数与布尔人人数大致相等的情况下，采取正面进攻获胜的案例。

就在爱尔兰旅袭击铁路山时，英军还对布尔军左翼发起了一次攻击。但攻击左翼的主要目的不是夺取阵地，而是阻止布尔人增援铁路山。战斗还是付出了生命的代价。第一威尔士燧发枪团的索罗尔德上校就是阵亡者之一。23日晚上，索罗尔德、撒克里和西特韦尔全部阵亡。谁敢说在战斗中，英国的上校没有做出表率？

现在，战斗陷入僵局。铁路山挡在英军前进的路上。如果阿瑟·菲茨罗伊·哈特率领的部队都无法攻下铁路山，还有谁能做到呢？争夺铁路山的战斗进入关键时刻。爱尔兰旅坚守在铁路山坡上，而布尔人仍然占据着铁路山顶。整整一天，双方的火力都非常凶猛，但各自躲在掩体后都没有发起主动进攻。助攻部队也偶尔遭到炮火的袭击。温斯顿·丘吉尔曾写过一篇报道，在一座小山的背面，有三枚布尔人的榴弹炮爆炸，造成英军十九人和四匹战马死亡。布尔人可能永远都不会知道这三枚炸弹给英军造成了什么样的损失。真希望英军的炮火也能够给布尔人造成威胁，而不是看起来那样毫无威力。

布勒意识到，布尔军一旦失败就再无处可退了，所以必然会拼死抵抗。现在，布勒的作战计划变成原本就不应该放弃的侧翼行动。阿瑟·菲茨罗伊·哈特的爱尔兰旅几乎就在英军右翼。布勒的新计划十分精妙：阿瑟·菲茨罗伊·哈特旅将布尔人牵制在铁路山，英军中路部队和左翼部队回到图盖拉河南岸，绕行前去包抄布尔军左翼。通过这种战术安排，阿瑟·菲茨罗伊·哈特旅的位置就从最右翼变成了最左翼。也就是说，阿瑟·菲茨罗伊·哈特的爱尔兰旅将成为整支英军围绕的中轴。24日，虽然英军的炮击几乎没取得什么成果，但英军制订了新的作战计划。这个新计划很快就决定了战斗的结果。大炮再次运上了克里斯托山和哈兰瓦山。布勒的部队为从布尔军的右翼转移到其左翼作战做好了准备。布尔人的炮火依然向铁路山呼啸而来，偶尔才能平静一会儿。但因为有第二步枪旅的四个连在侧翼掩护，爱尔兰旅的阵地相对安全。

因为英国军队与布尔军还在交战，所以无法将伤员撤离战场。大约几百个伤员躺在前线，因缺水而煎熬了整整两天。终于，25日，双方休战，幸存者得到了应有的照顾。同一天，铁路山上的士兵看到英国车辆和大炮再次回到图盖拉河南岸时，他们的心都沉了下去。"英军要再次遭遇挫败吗？这些勇敢的人的血白流了吗？"一想到这，铁路山上的士兵咬紧了牙关。

26日一整天，英军都在进行大规模移动。布勒的作战策略已经跟之前完全不同。在重炮火力的掩护下，在哈兰瓦山附近布尔人原来的桥边，英军又搭建了一座浮桥。借助浮桥，多数英军都过了图盖拉河。过河的部队包括巴顿的燧发枪旅、基奇纳伯爵的兰开夏郡旅[1]，还有诺科特[2]旅[3]的两个营。约翰·塔尔博特·科克旅留在科伦索，以防布尔人进攻英军左翼、破坏通信线路。现在，在铁路山上，阿瑟·菲茨罗伊·哈特旅、第一达勒姆轻骑兵步团和第一步枪旅对战布尔民兵，而英国主力部队迅速朝布尔军左翼包抄过去。

英军要从布尔人手中夺取三座山。为了方便起见，我们把最近的一座山叫巴顿山。因为之前英军已经夺取了图盖拉河南岸的所有阵地，所以现在重炮火力已经覆盖了巴顿山。27日早上，在清晨的阳光下，在炮兵的掩护下，巴顿的燧发枪旅的四个燧发枪团对巴顿山发起进攻。巴顿的燧发枪旅的士兵越爬越高。他们时而飞奔，时而潜伏。最终，在巴顿山顶，燧发

----

① 先是爱德华·伍德盖特旅，后是温旅。——原注
② 即查尔斯·诺科特（Charles Norcott，1849—1931）。——译者注
③ 前利特尔顿旅。——原注

枪旅士兵的刺刀折射出耀眼的光芒。占领巴顿山后，燧发枪旅遭到了潜伏在山侧的布尔人的多次小规模袭击，但坚守了阵地。随着时间的流逝，燧发枪旅的阵地越来越巩固。终于，在解救莱迪史密斯的漫长进程中，英军迈出了一大步。而在攻打巴顿山的过程中，英军的损失微乎其微，但战果喜人。

现在，布尔人占据的三座山中，最近的巴顿山已经在英军手中。最远的铁路山上，爱尔兰旅已经蛰伏在山顶，等待时机一到便一跃而起，穿过几百码外的战壕夺取布尔人的阵地。只剩下巴顿山和铁路山中间的彼得山了。只要拿下彼得山，胜利就是英军的了。现在是关键时刻！英军在克里斯托山上的大炮和在哈兰瓦山上的大炮都已经对准了彼得山。巴顿旅的步枪、阿瑟·菲茨罗伊·哈特旅的步枪与远处骑兵的卡宾枪也对准了彼得山。现在，往山上爬的是兰开夏郡旅的士兵和诺科特旅的士兵。要么占领山顶，要么光荣地死去，因为在山的那一侧，受苦受难的同伴正在等待！在最后一小时里，打光枪杆里的子弹，派上每一个兵，用尽所有炮火。一定要倾尽全力拿下彼得山。这次若失败了，解救莱迪史密斯之围就彻底失败了。若是赢了，莱迪史密斯就获救了。这场解救莱迪史密斯的漫长剧目即将落下帷幕！这一天的行动已经分出胜负！

彼得山战役关系整个纳塔尔的战争局势！英军就像海浪一样，一拨接一拨地朝彼得山上涌去。左面是第二皇家兰开斯特团、第二兰开夏郡燧发枪团、第一南兰开夏郡团、约克郡和兰开斯特团。兰开夏郡旅的士兵嘴里重复着北部军队的誓言，朝着山顶疾步而上。斯皮温丘战役中阵亡的一千个同伴还等着战友为他们报仇呢！右面的铁路山上还有损失惨重但无比勇敢的爱尔兰旅、第二东萨里团、第二卡梅伦团、第三王属皇家步枪团、第一步枪旅和第一达勒姆轻步兵团。所有英军急切地朝彼得山顶压去。布尔人的火力停止了。布尔人逃跑了！哈兰瓦山顶的士兵看到夕阳中的剪影时，就知道英军已经拿下了彼得山。在山脊上，兴高采烈的英军手舞足蹈、高声欢呼。此时，落日挂在德拉肯斯山脉上。在同样的一个傍晚，布尔人入侵了纳塔尔。终于，在经历了质疑和混乱后，在经过了血与火的洗礼后，时间验证了一个事实：卑劣的人永远不可能摧毁高尚的人。历史的车轮绝不会后退，只会滚滚向前。经过两周的战斗，那天夜里，疲惫的英军睡了个安稳觉。他们确信胜利的大门已经敞开了一条缝，只要再努力一点儿，大门就会完全敞开。

在彼得山后方，有一片大草原。跨过辽阔的草原就是莱迪史密斯了。27日，大半个彼得山阵地已经在布勒的掌控中。五百个布尔人伤亡或被俘。①布勒和英军认为，只要再采取一次行动就可以顺利进入莱迪史密斯。

然而，英军出现了误判。在第二次布尔战争中，英军常常乐观地做出错误的预判。但这次，他们惊喜地发现，现实比期待得还要乐观。布尔人已经被彻底打败了，且无心再战。人们总是愿意猜想，在纳塔尔的行动中，布尔人有没有全力以赴？是不是西线克龙涅投降的消息让布尔人提高了警惕，准备撤到东面伺机再起？从我本身来说，我相信问题的关键在于纳塔尔的行动中英军将士的勇敢。无论克龙涅有没有战败，英军都会胜利进入莱迪史密斯。

现在，解救莱迪史密斯的行动即将接近尾声了。在前方，英军骑兵小心翼翼地探路。进入大草原后，路上总有布尔人的毛瑟枪声。不过，当英军走近时，布尔人又总会自动消失，让出路来。最后，邓唐纳德伯爵发现通往莱迪史密斯的道路已经没有任何障碍。暮色渐浓之际，邓唐纳德伯爵带领帝国轻骑兵团的一个中队和纳塔尔卡宾枪手团的一个中队遇到了莱迪史密斯派出的巡逻队。到这里，莱迪史密斯之围解除。

---

① 比勒陀利亚一个有地位的布尔人告诉我，彼得山战役是布尔人付出代价最高昂的一次战役。——原注

很难说到底是救援者承受的苦难更多，还是被救援者承受的苦难更多。莱迪史密斯借助周边群山，在山坳中蛰伏了一百一十八天。守城的英军遭遇了两次袭击和无休止的炮轰，但由于缺乏重武器，根本无力还击。据统计，有一万六千发炮弹落在莱迪史密斯城内。在两次成功的军事行动中，守城部队摧毁了敌人的三门重炮。城内的英军将士受到了饥饿的威胁，最后连马肉都吃光了。同时，英军将士还受到了疾病的困扰。两千多人因痢疾等肠道疾病而被送进医院。医院的就诊人数几乎和整个被困城内的部队人数相等。在就医的人中，有十分之一死于伤口感染或肠道疾病。解围当天，即27日，莱迪史密斯的两千人出发前去追击逃跑的布尔人。一个负责追击任务的人曾经说，他见过最让人动容的场景就是这些英军步履蹒跚，因身上沉重的装备而气喘吁吁。

被困在莱迪史密斯的部队困难重重。解围部队的情况也没好到哪里去。在成功解围前，布勒的队伍经历了心灰意冷的黑暗时刻，深刻地体会了失败的滋味。在科伦索战役中，布勒的队伍损失了一千二百人；在斯皮温丘战役中，他的队伍损失了一千七百人；在法尔克朗斯山战役中，队伍损失了四百人；最后这次战斗中，损失人数达到一千六百多。全部损失加在一起有五千多人。这个数字超过英军参战总人数的百分之二十，有些团的损失尤其惨重。第一都柏林燧发枪团的损失居首——只有五名军官和百分之四十的士兵活了下来。接着是第一恩尼斯基林燧发枪团、第二兰开夏郡燧发枪团和第二皇家兰开斯特团。必须得说，布勒极具个人魅力，有能力在一次次失败后让士兵保持信心，在他的领导下，士兵依然在战场上奋勇杀敌。

1900年3月3日，在一排排守城士兵的热烈欢迎中，布勒的部队进入莱迪史密斯。第一都柏林燧发枪团因在战斗中表现英勇而被安排在了队伍的最前面。位列街道两边的守城士兵只在第一都柏林燧发枪团的队伍中看到了五名军官和少数士兵。莱迪史密斯的士兵也许是第一次意识到，为了解莱迪史密斯之围，英军到底付出了怎样的代价。很多人孩子似的哭了起来。在街道两侧，莱迪史密斯被围部队的士兵发出一阵阵的欢呼。在人流中，勇敢的解围部队行走了几个小时。

最终，布尔人的图盖拉防线崩溃了。即使是现在回顾整个纳塔尔行动的细节，也很难说哪个决定是对的，哪个决定是错的。最初，佩恩·西蒙斯对战事过于乐观。有些人一定会因此怪罪他，但人非圣贤，孰能无过。佩恩·西蒙斯已经为乐观估计战况付出了生命的代价。当时，乔治·怀特刚刚抵达纳塔尔战场一周，很多事已经无可挽回了。乔治·怀特犯了一两个错误，但为保卫莱迪史密斯尽了最大努力。他用坚持和勇敢守卫了莱迪史密斯。幸运的是，莱迪史密斯之围没有演变成热那亚之围那样让人绝望的事件。即便莱迪史密斯之围不解，乔治·怀特和他的部队也绝不会投降。乔治·怀特是幸运的，因为他率领的部队有半数是来自印度的老兵。[①]更幸运的是，乔治·怀特手下的军官弗伦奇[②]、亨特、汉密尔顿、迪克-坎宁安、诺克斯、德·库西·汉密尔顿，还有其他所有士兵都忠诚地、长久地站在他的身边。此外，他还幸运地拥有优秀的军需官。沃德和斯通曼上校充分利用了恺撒营地山的战壕和矮墙，帮助守城部队保护了莱迪史密斯的安全。

和乔治·怀特一样，布勒一到纳塔尔就开始应对复杂的局势。当布勒抵达南非战场时，莱迪史密斯已经被围。布勒不得不放弃原来直接入侵奥兰治自由邦和南非共和国的计划，转而匆忙去解乔治·怀特的困局。至于布勒是否可以更出色地完成解救莱迪史密斯的任务，恐怕将成为军事领域争论不休的话题。

---

① 一个莱迪史密斯城的高级官员告诉我，一件事可以说明守城部队的勇气和纪律，那就是布尔人的战壕总会有错误的警报出现，但英军外哨从没有发生过这样的问题。——原注

② 在莱迪史密斯被围之前的行动中。——原注

如果1899年11月布勒知道莱迪史密斯可以坚持到1900年3月，那么他和他统率的部队，以及从英格兰远道而来的其他部队会不会暂时放弃被围的金伯利和莱迪史密斯，而是选择在这四个月内进军奥兰治自由邦呢？1899年12月的第一周，布勒刚到南非，他手里的兵力就已经达到六万人，其中包括梅休因男爵的队伍、弗伦奇的队伍与加塔克的队伍，还有纳塔尔骑警。这还没算上彼得马里茨堡和德班的英军。另外，南非殖民地军队和正从海上赶来的支援部队，人数也能达到六万人。布勒如果穿过宽阔的大草原，就很有可能在1899年圣诞节抵达布隆方丹，并在1990年1月末抵达瓦尔河。这样一来，布尔人会有什么反应呢？也许布尔人会继续守在莱迪史密斯城外，那最终就会从别人口中得知他们不在时，比勒陀利亚和金矿都被夺走了；也许布尔人会放弃围困莱迪史密斯，回去保卫家园，那莱迪史密斯之围和金伯利之围自然就迎刃而解了。

一个评论家曾说过，如果布尔人放弃围困莱迪史密斯和金伯利，那么在南非战场上，英军付出的代价就是最小的。但莱迪史密斯和金伯利被围，让英军压力倍增，并且莱迪史密斯之围拖得越久，将来就越有可能给英军带来更大、更彻底的打击。至少，直接解救莱迪史密斯的方案，避免了纳塔尔彻底落入布尔人手中的可能。

确定目标后，执行任务时，布勒行动缓慢拖拉，但坚韧又顽强。必须承认，布勒遇到的问题是南非战场上最难解决的问题，但他还是解决了。承认这一点，大家就不会一味地指责他了。在解救莱迪史密斯之围的过程中，虽然布勒身上拥有的品质并不是大众期待的，但他的表现超出了他的才干。在他身上拥有的是英国军人与生俱来的荣誉感。也许你会说布勒没什么特别的军事部署能力，但事实上，除科伦索战役之外，撤回已经没有战斗意志的部队、穿越斯皮温丘的计划、穿过法尔克朗斯山佯攻布拉克方丹山及最后进攻布尔军左翼的军事部署，战略性都极强，都经过了缜密的构思，并且得到了完美的执行。

布勒对是否向前挺进表现得犹豫不决，因无法接受失败的结果而不敢冒险。但这一切都体现了一位将军的品质。有人指责在法尔克朗斯山行动中，他的行动拖沓、三心二意，但要知道，从应征入伍的那一天起，这个"沉默寡言的士兵"对凡是涉及士兵生命的问题都会异常慎重。布勒敬畏生命的品质，是值得肯定的。胜利是属于布勒的。但胜利那一刻，他的表现又让公众失望了。手中握有两个骑兵旅，却没有乘胜追击，让布尔人带着大炮、乘着牛车轻松离去。这么做很可能是因为他本身也损失严重。白白浪费这么好的机会，而没有追击带着不少物资的布尔人，确实让人感到遗憾。但话说回来，布勒成功地执行了国家给他的任务，并且他的任务是纳塔尔行动中责任最重大的，已经非常值得敬重了。

解除莱迪史密斯之围，让英国人异常兴奋。无论是大人还是孩子，无论是富家子弟还是平民百姓，都陷入了欢乐的海洋。几个月来，一想到莱迪史密斯的被困部队，想到将士艰苦的生活，想到加诸所有英国人身上的耻辱，人们的心就在颤抖。莱迪史密斯之围像块石头一样压在人们心头。现在，这块石头一下从心头移去，让大家尽情地释放欢快的情绪。不过，英国人庆祝胜利并不意味着否认布尔人的勇敢。在战争最有利于布尔人的时候，如果勇敢的农场主攻进伦敦，那么布尔人会从蓓尔美尔街一路庆祝到伦敦市中心。现在，英国人洗刷了耻辱。亲人的血没有白流！最黑暗的时刻已经过去，和平之光正在不远处闪着光芒。1900年3月的早晨，伦敦响起欢快的钟声，每座小镇都响起钟声回应。从热带的阳光下，到北极的冰雪中，都能见到英国国旗随风飘扬。

第18章

金伯利之围与救援

从英国来到南非战场的大部分军队被派往纳塔尔，还有一小部分前往西线。在梅休因男爵领导下，西线的英军进行了惊险异常的解救金伯利行动。获得三次代价高昂的胜利后，在马赫斯方丹战役中，梅休因男爵的部队遭遇了严重挫折，不得不在距离金伯利二十英里处养精蓄锐。让我们先看看金伯利城里到底发生了什么，然后再讲述金伯利之围是如何解除的。

"我保证，不管发生什么，大家都不必担心金伯利或开普殖民地的任何一部分遭到攻击。施赖纳先生告诉大家不必恐慌，发生战争的猜想毫无根据。"这是当战争临近时，金伯利市民获得的官方回答。不过，即使没有行政官员支持，金伯利的军队也有能力做出正确的判断。金伯利是金融中心，很容易成为被攻击的对象。警觉的德比尔斯公司储备了足够的枪支弹药以备遭到布尔人进攻时使用。但德比尔斯公司准备的加农炮没有什么威力，只能发射短距离的七磅炮弹。金伯利守城部队也只有正规军七百人，其他多数是未经训练的矿工和工匠。所有人都明白，他们要保护的这块土地对英国意义重大。从战略地位上来说，莱迪史密斯固然重要，但金伯利有其特殊性。以钻石矿规模来看，金伯利甚至足以成为全世界的财富中心。失去金伯利将严重打击英国人，同时助长布尔人的气焰。

1899年10月12日，克吕格尔的最后通牒发出后几小时，罗兹奔赴金伯利。如果说自称阿非利卡人的布尔人代表的是南非的过去，那么杰出人物罗兹代表的就是南非的未来。毫不夸张地说，无论是外形还是性格，罗兹都跟拿破仑有几分相像。他足智多谋、心胸宽广；他善于观察，精力充沛，评论事物总是一针见血。这一切都让罗兹充满王者风范。虽然身处财富中心，但罗兹始终过着简单朴素的日子。最终，罗兹的野心见长。比如，因为考虑欠周，他大肆向爱尔兰国会党捐款，希望在爱尔兰国会党争取代表席位。"詹姆森突袭"也是出于这个原因。犬儒主义心态和诙谐幽默是他身上的两大特征。罗兹有能力带来和平。南非因罗兹付出的精力和财力，而拥有最自由、最进步的政府。大到铁路建设小到进口一头纯种公牛，开普殖民地发展的方方面面，无一不凝聚着罗兹的心血。

1899 年 10 月 15 日，五万金伯利居民第一次嗅到了战争的危险。可怕的警报声此起彼伏，在非洲大草原上传出很远，就连偏远的农场主也能听到钻石矿震耳欲聋的警报声。在金伯利城内忍饥挨饿、遭受布尔人的来复枪和加农炮袭击的人曾说过，警报声一响，他们的神经就立刻紧绷起来。

各路布尔骑兵慢慢集合，将金伯利紧紧围住，切断了金伯利的铁路交通。布尔人虽然在郊外掠夺牲口，但没有贸然进攻金伯利。平民和军队组成了大约四千人的金伯利守城部队。守城部队手持步枪等待布尔人进攻，但布尔人一直没有发起进攻。金伯利方圆八英里都需要防守。尾矿形成的土坡被当作碉堡。不像莱迪史密斯一样有高山包围，金伯利虽然四周风景如画，却无险可守。

1899 年 10 月 24 日，金伯利守城部队发现没有遭到布尔人进攻，便决定进行侦察。侦察工作由乘骑兵负责。负责侦察工作的乘骑兵包括钻石矿场骑兵团、开普警察团的少量士兵、乘骑步枪团的一个连和金伯利轻骑兵团的一支队伍。在斯科特－特纳少校的领导下，两百七十名自愿前去侦察的士兵向北进发，最后与布尔人遭遇。人数占绝对优势的布尔人切断了斯科特－特纳的退路。但随后，北兰开夏郡团的两个连赶来，扭转了战局。在这场小规模战斗中，金伯利守城部队三人死亡，二十一人受伤。布尔人虽然战损不详，但他们的指挥官战死了。

1899 年 11 月 4 日，布尔军的指挥官韦塞尔斯正式宣布围困金伯利城。值得肯定的是，韦塞尔斯给了凯克威奇时间让他疏散妇女和儿童。凯克威奇被指责没有利用这一许可疏散百姓，甚至没有和地方政府沟通此事。事实上，发出这种指责的人并不了解真正的状况。在给凯克威奇的信中，布尔人答应给阿非利卡妇女提供避难场所，但没有提出给英国妇女提供避难场所。大家都知道布尔人的这份提议，但不知具体内容。因此，有少数人针对这一点指责凯克威奇。事实上，守城部队并没有得到可以将英国妇女送过奥兰治河的许可。这些英国妇女如果被贸然送走，恐怕就会成为布尔人手中的人质。这样的官方信息未被公布的确不太正常。罗兹看过布尔人的这份提议后，也表示根本不可能接受。

一提到金伯利就不得不提到金伯利被困期间人尽皆知的痛苦往事。总有人说，军方领导和以罗兹为首的地方政府之间矛盾重重。罗兹的性格确实无法忍受任何形式的约束。如果无法用自己认为最好的方式解决问题，他肯定会和军方领导出现分歧。也许罗兹身上有王者风范，但他的朋友从来都不认为在战争中，他有拿破仑的军事才能，因为他的判断总是出现偏差。这一点从他处理"詹姆森突袭"事件就能看得出来。当然，罗兹的出发点是好的。他凡事以英国的利益为先，并且极其忠诚，但容易冲动，影响了军事长官的决定。在军事行动中，他甚至企图左右罗伯茨伯爵的决定。很遗憾，这是他的毛病。当然，罗兹对金伯利的军事行动给予了资金方面的支持。不过，如果没有他，那么金伯利城的行政官员和军方领导或许会更紧密地团结在一起，力量也会更加强大。凯克威奇和副官奥马拉少校的内部麻烦一点儿都不比布尔人带来的麻烦少。

1899年11月7日，布尔人使用九门九磅炮轰炸金伯利，但守城部队因为弹药不足，根本无法给予有力的回击。两周内，金伯利受到布尔人七百发炮弹的轰炸，有两个非战斗人员死亡。但食物短缺问题远比受到轰炸更难解决。当梅休因男爵的部队开始向金伯利行军时，金伯利守城部队似乎看到了解除围困的希望。当时，金伯利城内每个人的食物配给是一磅面包、两盎司糖和半磅肉。因为牛奶匮乏，所以即使小孩子也没有牛奶喝。食物短缺酿成了不少悲剧。莱迪史密斯、马弗京和金伯利都有几百个无辜的人因没有食物而被饿死。

11月25日，金伯利守城部队认为，梅休因男爵已经近在咫尺，便组织了一次对布尔人的袭击。这次突袭行动获得了巨大的成功。突击队由金伯利轻骑兵团和开普警察团的部分士兵组成，大约有四十人。突袭行动中有四人阵亡，但突击队带回了三十三个俘虏。可惜的是，突击队没能缴获布尔人的大炮。在这次辉煌的胜利中，斯科特–特纳受伤，但三天后又组织了一次突袭。与第一次的成功相比，第二次突袭可以说是灾难性的。除非是在特殊情况下，否则在现代战争中，都是防守方占有较大优势，所以突击布尔人的堡垒并不是个好主意。这也是巴登–鲍威尔在甘树山战役中总结的经验。取得短暂的优势后，突击队被布尔人猛烈的毛瑟枪火力逼了回来。勇敢的斯科特–特纳及另外二十一人阵亡，二十八人受伤，伤亡官兵全部来自殖民地军队。但在本次战斗中，金伯利守城部队表现出的勇敢和奉献精神让英国无比骄傲。

　　之后，金伯利城内的食物配给愈发少了。人们开始了漫长的等待。1899年12月10日，城外传来了一缕希望的曙光。城南的地平线上出现了一个金色的物体，在南非湛蓝的天空下闪着微光。那是梅休因男爵的侦察气球。对金伯利城内的居民来说，远处加农炮的隆隆声无疑是最动听的音乐，但几天过去了，没有任何胜利的消息传来。一周后，金伯利守城部队得知英军在马赫斯方丹战役中战败的消息。来自城外的救援被无限期推迟了。与救援部队之间的沟通只能通过日光反射信号器。有记录显示，第一条来自金伯利城外救援部队的消息与骑兵数量有关。不可思议的是，竟然有人愚蠢地据此推断英军军心不稳，已经再无作战能力。实际上，这个只是梅休因男爵要看看是否能联系上金伯利守城部队而发出的。必须承认，真的有一些吹毛求疵、毫无头脑的人。

　　1900年新年到了，被围的金伯利城已经将食物配给降到每人四分之一磅肉。居民的健康每况愈下。金伯利被围期间，德比尔斯工作坊试图组装一门远程大炮来轰击敌人。大家的兴致都被这件事激发起来。这门全城瞩目的大炮是由一个叫拉布朗[①]的美国人组装起来的。他查阅了相关书籍，铸造了一些大炮零件。最终，这门二十八磅膛线炮用起来十分顺手。罗兹的赞美之词被刻在了大炮的炮身上。这句话非常幽默——大炮的主人如果被俘，一定会被带到比勒陀利亚，毫无还手之力，但如果受到敌人火力威胁，这门大炮可以给予有力回击。

尽管这门大炮让布尔人非常意外，并且有效地牵制了布尔人一段时间，但布尔人准备了威力更大的大炮。1900年2月7日，在距离金伯利城中心四英里远的卡姆福尔斯丹，一门克勒索大炮发射了九十六磅炮弹。这门克勒索大炮并没有将炮弹射向军事堡垒，而是像1870年的德意志人一样，将炮弹射向了人口密集的城市。这门炮连续轰击了一天一夜，摧毁了房屋，偶尔对居民造成伤害。几千名妇女和儿童躲进相对舒适、安全、有电灯的隧道内。不幸的是，在一次布尔人的袭击中，几个被炸死的人中就有组装了二十八磅膛线炮的拉布朗。碰巧的是，利昂——负责为大炮装弹并炸死拉布朗的布尔人——随后被金伯利守城部队的远距离步枪射中。

历史学家一定会用"平淡"这个词来描述金伯利之围，因为金伯利之围与其说是"围困"，还不如说是封锁。在这次封锁中，居民变得越来越躁动。尽管没有任何投降的迹象，但在这场长期的围困中，守城部队耗尽了耐心。直到后来，人们才明白，金伯利就像诱饵一样将敌人牵制在它周围。一直到最后，布尔人在其他战场上被全部击败，金伯利之围才获得解除。

最终，这一天终于来临了。有记载说，这一天，金伯利守城部队和解围部队的相遇非常具有戏剧性。一面是守城部队的前哨乘骑兵，另一

---

① 即乔治·拉布朗（George Labram，生卒年不详）。——译者注

面是负责解除金伯利之围的先头部队。这支先头部队的出现不但让布尔人感到意外，连守城部队也非常惊讶。1900年2月15日，金伯利轻骑兵团和布尔人之间展开了一场小规模战斗。就在此时，一队骑兵出现了。一开始谁也没看出来这是哪方的援军。这队骑兵出现在大草原上，开始朝布尔人开火。这时，一人走上前来问道："你肩章上的K.L.H^①代表什么部队？""金伯利轻骑兵团。你们呢？""我们是新西兰乘骑步枪团士兵。"很多人做梦也不会想到，在南非腹地，新西兰人作为先头部队解救了一座英国城市。

金伯利守城部队看到东南方向的地平线上升起阵阵尘土，连忙集合查看情况。这团尘土的中心是红色的，一路朝西而来。究竟是谁呢？人们心里期待着、担心着……当巨大的尘雾越来越近时，很多人都认为可能是克龙涅出动了全部兵力前来攻城。接着，尘雾渐渐散去，一队威猛的骑兵出现在人们的视野中。骑兵佩戴的刺刀闪闪发光，刀鞘熠熠生辉。队伍的两翼是可以随时更换作战角度的大炮。一切迹象都表明，这支队伍是英国轻骑兵和枪骑兵。奔袭了一百多英里的骑兵风尘仆仆、疲惫不堪。战马大口喘着粗气，身上滴着汗水。一看到金伯利出现在眼前，骑兵立刻精神抖擞，朝着欢呼的人群做出欢快的回应。在眼泪和呐喊声中，弗伦奇骑马进入金伯利，而解围部队则在城外安营扎寨。

要想知道这支解救金伯利的部队是如何准备的，又是如何展开救援行动的，我们必须回到1900年2月初进行详细说明。当时，梅休因男爵和他指挥的部队正与克龙涅对峙。克龙涅的部队顶着英军的炮火，凭借坚固的战壕挡在了金伯利和英国援军部队中间。当时，在科尔斯伯格，弗伦奇已经将行动的指挥权交给了克莱门茨，自己则来到开普敦与罗伯茨伯爵和基奇纳

---

① 字母K.L.H.是金伯利轻骑兵团的英语首字母缩写。——译者注

伯爵共同商议解救金伯利的计划。摩德河成为计划一系列行动的大本营。

罗伯茨伯爵的军队打算从布尔人左翼发起突袭。为了转移敌人的注意力，英军袭扰了克龙涅的最右翼。这支袭扰部队由高地旅、第九枪骑兵团的两个中队和皇家野战炮兵第六十二连组成，指挥官是大名鼎鼎的麦克唐纳。麦克唐纳被部下称为"常胜将军麦克"。他从列兵做起，一路升到上校。现在，已经成为旅长。他身体精瘦，方形脸，长着像牛头犬一样的下巴。他头脑冷静，性格坚毅，让英军士兵折服，也让布尔人闻风丧胆。麦克唐纳是步兵梦寐以求的领导者。一个曾在苏丹目睹恩图曼战役的危急时刻，麦克唐纳是如何指挥军队作战的人曾说过，这是他从军以来记忆最深刻的一次战斗。战斗打响前，麦克唐纳的战前动员铿锵有力、亲切感人，给予这些北方士兵极大的安慰。英国政府把麦克唐纳从印度调到南非战场来替代沃科普指挥战斗。他给遭受重创的高地旅注入了新鲜的活力。

1900年2月3日，高地旅的第二黑警卫团、阿盖尔郡和萨瑟兰郡高地人团、第二锡福斯团及第一高地轻步兵团离开摩德河营地，停在了弗雷泽渡口，并且在1900年2月4日渡河后，前往库都斯堡。渡河这天天气炎热，行动付出了惨重代价，很多人掉队后再也没有回来。攻占弗雷泽渡口后，在摩德河南岸的山丘上，麦克唐纳修建了防御工事。袭扰部队看见布尔侦察队匆忙赶回去准备将麦克唐纳到来的消息汇报给布尔军的领导。

很明显，消息起了作用。1900年2月6日，麦克唐纳的部队看见布尔人在弗雷泽渡口北岸集合。1900年2月7日早晨，布尔军队人数大增，开始袭击由第二锡福斯团防守的一座山丘。麦克唐纳派出第二黑警卫团的两个连和第一高地轻步兵团的两个连前去支援。布尔人的七磅山地炮发挥了较大的作用。虽然英军躲在掩体后，但布尔人的步枪火力仍然非常致命。第二黑警卫团的泰特是一个运动健将，也是一个勇敢的士兵。泰特旧伤未愈，在战斗中再次被敌人射中。他临死前说道："这次怕是不行了。"第二黑警卫团的同伴轮流为泰特压住动脉止血。但几个小时后，他还是阵亡了。第二锡福斯团的莱尔被一枚榴霰弹击中了颈动脉。最终，英军的大炮让布尔人的大炮安静了下来，英军步兵也成功压制了布尔人的步枪火力。1900年2月7日13时30分左右，巴宾顿率领骑兵旅从摩德河营地赶来，沿着弗雷泽渡口在摩德河北岸移动。尽管长途跋涉后人困马乏，麦克唐纳的军队还是希望将布尔人包围起来，或者俘虏士兵，或者缴获大炮，但骑兵既没有认识到追击布尔人的重要性，也没有在战斗最后给予布尔人出其不意的打击。因此，行动的结果很一般。布尔人没有受到追击，全身而退。

1900年2月8日，布尔军撤退。晚上，高地旅也被召回。撤退让英国国内的百姓非常惊讶和失望。不过，国内百姓当然不会知道麦克唐纳的部队已经成功将布尔人的注意力吸引到了布尔阵线的右翼。既然行动已经取得了预期的效果，部队当然不会继续留在弗雷泽渡口，因为接下来的行动还需要他们。9日，高地旅撤回营地。10日，罗伯茨伯爵给高地旅发来贺信。11日，英军制订了新的军事部署。罗伯茨伯爵不仅想解救金伯利，还要沉重打击布尔人，让他们再也不能恢复元气。

罗伯茨伯爵身材瘦小，皮肤是棕色的，脸上布满皱纹。他总是眯着眼睛，随时保持警惕。尽管已经六十七岁，但罗伯茨伯爵身体硬朗，和年轻人一样精力充沛。在英国，也许人们都愿意坐在舒适的沙发上，但印度的军旅生涯让罗伯茨伯爵总是骑在马背上。他结实的身体、轻快的脚步很难让人相信这个小时候体弱多病的人已经度过了四十一年的军旅生涯。直到晚年，罗伯茨伯爵还保持着练武的习惯。一个俄罗斯的旅行者曾经记载过，在印度，最让他震惊的事情就是目睹这位指挥官骑在马背上，用手里的长矛轻松地将一颗钉子挑落。在1857年印度民族大起义中，罗伯茨伯爵就表现出了一名优秀士兵的潜质。但直到1880年第二次英阿战争，他才有机会证明自己具有别人无法匹敌的天赋——处事果断、具有出色的执行力。

罗伯茨伯爵不仅是一名优秀的士兵，也是一个深受敬重的长者。他身上卓越的品质像磁石一样吸引着身边的人，让他赢得了所有人的尊敬和爱戴。如果是在乔叟①笔下，罗伯茨伯爵一定是一个完美的骑士。英军里上到军官、下到士兵都对罗伯茨伯爵怀有深厚的感情。骑士般的风度、高超的判断力、平易近人的性格和对士兵无私的帮助，让罗伯茨伯爵受到了朴实忠诚士兵的热爱。将士追随着罗伯茨伯爵，愿意信任他、为他而战。士兵对罗伯茨伯爵的热爱就像卫兵热爱国王一样。罗伯茨伯爵会不会像其他英国领袖一样遭遇挫败？南非的峡谷和山丘会不会将他所有军旅生涯的荣耀埋葬？这个担心是多余的。在南非战场上，罗伯茨伯爵表现出了运筹帷幄的大将风度。2月的第二周，罗伯茨伯爵完成了所有军事部署。之后展开的一系列突击行动不仅打击了布尔人，也让战争最终走向结束。前面我们已经叙述了骑兵部队的优异表现。骑兵奔袭一百英里，从尘土中冲出，解救了布尔人围困下压力重重的金伯利。

在布尔战线右翼，罗伯茨伯爵派麦克唐纳部队在库都斯渡口展开行动。在布尔战线左翼，罗伯茨伯爵将主力部队向南撤后四十英里，利用铁路将部队秘密运送到贝尔蒙特和恩斯林。输送队伍的过程非常秘密，连指挥官也不清楚部队具体要去哪里。弗伦奇指挥的骑兵从科尔斯伯格先经公路，再乘火车到达瑙普特。这支骑兵部队包括纳塔尔卡宾枪手团、新南威尔士枪骑兵团、恩尼斯基林龙骑兵团、皇家骑兵综合团、第十轻骑兵团，以及一些乘骑步兵和两个骑马炮兵连，总兵力将近三千。之后，又有其他部队，即从摩德河赶来的第九枪骑兵团和第十二枪骑兵团，从印度调来的第十六枪骑兵团，从战争开始，一直在奥兰治河巡逻的皇家苏格兰骑兵团、里明顿侦察兵团、里德利上校和汉内上校指挥的两个乘骑步兵旅陆续

---

① 即杰弗里·乔叟（Geoffrey Chaucer, 1340—1400）。——译者注

加入。随着另外五个骑马炮兵连的加入，弗伦奇指挥的骑马炮兵连已经达到七个。最后，还有修建浮桥的皇家工程兵团。此时，弗伦奇指挥的骑兵队伍已有五千左右的兵力。1900年2月11日，在贝尔蒙特东北二十英里处的拉姆丹，这支实力强大的骑兵部队集合并准备行军。1900年2月12日2时，部队开始行军。在暗夜里的非洲大草原上，骑兵部队弯弯曲曲排成长龙。两万只马蹄踩在大草原上的"嘚嘚"声，金属发出的"叮当"声，拉炮的马车和补给车的车轮发出的"辘辘"声，所有声音合在一起，就像海浪在拍打岸边的鹅卵石。

弗伦奇的部队和金伯利之间有两条河。一条是里特河，另一条是摩德河。2月12日白天，先头部队抵达瓦特瓦尔渡口。瓦特瓦尔渡口有一支配备了一门大炮的布尔军防守。攻下瓦特瓦尔渡口后，弗伦奇留下一支分遣队驻守瓦特瓦尔渡口，其他人经代基艾尔渡口过河。在里特河上游，弗伦奇的部队将布尔人赶出了代基艾尔渡口。[1]只付出了很小的代价，弗伦奇就占领了河岸两边的浅滩。待整支部队过河已经是半夜了。第二天，即2月13日一早，又一支骑兵抵达，弗伦奇的部队力量得到增强。

弗伦奇的骑兵部队要想到达摩德河，还要行进三十英里。为了夺得摩德河边的克勒普渡口，骑兵部队必须与天气抗衡，和时间赛跑。2月13日，天气非常炎热，太阳在万里无云的天空毫无遮拦地散发出强烈的光芒，放眼望去是一望无际的大草原。草原的尽头是山峰，远处的大草原上隐约可见很多布尔乘骑兵的身影。当两支部队相遇时，布尔侦察兵非常震惊。骑兵部队左翼遭到布尔人的步枪的火力攻击，但英军一拥而上击退了布尔人的进攻。在这片贫瘠的土地上，总能看到身上长着花斑的跳羚和灰色的羚羊成群结队地穿过大草原。此时，它们停下来好奇地看着这场猎人

---

① 这支布尔军来自雅各布斯达尔，人数众多。英军渡河时，这支布尔军没有及时就位。如果弗伦奇再晚十分钟渡河，情况可能就会变得危急了。——原注

与猎物的游戏。

13日一整天，轻骑兵、龙骑兵和枪骑兵都在枯黄的大草原上穿行。因为天气炎热，所以行军部队已经人困马乏，但前面还有两英里的路程。部队两个团并排，分散行军。骑兵右侧的草地着火了，一团冒着黑烟的火球朝队伍直奔过来。天上的太阳和地上的浓烟给骑兵造成了很大的不便。拉炮的马因精疲力竭而倒了下去，死在路上。骑兵忍着太阳的炙烤默默行军，但他们的内心是兴奋的。所有人都眯着眼睛朝地平线的方向望去，极力想要捕捉摩德河的痕迹。最后，当太阳开始向西倾斜时，骑兵看到了一抹淡淡的绿色线条，看到了河岸边上的灌木丛。骑兵部队立刻兴奋起来，加快速度朝克勒普渡口赶去。在部队中，迈克尔·里明顿少校担任向导工作。看到自己带领部队走到了目的地，他终于松了一口气。

行动的要领是迅速。在布尔人集中火力前，到达指定地点异常重要。速度决定了等在前面的是五百个敌人还是五千个敌人。先头部队到达克勒普渡口时，弗伦奇内心一定非常紧张。如果布尔人已经得到消息并运送了四十磅炮过来，那么弗伦奇强行渡河就会造成巨大的损失，但这一次，在时间上，弗伦奇彻底领先布尔人。他带领第十二枪骑兵团率先过了河。守在克勒普渡口的一小股布尔人作鸟兽散。营地、马车和所有补给都留给了胜利者。13日晚，通往摩德河对岸的通道已经被彻底扫清。14日一早，马匹和大炮也渡过了摩德河。

现在，弗伦奇的部队进至布尔人的阵地，袭击了布尔军队的左翼。因为库都斯渡口的行动，所以布尔人的兵力都集中在中心位置的马赫斯方丹。布尔人的最右翼距离左翼有五十英里，所以左翼阵地只有很少的士兵把守。克龙涅不可能不管中心位置的马赫斯方丹，因为梅休因男爵的队伍就在他的正前方。14日，英军骑兵在克勒普渡口休息，因为他们要等凯利–肯尼率领步兵前来保卫战斗成果。整整一天，一直有一小股布尔骑兵前来袭扰。布尔人试图占领英军的阵地，为英军骑兵部队制造了不少麻烦。

2月15日一早，骑兵部队继续行军。现在，这支部队距离金伯利仅剩四十英里了。但围困金伯利的布尔人对英军骑兵部队的行动一无所知。弗伦奇又继续行进了四英里，面前出现了两座小山。布尔人的枪炮声从这两座山中间的长长的、平缓的鞍部传来。不过，这非但没有阻止弗伦奇前进，反倒让他加快了行动。骑兵不顾布尔人的炮火，一拨又一拨地来到低矮的山鞍前。弗伦奇的骑兵团一个接一个地穿过草原。第九枪骑兵团打头阵。整支队伍全部呈分散队形骑马通过了山鞍。几十名布尔骑兵和半数布尔步兵在阵地被俘，其他四五十个布尔人也在追击过程中阵亡。

现在，弗伦奇指挥的骑兵部队已经将从马赫斯方丹匆忙赶来的布尔军远远落在了后面。四天时间里，在缺少食物和水的情况下，英军骑兵奔袭了一百英里。路上，英军骑兵不仅步行，而且将马鞍等物品扛在肩上以减轻战马的负担。这支骑兵部队不顾疲惫，一路前行。15日下午，远处炙热的大草原上出现了金伯利砖砌房子的铁皮屋顶。布尔围城军队已经消失不见。当晚，在金伯利两英里外的大草原，解围部队安营扎寨。弗伦奇骑马进入已经获救的金伯利。

对这支骑兵队伍来说，一路奔袭无疑是艰难的。骑兵差点儿就被南非大草原上恶劣的气候和布尔人的战术拖垮。在部队里，骑兵很少有机会能够做出杰出贡献，但他们承担的侦察工作和巡逻工作是最危险的。从骑兵的任务性质来说，他们很难名垂青史。新闻媒体，如《天意日报》的战地记者总是跟随着步兵，而哨兵和骑兵的英勇事迹从来没有人记录，当然也不会登上报纸被大众知晓。在第二次布尔战争中，有很多次，如在科尔斯伯格和钻石山，我们都可以说："骑兵表现太棒了！"这次解金伯利之围的过程，也证明了骑兵的价值。但骑兵的价值不应该只限于此。我认为，乘骑步兵可以将骑兵和步兵的优势结合在一起。马赫斯方丹战役表明，骑兵变成优秀的步兵并不难。在马赫斯方丹战役中，在艾尔利勋爵的命令下，第十二枪骑兵团的骑兵全部下马，连续战斗一个上午，击退了布尔人极具威胁的侧翼进攻。因此，只要经过训练，让骑兵学会寻找掩体，脱去靴子，换上绑腿，把卡宾枪换成步枪，两万人的部队就势不可当，就可以做到所有骑兵能做到的事情，甚至更多。布尔战争和美国内战的经验教训就是：经过训练能够下马战斗的乘骑步兵，才是未来的理想兵种。

　　在金伯利被围与解围的过程中，还有一件事值得再提一下。如果在卡姆福尔斯丹，英军骑兵队能够缴获那门巨型大炮，人们一定会感到非常惊喜。这门大炮重达几吨，即使用牛车拉也只能每小时走两三英里。当时的情况确实很意外。在整个夺炮过程中，英军行动起来干脆利落。不过，布尔人也表现出不屈不挠的精神。确认金伯利之围已经解除时，凯克威奇马上召集队伍准备缴获这门巨型大炮。当时，这门大炮已被转移，布尔步兵和骑马炮兵凭借德朗菲尔德山的有利地势，掩护大炮撤退。夺炮小分队的指挥官默里知道不能强取，只好守在德朗菲尔德山布尔人阵地前方。16日3时，弗伦奇的两个骑兵旅也开始准备夺炮，但布尔人死死地守在德朗菲尔德山上。布尔人的阵地非常牢固，已经筋疲力尽的英军骑兵无法攻克布尔人的阵地。16日夜晚来临时，这支优秀的布尔军后卫部队放弃阵地，只留给开普警察团一门轻型炮。弗伦奇虽然已经开始酝酿重炮抢夺计划，但因为有更重要的任务，所以不得不停下追踪大炮的脚步。

第19章

帕德伯格渡口战役

为展开一系列行动，罗伯茨伯爵进行了秘密的准备，之后又付出了极大的心血使行动得以顺利展开。这一系列行动主要是为了达到两个目的。第一个目的是灵活机动的骑兵部队绕过布尔人的阵地，解金伯利之围。在第18章已经介绍了这次行动。第二个目的是步兵紧跟骑兵的步伐，巩固骑兵取得的战果，并且在克龙涅的左翼站稳脚跟，切断布尔人与布隆方丹的联系。下面，我们就来介绍一下第二个目的的行动。

现在，罗伯茨伯爵拥有一支实力非常强大的步兵部队。罗伯茨伯爵让卫兵旅跟随梅休因男爵守在马赫斯方丹牵制布尔军。除卫兵旅之外，第九旅的四个团也都留了下来。这四个团包括第一诺森伯兰郡燧发枪团、第二王属约克郡轻步兵团、第二北安普敦团和北兰开夏郡团。之前，第九旅就参加了梅休因男爵领导的军事行动。现在，第九旅四个团的任务是将克龙涅牵制在原地。

除跟随梅休因男爵作战的部队之外，罗伯茨伯爵还有三个步兵师，构成情况如下：

第六师 （凯利 — 肯尼）	第十二旅 （诺克斯）	牛津轻步兵团
		第二格罗斯特团
		西瑞丁团
		巴夫思团
	第十八旅 （斯蒂芬森）	埃塞克斯团
		威尔士团
		沃威克团
		约克郡团

		苏格兰边境团
第七师	第十四旅	林肯郡团
（塔克）	（彻姆赛德）	汉普郡团
		诺福克郡团
		北斯塔福德团
	第十五旅	柴郡团
	（韦弗尔）	南威尔士边境团
		东兰开夏郡团
		黑警卫团
第九师	高地旅	阿盖尔郡和萨瑟兰郡团
（科尔维尔）	（麦克唐纳）	锡福斯团
		高地轻步兵团
		戈登团
	第十九旅	加拿大团
	（史密斯 — 多里恩）	什罗普郡轻步兵团
		康沃尔郡轻步兵团

　　除步兵之外，还有第六十五榴弹炮兵连和一个海军炮兵分遣队，以及马歇尔①将军指挥的两个炮兵营。两个炮兵营一个由霍尔指挥，包括皇家野战炮兵第十八连、第六十二连和第七十五连，另一个由麦克唐奈上校指挥，包括第七十六连、第八十一连和第八十二连。舰炮兵分遣队配备了四门口径四点七英寸的大炮和四门十二磅炮，由皇家海军"夜莺"号的巴克罗夫特②上尉指挥。随后，更多炮兵队伍的加入使炮兵力量大大增强。2月2日，出发作战的英军人数达到大约两万五千名步兵和八千名骑兵，共配备九十八门大炮。在几乎没有水、没有食物的南非，能够组织如此大规模的

---

① 即威廉·马歇尔（William Marshall, 1865—1939）。——译者注
② 即约翰·爱德华·巴克罗夫特（John Edward Bearcroft, 1851—1931）。——译者注

军队作战是一件了不起的事情。一万一千头骡子和牛拉着七百辆车"吱吱呀呀"地跟在队伍后面。基奇纳伯爵的作风就是要在战前做好充分的后勤保障。

英军骑兵和英军步兵全部在拉姆丹集合。12日，骑兵出发。第二天，步兵出发。步兵的第一个任务就是拿下克龙涅军队侧翼的一个阵地。15日，分别由凯利–肯尼和科尔维尔[1]指挥的第六师和第九师抵达摩德河的克勒普渡口。15日早晨，骑兵已经攻下了克勒普渡口，等待步兵前来巩固战果。英军不会将左翼的雅各布斯达尔留给布尔人。因此，由塔克[2]指挥的第七师进攻雅各布斯达尔。韦弗尔[3]旅，即第十五旅经过一场激烈的小规模战斗拿下了雅各布斯达尔。值得一提的是，伦敦城帝国志愿军首次遭遇布尔人进攻时勇气可嘉，证明伦敦城帝国志愿军不愧是老牌的民兵团。战斗中，英军的损失是两人死亡，二十人受伤。攻占雅各布斯达尔是英军第一次在南非战场上牢牢占据布尔人的城镇。

15日早晨，弗伦奇的骑兵离开克勒普渡口，下午就已经出现在金伯利了。现在，驻扎在克勒普渡口的是凯利–肯尼的第六师。科尔维尔的第九师驻守在克勒普渡口南面的韦格德拉尔。第七师正在向雅各布斯达尔行军。此时，英军的阵线已经长达四十英里。15日晚，英军骑兵解除了金伯利之围，第七师拿下了雅各布斯达尔，但英军的一个运输车队遭到布尔人袭击。无疑，布尔人袭击的是英军最薄弱的部分。

袭击运输车队的这支布尔军从何而来一直无人知晓，它似乎和汉内从奥兰治河前往拉姆丹途中遭遇的那支布尔军是同一支。有证据显示，这些布尔人不是来自科尔斯伯格或更远的地方，而是德·韦特指挥的布尔民

① 即亨利·爱德华·科尔维尔（Henry Edward Colvile, 1852—1907）。——译者注
② 即查尔斯·塔克（Charles Tucker, 1838—1935）。——译者注
③ 即阿奇博尔德·韦弗尔（Archibald Wavell, 1883—1950）。——译者注

兵。[①]布尔人顺河而下，来到里特河要塞——瓦特瓦尔渡口，并且占领了一排山丘。装有饲料和食物的英国运输车没有配备护卫队。瓦特瓦尔渡口由里德利指挥的军队驻守。该军队包括戈登团的一个连，还有一百五十名乘骑步兵，但没有大炮。布尔军的数量大约为五六百人，所处的位置极难攻克。不过，离开掩体的布尔人也没有那么强大，何况这次布尔人是深入英军队伍作战。此时，英军处在马车和进攻者中间，呈分散队形，火力稳定有效。因此，双方处于僵持状态。此时，东兰开夏郡团的黑德上尉——一个天生的优秀士兵——正在指挥队伍作战。黑德上尉和手下非常有自信一定可以牵制住布尔人。15日下午，英国援军陆续到来。基奇纳骑兵团和皇家野战炮兵连的到来，开始令双方势均力敌。晚上，布尔军军心开始动摇。当塔克率领第十四旅全员出现时，形势开始对英军有利。但就在军官讨论要不要进攻时，罗伯茨伯爵的命令传来了：放弃补给车，全军撤退。布尔人成功袭击英国运输车队后，沿着里特河北岸向上游而去。

　　如何判断罗伯茨伯爵的决定，需要看将来战事的发展。拿破仑的战争准则就是集中全部力量做一件事。罗伯茨伯爵的目标是从侧翼包抄克龙涅，最好能将克龙涅的部队一网打尽。如果罗伯茨伯爵让一个旅的兵力陷在这场争夺物资的战斗中，那么他快速出击的计划就会被打乱。损失一百八十辆补给车确实令人很懊恼，但这只是暂时的。全盘计划才是重中之重。因此，罗伯茨伯爵放弃了补给车，敦促部队按照原计划行事。战斗进行了这么久，却不得不放弃，英军心情沉重，当然会对此决定有些怨言。但至少在舍弃局部、成全大局这件事上没有人反对。在这场保护运输车队的战斗中，英军有五六十人伤亡。布尔人也无法带走全部补给，最终将这些补给分给了当地农场主。英军在行动过程中也补充了补给。接下

① 官方说法如此，但据我从布尔官员处得到的可靠消息，此时，德·韦特的部队已经离开了马赫斯方丹。——原注

来，一起小灾难发生了。基奇纳骑兵团E连被留下来守卫沙漠里的一口井。经过一场激烈的战斗，该连因寡不敌众，伤、亡和被俘五十人。

运输车队和基奇纳骑兵团E连遇袭这两起事件都是因为布尔人机动灵活，又胆大冒进，且两件事发生的地点相隔遥远，只能算战场上的突发事故。不过，接下来发生的大事件足以消除这两件事的影响。克龙涅突然意识到，一张大网正慢慢逼近。克龙涅经过艰苦努力依托山丘建起的防御工事几乎固若金汤。因此，当他最终不得不放弃这个布满战壕和步枪坑的防线时，一定非常痛苦。不过，克龙涅生性狡诈，同时坚韧无比，即使被英军包围，也能表现出布尔人身上惊人的能量。这种能量从布尔人的祖先骑在马背上与赤脚的南非土著作战时，就在他们的血液中奔涌了。1900年2月15日前的十周内，如果梅休因男爵能够以少数步兵和机枪将克龙涅牵制在正面战场，然后将剩余部队部署在雅各布斯达尔和东面战场，那么他取得的战果也将和罗伯茨伯爵现在取得的战果一样。

考虑到只有和布隆方丹取得联系才能获得补给，克龙涅立刻放弃了右翼阵地，率领一支人数众多的骑兵，配备大炮和补给，准备从前往金伯利的英军骑兵形成的头阵和驻守在克勒普渡口的步兵形成的尾阵中间突围。现在，克龙涅就像一头困兽，想要从猎人的陷阱中逃脱。此前，克龙涅的部分军队已经带着重型大炮从北面绕过金伯利前往沃伦顿，还有很多奥兰治自由邦的士兵也已经回到自家农场保卫家园，所以现在剩下的约六千人大部分都是南非士兵。

15日夜里，布尔人开始撤退。克龙涅如果行动再快一点儿，也许还没等英军反应过来，就带领部队逃跑了。但笨重的牛车拖慢了他们逃跑的速度。16日早晨，非洲大草原的北方烟尘滚滚。克龙涅的部队正在从西向东移动。克勒普渡口的英军意识到克龙涅差点就溜掉了。当时，基奇纳伯爵已经控制了克勒普渡口。收到消息后，基奇纳伯爵立即派出乘骑步兵进行追击。诺克斯旅沿着克勒普渡口北岸从右侧拦截正在撤退的布尔人。克龙涅的部队从马赫斯方丹出发，经过一夜，行军三十英里。拉车的牛已经筋疲力尽。以克龙涅的性格，为了逃脱英军得到追击而扔掉大炮和补给是绝不可能的。

现在，英军追击的并不是一头鹿，而是一匹老奸巨猾的德兰士瓦孤狼。它锋利的牙齿正准备反咬一口。牛津轻步兵团、巴夫思团、西瑞丁团和第二格罗斯特团沿着摩德河岸精神抖擞地出发了。一看到远处白色棚顶的马车，英军将士的热血开始沸腾。前方出现很多山丘，凶猛的布尔人就潜伏在那些山丘上。眼看着就要赶上布尔人的牛车了，突然，在广阔的大草原上，一阵枪林弹雨向英军袭来。长长的英军步兵队伍立刻散开，围住了布尔人的一侧阵地。布尔人的毛瑟枪和李-梅特福德式步枪的致命枪声再次响起。此时，皇家野战炮兵第八十一连及时赶到，将战斗推向了高潮。在山丘上，克龙涅坚持了很长时间，然后迅速撤退。走出两英里后，克龙涅留下一支后卫军对紧跟其后的英国追击部队展开回击。这支疲惫却异常冷静的布尔后卫军面对英军的步步紧逼，坚持了整整一个白天。16日夜晚来临时，诺克斯旅还没有俘获布尔人的马车。但要知道，在摩德河以北进行追击的英军人数要少于被追击的布尔军人数。因此，英国追击部队要做的就是拖住布尔人，为其他部队赶到战场争取时间。诺克斯旅的任务完成得十分出色。克龙涅如果有一个出色的参谋，或者能够认识到，英军正倾尽全力追击自己，那么，就会放弃大炮和马车。只要快速渡过摩德河，克龙涅就有可能带着部队安全撤离。不过，他似乎低估了英军的作战人数和战斗力。

16日晚上，克龙涅还在摩德河北岸寻找机会，但他的装备及大炮丝毫没有受到损伤。克龙涅的身后是诺克斯旅和汉内率领的乘骑步兵团，而他前方则一个英军都没有。为了与布隆方丹的布尔军取得联系，克龙涅必须渡河，并且过河的速度越快越好。此时，摩德河南岸已经遍布英军。罗伯茨伯爵的策略是从摩德河北岸逼布尔军向摩德河前进，同时将所有渡口全部封死。摩德河岸又高又陡，有人甚至将河岸比作小悬崖。只有经过多年踩踏的地方才有斜坡通向浅滩。在摩德河岸的任何一处，骑兵都很难渡河，更别提马车了。英军准确地知道可以渡河的地方，所以封锁了这几个渡口。在接下来的几小时里，整个行动的成败就看封锁是否奏效。

克勒普克拉尔渡口离克龙涅最近，只有一两英里，下一个渡口是帕德伯格渡口，再下一个是库都兰德渡口。每个渡口之间相距大约七英里。战斗开始后，克龙涅如果迅速向前，就有可能从克勒普克拉尔渡口过河。但经过二十四小时行军和作战后，人、马和拉车的牛都已经非常疲惫了。筋疲力尽的布尔军休息了几个小时，之后放弃了七十八辆牛车，趁着天亮前夜色朦胧继续前进，准备从最远处的库都兰德渡口过河。克龙涅如果能赶在英军到达之前过河，就安全了。但罗伯茨伯爵活捉克龙涅的决心已经传递给了他的每个师长、每个旅长和每个上校，甚至传递给了每个普通士兵。在黑暗中，英军艰苦跋涉，就为了能够活捉老奸巨猾的克龙涅。

英国乘骑步兵已经在克勒普克拉尔的渡口抢先从摩德河北岸到达了南岸。紧接着，斯蒂芬森旅也赶到了相同的地点。16日早晨，当发现克龙涅逃跑时，诺克斯立刻沿摩德河北岸追击，此时，他也到达了克勒普克拉尔渡口北岸。确认克勒普克拉尔渡口已有英军步兵驻守，乘骑步兵继续向前推进以确保布尔人不会从帕德伯格渡口过河。斯蒂芬森和诺克斯的队伍也跟在乘骑步兵身后，行军了整整一夜，来到了帕德伯格渡口。现在，只剩下库都兰德渡口需要封锁了。不过，根本不必担心，因为已经有英军守护在库都兰德渡口了。弗伦奇军旅生涯最浓墨重彩的一笔，就是从金伯利赶回来拦截克龙涅。

前面已经介绍了弗伦奇率领骑兵解除金伯利之围的过程。当英军骑兵赶到金伯利时，战马已经筋疲力尽。15日3时，在德朗菲尔德山，弗伦奇的骑兵与布尔人战斗。晚上，弗伦奇又接到命令，立即从金伯利出发前去拦截克龙涅的部队。像许多英国指挥官一样，弗伦奇没有一声怨言。他将所有能骑马的骑兵召集起来[1]，只经过几个小时的准备就出发了。整整一个晚上，骑兵都在行军。在行军时，很多马累死了，但在非洲大草原上，这支骑兵队伍借着星星的微光驰骋。不知是巧合，还是已经准确地预料到，弗伦奇直接前往尚无人防守的库都兰德渡口。

这是千钧一发的时刻。17日正午，布尔人的先头部队已经到达库都兰德渡口附近的山丘。就在这关键时刻，弗伦奇的骑兵经过三十英里的急行军，奋力抢在布尔人前面控制了库都兰德渡口。最后一个可能过河的渡口也被封死了。克龙涅面前出现了一道选择题：要么从战壕里出来和罗伯茨伯爵正面对决，要么躲在战壕里等着罗伯茨伯爵的军队将他包围。现在，弗伦奇拦在他前面，克龙涅只能来到摩德河下游，占领帕德伯格渡口和沃尔弗斯克拉尔渡口之间一片广阔的区域。

英军将士因为疲劳，走路都打晃了，但这些勇敢的军人下定决心要击败布尔人。各路部队朝帕德伯格渡口聚拢过来。在从雅各布斯达尔到克勒普克拉尔渡口的松软沙地上，高地旅一路行军，现在已经疲劳至极，但新的任务激励着他们。高地旅每个人嘴里重复着"马赫斯方丹"，硬是向着帕德伯格渡口的方向又行进了十二英里。紧跟其后的是史密斯–多里恩[2]的第十九旅，由什罗普郡轻步兵团、康沃尔郡轻步兵团、戈登团和加拿大团组成。第十九旅也许是整个军队中最优秀的部队了。将士渡过摩德河，牢牢地守在摩德河北岸。克龙涅这匹孤狼现在被团团包围。摩德河北岸西面是高地旅，北面是史密斯–多里恩旅。在摩德河南岸，东面是凯利–肯尼率

---

① 　原来兵强马壮的五千骑兵到现在只有两千可用。——原注
② 　即霍勒斯·史密斯–多里恩（Horace Smith-Dorrien，1858—1930）。——译者注

领的第六师，北面是弗伦奇的骑兵和乘骑步兵。从来没有哪个将军处于比这更让人绝望的境地中。克龙涅没有机会逃脱，只能听天由命了。

围困克龙涅的过程中，英军做了唯一一件不该做的事，就是对克龙涅发起攻击。其实，克龙涅所处的位置对他非常有利。摩德河岸成了布尔人最好的掩体，而河岸的很多干沟构成了天然的战壕。唯一可以发起进攻的地点就是一个宽阔的平原。这个平原至少有一千码或一千五百码宽，发动进攻要付出极大的代价。不知道是哪个鲁莽的人请求基奇纳伯爵立刻采取行动。评论家认为，基奇纳伯爵同意这个请求同样是轻率之举。如果克龙涅不是被团团包围，这次损失惨重的进攻还可被视为是拖住克龙涅、等待合围完成的一次尝试。然而，克龙涅被围是毋庸置疑的，只要等到他投降即可。即便是最厉害的人，也不一定都有军人的天赋。我无意冒犯基奇纳伯爵，但这次他对战局的判断可比不上他突出的组织能力和钢铁般坚强的意志。

先不谈责任问题。18日早晨，进攻的命令一发，英军从南、北两个方向穿过宽阔的平原，逼近躲在干沟里或河岸后深陷绝境的布尔人。朝此包围过来的英军再次经历了科伦索战役和摩德河战役的"梦魇"。我们无须再去证明一个已经被证明的事实：无论多么勇敢的人，在面对潜藏在战壕里的敌人时，都讨不到半点便宜；进攻越激烈，代价就越惨重。在进攻的过程中，诺克斯旅、斯蒂芬森旅、高地旅、史密斯-多里恩旅的遭遇都是一样的。当英军前进到距离布尔人一千码的范围内时，布尔人的子弹从各个方向像雨点一样扫射过来。英军只能匍匐在地上，尽量压低身体。如果英军能意识到这种努力根本不可能成功，后面就不会有更严重的伤亡。各团士兵互相影响，相继朝河床冲去，将自己暴露在布尔人的枪林弹雨中。在摩德河北岸，史密斯-多里恩旅的加拿大团凭借坚强的毅力在进攻中勇往直前，同属于史密斯-多里恩旅的康沃尔郡轻步兵团也向摩德河岸冲去。见过这些士兵勇往直前的人一定会心生敬佩。人们总觉得，这些来自英格兰康沃尔郡的约翰内斯堡矿工根本不是士兵，但在战场上，他们的表现推翻了这种流言。在史密斯-多里恩旅，士兵英勇作战，这次更是勇猛地向帕德伯格渡口发起了冲锋。

当步兵被布尔人严重掣肘时，皇家野战炮兵第七十六连、第八十一连、第八十二连及榴弹炮兵第六十五连也将炮弹射向河床，但炮兵火力和以往一样对分散隐藏在战壕后面的布尔人根本不起作用。不过，大炮至少可以转移布尔人的注意力，减少布尔人的火力对英军步兵造成的伤害。现在，大炮的作用和拿破仑时代一样，不是给敌人造成伤害的，而是在精神上威慑敌人、鼓舞自己的。18日中午，北面的弗伦奇骑马炮兵的火力开始发挥作用。从干沟里冒出的浓烟和火苗表明，英国大炮击中了布尔人的牛车和易燃物品。

无论从哪个方向上看，布尔人的战线都是无懈可击的，但英军的行动逼迫布尔军的两翼向里收缩，最终使他们沿河流域的战线越来越短。在摩德河北岸，一端的史密斯-多里恩旅占领了大片阵地，另一端的斯蒂芬森领导的威尔士团、约克郡团和埃塞克斯团表现也极其出色。在摩德河北岸，汉内指挥乘骑步兵向敌人发起进攻时，被布尔人的子弹射中。第十二旅的诺克斯将军和高地旅的麦克唐纳将军也受伤了。康沃尔郡轻步兵团的奥德沃思在指挥士兵向前冲锋时，一颗子弹射进了他的嘴巴。在这轮冲锋中，英军死伤一千一百人。然而，布尔人还在顽强地抵抗。

下面是各团的伤亡情况：加拿大团八十人、西瑞丁团九十人、锡福斯团一百二十人、约克郡团九十人、阿盖尔郡团和萨瑟兰郡高地人团七十六人、黑警卫团九十六人、牛津轻步兵团三十一人、康沃尔郡轻步兵团五十六人、什罗普郡轻步兵团四十六人。不仅布尔人的火力是致命的，摩德河对岸英军的火力也带来了很大伤亡。一个军事专家曾经说过，受到沉重打击后，团队需要多年的时间才能恢复元气，人心才能稳定。然而，马赫斯方丹战役才刚过去两个月，强大的高地人就以大无畏的精神投入激烈的帕德伯格渡口战役。高地旅进入战斗前还马不停蹄地行军三十英里。虽然英军被击退了，但这一点儿不丢人，因为将士的勇敢为帕德伯格渡口战役的胜利添上了浓墨重彩的一笔。

付出一千一百人伤亡的代价是什么结果呢？英军将布尔人的战线从大约三英里压缩到不到两英里。这份成绩已经接近大炮的近距离有效攻击了。当然，使用榴弹炮攻击也会达到同样的效果，并且不会有任何伤亡。也许每个人都可以在事后做有先见之明的人。但我手头的资料表明，帕德伯格渡口战役本不必付出这么高昂的代价。18日下午，落日的余晖洒向这片血色阵地，洒向拥挤的战地医院。此时，英军的包围圈依然没有任何漏洞，布尔人依然隐藏在摩德河陡峭的河岸上，做最后的挣扎。

英军在摩德河岸围剿克龙涅的同时，英军的南面出现了另一支布尔人队伍。这支队伍大胆地袭击了英军留在瓦特瓦尔渡口的基奇纳骑兵团，造成四位军官在内的三十人被俘。我已经多次提到过，在南非，布尔人有着非常卓越的侦察力量。从以往的战斗经验来看，必须承认，虽然英军勇气可嘉，但在组织侦察方面和布尔人相去甚远。[①]

遭到布尔人偷袭后，基奇纳骑兵团损兵折将，后果非常严重。布尔人攻占了"基奇纳山"，给被围困的克龙涅部队开辟了一条撤退通道。一旦克龙涅成功到达基奇纳山，山上的布尔人至少可以掩护部分队伍撤离。基奇纳山上的这支布尔民兵来自奥兰治自由邦，由德·韦特指挥。他胆大心细，颇具领袖风范。当然，后来的表现也证明他的确是一个天生的领导者。

---

① 我在韦特河和布兰德福特之间遇见过一个帝国轻骑兵团。在穿过布尔人控制的乡村时，骑兵既没有安排先头部队，也没有进行侧翼侦察。那时候，距离桑纳哨卡的英军遭遇布尔人伏击才刚刚过去几个星期。后来，有消息透露，当时，布尔人的部队就在离骑兵几英里远的地方。——原注

如果说1900年2月18日克龙涅还可拼死一搏，那么到19日，他的逃生就彻底无望了。当天一大早，罗伯茨伯爵赶到前线，第七师所有人马也从雅各布斯达尔赶到前线。皇家野战炮兵第十八连、第六十二连和第七十五连赶到，带来了三门口径四点七英寸的舰炮和两门十二磅舰炮。三万五千人的队伍加上六十门大炮将布尔人紧紧包围起来。不过，这些勇敢的布尔农场主战斗到最后一刻的决心也让人钦佩。克龙涅不愧是现代战争史上最冷酷、最坚决的一个领袖。

　　有那么一刻，克龙涅似乎也失去了勇气。1900年2月19日早晨，克龙涅向基奇纳伯爵请求停战二十四小时。这请求理所当然地被拒绝了。对此，克龙涅回应说，如果英军残忍地拒绝他安葬死者的请求，那么他绝不会考虑投降。基奇纳伯爵回复，稍后英军会派一个使者进行沟通。但克龙涅中途改变了主意。他轻蔑地咒骂了一句后，就消失在战壕里再没出现。众所周知，克龙涅的阵营中有妇女和孩子。英国方面答应为布尔妇女和孩子提供安全场所，但被克龙涅拒绝了。至于这次拒绝背后的原因，我们就不得而知了。

　　罗伯茨伯爵的战略部署简单有效，最重要的是不会有流血和死亡。史密斯–多里恩旅在帕德伯格渡口战役中的贡献与阿瑟·菲茨罗伊·哈特的爱尔兰旅在科伦索战役中的贡献差不多。史密斯–多里恩旅接到命令，在战场西面沿摩德河岸边根据情况慢慢地向前推进，利用战壕来接近布尔人。彻姆赛德[①]率领的第十四旅在战场东面的任务相同。其他两个师和骑兵随时观察布尔人的动向，保持警戒。19日，英国大炮毫不吝啬地将普通炮弹、榴霰弹和立德炸药统统射向摩德河床。河床上，炙热的太阳下，到处是牛马的尸体。整个河床散发出阵阵恶臭。摩德河下游的哨兵偶尔会看到从上

────────

① 即赫伯特·彻姆赛德（Herbert Chermside，1850—1929）。——译者注

游的各各他渡口漂下来的布尔人尸体。终于，和来自波切夫斯特鲁姆的背叛者、布尔人的铁腕领袖、咒骂英国统治的人、马赫斯方丹战役的胜利者——克龙涅——算总账的时候到了！

现在，可以肯定克龙涅无法逃脱。因此，21日，英军对帕德伯格渡口东南方向基奇纳山上的布尔人发起进攻。如果不把基奇纳山上的布尔人赶走，他们很有可能会成为解救克龙涅的生力军。不仅如此，此时，一听说奥兰治自由邦遭到入侵，正准备从纳塔尔返回的布尔军也正在靠近基奇纳山。因此，有必要在基奇纳山上的布尔军实力得到增强以前将其击溃。

为了打击基奇纳山上的布尔军，英军骑兵再次出发。布罗德伍德[1]带领第十轻骑兵团、第十二枪骑兵团和两个炮兵连从一侧组织包围。另一侧是弗伦奇带领的第九枪骑兵团、第十六枪骑兵团、皇家骑兵综合团和两个炮兵连。英军骑兵击败了正在靠近基奇纳山的布尔军，把基奇纳山上的布尔军赶了下去。布尔人损失一百人。其中，五十人被英军骑兵俘虏。23日，布尔人再次尝试从摩德河南面解救克龙涅的部队，但还是以失败告终。一队布尔人对约克郡团防守的一座山丘展开进攻，但被一番齐射击退。布尔人转而进攻另一座山丘，但山上的巴夫思团给了他们更猛烈的回击，还抓了八十个俘虏。一些布尔人想趁夜色逃走，但被英国巡逻队俘获。一周内，英军共俘虏了六百名布尔人。

帕德伯格渡口的包围圈收得更紧了。火力更加凶猛，也更加致命。包围圈内，布尔人的生存条件极其恶劣，仅是散发的恶臭就可能迫使他们投降。面对热带暴风雨、一道道闪电和滂沱大雨，英军丝毫没有放松警惕。一只作战气球飘在空中为炮弹指引方向。1900年2月26日，随着四门五英寸榴弹炮的到来，英军的火力达到顶峰。但强悍的克龙涅和他勇敢的追随

---

① 即罗伯特·乔治·布罗德伍德（Robert George Broadwood，1862—1917）。——译者注

者丝毫没有投降的迹象。绝大部分布尔人深藏在河岸的干沟中，丝毫没有受到炮弹的影响。英国前锋部队一向前移动，布尔人的毛瑟枪就响起来。枪声表明布尔人依然非常警醒。事情终会有个结局。此时，罗伯茨伯爵用他精准的判断力和无比的耐心，拒绝以士兵的生命为代价换取成功。

在布尔阵地的两端，两个旅不失时机地向前推进。现在，这两个旅距离布尔人只有咫尺之遥了。26 日，史密斯-多里恩旅的士兵决定碰碰运气。当时，英军最前方的战壕离布尔人阵地只有四百码。守在阵地上的是戈登团和加拿大团。加拿大团离摩德河更近一些。现在，很值得好好记叙一下进攻的安排，因为它为战役的胜利奠定了基础。英军接到的命令是这样的：加拿大团继续向前推进，戈登团支援，什罗普郡轻步兵团在左翼策应，以防部分布尔人从侧翼突围。

月亮升起前，加拿大团利用夜色向前推进。前排士兵左手拿着步枪，后排士兵把步枪背在身上，手里拿着铁锹。离河岸最近的是加拿大团 G 连和 H 连，紧随其后的是拿着装满土的袋子的皇家工程兵团第七连。在漆黑的夜里，长长的队伍悄悄行进。所有人都清楚地知道，在马赫斯方丹战役中，高地旅遭遇的弹雨随时会发生在自己身上。一百步、两百步、三百步、四百步、五百步，英军慢慢前进，必须无限接近布尔人的战壕。如果可以做到足够安静，那么英军就可能在布尔人毫无防备的情况下出现在他们面前。一点儿一点儿地前进，一步一步地接近布尔人。他们在心底祈祷一定不能弄出声音。脚步声不会被近在咫尺的布尔人听见吗？在安静的夜里，任何金属撞击的声音、人倒下的声音、枪支发出的"咔哒"声都可能被布尔人听到。突袭队伍走近一条吊着肉罐头的、用来发出警报的绳子。此时，通过目测，距离布尔人的战壕只有五十码了。

突然，一声步枪枪响传来。加拿大团士兵立刻趴在地上。六百码长的战线上，步枪的火力凶猛袭来，就好像滚热的锅浇上水时发出"嘶嘶"的声音。枪声响起时，加拿大团几乎碰到布尔人的前方战线了。在步枪的火光中，加拿大团甚至能够看见布尔人的头在战壕里忽上忽下地移动，也能看到布尔人的步枪杆闪烁的光芒。在布尔人的火力下，加拿大团逃脱灾难的经历简直就是一个传奇。在布尔人的枪口下冲进战壕是不可能的，待在原地不动也不现实。如果月亮升起来，加拿大团的处境就更加岌岌可危。平原上的外围部队接到了撤退的命令。队伍呈分散队形，几乎零损失地撤回后方。但撤退途中发生了一件意外，有人跳进了戈登团守卫的战壕，结果被戈登团当成了布尔人。戈登团士兵拿出刺刀战斗。好在误会被澄清了。一个副官和十二个士兵受了轻伤。

同时，好运发生在加拿大团两个连和紧随其后的皇家工程兵团第七连的士兵身上。现在，很难理解当时处于后排的皇家工程兵团第七连的士兵为什么手里拿的是装满土的袋子，而不是铁锹。布尔人的火力一开，装满土的袋子刚好为加拿大士兵提供了掩护。加拿大团的两个连不顾危险，就地挖战壕。27日早晨，他们不仅保全了自己，而且他们所处的位置刚好可以对前排战壕内的布尔人形成纵射。毫无疑问，克龙涅已经意识到自己无法再做任何反抗了。布尔军向加拿大团的两个连亮出了白旗。这份荣耀是属于加拿大团的。1881年2月27日，在马尤巴山战役中，英军被布尔人击败。多年后的同一天，即1900年2月27日，在帕德伯格渡口，克龙涅投降了。

1900年2月27日6时，普雷蒂曼将军骑马来到罗伯茨伯爵的指挥部。普雷蒂曼身后的白马上坐着一个留着黑胡子的人。这个人中等身材，身体健壮，头上戴着高高的棕色帽子，帽子底下露出灰白的头发，手里还拿着一条短鞭。他长得更像是一个值得尊敬的伦敦教区委员，而不是战场上让人闻风丧胆的布尔军指挥官。

很快，克龙涅被告知，他必须无条件投降。沉默了一会儿，克龙涅同意了，但他提出了一个私人条件，希望他的妻子、孙子、秘书、副官和仆人可以

克龙涅投降。
摘自 1901 年出版的《英国历史》中的插图，绘者信息不详

陪伴他。1900年2月27日晚上，克龙涅被送往开普敦。一路上，克龙涅受到了无微不至的照顾。这倒不是因为他的人品，而是因为他的勇气。

克龙涅的部属从洞穴中、战壕里走出来。这些布尔人衣衫褴褛、毫无生气。值得一提的是，尽管在战场上，他们与英军兵戎相见，但英军和罗伯茨伯爵对待克龙涅一样，用最宽容的心来对待这些布尔人。

在帕德伯格渡口战役中，英军俘虏了大约三千名南非人和一千一百名奥兰治自由邦人。奥兰治自由邦人之所以没有南非人多，是因为很多奥兰治自由邦人已经返回了自己的家园。包括克龙涅在内的指挥官、德意志炮手阿尔布雷希特、四十四名布尔号手和南非士兵全部落入英军手里。此外，英军还缴获了六门小型炮。1900年2月27日下午，战俘排着长队前往摩德河营地，之后再乘火车前往开普敦。这一刻，这些曾经不可一世的布尔人穿着带补丁的破烂衣裳，举止怪诞。有人穿着长筒靴，有人拿着雨伞、咖啡杯、《圣经》等最喜欢的东西。过去十天，他们进行了了不起的防御。但现在，一切都结束了。

英军在清扫战场时发现，从布尔人藏身的干沟散发出来的恶臭和顺着摩德河漂下来的发胀的尸体表明，当时被困的布尔人的生存条件已经非常糟糕。从布尔人的战场回来时，这些勇敢的英军都脸色苍白、恶心想吐。女人和孩子们就是在这样的环境下生活了十天！所有东西都腐烂发霉，上面盖了厚厚的一层苍蝇。工程兵除看到这些秽物和闻到让人恶心的气味之外，还看到了布尔人战壕的内部结构。这些战壕又窄又深，布尔人潜伏在里面几乎不会受到炮弹的威胁。战壕里还有洞穴，供非战斗人员躲藏。干沟里只有不到两百个伤者。布尔人的战损仅此而已，但在整个帕德伯格渡口战役中，英军的伤亡数字达到了一千一百人。这个数字再次有力地说明，战场上防守方要比进攻方占据更有利的位置，并且无论大炮的火力有多凶猛，只要有时间和空间进行准备，防守方就可以毫发无伤。

1900 年 2 月 27 日，帕德伯格战役后，英军押解布尔俘虏向南进发。
摘自路易斯·克雷斯威克 1900 年出版的《南非和德兰士瓦战争》

两周前，在拉姆丹，罗伯茨伯爵开始调兵遣将。在这两周内，南非战场的形势发生了巨大变化。1900年2月14日，金伯利还岌岌可危；布尔人还拦在梅休因男爵前往金伯利的路上，马赫斯方丹战线似乎还牢不可破；在科尔斯伯格，克莱门茨被布尔人打得抬不起头；在斯托姆山，加塔克受阻；布勒无法突破图盖拉防线，莱迪史密斯处于危险之中。但1900年2月28日，金伯利之围解除，布尔军或被击溃，或被俘；英军控制了马赫斯方丹战线；克莱门茨发现进攻者开始撤退；在斯托姆山，加塔克能够继续行军；布勒前方的布尔军实力大大减弱，莱迪史密斯之围即将解除。

　　这一切的改变都是由于付出了生命的代价，至于是付出多少生命的代价，恐怕罗伯茨伯爵无法回答。最终，南非战场的胜利成果得到了肯定，英格兰眼前的黑暗终于过去了，胜利的天空洒满阳光。帕德伯格渡口战役的胜利让英军走出了因错误估计战场形势而导致的灾难。一直以来，南非战场一连串的失败压在英国人民和英军将士的心头，久久无法释怀。上帝主宰着战场双方的命运，但如果没有将士的浴血奋战，则仍然没有获胜的希望。在南非战场上，基奇纳伯爵和弗伦奇所起的作用仅次于总指挥罗伯茨伯爵。没有他们，英军就不会取得如此辉煌的战果。

第20章

罗伯茨伯爵进军
布隆方丹

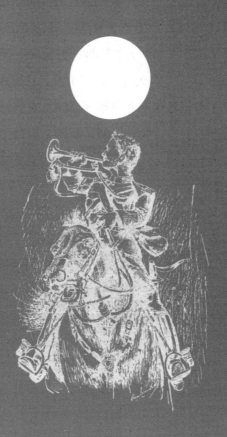

1900年2月27日, 克龙涅投降。二十年前的同一天, 在马尤巴山战役中, 英军惨败。二十年后, 英军在马尤巴山战役中的耻辱被彻底洗刷干净。部队需要短暂休息, 饥饿的将士需要补充食物, 骑兵的战马也需要恢复体力。在过去的两周里, 英国战马都在拼命飞奔, 并且当时南非战场严重缺乏草料, 这些马还没有学会用非洲大草原上的干草喂饱自己的肚子。[1]罗伯茨伯爵的临时指挥部设在帕德伯格渡口附近的一处农舍, 农舍叫奥斯方丹。1900年3月6日, 得到充分休息的骑兵才开始朝着布隆方丹的方向进军。

帕德伯格渡口战役后, 向东面和南面逃窜的布尔军分别得到围困莱迪史密斯的布尔军和参加过科尔斯伯格战役的布尔军支援, 实力大大增强。在距离英军东面几英里远的地方, 德·韦特领导的布尔军利用山丘建起了一道防线, 为英军通往布隆方丹设置了障碍。3月3日, 英军侦察了德·韦特的队伍, 之后用大炮轰炸了布尔人的阵地。3月6日, 英军出发, 准备要么消灭德·韦特率领的布尔军, 要么将其赶下山去。三天内, 英国援军陆续抵达大本营。这些援军有些是在南非当地征召的, 有些是从英国殖民地调集的。英国援军队伍有的来自克勒普渡口, 有的来自锡兰, 有伦敦城帝国志愿军、澳大利亚乘骑步兵团, 还有缅甸乘骑步兵团。这些士兵来自世界各地, 彼此却一点儿都不陌生。

德·韦特占领的阵地叫白杨树林, 叫这个名字完全是因为阵地中心有一排排白杨树环绕着农舍。布尔人的阵地两侧有高山, 中间还有矮丘。山上有大炮, 还有散兵壕。布尔人挖了战壕, 装了带有倒钩的铁丝网。一个愚钝的将军如果看到这些, 可能认为要遭遇另一场马赫斯方丹战役了。你可能会说, 有三个骑兵旅的罗伯茨伯爵处理这种情况当然简单, 当初只有两个步兵团的布勒, 处理这种情况困难当然大了。我们不能怪罪因只有两个团的

---

[1]　放牧的士兵发现, 马只是在草原上飞奔, 并没有吃草, 听到喂食的号角声才会聚拢过来。它们回来后排着队等着戴上饲料袋。——原注

兵力而失败的人, 而应该要问, 既然兵力不足, 为什么要下战斗的命令。在
最开始时, 英国的军官、政治家和人民都对布尔人的实力估计不足。

罗伯茨伯爵的计划简单易行, 只要按计划进行, 就一定奏效。很明
显, 布尔人就是想利用这些战壕和铁丝网让罗伯茨伯爵吃点儿苦头, 但他
根本不准备靠近那些东西。如果兵力较弱, 聪明人就只能望着那些战壕和
铁丝网感叹自己的弱小了; 如果兵强马壮, 聪明人根本不会理睬那些东
西, 而是采取侧翼迂回的战术。罗伯茨伯爵属于后者。现在, 无论在人数
上还是在大炮数量上, 英军都有压倒性优势, 所以罗伯茨伯爵决定包围布
尔人, 迫使他们从战壕里走出来。布尔人一旦被围, 要么出来作战, 要么
必须投降。

3月6日, 英军骑兵过了摩德河。3月7日一大早, 英军骑兵出发准备从
布尔军左翼绕到他们后面, 以便在布尔人撤退时进行拦截。塔克指挥的第
七师紧随之后, 准备支援骑兵。同时, 凯利–肯尼指挥的第六师沿摩德河
南岸逼近布尔人。但他得到命令, 如果遇到布尔人反抗, 不要进行正面冲
突。麦克唐纳的高地旅和部分海军旅士兵留在摩德河北岸。海军旅的任务
是阻止布尔人通过摩德河, 而高地旅要与摩德河南岸的骑兵密切配合执行
包围计划。

从侧翼迂回包抄敌人的计划之所以失败了, 是因为英军只考虑了一种
可能性: 经过了这么长时间的精心准备, 布尔人至少要花点儿时间守护阵
地。但布尔人一意识到英军骑兵出现在侧翼, 就匆忙逃走了。英军步兵甚
至一枪未发。

布尔军如此决绝的逃跑反倒完全打乱了英军的计划。当布尔人在山丘
间一哄而散时, 英军骑兵还没有到达指定位置。你可能会想, 布尔人逃跑
时, 英军骑兵总可以追击牛车和大炮吧。事实上, 骑兵控制的战线确实不
够长, 并且, 行军途中骑兵还遭遇了小股布尔人伏击, 耽误了时间。

狡猾的德·韦特组织了一场伏击战，成功掩护了己方大炮撤退。布尔人占领了一处农舍，猛烈的炮火射向第十六枪骑兵团和骑马炮兵P连。布尔人被赶出农舍后，马上又占领了一处低矮的山丘，将火力射向英军右翼。最终，这五十名布尔人被赶出了阵地。更确切地说，他们完成任务撤退了。虽然成功将布尔人赶了出去，但骑兵的行动比原计划慢了一个小时。此时，布尔人的大炮和牛车早已不见了踪影。更重要的是，前来给布尔士兵打气的斯泰恩和克吕格尔逃跑了。

　　在白杨树林战役中，尽管战马处于疲惫状态，但公平地说，英军骑兵并没有表现出优秀的作战状态和良好的判断能力。在这么重要的行动中，英军和大炮却被小股布尔人拖住，这绝不是什么光荣的事。如果骑兵能够再现解除金伯利之围时的战术，克服困难，延长防线，那么结果一定会好得多。何况，布尔人对山丘的防守并不严密，只要攻下山丘就可以结束战斗。但英军骑兵用了好几个小时的时间，结果让敌人的大炮溜得无影无踪。不过，行动结束后，罗伯茨伯爵幽默地表示："在战争中，你无法让每件事都按照你的预期来发展。"弗伦奇的桂冠，因为合围行动失败有一点儿不完美。从布尔人的角度来说，这一小股布尔人敢于面对人数远超自己的英军骑兵，还虚张声势地让英军骑兵误以为这是一次大规模的军事行动，也算是勇气可嘉。在农舍里的壁炉前，非洲大草原上的布尔人讲起这次行动中的故事时，也会为自己感到骄傲吧！

　　白杨树林战役的胜利——如果"胜利"这个词可以用来形容这次战役——造成英军骑兵五六十人伤亡，但布尔人的损失可能没有这么多。凯利−肯尼的第六师完成了一次完美的军事演习。第六师虽然没有作战，也没有俘虏敌军，但马不停蹄地连续行军十个小时。总体来说，罗伯茨伯爵已经将布尔军从坚固的阵地中拔了出来，并且朝着布隆方丹的方向沿公路推进了十二英里到十五英里。在英军强有力的攻势下，布尔军第一次显得那么无助。从现在起，布尔人的作战方式变为偷袭和伏击，因为在强大的英军面前，布尔人已经打不起阵地战了。

白杨树林战役发生在1900年3月7日。3月9日，罗伯茨伯爵率部再次出发。3月10日，英军进攻了一个叫德里方丹的阵地。布尔人称德里方丹为艾布拉姆斯克拉尔。在德里方丹，布尔人建了一个七英里长的阵地。阵地北面是河流，南面是小山形成的天然堡垒，所以阵地南北两侧都可以为布尔人提供掩护。这个阵地选址非常巧妙，如果布尔人能够组织有效防守，那么英军面临的将是一项棘手的任务。

由于摩德河在布尔军右侧形成天然屏障，所以英军的进攻只能从布尔军左翼展开。为此，塔克的第七师在布尔人左翼绕了一个大圈。左翼有凯利–肯尼的第六师、弗伦奇指挥的第一骑兵旅和奥尔德森乘骑步兵团。行动中，一件意想不到的事发生了，严重妨碍了英军的作战效率。弗伦奇接到的命令是与中路部队密切配合，但避免和布尔人发生直接冲突。在执行任务的过程中，弗伦奇不断把骑兵派往右侧，将这些人马挤进了布尔人和罗伯茨伯爵指挥的中路部队之间，严重妨碍了罗伯茨伯爵的判断。整个行动的关键，是要等到塔克的第七师绕到布尔军的阵地后方，才能发起正面进攻。

或许是塔克的第七师行动太慢，又或许是凯利–肯尼的第六师行动太快，但可以肯定的是，当凯利–肯尼的第六师进攻时，骑兵和塔克的第七师还没有到达指定位置。当时，凯利–肯尼收到消息说，布尔人已经放弃了前方阵地。因此，他的四个团——巴夫思团、埃塞克斯团、威尔士团和约克郡团——开始朝着布尔人的阵地行军。[1]就在将士穿过一片开阔地时，毛瑟枪声响起，子弹横飞，队伍里的士兵应声倒下。尽管袭击并没有持续

---

① 炮兵连的巴克上校接到命令，带着大炮继续向一座小山前进，但之后发现这座小山已经在布尔人的掌控下。巴克上校的判断和勇气阻止了一场灾难的发生。——原注

太长时间，但袭击造成的后果非常严重。走在最前面的威尔士团多人中弹。巴夫思团随即冲到队伍前面。有着光荣历史的巴夫思团的所有军官全部中弹。接着，埃塞克斯团又冲到了前面，身后紧跟着约克郡团。最后，埃塞克斯团的士兵率先登上山顶，与约翰内斯堡警察团混战成一团。

此时，英军的损失要远大于布尔人，但这些英国正规军不像布尔人那样打不过就跑。他们坚守在阵地上没有后退一步。凯利-肯尼的第六师共有四百人伤亡。其中，绝大多数人因大炮轰炸而受伤。在山上，英军掩埋了一百多具布尔人尸体。因此，布尔人的总体伤亡应该比英军要多。

德里方丹战役前，罗伯茨伯爵进行了周密的安排。为了保障战斗成功，罗伯茨伯爵已经尽可能安排得巨细靡遗，但考虑到己方在部队人数上和大炮数量上所占的优势，从战术上来说，这次行动并不成功。除正面面对布尔人子弹袭击的四个团之外，其他部队的表现都没有什么可圈可点之处。炮兵本来可以将布尔人的火力压制住，结果反被敌方大炮压制。英军骑兵也同样表现平平。但无论怎样，布尔人受到了严重打击，德里方丹战役意义重大。布尔军的中坚力量——约翰内斯堡警察团——被打得溃不成军。布尔人再次认识到自己根本不可能阻挡英国正规部队。尽管罗伯茨伯爵还没有取得最后胜利，但通往布隆方丹的道路已经被清扫出来。更重要的是，通往比勒陀利亚的大门也敞开了。尽管从德里方丹到南非共和国首都还有几百英里的路程，但再没有哪支布尔军胆敢和罗伯茨伯爵硬碰硬地作战了。当然，布尔人还会组织突袭和伏击，但德里方丹战役是布尔人最后一次在事先选择的作战地点进行的战役。

现在，罗伯茨伯爵指挥的军队可以长驱直入布隆方丹了。在德里方丹战役之后的第二天，即1900年3月11日晚上，永不疲倦的第六师抵达艾斯沃格尔丘。自从渡过里特河以后，第六师进行了一次次行军，战果一次比一次辉煌。3月12日，第六师再次踏上征程，直奔奥兰治自由邦的首府布隆方丹，就像1814年布卢歇尔[1]直取巴黎一样。12日中午，第六师在格雷戈罗斯奇的农场休息。作为约翰内斯堡改革委员会成员，格雷戈罗斯奇曾为"詹姆森突袭"提供帮助，并且在"詹姆森突袭"失败后被判入狱。接着，英军骑兵沿卡尔时令河继续前进。12日晚，在距离卡尔时令河五英里的地方，英军骑兵穿过连接布隆方丹和开普殖民地的铁路线。路上，苏格兰骑兵团的一个班、部分乘骑步兵和里明顿向导兵团遇到布尔军，不过布尔人并没有进行顽强抵抗。在骑马炮兵U连的协助下，英军从布尔人手里夺下了一座小山，并且在小山上守了一夜。

12日晚上，亨特–韦斯顿[2]少校带领奥尔德森乘骑步兵团前去切断北面的铁路线。在黑夜中，一番艰苦跋涉后，亨特–韦斯顿抵达目的地，成功找到电缆并将其炸掉。为了表彰亨特–韦斯顿的英勇行为，他被授予维多利亚十字勋章。除了火热的爱国心之外，最难能可贵的是，行动时，亨特–韦斯顿还一直保持着冷静的头脑。与那些因一时冲动而采取鲁莽行为的人相比，亨特–韦斯顿切断铁路线和后来格兰特上尉、波帕姆救下贝图利大桥的英勇事迹，才更应该是英国人为国效力的正确形式。切断铁路线保全了二十八辆火车头、两百五十节车厢和一千吨煤炭。当时，这些物资正等在布隆方丹火车站准备离开。返程时，亨特–韦斯顿的队伍遭遇布尔人拦截。但奥尔德森乘骑步兵团杀出一条路，只损失了两匹战马，之后顺利归队。

德里方丹战役发生在1900年3月10日。11日早晨，英军主力部队开始行军。13日早晨，英军已经入主布隆方丹。帕德伯格渡口战役胜利后，罗伯茨伯爵马上又将迎来一场新的胜利。

在布隆方丹的西北方，布尔人挖了一些战壕，还修筑了一些矮墙。[3]但

---

① 即格布哈特·莱贝雷希特·冯·布卢歇尔（Gebhard Leberecht von Blücher，1742—1819）。——译者注

② 即艾尔默·亨特–韦斯顿（Aylmer Hunter-Weston，1864—1940）。——译者注

③ 布隆方丹已经显示出了英国统治下的和平迹象。——原注

罗伯茨伯爵以他特有的倔强兜了个圈子出现在布隆方丹南面开阔的大草原上。布隆方丹没有进行任何抵抗。斯泰恩和那些与英国势不两立的人已经逃出了城。布隆方丹市市长、地方官和弗雷泽[①]先生留下来处理投降事宜。弗雷泽身体强壮、头脑清醒。他曾在苏格兰求学，是奥兰治自由邦的政治家。弗雷泽忠于自己的国家，但对奥兰治自由邦仇视英国的态度持反对意见。之前他的政见如果得以实施，那么奥兰治自由邦现在应该还是一个幸福、独立的国家。当然，今后他将作为奥兰治河殖民地的总理，给奥兰治自由邦带来幸福和繁荣。

1900年3月13日13时30分，在众多居民的欢呼声中，罗伯茨伯爵和他率领的军队进入布隆方丹。或者是出于逢迎胜利者的心理，或者是真正出于善良之心，这些居民已经在自己的房屋上挂起了英国国旗。

有目睹英军进入布隆方丹的人记录过：英军身上的土黄色军装因物资不足和夜以继日的行军而破烂不堪，但他们走进布尔人的首都时没有一声讥讽，没有一声嘲笑，更没有一句轻狂的语言。卫兵军队、优秀潇洒的英格兰军队和维多利亚女王统治下的英国殖民地军队依次走过。布隆方丹的居民惊讶地看到士兵身上独特的骑士风度。他们因风吹日晒而皮肤黝黑，因三十八英里的行军而累得摇摇晃晃。他们身体瘦削、面容憔悴。这支队伍里的所有人可能都应该先去梳洗一番才能让人看得过去，但他们就这样带着朝气、活力和英雄的自豪走进了布隆方丹。一个可敬的妈妈还记得，当这些胡子拉碴的士兵经过她身边时，她闻到了他们身上淡淡的克里米亚冬天的味道。从没有哪一代人经历过这样艰苦的考验，也从没有哪一代人像这些勇敢的英军一样倾尽全力为国尽忠。

一个月前，罗伯茨伯爵率领军队从拉姆达姆出发，踏上了前往布隆方

---

① 即约翰·G.弗雷泽（John G. Fraser，1840—1927）。——译者注

丹的路。之前的南非战场缺兵少将，直到罗伯茨伯爵担任总指挥接手了主力部队，英军才有了充足的兵源，也有了一个懂得如何统领军队的将军。罗伯茨伯爵不仅解决了关于南非未来的问题，还留下了经典的作战策略以供军校的学生研讨。从罗伯茨伯爵来到南非战场，战事节奏加快。英军一面与布尔人作战，一面进军布隆方丹。

现在让我们来简要回顾一下战事的进程：1900年2月13日，英军骑兵和步兵数量达到第二次布尔战争以来的巅峰；14日，英军骑兵暂停行军，步兵艰难行进；15日，英军骑兵行军四十英里，经过一次战斗而解除金伯利之围；16日一整天，英军骑兵都在追击布尔人的大炮，晚上向摩德河行军三十英里；17日，英军步兵仍在艰难行进；18日，开展帕德伯格渡口战役；19日到27日，英军在内线与克龙涅的部队作战，在外线与德·韦特作战；28日到3月6日，英军休整；7日，白杨树林战役打响；10日，德里方丹战役打响；11日和12日，英军步兵行军四十英里；13日，英军抵达布隆方丹。在完成这些任务的过程中，所有人的食物配给减半，战马累得无法奔跑。南非大草原水源匮乏，烈日炎炎，每个步兵都要携带约四十磅重的作战装备。在英国战争史上，从没有哪次战役比进军布隆方丹取得的成绩更辉煌。当然，其间也偶有战术运用失误的时候，例如，在帕德伯格渡口强攻布尔人阵地。但罗伯茨伯爵的战略和士兵奋不顾身的精神让人敬仰。

第 21 章

罗伯茨伯爵行军的战略影响

从罗伯茨伯爵在拉姆达姆行军的那一刻起，所有其他在南非的英军——科尔斯伯格部队、斯托姆山部队、布拉班特指挥的部队与纳塔尔部队的担子都开始减轻。在本章里，我们就追随这些部队的脚步，看一看罗伯茨伯爵的战略对它们的行动起到了什么影响。我按照从西面战场到东面战场的顺序来叙述。

前面已经介绍过，克莱门茨指挥的军队[1]中几乎所有骑兵和骑马炮兵都被调走了，剩下的人要面对人数占明显优势的布尔人。在敌强我弱的情况下，克莱门茨不得不缩短已经铺开的漫长战线，将队伍集中在阿伦德尔。但看到英军实力减弱，布尔人尾随而至。

阿伦德尔的地理位置比百姓知道的还要重要。如果克莱门茨被击败，布尔人就会从容地切断罗伯茨伯爵的通信线路，那时，英国主力部队就会与周围部队完全失去联络。这种情况没有发生，功劳不仅要归于克莱门茨，还要归于第二威尔特郡团的卡特上校、第二伍斯特团的佩因、皇家野战炮兵第四连的布彻和令人钦佩的澳大利亚团，以及所有其他优秀忠诚的英国队伍，是他们尽全力守住了阿伦德尔。

在战略上，布尔人对阿伦德尔采取强攻的想法是非常正确的，但在战术上，布尔人没有足够的能力完成这个任务。尽管英国侧翼收紧，但集中在阿伦德尔的兵力不弱，双方因此对峙了一段时间。危急时刻，每一个兵力都变得无比重要。当时，连五十个马倌也准备走向战场。当这五十个马倌被允许临时充当二十四小时士兵时，他们十分骄傲。[2]不过，克莱门茨的部队迅速出动，给了布尔人狠狠一击。危险解除，布尔人停止进军，最后撤退了。

---

① 之前由弗伦奇指挥。——原注

② 这些虔诚的锡克教徒因为最终没有上战场感到非常遗憾。其中一个代表还在布隆方丹受到了罗伯茨伯爵的接见。罗伯茨伯爵告诉他，在他返回自己的国家前，他的孩子在南非再不会看到一场战争了。——原注

1900年2月27日，在恩尼斯基林龙骑兵团和澳大利亚团的协助下，布彻少校炮轰伦斯堡，将布尔人赶了出去。第二天，28日早晨，克莱门茨带领整个部队从阿伦德尔出发，占领了伦斯堡。当天下午，布尔军撤退。英军紧随其后，行进到之前驻扎过很长时间的科尔斯伯格。在伦斯堡城里，英军找到了斯泰恩发给德·韦特的一封电报。电报中要求德·韦特撤离："如果你现有的兵力能够守住阵地，那就坚守在那里。如果不能，条件允许的情况下速来我处，因为事情正在发生重大的变化。"布尔军没有受到任何阻拦，顺利地渡过了奥兰治河，随后炸掉了诺瓦尔渡口的铁路桥。1900年3月4日，克莱门茨赶来，在一周的时间内又在河上搭建了一座浮桥，随后跨过奥兰治自由邦的边界。这时，罗伯茨伯爵已经占领了布隆方丹。克莱门茨率领的部队和罗伯茨伯爵率领的部队之间的铁路已经恢复通车。克莱门茨被派到菲利普波利斯、福尔史密斯和奥兰治自由邦西南部城市，敦促布尔人放下武器投降。同时，皇家工程兵团正在抓紧时间重建奥兰治河上的铁路桥。

从斯托姆山撤退后的很长时间里，加塔克一直守在斯泰克斯特鲁姆。他接到命令：不主动攻击敌人，一旦敌人主动进攻，只需将他们击退即可。现在，我们来说一说罗伯茨伯爵的胜利对加塔克的影响。1900年2月23日，加塔克重新占领了莫尔泰诺。同日，他派部队侦察斯托姆山的布尔人，但发生了一件让人唏嘘的事。这件事导致了蒙特莫伦西的死亡。[①]蒙特莫伦西对他的部下有着非同一般的影响力。第二次布尔战争结束时，他的部下还是一提起他就忍不住泪流满面。当我问豪中士为什么蒙特莫伦西上尉几乎是独自上山时，豪中士回答说："因为他根本不知道害怕是什么。"斯托姆山侦察行动的第二天早晨，蒙特莫伦西上尉的勤务兵伯恩[②]

---

① 和他的部属蒙特莫伦西一样，加塔克也在恩图曼战役中获得了维多利亚十字勋章。——原注
② 即托马斯·伯恩（Thomas Byrne，1866—1944）。——译者注

疯了似的想要骑马将自己的长官带回来，无论他是死是活。但被骑兵强行拦了回来。蒙特莫伦西是英军最有前途的一位年轻军官。他组建的侦察队最初只有四个人，后来很快发展到七八十人。蒙特莫伦西身上无尽的勇气是在苏丹战场上磨炼出来的。此外，他还有着强烈的事业心和精准的判断力。这些品质和他在战场上获得的荣誉，让蒙特莫伦西成为轻骑兵的领袖。在斯托姆山侦察行动中，他带领三名士兵——伦敦城帝国志愿军的霍斯奇亚上校、平民维采和豪中士——一同爬上了山。蒙特莫伦西上尉喊道："敌人就在我们上方。"但他一爬上山顶，胸前就中了一枪。霍斯奇亚身中五枪，维采也受伤了，只有豪中士逃过一劫。其他侦察队员由于距离较远，便立刻寻找掩护与布尔人持续战斗，直到主力部队到来。侦察队十二人中枪。但在很大程度上，这个损失是质量上的而非数量上的。在英国大炮的轰击下，布尔人也损失惨重。

1900年3月5日，加塔克发现他前方的布尔军开始撤退。无疑，这支布尔军也接到了类似科尔斯伯格收到的信息。加塔克将军向前推进，占领了布尔人的阵地。此后，他花了些时日将分散的队伍集中起来，并整修了铁路。3月12日，加塔克率部向前推进到伯格斯多普。13日，英军推进到贝图利大桥以南的奥利夫西丁。

宽阔的奥兰治河布满泥浆——从巴苏陀兰的山上还不断有泥浆流下来。因此，奥兰治河里的泥浆越来越厚。有两座桥横跨在奥兰治河上。其中一座是雄伟的铁路桥，已经被撤退的布尔人炸毁了。战场上不断有野蛮的事情发生，如果说人和战马的尸体让人痛心，那么更让人痛心的是昔日优雅而无比重要的铁路桥，如今也只剩下歪歪扭扭的大梁和残破的桥头。从铁路桥向西半英里处还有一座公路桥。这座桥样式老旧，是拱形桥，但桥面宽阔。现在，英军过河唯一的希望就是在抵达大桥时布尔人还没有炸毁它。

这一次，英军受幸运之神眷顾了。一小队侦察兵和开普警察团的士兵赶到奥兰治河时，布尔人已经准备炸桥了。地雷已经埋好，引信也装好了，导火索也准备就绪，就差点燃了。可以肯定的是，布尔人在最后一个桥洞里放了几箱炸药，准备万一雷管不爆炸好实施第二套方案。

布尔人隐藏在战壕里监视大桥。凶猛的火力让过桥成为几乎不可能的事。英军的步枪火力是要防止布尔人引爆雷管。天要黑的时候，排除隐患的时刻来临了。来自德比郡团的波帕姆和另外两个人悄悄地爬过桥，移走了引信。他们勇敢的行为扭转了局势。现在，就剩下最后一个桥洞里的炸药了。这项任务是工兵团的格兰特上尉完成的。他爬进桥洞把炸药拽了出来，然后将炸药扔进了河里，以防第二天早晨双方交火时炸药爆炸。波帕姆和格兰特上尉不仅诠释了最无畏的精神，更重要的是，因为他们，才避免了大规模伤亡。之后一个月，罗伯茨伯爵的行军补给全靠这座公路桥和诺瓦尔渡口的浮桥。

1900年3月15日，加塔克进入奥兰治自由邦，随后占领贝图利，派骑兵前往斯普林方丹。斯普林方丹位于开普敦和东伦敦的铁路交会处，地理位置十分重要。罗伯茨伯爵已经派波尔–卡鲁[①]乘火车赶到斯普林方丹。加塔克到达斯普林方丹后，与波尔–卡鲁指挥的卫兵旅的两个营取得了联系。现在，罗伯茨伯爵在布隆方丹，加塔克在斯普林方丹，克莱门茨在奥兰治自由邦西南，布拉班特在阿利瓦尔。这些分散在奥兰治自由邦各处的英军，把罗伯茨伯爵占领布隆方丹的消息传向偏远的农庄和村镇。奥兰治自由邦南部的和平景象已经初现端倪。此刻，奥兰治自由邦的战争似乎已经接近尾声。布尔人的残余部队疯狂逃窜。

同时，在第二次布尔战争中，一直征战非洲殖民地的老将布拉班特开

---

① 即雷金纳德·波尔–卡鲁（Reginald Pole-Carew, 1849—1924）。——译者注

始发挥重要作用。一到开普，罗伯茨伯爵就下令将开普殖民地分散的部队集中起来成立一个师，任命熟悉殖民地情况的布拉班特为师长。无论是在政治立场上，还是在军事行动中，布拉班特都对英国忠心耿耿。这个殖民地师负责在加塔克的东面进行防守。1900年2月15日，布拉班特带领殖民地师从彭胡克出发向多德雷赫特进发。殖民地师包括皇家苏格兰团、部分皇家野战炮兵第七十九连、布拉班特骑兵团、卡夫拉里亚乘骑步枪团、开普乘骑步枪团、开普警察团，还有皇后镇志愿军和东伦敦志愿军。2月18日，经过一番激烈的战斗，殖民地师占领了多德雷赫特。战斗中，布拉班特骑兵团做出了杰出的贡献。3月4日，殖民地师再次启程，目标是进攻位于多德雷赫特以北几英里的拉布斯查古山鞍。

终于，在皇家野战炮兵第七十九连精准的火力配合下，殖民地师经过一整天断断续续的战斗，将布尔人赶出了阵地。在多德雷赫特，布拉班特留下了一支卫戍部队，然后率领两千名士兵并携带八门大炮①继续向前推进。攻打詹姆斯敦的过程中，布拉班特没有遇到任何抵抗。3月10日，殖民地师靠近开普殖民地的边境城镇阿利瓦尔。亨德森少校带领布拉班特骑兵团急行军，最终在布尔人炸毁阿利瓦尔大桥前赶到。布尔人在桥头建了一个坚固的碉堡，架起了几门克虏伯大炮。尽管战斗过程中有二十五人伤亡，但布拉班特骑兵团还是占领了高地。高地的火力刚好覆盖阿利瓦尔大桥。之后的一周里，布拉班特师以阿利瓦尔为中心，平定了开普殖民地东北部的大部分地区。殖民地师的骑兵分队到过东巴基、赫舍尔、格雷夫人镇等村落。英军骑兵一路向前进入奥兰治自由邦东南部，经过鲁维尔，最远沿着巴苏陀兰边境到过韦佩内尔。在开普东北，布尔人的反叛活动已经停止了。在西北的普里斯卡和卡那封，之所以还有叛军踪迹，是因为那里

---

① 其中六门是轻型七磅炮。——原注

地处偏僻，反叛的布尔人又太过分散，所以很难清剿。基奇纳伯爵从帕德伯格返回开普守护补给线。通过基奇纳伯爵的努力，所有对补给线的威胁都消除了。接着，在全开普，基奇纳伯爵清剿了残余的布尔反叛势力。

有关克莱门茨、加塔克和布拉班特在奥兰治自由邦的行动就介绍到这里。现在，我们来看一看纳塔尔其他地方的战斗情况。

莱迪史密斯之围解除后，由于布勒并没有在布尔人撤退时进行追击，布尔人用火车将大炮转移后炸毁了铁路。之后的两天里，约两千车物资只能通过公路运往纽卡斯尔和邓迪。南非共和国的布尔人撤向纳塔尔北部边界的比加斯伯格山脉，奥兰治自由邦士兵则经德拉肯斯山鞍回到奥兰治自由邦境内，企图阻止罗伯茨伯爵进入布隆方丹。现在，纳塔尔境内大约还有五千到一万名来自南非共和国的布尔人，他们很有可能会袭击邓迪和纽卡斯尔公路。

此时，纳塔尔的英军正在后方抓紧调整。1900年3月9日，因为科伦索桥正在重建，所以勇敢的乔治·怀特乘火车前往德班。十天后，即19日，科伦索桥完成重建。这段时间里，在科伦索进行休整的莱迪史密斯守城部队组成了第四师，利特尔顿任第四师师长，霍华德[1]和诺克斯任旅长。利特尔顿之前指挥的第二师由克利里指挥。第五旅和第六旅组成第十师，由能力强、声望高的亨特担任师长。1900年4月的第一周，亨特指挥的第十师被派往德班，然后乘船向西前往开普敦，再乘火车前往金伯利，最后由金伯利向北边的比勒陀利亚行军。在战争中，通常骑兵比步兵速度快，但如果步兵乘船就另当别论了。或许就是在亨特指挥的第十师转乘的过程中，或者在远征贝拉的过程中，马汉[2]上尉有了新的发现[3]。

---

① 即杰弗里·霍华德（Geoffrey Howard，1876—1966）。——译者注
② 即阿尔弗雷德·赛耶·马汉（Alfred Thayer Mahan，1840—1914）。——译者注
③ 马汉后来著有《海权对历史的影响》等专著，成为倡议"海权论"的代表。——中文版编者注

此时，在埃兰兹拉赫特，利特尔顿的第四师和默多克骑兵旅已经扎营。敦多纳德骑兵团也已经控制了从默多克骑兵旅西面的边远地区到德拉肯斯山鞍之间的区域。尽管没看到几个布尔人，但英军将士心里清楚，德拉肯斯山鞍一定有布尔人的兵力把守。4月10日，布尔人从德拉肯斯山上向下偷袭，"轰隆隆"的炮声把英军从睡梦中惊醒。英国大炮开始还击后，布尔人的大炮熄了火，布尔人也消失得无影无踪。接下来的两周内，双方都没有任何行动。查尔斯·沃伦离开军队前往英属贝专纳兰担任省长。查尔斯·沃伦曾在南非共和国成立早期成功避免贝专纳兰的部分领土，被布尔人占领。因此，由他担任贝专纳兰省省长再合适不过。查尔斯·沃伦的第五师由希尔德亚德接管。在这段休战的时间里，纳塔尔军队也一直按兵未动。在布隆方丹，罗伯茨伯爵进行了六周的休整。这段休整期是非常必要的，因为铁路通信遭到破坏，军需用品，尤其是骑兵的战马和步兵的靴子急需得到补充。直到1900年5月2日，罗伯茨伯爵的军队才启程，开始了著名的比勒陀利亚行军。不过，在介绍这段行军前，我会用一章的篇幅来专门介绍休整期间发生在布隆方丹以东和东南的一系列事件和行动。

此外，还有一件事需要记录一下。这件事并非军事事件，而是政治事件。克吕格尔和罗伯特·塞西尔就双方都关心的和平问题通过电报进行了交流。曾有一句顺口溜——"都是荷兰人的错。他们给得太少，要得太多"。这句顺口溜足以恰当地形容本次协商了。多年以来，南非共和国和奥兰治自由邦一直备战，随后发出最后通牒，悍然入侵英国殖民地，兼并占领的地区，最后战争失败，又建议和平解决之前的所有争端。克吕格尔的提议很有可能是想借议和争取欧洲国家同情，从而为和平解决南非问题增加筹码。但南非共和国提出的建议让英国根本无法接受。仔细看一看这份电报就会发现，它也许会激起人们的同情，但完全忽略了事实的真相。

这份电报的内容如下：

奥兰治自由邦和南非共和国总统呈索尔兹伯里侯爵塞西尔亲启。

本次战争是千万人的血泪史。南非经济遭到严重破坏，人们的道德底线受到严峻挑战。在万能的上帝面前，交战双方有必要冷静下来，反思到底为什么而战，面对人们承受的极大痛苦和战争惊人的破坏力，双方是否能够泰然处之。

英国的政治家认为，战争的目的是为了维护维多利亚女王陛下在南非的权威，是为了在全南非建立一个独立的、维多利亚女王陛下统治的政府。我们认为有必要声明，实际上，这场英国宣称的自卫战威胁到了南非共和国的独立。我们所做的抗争仅仅是为了维护南非共和国作为一个国际上的独立主权国家而存在。我们确信，在本次战争中，维多利亚女王陛下的军队没有承受个人精神上或财产上的损失。

鉴于此，正如我们之前对和平的渴望一样，我们希望在南非重建和平，希望结束如今统治南非的邪恶政治。但如果维多利亚女王陛下执意破坏南非共和国的和平，那么我们和我们的人民别无他法，只有将已经开始的战斗坚持到底。尽管我们要面对英国强大的国力，但我们清楚地知道，上帝已经在我们的心里点燃了自由和爱的火种。这火种定将生生不息。上帝不会抛弃我们，我们也定不会辜负父辈的期望，并且完成他们尚未完成的使命。

此前，我们一直在犹豫是否要发此声明，因为我们担心，既然在战斗中布尔军处于有利位置，是在维多利亚女王的殖民地进行防御战，那么这样的声明怕会有损英国人民的尊严。但现在，既然英军已经俘获了我们的一支部队，既然我们已经被迫从先前占领的阵地撤出，那么我们的担心已经消失，再也无须犹豫。我们要向英国政府和文明世界声明我们为什么而战，以及在什么条件下愿意重建和平。

布隆方丹

1900年3月5日

这就是老总统克吕格尔发来的电报内容——一看就知道是克吕格尔的风格。声明看似简单，实则老谋深算；看似诚恳，实则狡猾至极。读过这份声明后，有必要来看一看事实的真相：在战前，南非共和国已经进行了大量备战工作，英国殖民地却毫无准备。之后，南非共和国给英国发来最后通牒，然后发动战争，兼并英国殖民地领土，煽动开普敦和纳塔尔的布尔人进行反叛。在布尔人取得胜利时，南非共和国却丝毫没有和平的表示。声明里说的"之前对和平的渴望"只不过意味着布尔人要坚决奴役另一方白人而已。只有看清了这些真相，人们才能对克吕格尔的声明进行正确的判断。这些看似忠厚、虔诚的措辞背后，是一个阴险狡诈又野蛮至极的人。第二次布尔战争爆发前，克吕格尔声称要维护和平，并且温柔地保证不会动武，但随后就逮捕了异己。面对这种两面三刀之人，最好的武器就是真相。下面就是塞西尔给克吕格尔的回复。

很荣幸1900年3月5日收到您从布隆方丹发来的电报。您在电报中说想让维多利亚女王陛下承认南非共和国和奥兰治自由邦作为"国际上的主权国家"拥有"无可争辩的独立的权利"，并且提出了结束战争的条件。

从1899年10月开始，维多利亚女王陛下的代表与南非共和国和奥兰治自由邦就和平问题进行了协商。英国政府的目标是帮助生活在南非共和国的英国居民缓解他们遭受的苦难。但在协商过程中，据英国政府所知，南非共和国一直在进行军事准备。最终，贵国派部队入侵开普敦和纳塔尔。此前，英国对在会议上所承诺的赋予南非共和国的权利没有丝毫异议。突然，两天后，南非共和国发出了一份带有侮辱性的最后通牒，随后便发动了战争。奥兰治自由邦紧随其后，也对英国宣战了。维多利亚女王陛下的领地被南非共和国和奥兰治自由邦悍然入侵。在英国所属境内，有三座城市被围困，两个殖民地遭受了巨大的财产和生命损失。南非共和国宣布要像兼并其他地方一样将这三个城市并入南非共和国或奥兰治自由邦。此前，南非共和国已经进行了多年的大规模军事准备。就其性质而言，这是针对英国进行的蓄谋已久的军事行动。最终，这些秘密进行的军事准备迫使英国不得不面对你们的入侵行径。为此，我们付出了高昂的代价，付出了几千条宝贵的生命。英国政府承认了南非共和国和奥兰治自由邦的存在，却在近几年付出了如此沉重的代价。

　　因此，您在进行这些准备工作时已经走到了英国的对立面。我不认为还有必要对您提出的问题进行协商。鉴于南非共和国和奥兰治自由邦根本没有珍惜英国给予的机会，以及你们在维多利亚女王的领土上进行的无端入侵，英国政府对你的电报只能如此答复：我们拒绝给予南非共和国和奥兰治自由邦独立的权利。

外交部

1900年3月11日

英国的回应简单直白、毫不妥协，除少数被蒙蔽的人和教条主义者之外，其他人都衷心地表示赞同。放下签署和约的钢笔，毛瑟枪和李-梅特福德式步枪再次取代了谈判。

第22章

布隆方丹

1900年3月13日，罗伯茨伯爵占领了奥兰治自由邦的首都布隆方丹。5月1日，英军向比勒陀利亚的行军才得以继续。这段时间的等待是绝对有必要的，因为此前一个月的艰苦行军中，战马和骡子已经极度缺乏。在布隆方丹休整期间，英军补充了上万匹战马和骡子。战斗中有大批战马死亡，还有一些战马无法再在军中服役，剩下的大多数战马也极度虚弱。除战马之外，从生活必需品到医疗用品也已经极度匮乏。原来的铁路运输线有两条，现在只剩下一条了。公路运输不是途经诺瓦尔渡口上不太结实的浮桥，就是经贝图利大桥一车一车地运送。经八百英里运送军需品供五万人的军队使用实非易事。一旦行军开始就无法回头，所以贸然行军一定会带来巨大的灾难。

在英军和布尔军都没有大规模行动的这段时间，英国国内的媒体和非洲的军队都在焦急地等待下次行军，但罗伯茨伯爵坚持先在布隆方丹进行休整。他颁发了一份公告，承诺只要奥兰治自由邦居民收起武器、安守家园，就保证他们的安全。他还命令英军严守纪律，绝不能发生抢掠等暴力行为，并强调军队的优雅与乐观胜过一切。自从巴达霍斯和圣塞瓦蒂安发生士兵暴力事件以来，英军已经九十年没有发生过类似事件了。

在布隆方丹休整期间，英军表现出的优秀品质让人赞叹。所有高贵的盎格鲁-凯尔特族裔都在为共同的目标努力。和平里潜藏着战争的风险，战争又重新将人凝聚在一起。在战争中，英国人体现了高尚的品德，但德意志人丢尽美德。从布隆方丹市场里的英军身上，你会看到盎格鲁-凯尔特民族的未来。这些英军胡须蓬乱、体格强健，因风吹日晒而皮肤黝黑。他们挤在步道上，没有发生任何打砸抢的行为。也许你还会看到表情严肃的加拿大人，手长脚长的澳大利亚人，热情敏锐、皮肤黝黑、生性爱动的新西兰毛利人，勇敢的塔斯马尼亚人，来自印度和锡兰的绅士部队，还有粗犷的南非非正规军。里明顿向导兵的帽子上有豹皮饰带，罗伯茨骑兵团的骑兵有的头上饰有黑色的羽毛，有的系着粉色发带，还有的系着红色带子。所有人都是同样的神情：坚定、敏锐。也许有人会问，这些优秀的士兵曾经放弃了时间、金钱和舒适的生活来到非洲腹地进行战斗，现在他们情绪高涨，会不会因胜利而失去判断力和同情心？我想告诉这些提问的人，英格兰民族真正的荣耀并不在过去，而在未来。英国走在追求自由的路上，将来也会一直走在追求自由的路上。虽然未来会发生什么还未可知，但英国的脚步一定会越来越坚定。英国的强大并不是因为有着悠久的历史，而是因为崛起的年轻一代。

占领布隆方丹之后，英军爆发了肠道疾病。很明显，继续行军是不明智的。两个多月里，医院人满为患：一个拥有五百张床位的综合医院却要容纳一千七百名肠道疾病患者；一家只有五十张床位的战地医院却要收治三百七十个患者，患者数量不少于六七千，这种疾病不好治愈。大多数患者会有持续发热的症状，需要随时关注和小心护理。只有那些经历过的人才会知道压力到底有多大。战地医院和地方医院里到处都是志愿者。在漫长的战斗过后，军民共同努力来应对危机。仅在布隆方丹，一天就有五十人死去。墓地里的一千多座墓碑足以说明这次传染病的爆发有多迅猛。在战场上，军人的职责是为自己的国家奋斗。在这场与传染病的博弈中，医护人员也在为自己的国家奋斗。经历过这场传染病的人不会忘记可敬的医护人员，他们勇敢无私，把自己的全部精力用来照顾患者，体现了医护行业的最高标准。

腹泻、发热等症状通常是水土不服引起的，但布隆方丹的传染病是因为水源受到污染。这场严重传染病爆发的根源是帕德伯格渡口的河水。在整个战斗过程中，英军根本没有采取措施进行预防。战斗让疾病显得没那么重要了。为了避免肠道疾病的爆发，应该多费点儿时间将水烧开，但为了作战的速度和效率，水只是过滤一下而已。虽然将水烧开要费一点儿时间，但可以挽救一整个师的生命。现在，满医院都是因食用了路边污水池里的水而受到感染的人。医护人员看到这一景象十分痛心。如果再小心一点儿或打一针疫苗，所有人的生命都是可以挽救的！最后，随着天气越来越凉爽，疫疾才在军队行军的过程中慢慢消失。

现在，让我们回到军事行动上来。虽然整支部队都在布隆方丹休整，但英军在一些地方采取的行动还是引起了一定的关注。共有四次行动发生在布隆方丹休整期间。在这四次行动中，两次行动是失败的，一次成功付出了较大的代价，还有一次是成功的军事防御。

布隆方丹以北大约十二英里远的地方就是奔腾不息的摩德河。在一个叫格伦的地方有一座铁路桥。根据当地农场主的描述，如果英军在占领布隆方丹后的几天内采取行动，结果应该是完全不一样的，但那时，英军认为布尔人士气低落，不会再有什么威胁。结果一周后，部分布尔人重整旗鼓，返回来炸了铁路桥。这部分布尔人主要是约翰内斯堡警察团的士兵，他们甚至在英军所在的摩德河南岸出现。扬·利根阵亡了。克拉布[①]上校、科德林顿上校、特罗特[②]上尉和所有卫戍部队成员都受了重伤。卫戍部队与布尔人进行了勇敢的战斗，但最不应该试图抓捕布尔人。

这些布尔人只是一些散兵游勇，其老巢在格伦以北大约六英里一个叫卡里的地方。他们主要袭击那些接受罗伯茨伯爵颁发的公告的农场主。这些彪悍的布尔人占领了卡里一排险峻的小山，并且在山上架起了大炮。罗伯茨伯爵决心将他们驱赶出去。1900年3月28日，塔克的第七师在格伦集结。第七师包括彻姆赛德指挥的第十四旅和韦弗尔指挥的第十五旅。参与此次行动的炮兵有皇家野战炮兵第十八连、第六十二连和第七十五连。骑兵包括三个骑兵旅的部分人马及一些乘骑步兵。

---

① 即艾尔·克拉布（Eyre Crabbe，1852—1905）。——译者注
② 即爱德华·亨利·特罗特（Edward Henry Trotter，1872—1916）。——译者注

行动方式还是采取步兵在布尔军正前方，骑兵绕到布尔军侧翼的老套路。但结果表明，这种方法并不会永远奏效。弗伦奇的骑兵绕到布尔人一侧，勒·加莱斯带领乘骑步兵绕到另一侧，塔克的第七师在正前方攻击。这种方法在理论上没有丝毫漏洞，在实际操作中也没有什么明显缺陷。和每次作战一样，只要骑兵出现在布尔人后方，切断布尔人的退路，他们就不得不彻底放弃阵地。因此，步兵攻击的作用并不大。但此次阵地情况复杂。当骑兵骑着疲惫不堪的战马来到布尔人侧后方时，一切都来不及了。

有些部队，如勒·加莱斯的乘骑步兵前一天晚上才从布隆方丹赶来。长途行军已使战马疲惫不堪，何况它们身上还有负重。3月29日，塔克的第七师遭遇的情形和凯利－肯尼的第六师在德里方丹战役中一模一样，结果也几乎一模一样。塔克的第七师的八个团分批次向前进发。布尔人的阵地静悄悄的，第七师认为布尔人已经放弃了阵地。突然，前方两百码处苏格兰边境团的两个连遭到猛烈的袭击。这两个连被迫后撤，在一条干沟重新整队。29日14时30分，布尔人的大炮朝林肯郡团和苏格兰边境团发射榴霰弹。一枚炮弹就打死了苏格兰边境团的五个士兵。现在，彻姆赛德指挥的第十四旅全员参加战斗，韦弗尔指挥的第十五旅赶来支援。但布尔人火力太猛，正面进攻无法攻克。幸运的是，弗伦奇率领的骑兵队伍出现在布尔人后方。布尔人立刻放弃了阵地，从弗伦奇和勒·加莱斯乘骑步兵团之间没有设防的空隙匆忙逃离了。布兰德福特平本应是骑兵大展拳脚的地方，但布尔人竟能带着大炮全身而退。

英军的损失是一百六十人伤亡。伤亡最重的是苏格兰边境团和东兰开夏郡团。步兵指挥不当，骑兵速度缓慢，大炮射击也不够精准，这一切让卡里战役充满遗憾。当然，从战略上来讲，卡里战役意义重大，因为英军占领的山脊是进入布兰德福特平原前的最后一座山。3月29日到5月2日，卡里一直都是英军的前哨。

同时，布隆方丹东面也发生了一系列事件。这些事件都以惨痛的结果告终。3月18日，占领布隆方丹后，罗伯茨伯爵立刻向东面战场派出一支小部队。这支部队包括第十轻骑兵团、皇家骑兵综合团、骑马炮兵Q连和骑马炮兵U连、部分乘骑步兵、罗伯茨骑兵团和里明顿向导兵团。在布隆方丹东面四十英里的地方，有一座巍峨的高山，叫塔班丘山。但因为南非大草原空气清澈，所以肉眼看上去这座山距离比勒陀利亚大概只有二十英里。对布尔人来说，塔班丘山是一个具有历史意义的地方，因为当年他们的祖先历经艰险，乘牛车从各地聚集在此。塔班丘山的东面和北面是奥兰治自由邦辽阔的大草原。草原的中心是莱迪布兰德。摩德河从布隆方丹和塔班丘山中间蜿蜒而过。塔班丘山附近的水厂是用现代化机械建起来的，用来取代之前布隆方丹赖以依靠的水井。罗伯茨伯爵派出的这支骑兵队没有遇到任何抵抗便占领了塔班丘镇。

皮尔彻是道格拉斯突袭战的指挥官。这次，他想要对塔班丘镇做进一步侦察，于是带了三个班的乘骑兵继续向东前进。侦察队发现了两个布尔民兵队，这两个民兵队看上去像出自格勒布勒和奥利维尔的部队，正列队向前移动，似乎是要去与斯泰恩会合。

在奥兰治自由邦北部的克龙斯塔德，斯泰恩建立了临时指挥部。现在，他正在此地征召军队。虽然战马已经非常疲惫，但皮尔彻带领侦察队冒险跟着布尔民兵前进，最后来到了莱迪布兰德。进城后，侦察队抓住了镇长和布尔军的号手，但侦察队发现布尔人的主力部队正朝他们扑来。莱迪布兰德根本无法防守，而最近的援军也在三十英里外。当晚，皮尔彻率领侦察队向塔班丘山方向撤退。侦察队抓着俘虏做人质，以很小的代价返回了塔班丘山。二十四小时里，侦察队骑行五六十英里。

之前，布尔民兵正向西北方向前进。皮尔彻的行动迫使布尔民兵暂停行军，在塔班丘山掉头来进攻英军。现在，英军的位置暴露了，指挥官布罗德伍德只能让队伍撤回布隆方丹。第一天晚上，骑兵队伍在塔班丘山和布隆方丹中间的水厂附近休息。

布尔人是打伏击战的行家，从没有哪个民族像布尔人一样在伏击战中拥有如此高的天赋。在长期连续的斗争中，布尔人养成了奸诈狡猾的野蛮性格。说到最狡黠、最勇猛的布尔人，非德·韦特莫属。他准备对英军展开伏击，地点选在叫桑纳哨卡的地方。如果从布尔人的阵地走过，你一定会被他们组织进攻的巧妙安排震撼，也会疑问为什么命运之神要眷顾布尔人。德·韦特给英军设下的陷阱绝对是致命的。

一支大约两千人的布尔民兵带着几门重炮赶到桑纳哨卡。31日早晨，布尔人开始对英军营地发动突袭。布尔人的战术精妙之处，就在于完全攻其不备。

布罗德伍德率领的部队有第十轻骑兵团、皇家骑兵综合团、里明顿向导兵团、罗伯茨骑兵团、新西兰乘骑步兵团和缅甸乘骑步兵团，以及骑马炮兵Q连和骑马炮兵U连。这支部队虽然全部由骑兵构成，但根本无法拿下布尔人大炮所在的山峰，因为十二磅炮根本没法和布尔人的重炮相提并论。布罗德伍德命令马车和大炮在前，骑兵殿后，向布隆方丹的方向撤退。布尔人的大炮虽然非常精准，但在那么远的距离下仍然无能为力。

撤退途中，布罗德伍德的部队来到了辽阔的平原。平原对面就是布隆方丹了。平原中间的两座山是由英军驻守的。英军和护卫队经常在平原上往来。因此，只要抵达平原边缘，所有危机似乎都会自动解除。布罗德伍德有充分的理由相信队伍已经安全了。他已经发出信号请求支援。天亮前，科尔维尔已经从布隆方丹出发，前来接应。再走几英里，骑兵先头部队就应该能看见科尔维尔的部队了。一般情况下，布尔人是不会出现在平原上的，但一旦这种情况发生，骑兵就会陷入腹背受敌的境地。布罗德伍德留在队伍后面警戒，但他没有嘱咐先头部队小心。在骑兵身后，布尔人还在紧追不舍，大炮还在轰隆隆作响。

尽管在平原上设伏非常冒险，但布尔人还是冒着被英军切断后路的危险准备发动突袭。距离水厂几英里的大草原上有一条干沟。这是众多干沟中最大的一条。这条干沟和崎岖不平的道路形成了一个直角。它的宽度和深度足以让一辆马车沿着斜坡下去时消失在视野线里两分钟。当你再看见它时，它已经在干沟另一侧了。干沟有一个巨大的弧度，底部是一摊死水。布尔人就藏在干沟的边缘。布尔人是黎明前到达的，现在正等着毫无察觉的英军上钩。布尔人的人数最多不超过三百，而人数是他们四倍的英军正在靠近。但此时，手执步枪、隐藏在干沟内的布尔人和在平原上行进的英军到底谁胜谁负，尚未可知。

布尔人的这一手军事部署非常巧妙，但必须冒巨大的风险。他们的风险有两个。一个风险是另一支英军正从另外一条路上赶来[1]，这支部队赶到时，干沟内的布尔人就会像处在两片磨盘之间的粮食一样被碾压。另一个风险是如果英军的先头部队发出警示信号，那么布罗德伍德的骑兵就会立刻向左右两边分散开，守住干沟的各个出口。一旦发生这种情况，布尔人一个都跑不了。但这次，布尔人勇敢地把握住了机会，幸运女神再次眷顾了布尔人。英军没有进行任何侦察。马车徐徐而来，后面是骑马炮兵U连，接着是骑马炮兵Q连，罗伯茨骑兵团的骑兵在中间，其他骑兵殿后。

英军先头部队中绝大多数是没有携带武器的受伤士兵和黑人车夫。当这些人走近干沟时，布尔人迅速控制了他们，将他们押到干沟的另一端。后方部队只看到马车走下斜坡，然后消失在他们的视线中，却根本没有注意到异常。所谓的伏击战就是这样出奇制胜的。只有一种情况能够挽救这场灾难，那就是出现一个示警英雄，宁可自己阵亡也要警示同伴。现在，

---

① 科尔维尔的军队就在几英里外。——原注

这个英雄正骑马走在马车的边上，遗憾的是，由于事发突然，我们根本无法得知他的名字和军衔，只知道他在阵亡前，勇敢地用左轮手枪开枪示警。之后，骑兵和炮兵组织战斗。英军获救了。在明知死亡时选择死亡不是每个人都能做到的，但这位无名英雄做到了。

只是在如此糟糕的情况下，无论如何，英军都避免不了严重的损失。还有九辆马车没进入干沟，炮兵连也刚好走到干沟的边缘。不一会儿，几个炮兵被子弹射中，有些炮兵成了俘虏。一阵猛烈的炮火射向中间位置的罗伯茨骑兵团。"上马！"道森上校大喊道。在道森上校和帕克–贝雷斯福德少校等军官的努力下，罗伯茨骑兵团从困境中逃到干沟几百码外重新整队。然而，战马和人员伤亡还是非常惨重。帕克–贝雷斯福德少校中枪，还有几个军官倒下了，没有骑马的人在干沟内布尔人的枪口下全部被俘。

骑马炮兵Q连六门大炮中的四门大炮[①]和骑马炮兵U连的一门大炮[②]撤往了安全地带。几乎同时，干沟边缘的布尔人跳起来朝着奔跑的英军扫射。一时间，士兵在呼喊，战马在嘶鸣，黑人在尖叫。这种场景简直让人不忍直视。在唯一一个车夫的帮助下，骑马炮兵U连的军士长马丁转移了仅剩的一门大炮。菲普斯–霍恩比[③]少校指挥成功撤出的骑马炮兵Q连的四门大炮，在平原上调转炮头，拔下炮筒盖、装填弹药、开火。榴弹炮从距离干沟大约一千码处开始发射。如果炮兵连能再走出一千码就更好了，这样布尔人步枪的火力就不会对炮兵造成威胁。千钧一发之际，四散奔逃的炮兵率先开始了有组织的反击。整个部队也很快镇定下来。罗伯茨骑兵团的骑兵跳下马背，与缅甸乘骑步兵团和新西兰乘骑步兵团组成防御队形。几分

---

① 另外两门大炮一门翻倒在地无法使用，另一门因炮车车轮中弹无法撤出。官方宣称在距离干沟一千码的地方，骑马炮兵Q连的大炮停下开始反击。但通过亲自丈量，我觉得不会超过六百码。——原注

② 在队伍的最后方。——原注

③ 即埃德蒙·菲普斯–霍恩比（Edmund Phipps-Hornby，1857—1947）。——译者注

钟内，乱作一团的队伍又恢复了秩序，明确了目标。

骑马炮兵Q连的炮兵负责掩护部队撤退。值得敬佩的是，他们做到了。两周后，穿过平原可以看到干沟几百码外有一堆战马的尸骨。这个地方就是当时英国大炮所在的位置。这些经历过科伦索战役的骑马炮兵冒着冰雹一样的子弹坚守在岗位上装弹、开火。有些大炮附近只剩下两个炮手了，那就士兵装弹，军官开火。最后，当撤退的命令传来，所有炮兵里只有十个人是用自己的双脚走出战场的。十个人中还有好几个人负了伤。炮兵连受损严重。现在，只剩下几个炮手赶着马车将这些九磅炮撤出了战场。当炮兵经过时，在呼啸的弹雨中，组织防御的乘骑步兵站起来为炮兵喝彩。

在士气高涨的布尔人面前将这支饱受折磨的队伍撤出，并非易事。幸运的是，布罗德伍德头脑冷静，后卫部队也沉着镇定。在干沟南面两英里处，里明顿向导兵团的切斯特－马斯特上尉发现了一条撤退的路。罗伯茨骑兵团的骑兵、新西兰乘骑步兵团和其他团乘骑步兵轮流掩护队伍撤退。桑纳哨卡战役是又一个骑兵受训后可以转为步兵的实证案例。事实证明，乘骑步兵比单纯的骑兵作用更大。两小时后，危险过去，部队余众意识到，自己已经安全了。

对英军来说，桑纳哨卡战役虽然不丢人，但损失严重。骑兵队伤亡或失踪将士三百多人，被俘二百多人，损失了一百辆马车、大量物资和七门十二磅炮。在这七门炮中，骑马炮兵U连损失五门，骑马炮兵Q连损失两门。骑马炮兵U连除泰勒少校和士官长马丁逃出来之外，其他人全部被俘，该连几乎全员伤亡。罗伯茨骑兵团的骑兵和新西兰乘骑步兵团的损失也非常严重。在所有阵亡的人中，诺森伯兰郡燧发枪团的乘骑步兵布思少校最让人惋惜。在四个同伴的协助下，布斯少校掩护战友撤退，但最终自己倒在了战场上。

无人驾驭的车队狂奔。1900 年 3 月 31 日，德·韦特率领布尔人伏击桑纳哨卡。
摘自路易斯·克雷斯威克 1900 年出版的《南非和德兰士瓦战争》

在桑纳哨卡战役中，布罗德伍德一了解情况马上投入战斗。来自昆士兰的骑兵与马特指挥的乘骑步兵都在关键时刻帮助还处在混乱中的队伍从险境中解脱出来。不过，马特似乎并不知道强大的援军正在路上。在布尔人猛烈的炮火中，他组织士兵全力投入战斗。此时，科尔维尔就在布希曼丘后面，距离桑纳哨卡只有几英里远。科尔维尔如果快速前进，就有可能在布尔人将大炮和马车转移前到达战场。科尔维尔确实在前进，但部队行进缓慢，且不是从正面直奔桑纳哨卡，而是从侧面迂回而来。科尔维尔如果一听到炮声，就遵循1870年普法战争中普鲁士军的优秀传统——朝目的地行军，那么即便无法阻止灾难的发生，至少还有复仇的机会。这是一个转瞬即逝的机会，也是一次错失的机会。[①]桑纳哨卡战役的失利让布尔人占领了水厂。布隆方丹不得不依赖水井生活，脏水引起了大规模肠道疾病的爆发，给英军带来了巨大的损失。

　　桑纳哨卡战役的灾难刚刚过去四天。1900年4月4日，又一个灾难降临到英军头上。在这一天的雷德斯堡战役中，三个步兵连和两个乘骑步兵连投降。在欧洲战场一系列的作战过程中，很少听说投降这类事情，但在南非战场上，英军小股部队多次投降，让英国人民质疑这种让国家蒙羞的新现象是不是意味着英军整体士气低落。人民的担心是可以理解的，但对在米字旗下宣过誓的大多数优秀英军将士来说，人民的指责是不公平的。投降的确是南非战场出现的新现象，但南非战场的情况是英军过去从未遇见的，所以产生一些新现象也不足为奇。南非土地广袤，很多军事目标需要小股部队完成。在侦察、下达通知、召集军队和在威慑边远地区时，都需要小股部队，哪怕是力量薄弱的部队，也要用上。通常，这些小股部队

---

① 虽然科尔维尔是从布隆方丹长途跋涉而来，但在任何行动中，由麦克唐纳旅和史密斯-多里恩旅构成的科尔维尔指挥的第九师应该都有杰出表现。科尔维尔指挥的第九师的炮兵指挥官一听到远处的炮声，就知道骑兵队伍一定是处于绝境中了。无论是军官还是士兵，都对这次延误表示遗憾。——原注

里一定要有步兵，因为骑兵的数量还无法满足所有行动的需要。走在不熟悉的山区时，小股部队很容易遭到敌人的机动部队包围。一旦被包围，小股部队是否会投降由三个补给因素决定：弹药、水和食物。如果三样都具备，就像在韦佩内尔和马弗京，他们就可以坚持到援军赶来。一旦缺少三个东西中的某个，就像在雷德斯堡和尼科尔森山鞍一样，便根本没有可能坚持下去，更无法突围。步兵怎么可能突破骑兵的包围呢？正因为如此，这些让人感到羞耻的投降才一再发生。但这些投降对整个战斗的进程丝毫不会产生影响，只是部队为了适应战地条件所须付出的代价。英军人数占优势，组织纪律更严明，物资也更充足。布尔人机动性强，熟悉南非远距离作战的自然条件，但物资匮乏。因此，出现英军投降的情况时，英国人民不必大惊小怪。在布尔人的大部队面前，你会发现，无论是智慧还是勇气，都无法扭转英军小股部队投降的命运。到南非走一走、看一看，你就会知道，这里到处是布尔人的防御工事，到处是坚固的战壕、碉堡和设置的障碍。只有这时，你才会知道，投降这类事情并没有想象的那么严重。

关于在雷德斯堡被俘的那支英军，我掌握的具体信息不多，因为整个队伍都被带走了，根本没有机会把事情的经过说出来。1900年4月3日11时，在雷德斯堡，第二爱尔兰步枪团的三个连和第二诺森伯兰郡燧发枪团的两个连遭到布尔人袭击，并且非常不幸地再次经历了类似斯托姆山战役的情形。当时，加塔克的第三师就在斯普林方丹，但斯普林方丹距离雷德斯堡还有一段距离。被迫放弃塔班丘山和在桑纳哨卡被伏击之后，英军有必要将分散的队伍集中起来。被袭击的这五个连接到命令——离开驻防的德韦茨多普，回到铁路沿线防守。不知是命令下得太晚，还是连队行动太慢，走到一半时，在雷德斯堡附近，他们连就遭到布尔人的五门大炮攻击了。在自身没有大炮的情况下，五个连的力量根本无法与布尔人抗衡。五个连占领了一座山丘，尽可能躲在掩体后面，希望能够盼来援兵。进攻者似乎是德·韦特的部下。很多布尔人刚刚参加过在桑纳哨卡对英军骑兵的伏击战。袭击发生时，面对布尔人的炮弹，这五个连只能藏在石丛中。除炮弹之外，士兵更无法忍受的是没有水。

救援信息已经传出，但下午才能到总部。罗伯茨伯爵立刻派出刚从埃及赶到南非战场的卡梅伦团前往距离雷德斯堡最近的贝瑟尼。同时，罗伯茨伯爵给在斯普林方丹的加塔克发了电报，让他想办法救援这五个连。收到电报后，加塔克派一支一千五百人的队伍前去救援。这支队伍先乘火车行进四十英里，然后下火车步行。终于，1900年4月4日10时30分，这支队伍到达距离铁路线十到十二英里左右的雷德斯堡，但已经太晚了。被围的五个连无法顶着非洲的烈日，在滴水未进的情况下多坚持一天，于是放下武器投降了。口干舌燥的滋味确实可怕，但不至于这么快就将队伍逼到投降的地步。被围的这五个连明知援军就在不远的地方，本应端着枪坚持下去，但因为子弹消耗过快，最终还是投降了。投降队伍连累了加塔克。有人指责加塔克不该将这支小分队留在德韦茨多普，并且在小分队遇袭时，没能及时赶去支援。但要知道，加塔克的部队人数太少，还需要守护英国长长的补给线。加塔克虽然能力和勇气在全军十分出名，但因为之前在斯托姆山战败，现在又没能及时救援雷德斯堡的被困队伍，所以无法继续指挥军队作战。加塔克返回英格兰。第三师交由彻姆赛德指挥。

当战争似乎就要结束时，英军却在一周内损失了将近一千两百人和七门大炮。在桑纳哨卡战役和莱德斯堡战役中，德·韦特领导的奥兰治自由邦士兵获得了很高的赞誉。德·韦特也因此获得了作战勇敢、不屈不挠的美名。但实际上，他领导的民兵根本不堪一击。在罗伯茨伯爵面前，德·韦特根本不敢迎战。他能够获胜，不过是利用了罗伯茨伯爵的军队机动性不足的弱点。不过，他敢于深入强大的英军后方，也算是勇气和野心的最好证明。英国国内的百姓对莱德斯堡事件非常不满，但罗伯茨伯爵暂时无暇理睬这些批评，他正在积蓄力量，准备一举攻下比勒陀利亚。

虽然这一系列战役让人沮丧，但英军感知到了一丝胜利的可能。这次，英军俘虏了一支六十人的布尔民兵。严格来说，他们不是布尔民兵，而是一个由六十名外籍士兵构成的、为布尔人战斗的队伍。自从金伯利之围解除后，梅休因男爵就在博斯霍夫征召军队，准备在罗伯茨伯爵向比勒陀利亚行军的同时采取行动。当亨特从纳塔尔赶到金伯利时，梅休因男爵的队伍人数已经非常可观。平定了金伯利周围的乡村后，英军的哨卡西起西巴克利，东至博斯霍夫，中间的哨卡设在瓦尔河畔的沃伦顿。

1900年4月4日，梅休因男爵收到消息说，博斯霍夫东面十英里的地方发现一队布尔民兵。于是，一支由帝国义勇骑兵团和金伯利轻骑兵团组成的队伍前去阻击布尔人。布彻少校率领皇家野战炮兵四连的一半兵力随行。布尔民兵一反往常的军事部署习惯，在没有攻占其他山丘的情况下，只在一座孤山上组织防御。弗伦奇指挥部队包围了山丘。山上的小股布尔士兵因为没有大炮，处境和二十四小时前英军在雷德斯堡几乎一模一样。在这次战斗中，帝国义勇骑兵团的骑兵和金伯利轻骑兵团的骑兵跳下马，手拿刺刀向山上攀登。这次的战斗经验再次证明，骑马步兵比单纯的骑兵作用更大。战斗只用了三个小时就结束了。布尔人放下武器投降。法国人马勒伊[1]和其他七人死亡，将近六十名布尔士兵被俘。帝国义勇骑兵团表现优秀。切舍姆男爵[2]的指挥方式值得称赞，同样是在布尔人的火力下向山顶进攻，帝国义勇骑兵团只有四人死亡，几人受伤。博斯霍夫战役虽然规模不大，但意义非凡。在因几次失利而导致英军将士情绪低落时，博斯霍夫战役的胜利起到了振奋人心的作用。在过去这忙乱的一周里，英军用沉痛

① 即乔治·德·维勒布瓦–马勒伊（George de Villebois-Mareuil，1847—1900）。——译者注
② 即查尔斯·卡文迪什（Charles Cavendish，1850—1907）。——译者注

的代价换来了卡里战役的胜利，经历了桑纳哨卡战役和雷德斯堡战役的灾难后，又迎来了博斯霍夫战役的胜利。下一章，我要介绍罗伯茨伯爵为打击奥兰治自由邦东面和南面的布尔军而进行的军事部署及英军为此所采取的行动。

第23章 清理东南战场

在布隆方丹休整的六周里，罗伯茨伯爵以杰出的领导能力制定了清晰的作战目标。极富野心、生性好斗的布尔指挥官德·韦特则在布隆方丹东面攻击英军的据点，威胁英军的补给线。英军的指挥官如果耐不住性子，被德·韦特惹恼，就很可能在当前人困马乏的情况下派出部队来消灭掉这一小股布尔人。但罗伯茨伯爵没有这样做。在奥兰治自由邦的首都布隆方丹，他休养生息，只派了两千人左右的队伍在布隆方丹至贝图利沿线巡逻。等时机一到，罗伯茨伯爵自然会出击。但现在，他的目的是让军队得到充分休息。此刻，英军不仅在征兵和补充战马，还重新调整了军队。这几周内，英军最大的变化就是将中路乘骑步兵放在一起，改编成了一个师。汉密尔顿担任师长，赫顿[①]和里德利担任旅长。赫顿旅包括加拿大人、新南威尔士人、西澳大利亚人、昆士兰人、新西兰人、维多利亚州人、南澳大利亚人和塔斯马尼亚人，以及四个营的乘骑步兵和几个配备轻型炮的炮兵连。里德利旅包括南非一些非正规军骑兵团和英军的一些人马。整个师有一万支步枪，士兵来自世界各地。

　　现在，罗伯茨伯爵手里有十一个步兵师。在布隆方丹百英里外的金伯利，梅休因男爵指挥的第一师和亨特指挥的第十师的半个师是罗伯茨伯爵军队的左翼。左翼还有数量不少的帝国义勇骑兵团士兵。中路军包括在布隆方丹的凯利–肯尼指挥的第六师、布隆方丹以北二十英里塔克指挥的卡里的第七师、布隆方丹附近科尔维尔指挥的第九师和波尔–卡鲁指挥的第十一师。弗伦奇的骑兵师也在中路。沿着铁路线往开普方向的雷德斯堡有之前由加塔克指挥，现在由彻姆赛德指挥的第三师，再往南是鲁维尔附近由朗德尔[②]指挥的第八师。东南方向是亨特的另一半人马，即阿瑟·菲茨罗伊·哈特旅，以及殖民地师的一半人马。另一半殖民地师部分在韦佩内

---

① 即爱德华·赫顿（Edward Hutton, 1848—1923）。——译者注
② 即莱斯利·朗德尔（Leslie Rundle, 1856—1934）。——译者注

尔，其余在阿利瓦尔。这些就是分布在奥兰治自由邦的英军（还有一个师正在筹建中）。

纳塔尔还有三个师：克利里指挥的第二师与利特尔顿指挥的第四师，以及之前由查尔斯·沃伦指挥，现在由希尔德亚德指挥的第五师，还有默多克、邓唐纳德伯爵和布罗克赫斯特指挥的骑兵旅。此外，英国在南非的军队还有人数众多的民兵和守卫补给线的部队，但这些部队的人数不够组成一个旅。马弗京还有大约九百个非正规军。马弗京以北还有一支由普卢默指挥的军队。

在贝拉，有一个葡萄牙的港口。根据之前与葡萄牙签署的协议，英国有权通过葡萄牙港口运送士兵。现在，澳大利亚人、新西兰人和一些其他部队在贝拉登船、上岸。然后前往罗德西亚，拦截出现在罗德西亚的布尔人。这支优秀的远征部队由卡林顿[①]指挥。在南非战场，卡林顿作战经验丰富，是个雷厉风行的老军人。当处于开普南部的英军在冬日的冷风里发抖时，前述远征部队正穿过热带森林里遍布鳄鱼的溪流。战役开始时，无论是政府和人民还是世界上任何其他国家，都不清楚英军要完成的任务有多么艰巨。只要任务开始就绝不可以中途退缩。南非战场涉及的区域非常广阔，也许一端是加拿大人熟悉的寒带气候，另一端就是昆士兰人熟悉的热带气候。

接下来，我要详细描述布隆方丹休整期间发生在奥兰治自由邦东面和南面英军对布尔人的进攻和反攻。在这一系列行动中，还有些疑惑需要历史学家去解答，也需要读者耐心等待答案的揭晓。很多地理概念会影响叙述的连贯性。因此，我尽量减少对地理情况的介绍，把叙述的重心放在军事行动上。

---

① 即弗雷德里克·卡林顿（Frederick Carrington, 1844—1913）。——译者注

现在，奥兰治自由邦的布尔部队的主力大多集中在东北角。这些布尔人袭击了英军在奥兰治自由邦东面的外哨，并借机向南突围。布尔人先是在桑纳哨卡突袭了英军，三天后又在雷德斯堡俘虏了五个连的英军。鉴于布尔人力量比较强大，奥兰治自由邦东、南方向的英军小股部队互相靠近，以便及时获得援助，同时对为部队提供物资的主动脉——铁路线——加强防守。贝图利大桥对英军极其重要。虽然布尔人试图靠近贝图利大桥，甚至奥兰治自由邦官方已经宣布将大桥炸毁，实际上，贝图利大桥安然无恙。在巴苏陀兰边境的韦佩内尔，布尔人发现英军孤立无援。按照惯用的伎俩，布尔人先包围再炮轰，意图迫使韦佩内尔的卫戍部队因缺乏水、食物和弹药而投降。然而，在围困韦佩内尔的过程中，布尔人高估了自己的实力。

　　参与围困韦佩内尔的布尔士兵有一千七百人，作战能力极强。驻守在韦佩内尔的英军有部分布拉班特殖民地师，还有一些非正规军和马弗京卫戍部队，由多格蒂上校指挥。多格蒂上校来自开普，英勇善战。他指挥的部队有布拉班特骑兵团近一千名骑兵、开普乘骑步枪团四百名骑兵、卡夫拉里亚乘骑步枪团四百名骑兵和一百名正规军士兵，以及一些侦察兵。值得一提的是，一百名正规军士兵里有二十名非常重要的工兵团的工兵。韦佩内尔卫戍部队有两门七磅炮、两门十二磅舰炮、两门十五磅炮和七挺机枪。韦佩内尔北面三英里的贾姆斯伯格易守难攻，足以应付德·韦特派来的布尔人。英军占领了贾姆斯伯格，并且在马克斯韦尔少校的领导下构建了防御工事。将近八英里长的阵地虽然给人数不多的卫戍部队增加了防守难度，但战斗结果表明，马克斯韦尔的部署非常成功。

　　在大炮火力和人员数量上，布尔人都要优于韦佩内尔的卫戍部队。因此，布尔人信心满满地展开了进攻，但一两天的战斗过后，布尔人的进攻只能转为封锁。1900年4月9日，布尔人开始没日没夜地炮轰贾姆斯伯格。4月

10日，敌军火力依然没有减弱。两天时间里，炮轰造成了英军大规模伤亡。卫戍部队开始采用英国正规军之前没有采用过的隐蔽方式作战，同时用步枪和加农炮进行还击。卢金[①]上尉规划了炮弹的使用，防止炮弹过早耗尽。当时，天气非常恶劣。匆忙挖掘的战壕里有一半都是水，但恶劣的环境和布尔人危险的射击并没有阻止勇敢的殖民地军队。布尔人确实擅长使用大炮。他们把两门大炮拖到贾姆斯伯格山顶，炮轰贾姆斯伯格。布尔人的加农炮不断袭来，但英军始终坚守在阵地上。几乎所有战马都被射杀，三百人中弹，但这大概只是实际受伤人数的一半，因为那些受轻伤的士兵根本没有报告自己的伤情。在缺医少药的情况下，法斯克里医生坚守在阵地医院。他说他能看到的都是重伤员。布尔人的伤亡数字无法确定，但就几次进攻都被击退的情况来看，布尔人的损失不会比英国卫戍部队少。终于，经过十七天的浴血奋战，勇敢的非正规军队看到布尔人放弃战壕撤退了。是他们的抵抗和布拉班特骑兵团的进军让布尔人最终匆忙撤退。

韦佩内尔战役、解除马弗京之围、解除金伯利之围、莱迪史密斯守军第一次炸毁布尔人的大炮和帝国轻骑兵团的组建，这一切都是在南非的英国非正规部队获得的辉煌战绩。在优秀的殖民地军队中，至少有一半人是英国人。就帝国轻骑兵团来说，英国人的占比比其他国家的人数都要高。殖民地军队取得的成就证明了之前美国独立战争已经证明过的事实：在自由的国家，人们对自由的向往永远受到鼓励而不是碾压。德意志人所谓的纪律有很大的盲目崇拜的成分，只有对自由的向往才是战胜一切的力量。乔治·怀特曾说过，1900年1月6日，那些在埃兰兹拉赫特战役中与第二戈登高地人团一起并肩战斗的职员、矿工和工程师又拯救了莱迪史密斯。这个事实说明，英国人之所以能够成为优秀的士兵，并不是因为所谓的训练或

---

① 即亨利·卢金（Henry Lukin，1860—1925）。——译者注

纪律，而是因为他们内心对自由的渴望和向往。

可能会有人问，与布尔人相比，在人数上，位于奥兰治自由邦各地的英军占有绝对优势，为什么会让韦佩内尔卫戍部队坚持了十七天之久呢？只要派出援军将布尔人赶走不就行了嘛。原因是这样的：已经前往阿利瓦尔的基奇纳伯爵通过日光反射仪与卫戍部队取得了联系，确定他们守得住韦佩内尔，所以韦佩内尔部队要像金伯利的守军一样牵制住布尔人，等待罗伯茨伯爵制订计划，彻底摧毁布尔人。如果不是因为合围尚未形成，韦佩内尔战役早就可以结束了。就这样，4月9日到4月25日，布尔人被牵制在韦佩内尔。现在，让我们来看看这段时间内其他英国部队准备合围的情况。

此前，阿瑟·菲茨罗伊·哈特旅行军到金伯利，在金伯利被改编到亨特指挥的第十师。现在，布拉班特骑兵团和阿瑟·菲茨罗伊·哈特旅经鲁维尔向南面的韦佩内尔行军。行军不疾不徐，主要是担心布尔人收到消息会四散奔逃。罗伯茨伯爵的目的是将这支布尔军一网打尽。彻姆赛德指挥的第三师从西北方向靠近韦佩内尔。第三师从贝瑟尼坐火车出发，经雷德斯堡朝德韦茨多普而来。如果布尔人撤退，第三师就在德韦茨多普发动阻击。英军整体就像一只已经弓起手背的手向毫无察觉的"苍蝇"围过去。如果行动的执行者能够按照设计者的心愿迅速积极地展开行动，那么德·韦特一定无法逃脱这张大网。

恶劣的天气让罗伯茨伯爵即将采取行动的"手"暂停了几天。这几天，大雨滂沱。熟悉南非公路、南非泥地和南非渡口情况的人都知道，在这样的天气下，无论如何也无法快速行军。

1900年4月20日，在行军途中，朗德尔发现一支布尔军配备大炮前往德韦茨多普。布尔军行动隐蔽，且总是将大炮隐藏起来。英军很难准确了解这支布尔军的人数和大炮的数量。不过，根据围困韦佩内尔的布尔人总兵力推算，可以肯定的是，这支兵力一定远不及朗德尔的。朗德尔发现这支布尔军驻扎在康斯坦蒂亚农场，有三千人。布尔军的左翼是薄弱之处。如果在布尔军左翼采取行动就会切断他们与韦佩内尔布尔军的联系，之后迫使这支布尔军向北撤退，而英军的主力正等在这条撤退通道上。4月20日，这场阵线超长的行动开始了，一直持续到23日。其间，英军几乎没有伤亡，但没有给布尔军造成致命打击。第一伍斯特团的三十名士兵夜晚迷了路，误闯了布尔人的阵地并被俘。此外，四天战斗过后，双方伤亡数字各只有五十人左右。伤亡数这么小是因为朗德尔特意告诫士兵小心行事，直到其他友军就位。

　　4月22日，波尔-卡鲁从布隆方丹出发，准备绕到朗德尔对面的布尔军右后方。此时，布尔军占领了莱乌丘。这样一来，莱乌丘的布尔军和德韦茨多普的布尔军就可以互相掩护。只有把莱乌丘的布尔军拔除，行动才能继续！波尔-卡鲁英俊、勇敢，性格开朗，善于观察。他悄悄接近布尔人的阵地，好像一个活泼的孩子走近足球场一样，一方面小心谨慎，另一方面又积极主动。波尔-卡鲁的骑兵对布尔人的侧翼发动攻击。斯蒂芬森旅以极小的代价获得了进攻胜利。22日晚，弗伦奇赶到，接手了军队的指挥权。他指挥的部队包括斯蒂芬森旅和卫兵旅[1]，两个骑兵旅，一支乘骑步兵。23日，战斗继续。战损主要集中在骑兵方面。在这一天的战斗中，在桑纳哨卡战役中表现出色的罗伯茨骑兵团再次凸显了自己的能力。战斗中，布雷热·克雷上校阵亡。24日，骑兵的损失仍然最大。第九枪骑兵团几名军官和士兵阵亡，第八轻骑兵团也有伤亡，但英军已将布尔人从莱乌丘赶了出去。在这场进攻布尔人侧翼的行动中，人员伤亡比一些大规模战役还严重。尽管军械署[2]一直反应不够敏捷，但这次，军械署提供的机关炮在

---

① 　二者构成第十一师。——原注

② 　1918年更名为皇家陆军军需部队。——译者注

战斗中起到了一定作用。之前，这种机关炮的炮弹经常在英军炮兵的身边爆炸。机关炮虽然不会致命，但足以扰乱人的心神。这次，布尔人也第一次尝到了这种利器的滋味。

4月25日早上，弗伦奇绕到韦佩内尔的侧面。朗德尔指挥的第八师和波尔-卡鲁指挥的第十一师已经在韦佩内尔的正前方。包围圈已经形成，就差把敌人一网打尽了。现在，韦佩内尔之围已经解除。但朗德尔面前的布尔军消失了。弗伦奇、朗德尔和彻姆赛德联合部队发现前方没有敌军，随即占领了德韦茨多普。彻姆赛德留守德韦茨多普，其他部队进军塔班丘。一个月前的塔班丘是桑纳哨卡战役的起源地。英军将士心里都清楚，德·韦特率领撤退的布尔军就在前方。将士们也知道，汉密尔顿的部队已经从布隆方丹前往塔班丘拦截布尔军。罗伯茨伯爵命令汉密尔顿的部队在德·韦特撤退的路上进行拦截。正面进攻也好，后方拦截也罢，无论如何，都要消灭敌人。然而，在英军重重包围下，德·韦特展现出非同寻常的本领和机动性。在当地居民帮助下，德·韦特和路易斯·博塔从英军设置的双重拦截中再次溜掉了。根本原因在于正面进攻的部队没有及时赶到，后方拦截的部队人数又太少了。

就在朗德尔和弗伦奇按照计划向德韦茨多普进军时，汉密尔顿从布隆方丹扑向塔班丘，准备拦截德·韦特。4月22日，汉密尔顿率领八百名乘骑步兵开始朝水厂进军。此时，布尔人已经占领了远处的莱乌丘。布尔人让汉密尔顿的军队顺利来到摩德河边，随后，三门大炮开火了。乘骑步兵全身而退。[①]当晚，在布尔人的大炮射程外，英军安营扎寨。23日天亮时，史密斯-多里恩旅[②]和更多乘骑步兵前来增援。这一天，史密斯-多里恩旅

① 在这个案例中，乘骑步兵以分散队形行军，布尔人的炮火对乘骑步兵没有造成丝毫伤害。我亲眼看见至少四十枚炮弹在英军队伍中爆炸。乘骑步兵随即下马撤退，没有任何伤亡。——原注

② 包括戈登团、加拿大团和什罗普郡轻步兵团。康沃尔郡轻步兵团随后赶到。——原注

将战线拉长。乘骑步兵在布尔军右翼突破取得胜利。晚上，英军重新夺回了水厂。这个水厂对布隆方丹至关重要。如果没有两天前在支援朗德尔的途中波尔–卡鲁和弗伦奇的行动，英军绝不可能轻易夺回水厂。

24日早晨，汉密尔顿的部队得到了高地旅、康沃尔郡轻步兵团的支援，同时增加了两门舰炮。现在，汉密尔顿的部队总人数达到七八千人。汉密尔顿留下一支部队守卫水厂，然后继续行军，朝塔班丘的山地前进。

25日，汉密尔顿来到了以色列隘口。虽然布尔人守在以色列隘口，但汉密尔顿的部队没费多大力气就占领了隘口。加拿大团一人死亡，两人受伤，伤员包括该团团长奥特[①]上校。马歇尔骑兵团至少死伤七名军官和七名士兵。1900年4月26日早上，汉密尔顿的部队攻下塔班丘。汉密尔顿下令，严密防守布尔人撤退必经之路上的各个路口。埋伏好的汉密尔顿的部队士兵焦急地等待着。终于，南方腾起一道烟尘。汉密尔顿的部队士兵心中充满了期待。狡猾的德·韦特终于出现了！然而，从烟尘中出现的是穿着卡其色军装的英军骑兵。热切的等待像被浇了一盆冷水。汉密尔顿意识到，这是弗伦奇追赶布尔军的队伍。紧接着，从德韦茨多普来的朗德尔部队也赶到了。布尔人溜掉了。他们此时正向北方疾驰而去。

这次，英军不得不对德·韦特在整场战役中的指挥才能刮目相看。他的后卫部队成功拖住了弗伦奇和朗德尔的部队。等弗伦奇和朗德尔从韦佩内尔脱身时，德·韦特已经跑远了，其后卫部队随即撤退，最终绕过汉密尔顿的部队成功溜掉了。布尔人的金蝉脱壳之计奏效了。作为布尔军总指挥，路易斯·博塔运筹帷幄，而德·韦特能在英军的合围中全身而退，说明他确实具备出众的领导才能。

路易斯·博塔率领布尔军跑到了英军的北面，但并没有继续逃跑，而是

---

① 即威廉·狄龙·奥特（William Dillon Otter, 1843—1929）。——译者注

在豪特山鞍埋伏下来准备反击。豪特山鞍在塔班丘西北方向，处于通往温堡的路上，地理位置利于防守。此前几天，汉密尔顿一直对路易斯·博塔紧追不舍。史密斯-多里恩旅从侧面向豪特山鞍进发。晚上，史密斯-多里恩旅就睡在山上。1900年5月1日一早，进攻开始。勇敢的戈登团、加拿大团和什罗普郡轻步兵团攻下了豪特山鞍。在逃跑过程中，布尔人遭到英军袭击，五十人伤亡或被俘。在这次攻占豪特山鞍的战斗中，戈登团的陶斯[①]上尉被布尔人打瞎了双眼。被布尔人包围起来时，已经完全失明的陶斯还高喊着让部队冲锋。

豪特山鞍一战胜利后，已经在十天的战斗中坚持了七天的汉密尔顿的部队终于获得了片刻休息。部队前往雅各布斯鲁斯特休整。之后，布罗德伍德率领的骑兵和布鲁斯·汉密尔顿[②]指挥的步兵旅前来增援。因为汉密尔顿的部队与路易斯·博塔的后卫部队有过几次交手，所以经过短暂休息，5月4日，汉密尔顿率领部队再次启程。5月5日，汉密尔顿的部队与敌军骑兵进行了一场小规模战斗。战斗中，基奇纳骑兵团和第十二枪骑兵团表现出色。同一天，汉密尔顿的部队占领温堡，保证了罗伯茨伯爵军队右翼行军的安全。

下面是英军在奥兰治自由邦东面的分布情况：汉密尔顿的乘骑步兵、史密斯-多里恩旅、麦克唐纳旅、布鲁斯·汉密尔顿旅和布罗德伍德指挥的骑兵在温堡。朗德尔的部队在塔班丘。布拉班特殖民地师正在赶往塔班丘的途中。彻姆赛德的部队在德韦茨多普。卡斯尔敦男爵[③]带领一支队伍驻守韦佩内尔。阿瑟·菲茨罗伊·哈特旅占领了史密斯菲尔德，之后转战金伯利。集结在布隆方丹东南的英军总人数不少于三万。弗伦奇的骑兵和波尔－卡

---

① 即比奇克罗夫特·陶斯（Beachcroft Towse, 1864—1948）。——译者注
② 布鲁斯·汉密尔顿（Bruce Hamilton, 1857—1936）。——译者注
③ 即伯纳德·菲茨帕特里克（Bernard FitzPatrick, 1848—1937）。——译者注

鲁指挥的第十一师返回罗伯茨伯爵的中路部队。

在开始介绍比勒陀利亚行军前，先来说说一次侦察行动给公众带来的震撼。在卡里的一次侦察行动中，拉姆斯登骑兵团二十名骑兵被布尔人包围。这支由克兰中尉率领的骑兵发现自己被布尔人的散兵包围后，拒绝举白旗投降。向外突围的过程中，二十人中有一半死亡。据说，突围出来的另一半人每个人身上都有枪伤。这支骑兵由来自印度殖民地的英籍志愿者组成，他们放弃了舒适的环境和优渥的条件，来到艰苦的南非战场与布尔人进行勇敢的战斗。拉姆斯登骑兵团在自己守卫的第一块阵地上为英军树立了优秀的榜样，为整个英国提振了士气。他们完全继承了乌特勒姆志愿军的优良传统。

在布隆方丹东、南方向清剿布尔军的过程中，英军在态度上有所转变。最开始，罗伯茨伯爵对奥兰治自由邦人表现出最温和的态度，也制定了最体贴的政策。尤其是普雷蒂曼当选奥兰治自由邦的民政官后，在民事方面，罗伯茨伯爵给予了最大的让步。不过，有证据表明，一些布尔人将这些善举当成英军软弱的表现。很多布尔人上缴的只是一文不值的武器。当布尔军入侵韦佩内尔时，布尔人又从极其隐蔽的地方找出了毛瑟枪。明明已经举起了白旗，但农舍里还是会射出子弹。当男人在山上与英军作战时，家里的女人却将牛奶和饲料开出天价。布尔人要么选择和平，要么选择战争，但绝不可以两样都要。因此，英军中出现了打劫农舍或将布尔人的物资充公的情况。在一个财产比性命还重要的国家里，剥夺布尔人的财物，再加上严格管控马匹和武器，让奥兰治自由邦暴乱的势头有所增长。最糟糕的和平就是暴力镇压下的和平，但如果迎来了和平，那么假以时日，公义迟早会到来。

现在对前面介绍的行动做一个总结。在英国战线的南面，一支布尔军围困了韦佩内尔。弗伦奇、朗德尔和汉密尔顿这三支英军拦截这支布尔军。但布尔军成功地从英军包围中逃脱了，向北面由英军驻守的温堡逃去。罗伯茨伯爵切断德·韦特退路的计划没有成功。但经过多次行军和小规模战斗，奥兰治自由邦东、南方向的布尔人已全部被扫除。

第24章

马弗京之围与救援

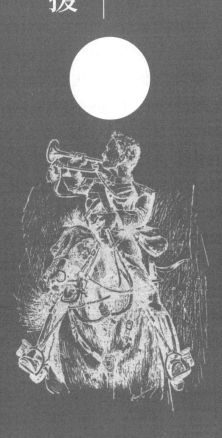

几周下来，名不见经传的马弗京已经颇具名气。马弗京位于漫长的铁路线上，连接南方的金伯利和北方的罗德西亚。马弗京看起来和任何一座美国西部小城没什么差别。它本身没有什么资源，但充满生机与活力。从教堂、赛马场和波纹状的铁皮屋顶等具有盎格鲁–凯尔特民族特征的事物，我们可以预见马弗京将来一定会发展成一个生机勃勃的城市。马弗京西面是卡拉哈里沙漠，东面连接南非共和国的西面，与南非共和国的边境线绵延几英里。

　　马弗京在一览无余的广阔平原上，所以在战略防御方面根本没有什么地理优势。也许你很难理解为什么英国要守护这个地方，但看一眼地图就明白了。如果马弗京的铁路线被切断，那么无论是去南方的金伯利，还是去北方的罗德西亚，都没有可能。马弗京的英国卫戍部队孤立无援，最近的援军距离这里也有二百五十英里。因此，如果布尔人愿意投入人力和武器弹药，也就是说，只要他们想，就能轻松占领马弗京。一般情况下，马弗京的英国卫戍部队只要被包围，便只能束手就擒。但由于指挥官巴登–鲍威尔不屈不挠的精神和出众的才华，这次别人看起来无异于以卵击石的守城行动却成了智慧的体现。经过巴登–鲍威尔的努力，马弗京成了布尔人的诱饵，将布尔军的主力成功牵制在这场毫无意义的围困中。

　　巴登–鲍威尔是一个极受英国人喜爱的军人。他狩猎技巧娴熟，擅长玩游戏。巴登–鲍威尔觉得战争就像竞技一样充满各种可能性。在对马塔贝列人的战役中，巴登–鲍威尔表现出极强的反侦察能力。他能游刃有余地在马塔贝列人的大山中跟踪他们，并且经常夜晚独自一人进行侦察工作。巴登–鲍威尔穿着橡胶底的鞋子，灵活地从一块岩石跳向另一块。熟练的技能让他一次次逃脱敌人的追捕。除勇敢之外，巴登–鲍威尔还善于动脑。在英国军官中，这是难能可贵的品质。因为巴登–鲍威尔对南非大草原十分熟悉，所以想要击败他没那么容易。不过，巴登–鲍威尔看似城府极深，其实也有不为人知的一面。法国人常说："法国人喜欢的英雄是那种勇敢但不乏幽默的。"这句话用来描述巴登–鲍威尔再恰当不过了。一方面，他像一个喜欢恶作剧的孩子一样有着顽皮的小幽默；另一方面，他有非凡的勇气和杰出的领导才能。在与布尔民兵打交道的过程中，他的幽默和风趣同布尔人的铁丝网和散兵坑一样具有杀伤力。巴登–鲍威尔的个人魅力不止这些。他会用两只手同时画画，还会跳舞，对娱乐活动几乎样样精通。他的个性像磁石一样吸引着身边的人，也把乐观传递给了他的士兵。总之，就是巴登–鲍威尔在为维多利亚女王守护着马弗京。

最早，英国和布尔人还没有正式开战时，就有几个布尔民兵团集中在南非共和国西面的边界线上。这些民兵都是从济勒斯特、勒斯腾堡和利赫滕堡征召来的部队。巴登–鲍威尔得到了一些特别官员的帮助，包括古尔德·亚当斯上校、霍尔上校及英国首相塞西尔[①]的儿子爱德华·塞西尔勋爵。在他们的帮助下，巴登–鲍威尔为马弗京防御做了一切应有的准备。在准备防御的过程中，本杰明·韦尔给了巴登–鲍威尔极大的帮助。本杰明·韦尔是一个著名的南非经销商。他不遗余力地为马弗京提供了防御的必需品。此外，在马弗京的问题上，南非共和国政府表现得和处理金伯利的问题时一样愚蠢。南非共和国政府怀疑在马弗京的这些预防措施是在进行战争准备。在补充这些急需物资的过程中，马弗京的英国守军遇到了第一个小麻烦。1899年10月12日，也就是英国和布尔人正式开战后的第二天，一列载有两门七磅炮，用于马弗京防御的武装列车脱离了轨道，被位于马弗京以南四十英里外的克拉伊潘的一支布尔突袭小队撞见。布尔人对列车开炮。五个小时后，负责指挥的内斯比特上尉和大约二十名士兵投降。这次武装列车被袭事件意义重大，因为这是为保卫马弗京发生的第一起流血事件。

---

① 即罗伯特·加斯科因–塞西尔（Robert Gascoyne-Cecil，1830—1903）。——译者注

马弗京英国守军的贡献必然会载入南非历史，因为除一小部分优秀的军官外，马弗京根本没有正规部队。这支部队只有一些非正规军士兵、三百四十名保护国团成员、一百七十名南非警察团的警察和两百名志愿者，以及一些冒险家、官宦子弟、破产的绅士和运动员。他们都是英格兰民族在南非的后裔。就是这些店主、商人和普通民众组成了马弗京守军，人数加起来仅九百人左右。马弗京的英国守军只有两门像玩具一样的七磅炮、六挺机关枪，但这些士兵的精神和指挥者的才能弥补了一切不足。维维安上校和潘泽拉少校负责防御工事的设计。经过一段时间，这座边贸小城看起来终于有了点儿要塞的样子。

　　1899年10月13日，布尔人出现在马弗京。同一天，巴登－鲍威尔派两辆卡车将炸药运出城，但遭遇了入侵者的袭击。炸药也被布尔人引爆了。10月14日，马弗京的巡逻队遭到布尔人攻击。一节武装列车和一个班保护国团出城支援巡逻队，击退了布尔人。接着，另一支人数加倍的布尔军出现在英军和马弗京之间。英国守军用一门七磅炮将其击退。在这场激烈的小规模行动中，守城部队两人死亡，十四人受伤，但带给了布尔人重创。威廉斯[①]上尉、菲茨克拉伦斯[②]上尉和查尔斯·本廷克一致认为，救援行动之所以能取得胜利，是因为人员管理的方式起了作用。但必须承认，整个行动是欠考虑的，如果发生不幸，马弗京就会因无人防守而陷落。这次救援行动虽然结果尚好，但冒这样大的风险不值得提倡。

　　1899年10月16日，围城战正式开始。这天，布尔人用两门十二磅炮开始无休止地轰炸马弗京。布尔人控制了水源，但守军之前已经挖了水井。10月20日前，在克龙涅的指挥下，五千名布尔士兵强势围困了马弗京。克龙涅给守军传来消息："投降就可以避免流血。"巴登－鲍威尔问道：

---

① 即威廉·查尔斯·威廉斯（William Charles Williams，1880—1915）。——译者注
② 即查尔斯·菲茨克拉伦斯（Charles FitzClarence，1865—1914）。——译者注

布尔人从战壕里向马弗京开火。
拍摄者信息不详

"流血什么时候开始？"当布尔人对马弗京的轰炸持续了几周时，巴登-鲍威尔还能够心情轻松地让人传话说，如果布尔人继续轰击，他就把这种行为当作宣战的表示。真希望克龙涅也有点儿幽默感，不然他一定会被这个古怪的对手彻底搞糊涂，就好像西班牙的将军被彼得伯勒伯爵[1]的奇怪行为搞糊涂了一样。

马弗京的守军遇到的最严重困难，是这座城市的边缘有五六英里长，却只有一千两百人防守，所以布尔人随时随地都可能攻入。面对易攻难守的困局，守军设计出了一套具有独创性的防御系统。城市的每个入口都有十到四十人把守，都有防弹和掩护措施；防弹设施的中心有一部电话可以联系到城内其他各处的守城队伍；只要打个电话，城里每个角落都知道布尔人要炮击了，居民就赶紧躲到掩体里；武装列车都被涂成绿色或用绿色的植被装饰。由于整座城市都被绿色灌木包围，布尔人根本无法找到目标。所有这些细节都表明，指挥人员正以智慧守护着马弗京。

1900年10月24日，疯狂的轰炸开始了。此后，轰炸断断续续持续了七个月。布尔人还从比勒陀利亚运来了一门可以发射九十六磅炮弹的大炮。除重炮之外，还有无数小炮弹射来。不过，和英军落在布尔人阵地的炮弹一样，这些炮弹并没有造成致命伤害。

由于大炮射程不够，马弗京守军根本无法还击。唯一可能的就是进行突击。关于突击，巴登-鲍威尔已经有了主意。1899年10月27日晚，需要极大勇气的突击行动开始了。菲茨克拉伦斯带领一百人出城袭击了布尔人的战壕，而他们唯一的武器就是刺刀。突袭非常成功。很多布尔人还没来得及从掩体中出来战斗就被刺刀刺死了。在黑暗中，布尔人后排战壕里的士兵开火了，但打中的有一半是布尔人。马弗京守军这场壮举的全部损失

---

① 即查尔斯·莫当特（Charles Mordaunt，1658—1735）。——译者注

是六人死亡，十一人受伤，还有两人被俘。布尔人的损失因为光线太暗，所以无法统计，但伤亡数字一定比马弗京的守军大得多。

1899年10月31日，布尔人冒险袭击了坎农丘。坎农丘位于马弗京南面，由沃尔福德上校带领五十七名南非警察团的警察防守。虽然沃尔福德上校手里只有三门小型炮，但这次进攻以布尔人损失惨重结束。英军只有六人死亡，五人受伤。

突袭坎农丘失败让布尔人决定不再付出高昂的代价来攻下马弗京。因此，接下来的几周，布尔人的围攻变成了封锁。克龙涅因更重要的任务被召回。尚未完成的任务由辛曼①接管。巨型大炮不停地将巨大的炮弹射进马弗京城内，但木板墙和波纹状的铁皮屋顶将爆炸的伤害降到了最低。1899年11月3日，马弗京守城部队占领了由布尔人把守的布里克菲尔德斯。11月7日，一支突击队继续组织突袭行动。18日，巴登–鲍威尔给辛曼送去了信，大意是只等待是无法攻下马弗京的。巴登–鲍威尔给布尔军也送了个信，建议他们还是回家吧。一部分布尔民兵转去南面帮助克龙涅对付梅休因男爵。围困马弗京的布尔军仿佛沉睡了一般。26日，马弗京的守城部队因突袭布尔人而遭受了巨大的损失。这次突袭再次证明，在人数差不多的情况下，优势通常在防守方。

12月26日，守军对马弗京北面的一个布尔堡垒发起猛烈进攻。毫无疑问，布尔人对马弗京突围的意图已经有所察觉，布尔堡垒四周已经增加了兵力。突围部队包括保护国团的两个班和贝专纳兰步枪团的一个班，配备有三门大炮。进攻部队拼命地冲锋，最终八十人中五十三人伤亡。保护国团二十五人伤亡，贝专纳兰步枪团二十八人伤亡。马弗京卫戍部队的灵魂人物——几位勇敢的军官——也在伤员之列。菲茨克拉伦斯受伤，弗农、

---

① 即雅各布斯·菲利普斯·辛曼（Jacobus Philippus Snyman，1838—1935）。——译者注

斯坦福和佩顿死在布尔人的炮火下。巴登-鲍威尔放下望远镜，说道："让救护车出动吧！"这一定是他一生中最痛苦的时刻。

即便遭受如此沉重的打击，也没能浇灭守军的积极性和誓死守卫马弗京的决心。不过，突袭失利让巴登-鲍威尔认识到，突袭的代价太高，不能让自身本就不多的生力军一点点消耗殆尽。他也认识到，最好的办法就是坚守阵地，直到普卢默从北方或梅休因男爵从南方伸来援手。巴登-鲍威尔依然不屈不挠，时刻保持警惕。新的一年到来了，英国国旗依然高高飘扬在马弗京上空。

1900年1月至2月，马弗京守城部队经历了其他被困部队同样的起伏。布尔人的炮火时强时弱。马弗京守城部队有时全员毫发无伤，有时会有人阵亡。吉尔伍德上尉、特鲁珀·韦布和其他勇敢的士兵就是死在布尔人的炮火下的。守城部队偶尔也会有小小的胜利。例如，有一天，一个过于好奇的荷兰人从掩体中出来偷看自己射击的成果，却被守城部队逮住并用救护车带回营地。星期天，马弗京的守城部队和布尔军通常会休战。在炮弹中你来我往了一周的士兵偶尔碰面还会彼此开个玩笑。在围困马弗京的过程中，辛曼没有表现出任何骑士精神。他没有为妇女和伤者提供中立营帐。更让人难以置信的是，为了给马弗京居民施加压力，他故意让大炮射向马弗京城内的妇女集中区。很多妇女和孩子都因这个野蛮的做法而死去。公平地说，这和布尔民兵没有关系。布尔人虽然粗犷，但很善良。炮轰马弗京居民完全是残暴的布尔领导人一意孤行的结果。任何民族都有这种暴徒。暴徒的罪行把人拖入战争的深渊，让无辜的人内心极度痛苦。

即便面临人员减少、食物短缺的情况，马弗京的守城部队也没有气馁。士兵高昂的热情源自指挥官的乐观。五十年节这一天节目丰富——天知道他们是怎么开始庆祝这个五十年节的——上午安排了板球，下午是体育运动，晚上是音乐会，还有一场单身军官组织的舞会。这些活动让大家

巴登－鲍威尔在马弗京。
摘自 1900 年一份英语报纸上的插画，绘者信息不详

的心情得到了放松。巴登–鲍威尔亲自打电话通知大家参加活动。他还唱了一首极具喜感的歌曲，表演了一个幽默的诗朗诵。舞会进展得很顺利，唯一一次中断是去击退布尔人的进攻。人们热烈地展开体育活动。躲在屋里和战壕里衣衫褴褛的居民争相参加板球比赛和足球比赛。[①]因为邮递员的行动不受围城军队限制，所以邮递员的偶尔出现会打破守城部队单调的被围生活。有时，从家里捎来的只言片语就能让背井离乡的士兵欢呼雀跃，但将士无法告知家人任何消息。不过，这些辗转而来的信不总是那么重要或让人愉悦——有一个人收到的是裁缝的账单。

除物资匮乏这一点相同之外，马弗京跟金伯利完全不一样。马弗京的守城部队建了一个军械厂，成立了铁路工作坊。军械厂和铁路工作坊分别由机务部门的康奈利和克拉夫兰领导。警察丹尼尔斯竭尽全力为守军制造火药和雷管。军械厂甚至能够生产口径五点五英寸的滑膛炮。这种大炮可以发射圆形炮弹，射程远，精度高。1900年4月，守军尽管时有损失，但和1899年10月一样坚定。由于马弗京守军和布尔人最前沿的战壕非常接近，所以用最老式的手榴弹就可以作战。布尔人扔个手榴弹过来，保护国团的佩奇中士也把手榴弹拴在钓鱼竿上甩过去。有时，布尔人的围城部队被调去阻止从北面来的普卢默的援军。但即便围城部队人数不多，其实力仍然远超马弗京守军。因此，守军的压力丝毫没有减轻。普卢默对马弗京的作用就好比布勒对莱迪史密斯一样。援军只能眼睁睁地看着被围部队受苦，一时半会儿却无法解决问题。

现在，让我们来看一看位于北方的罗德西亚的部队的动向。罗德西亚地处偏远，连无处不在的英国战地记者都不曾到过这里。本书记述的事实必将对报纸上不曾报道的事情起到补充作用，但只是几则简短的事件而

---

① 星期日的板球比赛让辛曼异常恼火。他威胁说，如果活动继续，他就炮轰比赛场地。——原注

已。罗德西亚的部队虽然没有影响整个战争的进程，但像牛头犬一样忠诚地承担着解救马弗京的责任。最终，其他救援部队赶到时，罗德西亚的部队也一同踏上了解救马弗京的道路。

罗德西亚的部队最初组建的目的是保卫罗德西亚。士兵都是来自各行各业的精英——工程师、农场主和矿工。在罗兹的努力下，罗德西亚成为隶属于英国的新土地。罗德西亚的部队中有很多人都曾为罗德西亚并入英国做出过贡献。这些士兵性格粗犷，有极强的冒险精神，但要面对的是来自南非共和国北部瓦特斯贝格和南非共和国西部佐特潘斯堡的布尔人。这些布尔人居住在南非共和国边境，喜爱骑射。他们的晚餐都是猎来的，而不是买来的。他们的头发、胡子蓬乱，身上汗毛很厚，基本生活在半原始状态，但他们的枪法就像中世纪的英格兰人射箭一样精准，他们还学会了在大草原生存的所有技能。这些生活在南非共和国边境的布尔人恐怕是世界上最难对付的敌人。

第二次布尔战争一爆发，罗德西亚的领导人的第一个想法就是保证铁路线畅通，确保能与马弗京，甚至马弗京以南的城市保持联系。为此，最后通牒的期限刚过去三天，罗德西亚就派出一辆装甲列车抵达布拉瓦约以南约四百英里处，以便征召南非共和国和贝专纳兰的边民参军入伍。这支负责征召士兵的罗德西亚部队由霍兹沃思上校指挥。此时，大约一千名布尔人沿着铁路线向南行军。发现装甲列车后，布尔人发动攻击。不过，这次装甲列车的运气比任何一次都好。布尔民兵被击退，数十名布尔人死亡。攻击罗德西亚装甲列车失败和迟迟攻不下马弗京的消息传到比勒陀利亚，令南非共和国领导人一筹莫展。一家报纸发电报称布尔妇女在首都比勒陀利亚街头哭泣。

这辆装甲列车最远到过洛巴特西。霍兹沃思上校发现这里的大桥已经遭到布尔人破坏，所以又返回到布拉瓦约以南四百英里处。途中，装甲列车再次遭遇布尔民兵。不过，它再次奇迹般地逃脱了厄运。从第二次装甲列车遇袭一直到1900年新年，这支罗德西亚部队一直在马弗京附近一百多英里的铁路线上巡逻。在保卫马弗京的战斗中，罗德西亚部队展现出了积极顽强、永不放弃的精神。在第二次布尔战争初期，这种精神是其他英军经常缺失的。

1899年11月24日，在塞夸尼，霍兹沃思上校策划并执行的一次突袭获得了很大的成功。1899年11月24日一大早，霍兹沃思上校带领这支由一百二十名边民组成的队伍靠近布尔营地并发起进攻。罗德西亚部队精准的火力让布尔人错以为袭击部队人数可能达到几千人。在这场突袭中，布尔军死伤三十人，其他人四散逃走。

当罗德西亚部队以令人钦佩的方式守护英国铁路线时，南非共和国北面边境也发生了几起冲突。第二次布尔战争爆发后不久，在厚厚的灌木丛中，勇敢的布莱克本与六个同伴进行侦察，结果被为数众多的布尔民兵包围。英军隐藏在路边，但布莱克本的脚被一个眼尖的黑人士兵发现并报告给了他的长官。布莱克本突然遭到布尔人的子弹齐射，但身边的同伴击退了敌人。尽职尽责地口述了一份正式的行动报告后，布莱克本阵亡了。

还是在南非共和国北面边境，黑尔上尉率领的一支队伍被布尔人包围。二十人中多数人脱险，但牧师J.W.利里和哈泽里克中尉及其他六人被俘。[①]同一天，除了黑尔上尉遇袭，斯普雷克利上校也被一个手中握有几门大炮的布尔民兵袭击了。毫无疑问，布尔人之所以发动这些进攻是因为担心英军从北面进入南非共和国，但得知英国根本无意在此处展开大规模行动后，这些来自南非共和国北部的布尔人就加入其他民兵队伍作战去了。埃洛夫是这支北方布尔民兵队伍最初的领袖之一，后来在马弗京被俘。

---

① J.W.利里脚部中弹受伤。一个德意志炮兵来到J.W.利里先生的囚室，J.W.利里幽默地说道："这是你的杰作！"对方则亲切地回答："我倒是希望火力再猛点儿。"——原注

普卢默率领一支人数不多的部队从罗德西亚沿铁路线前来解救马弗京。普卢默在非洲战场的作战经验十分丰富。他身材矮小，安静而果断。应对非洲大草原恶劣的条件，普卢默有一肚子锦囊妙计。虽然兵力不足——从来没超过一千人，通常也就六七百人，但普卢默依然能够保证漫长的铁路线畅通并维修损坏的铁路，还能在强大、极富野心的布尔人面前小心行事。很长时间以来，距离马弗京八十英里的加贝罗内斯一直是普卢默的大本营。就是在加贝罗内斯，普卢默与被困的马弗京守城部队保持着断断续续的联系。

1900年3月中旬，普卢默最远到过距离马弗京不到五十英里的洛巴特西，但由于布尔人势力强大，普卢默的队伍遭受了一些损失，并再次退回到加贝罗内斯。不过，普卢默时刻不忘自己的责任。再次向南行军时，普卢默最远到过拉马斯拉巴马。从拉马斯拉巴马出发，只需一天就可以到达马弗京。普卢默的解救部队遭到了布尔人的猛烈进攻，被迫退回加贝罗内斯大本营。战斗中，普卢默的部队十二人死亡，二十六人受伤，十四人失踪。罗伯逊上尉和米利根中尉这两个约克郡最著名的板球运动员阵亡。罗尔特、贾维斯、麦克拉伦受伤。普卢默自己也受了伤。罗德西亚部队再次撤到了洛巴特西附近，积蓄力量以备下次行动。

与此同时，马弗京守军虽然是一头受伤的"狮子"，但实力仍不容小觑。马弗京的防守非但丝毫未见减弱，反倒越发坚固。守军们不仅执着坚守，而且越来越擅长与布尔人周旋。布尔军的大炮一次次失去准头。战壕里六个月的躲避和散兵坑生活，让马弗京的每个居民都变成了老兵。有时，外界的赞扬和鼓励也会透过严密的封锁传进城里。一次，守军听到了一个特别的消息，是维多利亚女王对他们的赞许。还有一次是罗伯茨伯爵许诺一定会来解围。守军里勇敢的人期待看到自己的同胞，期待听到自己人的声音。"还要多久？哦，罗伯茨伯爵！还要多久？"这是孤独坚守的马弗京人的内心呼唤。英国旗帜仍然高高地飘扬在马弗京上方。

对马弗京守军来说，1900年4月是不断尝试的一个月。守军知道梅休因男爵已经沿着瓦尔河前进到十四溪村，但解救金伯利的行动失败了。他们也知道普卢默的部队在拉马斯拉巴马遭遇布尔人的袭击，部队力量减弱，很多人也因发烧而倒下了。在六个月的坚守中，在布尔人无情的炮弹下，马弗京守军经受住了考验。对守军来说，援助似乎遥不可及。如果同情能够减轻马弗京人承受的苦难，那么他们身上的苦难早就结束了。

整个英国的注意力都集中在马弗京。守军的命运牵动着所有英国人民的心。与马弗京受到的关注相比，罗伯茨伯爵向比勒陀利亚的行军似乎都没那么受关注了。在南非，马弗京守军的坚韧也吸引了众多记者。不过，很多刊物作者不像战地记者那么遵守职业道德。这些想象力丰富的刊物作者定期宣布马弗京投降了。马弗京这座只有铁皮屋顶的小城镇变成了一个胜利的大奖，而赌注就是英国人和布尔人这两个白人种族到底哪一个更具有人性的光辉。尽管马弗京吸引了外界的关注，但城里的守军对此毫无察觉。他们继续用马皮制作衣物，抓蝗虫当作午餐的开胃菜，没有任务时在已经千疮百孔的台球室打场比赛来度过难熬的时光。但指挥塔上的哨兵时刻警惕，用鹰一般的眼睛观察着敌人，从未松懈。在人数上，布尔人的围城部队有所增加，大炮也比以前更多了。再愚钝的人也能看得出来，布尔人准备在英国救援部队到来前做最后一搏。

1900年5月12日清晨第一缕阳光出现时，布尔人发动了进攻。在埃洛夫的指挥下，大约三百个布尔志愿者悄悄潜到了马弗京的西面，但西面距离布尔围城军队的战线也最远。在马弗京西面的进攻中，布尔人进入了居民区，放了一把火。城西的第一排建筑是保护国团的兵舍，由霍尔和大约二十个士兵把守。布尔人一拿下此处，就通过电话告诉巴登-鲍威尔，马弗京已经被占领了。马弗京的另外两个地方——石头牛栏和一座小山——

也被布尔人占领了。但布尔援军动作缓慢。趁着布尔援军未到,马弗京守军迅速采取行动,将这三处的布尔人团团围了起来,切断了他们与布尔援军的联系。

虽然布尔人进了城,但距离占领马弗京还远着呢。马弗京守军将这些布尔人紧紧地围在中间,既不主动发起攻击,也不给他们逃脱的机会。有两三个布尔人溜掉了,但大多数布尔人发现自己就像进了一座监狱,唯一的出口也被步枪的火力封锁了。1900年5月12日19时,埃洛夫知道逃脱无望,和一百一十七个士兵放下武器投降了。布尔人的损失是十人死亡,十九人受伤。在这次突袭行动中,布尔人的前锋部队漂亮地进攻,守军则漂亮地予以反击。反击行动再次显示出英军将士在战斗中的聪明才智。行动的结局同样让人印象深刻。"早上好!指挥官,"巴登–鲍威尔对埃洛夫说道,"一起吃晚餐吧!"尽管马弗京城内食物严重匮乏,但马弗京守城部队还是竭尽所能地为这些俘虏——布尔人、荷兰人、德意志人和法国人——提供了一顿丰盛的晚餐。

历史上有名的马弗京之围即将结束。埃洛夫的进攻是布尔人组织的最后一次进攻,也是对马弗京守军最严峻的考验。在这场反应迅速的反击战中,守军的损失是六人死亡,十人受伤。反击战爆发五天后,即1900年5月17日,英国救援军队赶到,布尔人四散奔逃。终于,长期被困的守军重获自由。世界各地都在为马弗京祝福和喝彩。事实证明,无论有多遥远,只要英国的子民陷入危险的境地,英国"长长的手臂"一定会给予安抚。

马洪①上校是一个爱尔兰军官,在埃及服役时作为骑兵指挥官扬名军队。1900年5月初,马洪带领一支人数不多但机动性强的骑兵队伍从金伯利赶来解马弗京之围。马洪的队伍包括为解马弗京之围特意从纳塔尔调来

---

① 即布赖恩·马洪(Bryan Mahon,1862—1930)。——译者注

的帝国轻骑兵团、金伯利乘骑兵团、钻石矿场骑兵团、部分帝国义勇骑兵团成员、开普警察团的一个小分队、一百名燧发枪旅志愿者和配备机关炮的骑马炮兵M连，总兵力一千两百人。1900年5月4日，巴顿在鲁伊德姆作战时，马洪率领部队在西面侧翼打击了布尔人，然后继续快速向北行军。5月11日，马洪的队伍离开弗雷堡继续北上。途中，除大自然带来的考验之外，部队并没有遇到布尔人。但马洪知道，布尔人正在密切地监视英军的一举一动。在库都斯兰德，马洪的部队发现正前方有布尔阵地，于是从西面绕道避开了。然而，在一个周围都是灌木的村落，马洪的队伍遭遇布尔人拦截。布尔人对走在队伍前面的帝国轻骑兵团进行短距离射击，但被马洪的队伍击退了。战斗中，英军伤亡三十人。5月15日，这支马弗京救援部队顺利到达距离马弗京西面只有二十英里的马西比施塔特。

与此同时，北方普卢默的部队得到了尤顿少校率领的加拿大炮兵C连和昆士兰团一部分士兵的增援。加拿大炮兵带了四门十二磅炮。这两支部队随后加入由卡林顿指挥的部队。卡林顿率领这支部队经贝拉迂回行军几千英里，凭借惊人的毅力及时赶到马弗京，成为解除马弗京之围的有生力量。不过，有些军事评论家竟然建议让这支军队直接越过边境征服南非共和国。英军将士在前线出生入死。这些评论家却在后方指手画脚。卡林顿的部队乘火车赶往集合地点，接着在海上颠簸几千英里到达开普敦，又经过两千英里到达贝拉，在贝拉乘窄轨铁路的火车到达班布克里克，再乘宽轨铁路的火车前往马兰德拉斯，再乘客车辗转几百英里到达布拉瓦约，再乘火车行驶四五百英里到达奥特西，最后又用几天时间急行一百英里出现在金伯利的战场上。在路况极差的情况下，卡林顿的部队连续四天平均每天行军二十五英里。卡林顿的部队的行军是第二次布尔战争中最杰出的一次行军。与普卢默率领的罗德西亚部队会合后，卡林顿率领两支队伍一路向前，在一个小时内赶到马西比施塔特。现在，马洪的部队和卡林顿的部队的总实力已经远远超过了面前辛曼指挥的布尔军队。

不过，勇敢、顽强的布尔人不会不做一点儿努力就放弃。当救援部队还在赶来马弗京的途中时，布尔人就控制了唯一的水源和马弗京周围的小山，准备拼死一搏。有一个小时，布尔人顽强地守护阵地，他们发射的炮弹一如既往地精准无比。但英国援军的大炮数量更多，并且更精准。很快，布尔人的阵地就岌岌可危了。撤退途中，布尔人隐藏在马弗京东面的战壕里准备反击。此时，巴登－鲍威尔率领久经沙场的守城部队冲了出来，在援军的大炮掩护下，将布尔人从掩体中赶了出去。不过，布尔人的战术一向令人钦佩。他们成功地将一门大口径大炮转移。马弗京守军缴获了一架小型加农炮、大量马车和为数不少的物资。布尔人向马弗京东面逃去，留下一串滚滚的烟尘。

终于，著名的马弗京之围结束了。守卫马弗京的是一些非正规军，并且大炮数量严重不足。相反，布尔人数量众多、野心勃勃，并且手中握有重炮。马弗京的胜利还应归功于马弗京的居民。他们勇敢地经受了被围七个月的考验。这种不屈不挠的精神是英国无价的财富。围城刚开始时，马弗京守军至少牵制了四五千布尔兵力，这些兵力如果出现在其他战场，一定有很强的战斗力。在接下来的围城中，马弗京守军面对的是布尔军的两千兵力，以及包括一门克勒索大炮在内的八门大炮。守住马弗京避免了罗德西亚被入侵，也为忠于英国的白人和南非当地人从金伯利前往布拉瓦约的途中提供了一个中转地。作为代价，这些忠诚的守军付出了两百条生命，而他们给布尔人造成的伤亡人数和被俘人数不少于一千。有人评论说，马弗京守城部队对英国有着过分的热情。要我说，这种热情是值得尊敬的。马弗京守军的成功，也成就了一个优秀的军事案例。

第25章

进军比勒陀利亚

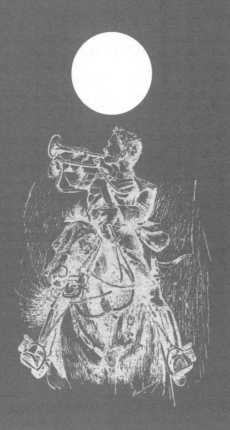

1900年5月初，雨季结束，南非大草原生机盎然。罗伯茨伯爵在布隆方丹为期六周的休整也告一段落。早年，在第二次英阿战争中^①，罗伯茨伯爵从喀布尔向坎大哈行军。现在，他要开始从布隆方丹向比勒陀利亚行军了。因为布隆方丹暴发了传染病，所以英军减员近十分之一。虽然很多人脸上还有病容，但将士斗志昂扬，热切期盼着罗伯茨伯爵尽早行军出发。布隆方丹城里蚊虫、鼠、蚁肆虐，到处是难闻的气味。任何能让将士离开这种恶劣生存环境的决定都是好的决定。5月1日，罗伯茨伯爵的中路部队带着轻松的心情，迈着轻快的脚步离开了布隆方丹。在军乐队伴奏下，长长的队伍沿着公路向北进发了。

5月3日，在布隆方丹北面二十英里的卡里，英国主力部队集合。此时，英军已经前进了二十英里，距离比勒陀利亚还有二百二十英里。从出发之日算起，大概三十几天就可以进入比勒陀利亚了。尽管英军路上还要面对各种状况：铁路损毁，数不清的河流，还有敌人的阻击，但比勒陀利亚行军本身就是一场精彩的演出。无论是最初的二十英里，还是剩下的二百二十英里，每支队伍都要和其他友军精诚合作才能克服各种困难。本章就要介绍这次大规模的比勒陀利亚行军。

在行军前，罗伯茨伯爵已经清理了奥兰治自由邦的东部战场和南部战场。前往比勒陀利亚的行军阵容最前方是一个大约四十英里长的半圆形阵形，右翼是塔班丘附近的汉密尔顿部队，左翼是卡里的赫顿部队。英军形成的大网从南到北横贯奥兰治自由邦，越往北走大军两翼越向中间聚拢。半圆形阵形中心位置的队伍实力强大，两翼具有极强的机动性，可对敌人实行包抄，让敌人无处可逃，就像在帕德伯格渡口对付克龙涅一样。如果行军阵容小，还比较容易指挥，但当行军的前方阵线达到四十英里，指挥

---

① 指1878—1880年英国和阿富汗之间的战争。——编者注

就没那么容易了。队伍正前方必须保证视野开阔以便判定敌军情况。行军队伍侧翼没有铁路线帮助行军，不容易保持阵形。这种行军阵容要求基奇纳伯爵有极强的行政掌控力来确保行军成功。

5月3日，在布隆方丹最北面的卡里哨卡，罗伯茨伯爵进行了军事部署。英国行军队伍的左翼是赫顿指挥的从英国各殖民地征召来的混编乘骑步兵，还有几个配备机关炮的骑马炮兵连。赫顿的队伍实力强大、机动性极强，在铁路以西几英里范围内呈直线向北移动。罗伯茨伯爵指挥主力部队沿铁路线前进。在吉鲁阿尔[1]和西摩的率领下，铁路先锋团和皇家工程兵团以惊人的速度修复了损坏的铁路。值得一提的是，损坏的电缆管道只能容一人通过，但工程兵只用一天时间就让火车恢复通车了。罗伯茨伯爵的主力部队，包括波尔-卡鲁指挥的第十一师——由卫兵旅和斯蒂芬森旅[2]构成，还有携带重炮的皇家野战炮兵第八十三连、第八十四连和第八十五连，最后还有一支乘骑步兵。与罗伯茨伯爵的主力部队相隔七八英里的是塔克指挥的第七师，包括马克斯韦尔旅[3]和韦弗尔旅[4]。塔克指挥的第七师的右侧是里德利率领的乘骑步兵。再往右，分布在广阔区域内的是布罗德伍德指挥的骑兵和布鲁斯·汉密尔顿旅[5]。位于最右翼的是所有汉密尔顿部队的兵力，包括戈登团、加拿大团、什罗普郡轻步兵团、康沃尔郡轻步兵团、骑兵和乘骑步兵。位于最右翼的汉密尔顿的部队距离最左翼四十英里，第一个目标是温堡。整支行军队伍的人数在四万到五万之间。现在，这支英国强军正在罗伯茨伯爵的带领下向比勒陀利亚进发。

同时，罗伯茨伯爵预料到机动灵活又胆大冒进的布尔人有可能会绕

---

①　即珀西·吉鲁阿尔（Percy Girouard，1867—1932）。——译者注

②　包括沃威克团、埃塞克斯团、威尔士团和约克郡团。——原注

③　前彻姆赛德旅，包括诺福克郡团、林肯郡团、汉普郡团和苏格兰边境团。——原注

④　包括北斯塔福德团、柴郡团、东兰开夏郡团、南威尔士边境团。——原注

⑤　包括德比郡团、苏塞克斯团、卡梅伦团和伦敦城帝国志愿军。——原注

到英军后方进行攻击。为了应对这种情况，罗伯茨伯爵已经做好充分的准备：在右翼后方，朗德尔指挥的第八师和布拉班特殖民地师准备迎战各方布尔军。留在布隆方丹的是凯利-肯尼师指挥的第六师和彻姆赛德指挥的第三师，还有一支骑兵和几门大炮。从金伯利转战博斯霍夫的梅休因男爵处于主力部队最左端，距离中路部队有一百英里。凭借卓越的判断力，罗伯茨伯爵断定右翼更容易遭到布尔人进攻，应该做好充分的准备以应对这一可能性。

　　第一天的行军目的地是卡里北面十英里远的小镇布兰德福特。英军主力部队的前锋从正面进攻，左路进行包抄，将布尔军从据点里赶了出来。右翼塔克指挥的第七师遇到了一些阻力，但因为有大炮，很快就解决了。5月4日，步兵休息了一天。5月5日，行军继续，还是按照之前的计划行进二十英里。很快，英军就来到了韦特河以南。在这里，布尔人准备进行顽强抵抗。两军进行了一场激烈的大炮对决。与以往一样，英军在明处，布尔人在暗处。三个小时的火力比拼后，英国乘骑步兵从左边渡过了韦特河，绕到布尔人侧翼进行攻击。布尔军匆忙撤退。战斗最激烈的时刻就是二十三个西澳大利亚士兵勇敢地向一座山丘发起冲锋。英军的损失微不足道。绕到布尔人左翼的赫顿旅的乘骑步兵俘虏了二三十个布尔人，缴获一挺马克沁机枪。5月6日，英军渡过了韦特河。当晚，他们在韦特河渡口以北大约五英里的斯莫迪尔安营。同时，汉密尔顿部队行进到温堡。行军的前方阵线的宽度从四十英里缩到二十英里，但各部队位置没有发生改变。汉密尔顿的部队和援军在雅各布斯鲁斯特会合后，其手下有一万两千兵力和三十二门大炮，足以应对布尔各路人马。汉密尔顿曾在豪特山鞍与布尔人交过手。那支布尔民兵里有德意志人为布尔人卖命，所以很难应付。除德意志人之外，还有很多外籍市民加入了布尔民兵。遇见有外籍市民加入的布尔民兵，无论是出于骄傲，还是国家规定，英国人都不能抱怨，但英国人的容忍换来的是外籍士兵对英军的威胁。不过，在下一场战斗中，无论他们是法国人，还是德意志人，英军都准备拿起步枪和他们战斗。

现在，英军向比勒陀利亚的行军不像是一场军事行动，更像是一场克服地理障碍的探险。一路向北的过程中，他们并没有遇到劲敌，而是在不停地修复损毁的铁路和大桥。英军步兵的表现一如既往地优秀。对健康的士兵来说，在英格兰公路上行军二十英里根本不在话下，但要知道，前往比勒陀利亚的行军是在非洲大草原烈日的炙烤下，而且每个士兵身上都有三四十磅的负重。士兵的乐观着实让人钦佩。他们热切地期盼着能与曾在他们眼皮底下溜掉的布尔人相遇，好在战场上打败这些布尔人。北方的天空腾起团团烟雾，这是布尔人在放火燃烧草原上的干草，一方面可以掩护布尔军撤退，另一方面可以让身穿卡其色军装的英军在烧成黑色的大草原上暴露。从最远端两翼的日光反射仪发出的光亮能看出，英军侧翼辐射的范围非常广。

5月10日，在斯莫迪尔停留了三天后，罗伯茨伯爵的军队继续向韦尔盖莱根行军。弗伦奇的骑兵从公路赶来，加强了中路部队和左翼部队的实力。早晨，侦察兵发现，布尔人占领了桑德河北岸的有利位置，准备阻击英军。布尔军由路易斯·博塔和克里斯蒂安·博塔指挥，其战线绵延二十英里。一场战斗在所难免！英军如果发起正面进攻，很可能会重蹈科伦索战役的覆辙。但现在，英军已经认识到，要想取得胜利不能靠流血，只能靠智取。弗伦奇的骑兵绕到布尔人右翼，布鲁斯·汉密尔顿的步兵则绕到布尔军左翼。事实上，双方并没有真正交锋。英军步步紧逼，布尔军则一再后撤。左翼的苏塞克斯团率先发起冲锋，随后占领了一个重要的山丘。苏塞克斯团的损失微乎其微，但英国一支骑兵队突遭布尔人包围。埃尔沃西上尉阵亡，恩尼斯基林燧发枪团的黑格、澳大利亚骑兵团的威尔金森和其他二十人被俘。英军也抓了四五十个俘虏。布尔人的伤亡情况一定比英军严重。虽然双方参战人数众多，且各自发射了大量的炮弹，但战斗的最后阶段几乎没有流血阵亡的人。一方拼命地跑，另一方拼命地追。除磨破鞋子之外，步兵并没有什么伤亡。

1900年5月11日，罗伯茨伯爵的军队行军二十英里到达日内瓦西丁。12日，英军做好了一切战斗准备，因为他们认为布尔人一定会拼死保卫新首都——克龙斯塔德。不过，事实证明，即使在新首都，布尔人也没有进行抵抗。12日13时，罗伯茨伯爵进入克龙斯塔德城内。斯泰恩、路易斯·博塔和德·韦特逃跑了。斯泰恩宣布，林德利成为奥兰治自由邦的新政府所在地。现在，英军前往比勒陀利亚的路程只剩下一半了。瓦尔河以南再也不会遇到大的阻力了。很多布尔人自愿上交武器投降，然后回到自己的农场。在奥兰治自由邦东南面，朗德尔和布拉班特慢悠悠地前进，因为挡在前面的布尔人都撤向林德利了。在奥兰治自由邦西面的温莎顿，亨特指挥的第十师渡过了瓦尔河。在鲁伊德姆，巴顿的燧发枪旅和布尔人打了一场硬仗。马洪率领的马弗京救援部队悄悄地绕到布尔军侧翼。英国战地记者都没有发觉这一切，就更别提布尔人了。在鲁伊德姆行动中，帝国义勇骑兵团终于有机会向世人证明自己了。这支由各郡运动健将组成的骑兵队伍有着最高昂的战斗热情。战斗指令发出时，骑兵情不自禁地爆发出"呔嗬！"[1]的声音。战斗中，帝国义勇骑兵团五人死亡，二十六人受伤。布尔军的损失比英军要严重得多。布尔军沿瓦尔河撤退，逃向克里斯蒂安娜和布鲁姆霍夫。亨特指挥的第十师为了追赶布尔人，越过了南非共和国边境，成为除第二次布尔战争早期罗德西亚突击队之外的第一支越过南非共和国边境的英军。同时，梅休因男爵的部队位于亨特的南面，首要目标是胡普斯塔德。英国部队正迅速向南非共和国进军。

---

① 猎人狩猎时的吆喝声。因为帝国义勇骑兵团士兵多为猎手，所以冲锋时会发出"呔嗬"的声音来鼓舞士气。——译者注

布勒的军队也在向北行军。终于，莱迪史密斯守城部队的士兵恢复了健康与活力，有机会对折磨了他们那么久的布尔军发起反攻了。在南非战场，很多优秀的部队都在四处作战。菲茨罗伊·哈特旅和巴顿的燧发枪旅构成第十师，由亨特指挥前往金伯利救援，帝国轻骑兵团则长途跋涉前去解马弗京之围。英国国内志愿者的加入，补充了布勒指挥的部队实力。现在，两万名英军已经准备就绪，正急切期待着翻越比加斯伯格山脉向比勒陀利亚进军。

比加斯伯格山脉险峻，有三个关隘。每一个关隘都有布尔人把守。强行发动正面进攻一定损失惨重，所以布勒将希尔德亚德的队伍部署在敌军正面，其他队伍则绕到敌军侧翼。1899年10月，佩恩·西蒙斯率领三个团英勇地进攻塔拉纳山后，南非战局开始向布尔人倾斜。但经过七个月的艰苦战斗过后，英军再次站上了塔拉纳山顶。佩恩·西蒙斯的士兵前去他的墓前祭拜。英国国旗在空中高高飘扬。

几千布尔军正迅速从北纳塔尔撤回南非共和国境内。终于，布尔人也感受到了莱迪史密斯被围时的压力。如今，在布勒面前的布尔军和在斯皮温丘和尼科尔森山鞍的布尔军已经不可同日而语。在战斗中，昔日的布尔人表现得十分出色。但现在，这些布尔农场主已没有胆量面对英军愤怒的火力和刺刀。在第二次布尔战争中，有一点是值得骄傲的，那就是在敌我力量悬殊时，英军没有退缩。现在，情况反过来了，英军又对这些可怜、英勇的布尔人充满同情。布尔人做了一个遥不可及的梦。普通百姓只是这个腐败政府的牺牲品而已。虽然那些阵亡英军无法亲眼看到布尔人的结局，但他们生前的每次战斗都是在争取自由，与暴政做斗争。每当想到杀戮、苦难、不可挽回的损失、士兵的流血阵亡和妇女凄苦的眼神，我都悲痛万分。如果南非共和国顽固无知的领袖克吕格尔可以顺应潮流，让他统治的南非共和国得以采用地球上其他文明国家的制度，那么这一切就不会发生。

虽然布勒在解救莱迪史密斯的过程中有些拖沓，但现在，他正快速又异常坚定地向北进军。5月15日，布勒的部队占领了邓迪。18日，布勒的先头部队到达纽卡斯尔。现在，距离北面的比勒陀利亚只有五十英里了。5月10日到5月18日，布勒的部队已经行军一百三十八英里。19日，布勒的部队已经可以远远地看见了马尤巴山。

马尤巴山战役曾让身处南非的英军深以为耻。前方就是朗宁山鞍了。朗宁山鞍是从纳塔尔通往南非共和国的入口。著名的朗宁山鞍隧道正是从朗宁山鞍底部穿过。现在，布尔人仍然盘踞在十九年前英军无法攻克的朗宁山鞍。终于，通过数天的努力，鲁尼山鞍重回英军手中。布勒的部队暂停下来，因为将士携带的十天口粮快要吃光了，只有修好铁路才能继续行军。短暂的休息也可以让希尔德亚德指挥的第五师和利特尔顿指挥的第四师有时间赶上克利里指挥的第二师。第二师和敦多纳德骑兵团一直都是布勒的先头部队。在向比勒陀利亚行军过程中，布勒的部队唯一的损失就是贝休恩乘骑步兵团的一个班。这个班的乘骑步兵朝着弗雷黑德的方向前进，任务是确保侧翼安全，但遭到布尔人伏击。在近距离射击中，这个乘骑步兵班几乎全员死伤——确切的数字是六十六人伤亡，死亡数占了一半。与之前大多数失败的案例一样，这个乘骑步兵班的主要问题在于没有重视侦察工作。休整过程中，希尔德亚德师和利特尔顿指挥的第四师修复了铁路。现在，布勒的队伍继续行军，誓要将布尔人赶出朗宁山鞍，就像之前将布尔人赶过比加斯伯格山脉一样。5月末，希尔德亚德指挥的第五师和利特尔顿指挥的第四师前往奥兰治自由邦东面，意图从乌德勒支进入比勒陀利亚。

5月12日，罗伯茨伯爵占领克龙斯塔德后，英军休息了八天。八天后，铁路已经修复，充足的补给让英军毫无后顾之忧。罗伯茨伯爵的军队所到之处总会碰见成群的牛羊，但英军纪律严明，十分尊重布尔人的财产权。罗伯茨伯爵命令，士兵绝不允许拿布尔人一只鸡鸭。不过，向比勒陀利亚行军途中偶尔发生过烧毁农舍、物资充公的现象，但这是对某些极端反抗分子的惩罚，并非常态。就像你虽然垂涎于路边大坝上诱人的肥鹅，但一生都没有将手伸向白鹅的脖颈。在辽阔的南非土地上行进，英军就是靠吃牛肉罐头和喝水坑里的脏水而度过的。

八天的休息中，罗伯茨伯爵巩固了已有的军事成果。前面已经介绍过：东面，布勒向纳塔尔边境行军；西面，梅休因男爵到达胡普斯塔德，亨特到达克里斯蒂安娜。英军所到之处留下驻军，同时征召士兵。东南方向的朗德尔占领了奥兰治自由邦大片土地，并于5月21日进入莱迪布兰特。朗德尔面前是处于丘陵地带的乡村——赛尼卡、菲克斯堡和伯利恒。复杂的地理条件耽误了朗德尔的行程。一路向北行军的过程中，汉密尔顿清理了林德利和海尔布隆之间的区域，迫使斯泰恩再次让奥兰治自由邦迁都。这次，奥兰治自由邦的首府定在了布隆方丹东北偏远的弗里德。一路上，德·韦特一直活跃在汉密尔顿前方。在几次与德·韦特的小规模战斗中，汉密尔顿的队伍伤亡将近一百人。

5月22日，英军主力部队继续行军十五英里，到达霍宁时令河。5月23日，主力部队向前行进二十英里，越过一片大草原后来到雷诺斯特河。布尔军为拦截英军进行了一些准备，但在海尔布隆的汉密尔顿的部队正处在布尔军左翼，弗伦奇的部队则在布尔军右翼，因此，英军主力部队没有遭到任何抵抗就渡过了雷诺斯特河。24日，英国大军到达弗里德堡路。26日，在维尔容渡口，英国先锋部队渡过瓦尔河。27日，英国全体军队渡过瓦尔河。这一天，汉密尔顿部队从英军的右翼迅速绕到左翼，令企图在右翼袭击汉密尔顿部队的布尔军扑了空。

在铁路沿线，布尔人做好了拦截英军的准备，但两翼的弗伦奇的部队和汉密尔顿的部队不厌其烦地与布尔人展开迂回战术，让对方根本捕捉不到英军的影子。英国大军继续向前，朝着北方的比勒陀利亚坚定地走去。奥兰治自由邦的部分士兵不愿意离开自己的国家，向东部和北部流窜。因此，很多英国将军认为——当然，未来的事实会证明这种想法是不正确的——奥兰治自由邦的布尔人再也不会对英军造成什么威胁了。现在，奥兰治自由邦已经不存在了，因为罗伯茨伯爵已经在布隆方丹以维多利亚女王的名义宣布奥兰治自由邦被英国吞并，成为"奥兰治河殖民地"。有些人认为这个惩罚过于严厉，但这些人还记得第二次布尔战争早期，奥兰治自由邦将占领的每寸土地都并入自己的国土吗？了解奥兰治自由邦历史的英国人也一定还记得，奥兰治自由邦曾经是英国殖民地的典范。让人痛心的是，它因一个臭名昭著的腐败政府而被毁。如果南非共和国的统治能够像奥兰治自由邦早期一样，第二次布尔战争根本不可能爆发。

罗伯茨伯爵向比勒陀利亚的大规模行军马上就要接近尾声了。1900年5月28日，英军行进二十英里，没有遇到任何反抗就渡过了克勒普河。人们惊讶地看到，南非共和国的布尔人对自己的财产比对盟友的财产仔细得多。南非共和国的布尔军虽然撤退了，但并没有破坏铁路。南非连绵起伏的山脚下住满了人家，高高的烟囱和铁制的水泵随处可见。远处的那座山就是著名的兰德金矿的所在地。兰德金矿就像为所罗门王提供金银珠宝的俄斐一样，蕴藏着取之不尽、用之不竭的财富。然而，兰德金矿不是给胜利者的，因为风尘仆仆的英军将士对这座宝库根本没有兴趣。英军将士在战场上为了正义与自由贡献力量、抛洒热血，但不会从兰德金矿获得任何好处。英军将士为世界打开了一扇巨大的财富之门，所有国家的人民只要通过劳动就可以换来收获，矿主、金融家和贸易家也会获得丰厚的回报。但身穿卡其色军装的英军将士会再次踏上征程，只要祖国召唤，英军将士就会去任何一个需要他们的地方作战。

在穿过瓦尔河到达著名的兰德金矿的过程中，英军没有遇到任何抵抗。但白天，瓦尔河两岸的浓烟和夜晚跳动的火苗都是敌人留下的痕迹。1900年5月29日，在英军行军时，弗伦奇发现一股布尔军配备几门大炮在克勒普河以西的山上准备伏击。敌人的实力不容小觑。弗伦奇请求第十九旅和第二十一旅前来增援。在两支队伍的合作下，布尔人被赶走。一翼是戈登团，在开阔地前进时，损失了将近一百人。另一翼的伦敦城帝国志愿军已经完全像老兵一样战斗了。当初这些城里来的士兵一度被人嘲笑，但现在已经没人嘲笑他们了。只有他们的将军在笑，因为将军知道他的背后有伦敦城帝国志愿军的大力支持。亨利上校率领乘骑步兵直奔杰米斯顿。杰米斯顿是一个连接各地的枢纽。从约翰内斯堡和纳塔尔来的火车都要经杰米斯顿开往比勒陀利亚。亨利上校的行动有些冒进，因为后面的步兵还没有跟上来。但在接下来的突袭中，布尔人从矿山山坡上和附近的农舍里被赶了出去。第八乘骑步兵团将铁路牢牢控制在自己手里。第八乘骑步兵团的成绩是值得肯定的，因为突袭杰米斯顿的成功说明，深思熟虑后的大胆行动，完全可以用很小的代价获得很大的成功。

弗伦奇在比勒陀利亚西面，亨利上校在比勒陀利亚东面牢牢控制着铁路线。罗伯茨伯爵从南面靠近比勒陀利亚。罗伯茨伯爵的步兵七天行军一百三十英里。将士虽然非常疲惫，但一想到每走一步就离比勒陀利亚更近一步，他们的心里就像敲锣打鼓一样兴奋。5月30日，在比勒陀利亚城外，英军安营扎寨。路易斯·博塔撤军，没有经过战斗就放弃了南非的聚宝盆——兰德金矿。比勒陀利亚城内一片混乱。一天多的时间里，兰德金矿这座世界上产量最丰富的金矿的命运就在一念之间。布尔官员产生意见分歧。克劳瑟主张用法律解决问题，科克法官则建议用暴力解决问题。一颗火星就能将整个比勒陀利亚点燃。最糟糕的是，一群雇佣兵聚集在鲁滨孙矿山前，威胁说要炸毁矿山。有赖于经理塔克先生的坚决和谋划，也有赖于克劳瑟坚定的态度，鲁滨孙矿山的形势得以缓和。最终，危机解除了。5月31日，没有发生暴力冲突，也没有财产损失，经英国人之手建设起来的比勒陀利亚最终飘起了英国国旗。希望英国国旗可以永远高高飘扬，因为它代表的是公正的法律、诚实的官员和廉洁的行政人员。再见！腐败的比勒陀利亚！

现在，规模宏大的比勒陀利亚行军已经进入最后一个阶段。在约翰内斯堡，英国大军等待补给，之后向北面三十英里的比勒陀利亚行军。比勒陀利亚坐落在群山之间，是布尔人的首都，是南非共和国政府所在地，是克吕格尔的家园，是反对英国的风暴中心。比勒陀利亚四周都是造价不菲的碉堡。最终到底是英国人还是荷兰人主宰南非的命运，注定要通过一场大规模战斗来决定。

在亨特–韦斯顿的指挥下，两百名枪骑兵团士兵离开了英国主力军，沿着比勒陀利亚—德拉瓜湾铁路线行军，准备炸掉一座大桥，切断布尔人的退路。枪骑兵团由侦察兵巴勒姆带路。虽然炸桥是一次大胆的尝试，但枪骑兵团不巧被一支布尔民兵包围了。经过一场战斗，枪骑兵团终因无法突破布尔人的防线只能原路返回。枪骑兵团五人死亡，十四人受伤。

弗伦奇领导的骑兵在距离约翰内斯堡九英里的地方待命。6月2日，弗伦奇接到命令，带领骑兵从比勒陀利亚西面绕一个大圈到北面切断彼得斯堡通往比勒陀利亚的铁路。从约翰内斯堡到比勒陀利亚之间的直达铁路线有好几条。切断这些铁路线的工作全部由骑兵完成。在鳄鱼河北面的旷野和遭到严重破坏的区域，弗伦奇的部队遭到布尔人的疯狂进攻。骑兵虽然无法分散行军，但凭借冷静的判断和处理，击退了布尔人。弗伦奇的部队白天行军三十二英里，晚上又遭遇布尔人伏击。对任何将军和军队来说，这都是极大的考验。不过，战斗中，骑兵只有两人死亡，七人受伤。弗伦奇的骑兵沿公路前进了几英里，身后一直有布尔人尾随。第二天早晨，尾随在骑兵身后的布尔人消失了。弗伦奇的骑兵在布满橙色灌木的土地上奔驰。他们脚踩马镫，侧身摘取灌木丛中的金色果实。之后再没发生战斗。6月4日，弗伦奇已经在比勒陀利亚北面。一到此地，他就得知所有布尔军的反抗活动都停止了。

当弗伦奇的骑兵迂回前往比勒陀利亚北面时，英国主力部队在约翰内斯堡留了一个旅，之后继续向比勒陀利亚行军。汉密尔顿的部队在左翼，罗伯茨伯爵的中路部队沿铁路线前进，亨利上校的乘骑步兵在前方警戒。来到南非大草原的高处时，英军将士看到前方有两个标志明显的小山。每个小山上都有一栋低矮的建筑。这两栋建筑就是著名的比勒陀利亚炮台。两个小山之间有一段山鞍相连。越过山鞍就是南非共和国的首都比勒陀利亚了。

有一段时间，山鞍看似不会有什么威胁。但加农炮轰隆隆的声音和毛瑟枪的声音很快就表明，大批布尔人埋伏在山脊上。路易斯·博塔留下了一支后卫队来拖住英军，自己则带着物资和所有值钱的家当从比勒陀利亚撤退了。两座炮台的沉默表明大炮已经转移了，所以反抗绝不会坚持太久。但在加农炮的帮助下，这些意志坚定的布尔后卫队仍在极力阻止英军前进。必须将这支布尔后卫队赶走才能进入比勒陀利亚。亨利上校的乘骑步兵在骑马炮兵J连和塔克指挥的第七师的大炮掩护下开始行动了。乘骑步兵的行动得到了布尔人加农炮和步枪的热烈响应。一场真正的决斗似乎就要开始了。卫兵旅、斯蒂芬森旅与马克斯韦尔旅耐心地列队等待，因为汉密尔顿的部队正在布尔军右翼。只要汉密尔顿的部队开始行动，正面的英军就开始进攻。英国的重炮落了下来。从比勒陀利亚炮台所在位置腾起的大团烟雾表明，英军炮兵的火力非常精准。

这支布尔后卫队可能根本无意守住山鞍。6月4日14时30分，布尔人的火力稀疏下来。第十一师奉命开始冲锋。波尔–卡鲁率领的两个旅已经身经百战。士兵如下山的猛虎般向布尔人冲去。步兵包围了山脊。伤亡的三四十人中，绝大多数是沃威克团的士兵。比勒陀利亚炮台被拿下了。随后，汉密尔顿赶到。德·莱尔的乘骑步兵追击布尔人时，在野外缴获了一挺布尔人的马克沁机枪。在夺取比勒陀利亚炮台的行动中，共有七十人伤亡。诺福克公爵[①]也在伤员之列。虽然诺福克公爵是议会内阁成员，但出于责任感和荣誉感，他选择作为一个普通的上尉来到南非为国效力。夺下炮台后，比勒陀利亚就在罗伯茨伯爵的掌控中了。看看布尔人为保卫比勒陀利亚做的努力，再看看英军为了马弗京这样的小镇付出的心血，我们不难发现谁更拥有奉献精神，又是谁更有决心为了人民的美好生活而奋斗。

6月5日一大早，科德斯特里姆卫兵团登上比勒陀利亚周围的山顶。非洲大草原空气清新。名城比勒陀利亚掩映在树木之中，城内建筑林立，周边村落环绕。马克斯韦尔旅已经通过山鞍占领了比勒陀利亚火车站。至少有一列满载马匹的火车马上要离开比勒陀利亚火车站，还有两列火车已经准备出发了，但被英军及时拦截。

英军进城的第一件事是解救俘虏。马尔伯勒公爵[②]带领一小队人马前去执行解救俘虏的任务。公平地说，从俘虏的外表上看，布尔人对俘虏非常优待。在已经变成监狱的莫德尔学校里，英军发现了一百二十九名英国军官和三十九名英国士兵。6日，英军骑兵到达比勒陀利亚北面十四英里的瓦特瓦尔。三千名英军士兵被囚禁在瓦特瓦尔。虽然食物短缺，但在其他方面，这些士兵看起来待遇还不错。[③]九百名俘虏已经被布尔人转移，但波特的骑兵及时赶到，他们顶着布尔人向山脊的炮击，解救了俘虏。在整个第二次布尔战争中，英军有过几次好运，但在布尔人的枪口下救下战俘是最

① 即亨利·菲查伦–霍华德（Henry Fitzalan-Howard，1847—1917）。——译者注
② 即查尔斯·斯潘塞–丘吉尔（Charles Spencer-Churchill，1871—1934）。——译者注
③ 进一步的消息显示，英国伤员和来自英国殖民地的俘虏受到的待遇一点儿都不好。——原注

幸运的一次，因为救下俘虏就意味着在和平谈判时，不会给布尔人更大的筹码。

比勒陀利亚市中心宽阔的广场上有一个基座。这个基座上本来要放克吕格尔总统的雕像，但现在，基座光秃秃地摆放在那里。广场边上有一个像谷仓一样的教堂，是克吕格尔做礼拜的地方。教堂两边分别是政府办公室和法院。这两栋建筑可以和欧洲任何一个首都的建筑媲美。

1900年6月5日14时，罗伯茨伯爵骑在马上，检阅部队。卫兵团、埃塞克斯团、威尔士团、约克郡团、沃威克团、炮兵、乘骑步兵、勇敢的非正规军、戈登团、加拿大团、什罗普郡轻步兵团、康沃尔郡轻步兵团、卡梅伦团、德比郡团、苏塞克斯团和伦敦城帝国志愿军一一走过。大约两个小时里，身穿卡其色军装的英军头戴钢盔，像海浪一样，一波接一波地走过。英国联合王国国旗在比勒陀利亚人民议会的大楼上第一次随风飘扬。终于，经过了几个月的黑暗，人们看到了光明。现在，这场规模宏大的比勒陀利亚行军即将接近尾声。在挺进比勒陀利亚的光荣时刻，英军将士的心都在跟着雀跃。将士并没因那些已经逝去的生命而感到酸楚，因为死去的人是为了理想阵亡的。希望将来生活在南非的布尔人能够了解，在比勒陀利亚上空，高高飘扬的英国国旗意味着不再有种族歧视、觊觎黄金的野心，以及不公和腐败，意味着生活在南非的所有人和英国在世界上各个洲的殖民地子民一样，享有同样的法律和自由。当布尔人了解到这一点时，他们就会明白，从1900年6月5日起，南非共和国的旗帜将永远消失，但布尔人将会生活得更幸福，也会享有更广泛的自由。

第 26 章

钻石山战役

下面来介绍一下英军占领比勒陀利亚时，英军与布尔军的双方军事情况。罗伯茨伯爵率领大约三万兵力占领了比勒陀利亚。但向比勒陀利亚行军的过程中，英军没有好好守护漫长的交通线。在奥兰治自由邦东面和东北角，仍不服输的奥兰治自由邦布尔民兵纠集在斯泰恩总统周围，大肆袭击英军的交通线。这支奥兰治自由邦的布尔军大约有八千到一万人，配备有多门大炮。布尔士兵全部骑马，由德·韦特、普林斯卢和奥利维尔指挥。这支队伍里有来自菲克斯堡、赛尼卡和哈里史密斯的布尔人，还有来自其他城市因破产而绝望的布尔人。最重要的是，布尔人占据地理优势，因为山区和遭到破坏的地方就是天然堡垒。

现在，英军展开清剿行动。奥兰治自由邦南面是朗德尔指挥的第八师和殖民地师，西面是科尔维尔指挥的第九师。随后，梅休因男爵也加入西面的围剿行动。尽管朗德尔指挥的第八师兵强马壮，但围剿布尔人的任务仍然非常艰难。在如此广阔的区域对付机动性这么强的敌人似乎是一项不太可能完成的任务。一场捉迷藏的游戏开始上演。德·韦特率领布尔军一次次地突袭英国铁路线，总是能够全身而退。布尔人一次次突袭成功既让英军有些汗颜，也为英军敲响了警钟。布尔游击队指挥官的能力和战术让人钦佩。如果这场游戏的分数不需要英军付出生命的代价，那么看德·韦特在游戏中分数不断上涨可能会很有趣。

1899年5月的后半个月里，布勒从莱迪史密斯前往朗宁山鞍。1899年6月初，布勒率领两万人抵达朗宁山鞍。布勒和布尔军的指挥官克里斯蒂安·博塔就投降事宜进行了协商。几天的停战过后，协商无果而终。朗宁山鞍的布尔军人数不过几千人，但布尔人占据地理优势，所以英军要把他们赶出去没那么容易。凡怀克山处于无人防守的状态。占领凡怀克山就能让英军的火力覆盖博塔关。南非轻骑兵团不费吹灰之力就占领了凡怀克山。事实证明，占领凡怀克山非常必要。1900年6月8日，英军大炮被运上凡怀克山顶，之后，英军步兵开始进攻，几乎没有遭受损失就占领了博塔关并完全控制了朗宁山鞍。路易斯·博塔的队伍在草丛中开了一阵枪就向北仓皇逃窜了。6月9日和10日，英军运输队通过博塔关。11日，布勒的主力部队全部通过博塔关。

在纳塔尔一侧，朗宁山鞍形成了一个极巧妙的角度，因为它刚好处于南非共和国和奥兰治自由邦中间。通过博塔关，布勒的军队就进入奥兰治自由邦了。但将士只是短暂停留了一下，因为行动的主要目标是占领朗宁山鞍，然后再通过阿勒曼关进入南非共和国。在为英军开路时，作为先锋的南非轻骑兵团遭到布尔人伏击。在这场激烈的小规模战斗中，南非轻骑兵团六人死亡，八人受伤。12日早晨，侧翼开始行动。现在，布勒的部队要攻下阿勒曼山鞍。阿勒曼山鞍位于朗宁山鞍后方，距离南非共和国的福尔克斯勒斯特很近。

如果此时的布尔人还像在科伦索战役、斯皮温丘战役时一样善战，那么布勒要拿下阿勒曼山鞍恐怕要经过一场血战了。因为阿勒曼山鞍地势险峻，又没有捷径可以上山，所以英军仍然先用大炮进行轰击。随后，第二多塞特团、第一都柏林燧发枪团、第二米德尔塞克斯团、第二西萨里团与第二东萨里团发动进攻。布尔人的战斗意志薄弱。通往南非共和国的门户已经打开。13日，南非共和国的福尔克斯勒斯特市已经在布勒的控制下了。

布勒的军队的一系列行动都经过深思熟虑，所以任务执行起来毫不拖泥带水。在阿勒曼山鞍，布尔人用几个月时间挖了战壕，还将重炮拖上山顶，但英军灵活的侧翼行动很快让布尔人难以防守。在阿勒曼山鞍的战斗中，英军伤亡不过两百人。现在，入侵纳塔尔的布尔民兵已经被肃清，布勒的双脚已经踩在南非共和国的高地上了。更重要的是，纳塔尔铁路正在修复中。很快，英国中路部队就可以依靠德班进行军需补给。从德班运输补给比之前从开普敦运输补给缩短了三分之二的路程。布尔人向北面的米德尔堡方向逃窜。布勒则继续向斯坦德顿前进。在斯坦德顿，布勒一直等到罗伯茨伯爵派来的部队经海德堡前来支援。

其他英军继续从西面和西南向比勒陀利亚靠近。马弗京之围解除以后，巴登–鲍威尔的部队一直在休整，也一直在筹划将布尔人赶出济勒斯特和勒斯腾堡。平定了波切夫斯特鲁姆后，亨特的部队和马洪的部队坐火车分别前往克鲁格斯多普和约翰内斯堡。

在介绍交通线附近的英军行动之前，还是先来看看英军占领比勒陀利亚后发生的事情。进军比勒陀利亚时，罗伯茨伯爵暂时没有时间理会奥兰治自由邦的残余势力。毫无疑问，此举很容易留下后患。罗伯茨伯爵清楚地知道铁路线有被布尔人切断的风险。因此，他迅速采取行动，成功占领了比勒陀利亚。但如果路易斯·博塔和德·韦特在比勒陀利亚对罗伯茨伯爵前后夹击，那么情势可能会非常危险。现在，罗伯茨伯爵已经实现了占领比勒陀利亚的目标。布尔人来袭的消息也如期而至。1900年7月7日，德·韦特率领不到两千人的机动部队切断了克隆斯塔德以北位于鲁德瓦尔的英军补给线。在几天时间里，由于铁路线和电报线都遭到破坏，罗伯茨伯爵的军队无法与外界联络。不过，所幸比勒陀利亚城内物资充足。罗伯茨伯爵立刻采取行动，将德·韦特驱逐了出去。现在的德·韦特就像只蚊子，被赶得不断从一个地方换到另一个地方。

英军一边忙着修复被破坏的补给线，一边把注意力放在了路易斯·博塔身上。现在，路易斯·博塔手里还有一万到一万五千兵力。克吕格尔携带一大笔金钱逃出了比勒陀利亚。据说，这笔钱大约有两百万银币。现在，克吕格尔生活在一辆由火车轿厢改造的房间里。这节车厢俨然已经变成了克吕格尔的政府所在地。克吕格尔准备从米德尔堡一处叫瓦特瓦尔博文的地方出发，要么继续向德拉瓜湾前进，要么向北进入荒僻的林登堡。克吕格尔曾经说过，林登堡是他的最后一道防线。现在，他正手握金袋，等着战争的局势发生逆转。

路易斯·博塔和他忠实的拥护者已经逃到了距离比勒陀利亚很远的地方。在比勒陀利亚东面十五英里处，一条铁路线从皮纳尔斯普尔山脉的隘口中间穿过。布尔人喜欢选择隘口这样的地理位置作战。此时，布尔军占领了皮纳尔斯普尔山脉的隘口。因为皮纳尔斯普尔山脉在隘口处向侧方延展，所以英军无法对布尔人采取致命的侧翼迂回战术。缺口后方是尚未切断的铁路线。布尔人的大炮已经运上了山顶。布尔人的防御阵线长约十五英里。路易斯·博塔心里非常清楚，现在，罗伯茨伯爵手下人数不足，根本无法实施向比勒陀利亚行军时大规模的侧翼迂回战术了。第十四旅被调去约翰内斯堡。第十八旅在比勒陀利亚执行特殊任务。史密斯–多里恩旅被派去守卫补给线。连刚从瓦特瓦尔被解救的三千名俘虏也匆忙用缴获的布尔人的武器武装起来，去守护重要的通信枢纽。罗伯茨伯爵的部队缺乏马匹，一个旅有马可骑的人数大概只与一个团的人数差不多。由于人员锐减，加上一些士兵因伤病无法上战场，罗伯茨伯爵的部队根本无法抵御布尔人的大规模进攻。

如果路易斯·博塔能够退到较远的地带，那么罗伯茨伯爵一定会像在布隆方丹一样，等待援军到来再作战。但路易斯·博塔的据点距离罗伯茨伯爵的军队只有十五英里，并且在铁路沿线，所以一旦错过战机就很难再下手了。1900年6月11日，罗伯茨伯爵调动所有兵力，准备将路易斯·博塔赶出阵地。现在，罗伯茨伯爵的部队有波尔–卡鲁指挥的第十一师，大约六千兵力，二十门大炮；汉密尔顿的部队包括布鲁斯·汉密尔顿的步兵旅、一个骑兵旅和一支乘骑步兵队伍，共六千兵力，三十门大炮；至于弗伦奇的骑兵师和赫顿旅的乘骑步兵，如果配刀的人和配枪的人都算上，那么有两千左右的兵力。因此，罗伯茨伯爵的总兵力在一万六到一万七之间，大约七十门大炮。罗伯茨伯爵的目标是攻取皮纳尔斯普尔山脉的隘口。路易斯·博塔手里至少有一万兵力，还有强大的炮火支持。如果现在的布尔军的战力还像1899年12月时，那么英军的形势恐怕就非常不利了。

罗伯茨伯爵和路易斯·博塔就和平解决双方争端进行了协商。但德·韦特胜利的消息从南面传来，使路易斯·博塔下定决心顽抗到底。1900年6月9日，英军骑兵接到命令向前进军。汉密尔顿在布尔军左翼，弗伦奇在布尔军右翼，步兵居中。11日，战斗开始。最终，在战斗中，由于战线过长，英布双方的左翼、右翼和中路完全各自为战。英军中路部队的重要性不强，因为步兵只是前进到某一地点，然后等待侧翼的骑兵发起进攻，待侧翼进攻取得有利局面再发起冲锋。这次，中路步兵并没有重犯在侧翼取得优势前就采取行动的错误。

弗伦奇的部队遭到布尔人的猛烈袭击，差点儿无法守住阵地。幸好，和弗伦奇一起战斗的是三个优秀的骑马炮兵连——骑马炮兵G连、骑马炮兵J连和骑马炮兵O连。弗伦奇的炮兵因为连续作战，在战斗结束时只剩二十发炮弹。骑马是不可能拿下阵地的，所以骑兵全部下马呈分散队形前进，人与人之间间隔二三十码。一整天，弗伦奇的部队都处于布尔人步枪火力和炮弹的轰炸之下，既无法前进也无法后退。不过，多亏分散队形，部队只有大约三十人伤亡。布尔人出现在弗伦奇的前方、侧翼，甚至出现在他后方。但弗伦奇坚守阵地，因为他深知，如果撤退就意味着给其他战场的英军施加压力。晚上，疲惫的士兵就睡在阵地上。整整两天，弗伦奇的部队坚守在卡梅尔斯渡口。6月13日，左翼汉密尔顿的部队取得优势，弗伦奇的部队的压力也减轻了。弗伦奇的部队对布尔人展开追击。但由于战马已经筋疲力尽，追击没有取得成效。

弗伦奇被困在右翼时，汉密尔顿在左翼也举步维艰。英军的整体行动似乎无法取得进展。战斗过程中，布尔炮兵使用的无烟火药让人摸不准大炮的位置。但战斗过程中出现的新情况让局势朝着有利于英军的方向发展。汉密尔顿眼见布尔人的阵线中出现一个缺口，立刻派骑马炮兵Q连的炮兵展开攻击。继桑纳哨卡战役后，骑马炮兵Q连的炮兵第二次暴露在布尔人的火力下，再次陷入全员被俘的危局中。一队布尔骑兵壮着胆从皮纳尔斯普尔山上冲了下来，朝骑马炮兵Q连近距离开火。关键时刻，第十二枪骑兵团冲了出来。曾经枪骑兵手里这些超过五磅重的枪显得太过沉重，骑马时又太过累赘。但今天，它们终于发挥了重要作用。大炮安全了，布尔人逃走了，但十多个枪骑兵倒下了。

汉密尔顿的骑兵需要重新整顿。如果这时还有未被击退的布尔人在附近，骑兵就危险了。撤退时，子弹从侧翼雨点儿似的射向队伍。英勇的艾尔利勋爵照例拿出剑指挥战斗，但心脏中枪了。艾尔利勋爵作战勇敢，平时为人谦逊。他曾对战场上一个醉酒的中士说道："请注意你的言辞！"这是他对人说过最严苛的一句话了。两个军官、十七个士兵和艾尔利勋爵一起倒下了。倒下的还有三十匹马。骑兵里受伤的人多数只是轻伤。为了缓解右侧队伍的压力，布罗德伍德命令禁卫兵骑兵团击退布尔人的进攻。禁卫兵骑兵团一出手就获得了胜利。这次冲锋时，骑兵单纯作为骑兵作战，发挥的作用大大超过以往。

大炮安全了，布尔人的侧翼进攻被击退了，但还有个险情需要面对。布尔人的精英部队——来自海德堡的布尔民兵——企图从汉密尔顿的侧面打开突破口。汉密尔顿经过冷静判断，派出一个营和一队炮兵，将布尔人逼回。危急局势得到缓解。布鲁斯·汉密尔顿旅接到命令从山的正面发动进攻。在冬夜到来前，在炮兵的协助下，布鲁斯·汉密尔顿旅成功夺下了布尔人的第一道防线。夜晚降临时，双方胜负未分。苏塞克斯团和伦敦城帝国志愿军紧盯着布尔军左翼不放。第十一师在正面牵制布尔人。一切都为第二天的胜利做好了准备。

1900年6月12日一早，罗伯茨伯爵就下令，卫兵旅支援布鲁斯·汉密尔顿，进行侧翼进攻。下午，英军的进攻准备就绪。在山脊侧面的进攻地点，苏塞克斯团、伦敦城帝国志愿军和德比郡团合兵一处。三个卫兵团也赶到了。面前的山脊就像平原一样毫无遮拦，又刚好在布尔人的火力控制下。因此，英军若想继续推进一定会有较大的损失。英军步兵只能躲在阵地边缘的一条窄缝内。两个小时过去，由于斜坡太陡，根本无法把大炮拖近以掩护步兵冲锋。英军步兵坚守在阵地上。布尔人的维克—马克沁炮不停地纵射，榴霰弹如雨点儿般袭来，步枪的火力也一直持续不断。终于，康诺利少校带领皇家野战炮兵第八十二连来到火线上。布尔人的步兵就在一千码外。皇家野战炮兵第八十二连的行动与科伦索战役中朗指挥炮兵突前的蛮干行为类似。十四匹马立刻遭到布尔人枪击。四分之一的炮兵中弹，但英国大炮将一枚枚炮弹射向布尔人的阵地。榴霰弹迅速决定了战斗的成败。毫无疑问，胜利的荣誉应该属于康诺利少校和他的炮兵。

12日16时，当太阳西沉之际，优势渐渐偏向作为进攻方的英军——又有两个炮兵连前来支援。布尔人的火力越来越弱。此时，进攻很可能取得胜利，但必然会造成大量伤亡。汉密尔顿考虑到代价太大，暂时按兵未动。事实证明，汉密尔顿的判断是正确的。12日早晨，路易斯·博塔率领全军撤退了。乘骑步兵一路追踪布尔人到距离比勒陀利亚二十五英里的埃兰兹河火车站，但只有西澳大利亚人的一小队乘骑步兵赶上了他们。西澳大利亚人多次凭借过人的勇气与布尔人单打独斗。现在，总数不到一百人的西澳大利亚人占领了一座山丘，俯视着布尔军。如果人数再多点儿，西澳大利亚人的成果可能就不可估量了。西澳大利亚人将每一发子弹都射向了布尔人，打中了很多马匹和布尔士兵。有些问题值得仔细思量一下：为什么只有西澳大利亚人出现在这么关键的时刻？如果这件事只能由西澳大利亚人完成，那不就是上天注定的吗？时间真是件奇妙的事物，它似乎故意安排着不可思议的复仇。帕德伯格渡口胜利与马尤巴山战役失利是同一天。布尔人跨过朗宁山鞍给布勒解救莱迪史密斯制造了巨大的困难。现在，布勒的士兵又成功夺回朗宁山鞍。十九年前，在布龙克霍斯特时令河，西澳大利亚人被布尔人扫射。现在，在布龙克霍斯特时令河，撤退的布尔人又反过来受制于西澳大利亚人。很多事情似乎注定要轮回。

这就是钻石山战役。钻石山就是汉密尔顿攻打的那座山。两天的战斗表明，还有很多布尔人在坚持战斗。罗伯茨伯爵没有彻底击垮路易斯·博塔，也没有缴获布尔人的大炮，但清剿了比勒陀利亚周围，给布尔人造成重创，还向布尔人证明了反抗是没有用的。钻石山战役后，在比勒陀利亚，罗伯茨伯爵休整了很长时间。在比勒陀利亚休整期间，偶尔会有布尔人来袭，英军也在近距离内打击了布尔人。布尔人的袭扰对英军根本不构成太大影响。尽管英军的补给线还是会被布尔人破坏，但马匹和其他补给都迅速到来。1900年7月中旬，罗伯茨伯爵准备再次战斗。同时，亨特已经从波切夫斯特鲁姆赶来；汉密尔顿拿下了海德堡，正准备去支援还在斯坦德顿的布勒。比勒陀利亚西面还有一些零星的战斗。辛曼携带两门大炮再次出现在马弗京，但这两门大炮很快就被加拿大乘骑步枪团夺了过来。目前，南非的战况让各界人士纷纷断言，如果德·韦特被抓，那么布尔人就不太可能继续战斗；如果德·韦特坚持，那么路易斯·博塔似乎不太可能放弃。下面，我们就把目光转向著名的游击队指挥官德·韦特。为了便于理解，我们先介绍一下奥兰治自由邦境内英军的总体情况。

罗伯茨伯爵一路北上比勒陀利亚的途中，并没有理会奥兰治自由邦残余的布尔军。在奥兰治自由邦东北，布尔军占领了一个四边形的地区。朗德尔指挥的第八师和布拉班特的殖民地师就是要防止布尔人从奥兰治自由邦南部进入北部，并夺回已经被布尔人占领的地方。为此，朗德尔建起一条长长的警戒线。行军途中，殖民地师经过特罗梅尔和克洛科兰。1900年5月25日，殖民地师占领菲克斯堡，朗德尔则攻下菲克斯堡西北四十英里处的赛尼卡。进入赛尼卡中心时，帝国义勇骑兵团的四十人突然遭到布尔人袭击。勇敢的多比亚克和四个同伴被布尔人的子弹射中。多比亚克的死令人惋惜——英军之中有很多人都像多比亚克一样，冲在了战斗的最前面。

布尔人虽然全线撤退，但依然无比危险。永远不要觉得任何事情都是理所当然的。失败更能激起人无尽的能量。自从占领赛尼卡后，朗德尔就开始跟进打击布尔人。朗德尔发现，在比达尔夫斯伯格附近的山丘，布尔人构建起坚固的防线。经过一番苦战，朗德尔的部队将布尔人赶下了山丘。战斗发生在着火的野草中。第二榴弹兵卫兵团、苏格兰燧发枪卫兵团、约克郡团和西肯特郡团全员参加战斗。除步兵之外，参加战斗的还有皇家野战炮兵第二连、第七十九连及一支来自帝国义勇骑兵团的队伍。在开阔地带，布尔人的火力造成朗德尔的部队三十人死亡，一百三十人受伤。伤者包括第二榴弹兵卫兵团的劳埃德[①]上校。

两天后，在赛尼卡和菲克斯堡之间，朗德尔和布拉班特的殖民地师联手建立了一道防线。赛尼卡和菲克斯堡之间的防线坚持了两个月，直到英军将大多数还在作战的布尔人俘虏。克莱门茨旅（第一皇家爱尔兰燧发枪团、第二贝德福德团、第二伍斯特团和第二威尔特郡团）也前来支援朗德尔，现在朗德尔手下的兵力达到一万两千人。但对付机动性强的八千人布尔军，一万两千兵力并不多。布尔人随时可能在英军漫长的防线上发动攻击。不过，因为朗德尔的防线地理位置优越，所以布尔人的每次进攻都以失败告终。在食物严重短缺的情况下，朗德尔和饿着肚子的英军勇敢地坚守阵地。在为国尽忠方面，再没有谁能比朗德尔的部队做得更好了。

1900年5月末，殖民地师、朗德尔指挥的第八师和克莱门茨旅守护着巴斯陀边境上从菲克斯堡到赛尼卡的防线，阻止布尔人从奥兰治自由邦南

---

① 即弗朗西斯·劳埃德（Francis Lloyd，1853—1926）。——译者注

面前往北面作战。然而，又是谁在阻止布尔人从西面过来切断英军的铁路线呢？奥兰治自由邦西面是英军阵地的薄弱部分。梅休因男爵率领六千兵力从博斯霍夫赶来，在奥兰治自由邦西面进行防守。科尔维尔率领高地旅也在奥兰治自由邦西面防守。一旦有野心勃勃的布尔军前来，两支队伍就会相互支援。克隆斯塔德由一个英国民兵营驻守。在奥兰治自由邦境内，每支英军都需要用补给车运送物资，但护送车队的兵力非常少。如果战场上有一个能力出众、机动性强、擅长游击战的布尔指挥官，那么英军可能就要吃大亏了。很不幸，这个人真的存在，而他正准备充分利用机会大干一场。

第27章

保护补给线

德·韦特四十多岁，正值壮年。他中等身材，身体强壮，留着络腮胡子。他天生精力充沛，有着丰富的南非作战经验。他的军事生涯是从马尤巴山战役开始的。他和大多数布尔人一样，对英国恨之入骨。南非共和国的布尔人憎恨英国很容易理解。但奥兰治自由邦的布尔人从来没有受到来自英国的伤害，所以他们对英国的憎恨很难让人理解。德·韦特因为弱视，所以只能戴着茶色眼镜。镜片后面是一双特别善于观察的眼睛。现在，他正把目光移向分散的英军和暴露在外面的漫长补给线。

现在，布尔指挥官德维利尔斯、奥利维尔和普林斯卢正在奥兰治自由邦东北部的山区展开游击战。德·韦特的部队正是这些布尔军中的一支。他有五门大炮和一千五百名士兵，还有最好的战马。德·韦特活动的地点是有山丘作为堡垒的、一望无际的大草原。他面前有很多可以进攻的地点，所以他需要仔细考虑从哪里下手。茶色眼镜后面的眼睛看向了林德利这座偏远的小城。

科尔维尔受命率领高地旅从芬特斯堡向海尔布隆前进，平定沿途所经地区。然而，所经地区的布尔百姓拒绝投降。从芬特斯堡到林德利的路上，科尔维尔几乎每走一步都会遭到布尔人的袭击。科尔维尔发现德·韦特就在附近，所以没有在林德利停留，而是直奔目的地海尔布隆。但这时刚好帝国义勇骑兵团第十三营——一支五百人的队伍——从克隆斯塔德来到林德利，准备加入科尔维尔的部队。这支队伍由斯普拉奇上校指挥。1900年5月27日，当帝国义勇骑兵团第十三营到达林德利时，科尔维尔已经离开了。队伍因为押运了几车物资，不太可能原路返回，所以决定在林德利停留一天，然后追随科尔维尔的脚步前往海尔布隆。进入林德利几个小时后，帝国义勇骑兵团第十三营就遭到了德·韦特的猛烈袭击。

斯普拉奇的反应很快。在布尔人的重火力下，他带领车队和士兵撤到五英里外的克隆斯塔德公路边上。克隆斯塔德公路边上有两座山丘可以帮助英军防御布尔人的进攻。山丘附近有山谷可供牛车和马匹躲藏，一条小溪从山谷中流过，运输车里装满食物和弹药。帝国义勇骑兵团第十三营的很多士兵都是从公立学校或大学毕业的，军事素质极佳。在给科尔维尔和梅休因男爵的求援信中，帝国义勇骑兵团第十三营表达了防守的决心。科尔维尔没有回去救援，而是继续向海尔布隆行军。大众不应该谴责科尔维尔没有回去支援帝国义勇骑兵团第十三营的决定。[①]帝国义勇骑兵团第十三营的汉基下士冒着生命危险将求援消息送到梅休因男爵那里。听到消息后，梅休因男爵立刻派援军赶往战斗地点，但还是太晚了。

在前三天里，斯普拉奇带领帝国义勇骑兵团第十三营的士兵坚守阵线。他们一直处于布尔人长距离步枪的火力下，但没有造成什么严重的损失。军队的士气值得钦佩。在哈姆比上尉、莫德上尉和朗福德伯爵[②]的带领下，帝国义勇骑兵团第十三营进行了几次突围，但没有成功。第四天，布尔人将两门大炮拖到阵地上。你可能会想，三天时间足以让指挥官做好如何应对布尔人的准备。在这几天里，即便没有工兵，挖掘战壕也不是什么难事，何况布尔人也疲于应对帝国义勇骑兵团第十三营的炮击，但即便做好了所有准备，也还是不够的。两座山丘中有一座被布尔人占领了。防守部队都挤在另一座山丘。最终，帝国义勇骑兵团第十三营只能投降，举起了白旗。必须承认，这支英军投降的行为让人失望。这可能是第二次布尔战争中最令人失望的一次投降，这个失败案例将成为值得研究的军事课题。

现在，需要解释一下梅休因男爵的情况。前面已经说过，他率领的师驻守在博斯霍夫，离金伯利不远。早在1900年4月初，梅休因男爵就成功

---

① 科尔维尔接到命令，在指定日期到达海尔布隆。一路上他也在与布尔人作战，而要求他去解救的帝国义勇骑兵团，比他自己的队伍机动性还要强。——原注
② 即托马斯·帕克南（Thomas Pakenham，1864—1915）。——译者注

杀死了马勒伊，然后沿着瓦尔河向南面的克隆斯塔德前进。1900年5月28日，梅休因男爵到达克隆斯塔德。现在，梅休因男爵指挥的是第九旅，也就是六个月前与他一起前去解金伯利之围的部队。第九旅包括第一诺森伯兰郡燧发枪团、北兰开夏郡团、第二北安普顿团和第二王属约克郡轻步兵团。除第九旅之外，梅休因男爵指挥的还有皇家明斯特燧发枪团、帝国义勇骑兵团的五个连、皇家野战炮兵第四连和第三十七连，配备两门榴弹炮和两门机关炮。梅休因男爵的总兵力大约有六千人。

一到克隆斯塔德，梅休因男爵就接到了援助海尔布隆的任务，因为科尔维尔指挥的高地旅、殖民地骑兵团、配备两门舰炮的皇家野战炮兵第五连正处于食物和弹药短缺的紧急关头。林德利的帝国义勇骑兵团第十三营发来的求援信息更加紧急。但到6月3日，当梅休因男爵的救援部队赶到林德利时，战斗已经结束了。佩吉特[1]带领一支部队留下来守卫林德利，其他部队则继续按照原来的计划前往海尔布隆。7日，救援部队赶到海尔布隆时，高地旅已经减员四分之一了。为了表达感激，科尔维尔的部队给梅休因男爵派来的这支援军起了个别名——"救世军"。

梅休因男爵派出的救援部队到达海尔布隆前，一支前往海尔布隆的运输车队也遭遇了不幸。1900年6月1日，这支车队沿铁路线前往海尔布隆。护送车队的是高地人团的一百六十名成员。运输车队没有大炮，由科巴里斯上尉指挥。带着茶色眼镜的德·韦特就在半路伏击。"我方有两百人、五门大炮。你们快快投降吧！"毫无还手之力的运输队别无他法，只能投降。这真是一起灾难导致的另一起灾难。如果帝国义勇骑兵团第十三营能守住林德利，德·韦特也就不会在6月4日将魔爪伸向高地人团护送的运输队；如果不是因为抢劫了运输车队，布尔人的物资就不会充足到对鲁德瓦

---

① 即阿瑟·佩吉特（Arthur Paget，1851—1928）。——译者注

尔发起进攻。鲁德瓦尔是德·韦特的下一个目标。

鲁德瓦尔火车站两英里外的铁路线附近有一座很高的山丘，叫雷诺斯特山。雷诺斯特山的左右两边各有一些小山。第四德比郡团被派去驻守雷诺斯特山。该营收到消息说，布尔人要袭击铁路线。黑格少校带领一千人组成的民兵守在铁路末端。6月6日，第四德比郡团遭到布尔人袭击，但最终将布尔人击退。

德·韦特一直沿铁路线寻找容易的目标下手。他有时与其他布尔民兵合作，有时单打独斗。6月7日夜晚，德·韦特再次袭击了第四德比郡团。当时，第四德比郡团已经在大炮的掩护下休息了。有人批评该营没有在山丘上进行防守。这种说法是错误的。实际上，山丘上有两个连驻守，但他们确实没有发现危险，而舒舒服服地入睡了，根本没想到带着茶色眼镜的德·韦特已经靠近。8日早晨第一缕阳光出现时，炮轰开始。炮弹在英军中间炸开。对这支没有作战经验的民兵团来说，炮轰是一场可怕的煎熬。这个营的士兵多是矿工和从事农业生产的劳动力，除切到手指时会看到出血之外，就再没见过什么血腥的场面了。他们才刚到南非四个月，生命就像丰盛的野餐一样才刚刚开始，但转瞬，野餐结束了。冷峻残酷的布尔人包围了他们。枪弹的呼啸声说明着战争的残酷。第四德比郡团的士兵痛苦地呻吟。炮弹发出巨响。人的肢体扭曲、撕裂。在绝望的深渊中，一些年纪大且勇敢的矿工表现出色，但始终没有机会获胜。子弹从四面八方袭来。然而，第四德比郡团看不到一个布尔人。他们在路堤的一侧进行防守，但后背遭到攻击。他们转移到路堤另一侧，却再次后背遭袭。贝尔德–道格拉斯上校下了狠命令："谁要敢竖起白旗就格杀勿论。"但他自己先倒下了，没有看到最终投降的场面。投降的时刻还是到来了。一百四十人倒下了，很多人的伤都是炮弹爆炸引起的致命伤，整个战场变成了人间炼狱。白旗竖起来时，布尔人才出现。第四德比郡团人数占劣势，没人指挥，也没有大炮，但参战的民兵并没有给英军抹黑。他们的战斗从一开始就没有获胜的希望，士兵们经历了阵亡和肢体的残缺，但收获了荣誉。

雷诺斯特山南面两英里就是鲁德瓦尔火车站。6月8日一早，站里停着一列载满信件、山羊和炮弹的列车。一支大约一百多人的混编部队从火车上走下来。队伍中有二十个邮局志愿者、一些铁路公司职员、几个什罗普郡轻步兵团士兵，剩下的都是无业人员。一大早，戴着茶色眼镜的德·韦特就来了。他手上还沾着昨夜第四德比郡团士兵的鲜血。"我有四百人和四门大炮。投降吧！"信使说道。但没有经过战斗就交出邮袋不是邮递员的个性。"绝不投降！"勇敢的邮递员喊道。炮弹一发接一发袭来，在火车站波纹状的铁皮屋顶上炸裂。面对致命的大炮，混编部队根本没有还手之力，只能投降。德·韦特连续打击了英国正规军和英国志愿者。车站和火车都被付之一炬。山羊被宰杀了，大炮被炸掉了，信也被烧掉了。德·韦特烧掉信的举动太没有绅士风度了。他北面的五万英军将士可以没有食物，也可以没有衣物，但深切盼望着那些家书。在南非大草原上，这些烧毁的家书随风飘散。[①]

三天时间里，德·韦特控制了铁路线，并对其任意妄为。几英里范围内的铁路线一片狼藉。先是雷诺斯特桥遭到破坏，接下来是鲁德瓦尔桥被毁。铁路被炸药炸毁，铁轨横七竖八地散落在铁路周围。德·韦特的暴行随处可见。十英里内的电报传送杆没有一个逃脱他的魔爪。德·韦特的指挥部可能就在鲁德瓦尔的某座山上。

终于，1900年6月10日，两支英军在险象环生的地方会合了。一支是梅休因男爵的军队，从海尔布隆赶来；另一支从南面来，由基奇纳伯爵指挥，包括什罗普郡轻步兵团、南威尔士边境团和一个皇家野战炮兵连。精

---

① 家书的残页不停地出现在英军将士的眼前。"我希望你们现在就将那些布尔人杀光"，据我所知，有一封信的开头就是这么说的。——原注

力充沛的基奇纳参谋长总是被罗伯茨伯爵派往需要强有力的领导的地方，而他对任务的判断几乎从没正确过。一到鲁德瓦尔，梅休因男爵就立刻对德·韦特展开攻势。当时，德·韦特正要向奥兰治自由邦东面转移。毫不夸张地说——尽管夸张也是战时最常见的一种现象，梅休因男爵的行动取得了极大的成功。梅休因男爵针对布尔人的行动制定了精准的战略。梅休因男爵得到消息说，克隆斯塔德已经被布尔人占领，于是开始向南行军，结果发现消息不准确，又开始向东搜寻德·韦特的踪迹。

不久，诡计多端、耐力极强的德·韦特出现了。6月14日，德·韦特再次出现在雷诺斯特。著名的吉鲁阿尔正在雷诺斯特指挥抢修遭到破坏的铁轨。英军的人数足以与德·韦特抗衡。因此，德·韦特没敢贸然采取行动，而是向东面奔去。路上，他又成功地制造了一些伤害，还差点儿活捉基奇纳伯爵。一个邮局在雷诺斯特建成。斯彭斯[①]上校带领配备了几门大炮的什罗普郡轻步兵团守护在雷诺斯特。同时，最年轻、最活跃的师长史密斯–多里恩开始监管铁路沿线并在沿线巡逻。

克隆斯塔德南面的桑德河上有一座非常重要的大桥。在其附近，德·韦特的弟弟彼皮特·丹尼尔·德·韦特展开了一次进攻。在帝国义勇骑兵团的协助下，第二皇家兰开斯特团、民兵团和铁路先锋团轻而易举地粉碎了这次进攻。不过，在这场小规模战斗中，铁路先锋团的西摩阵亡了。西摩愿意为正义和自由献身，是一个值得敬重的美国人。

英军采取了这么多的预防措施，多希望戴着茶色眼镜的德·韦特不再出现。但德·韦特再次回到了老地方。他选择的新袭击地点是位于克隆斯塔德和鲁德瓦尔之间的霍宁时令河火车站。6月21日，一辆火车停在霍宁时令河火车站时，德·韦特带领布尔人突然出现，将火车两侧的轨道炸毁。在霍

---

① 即詹姆斯·斯彭斯（James Spens，1853—1934）。——译者注

宁时令河火车站，能参加战斗的只有从比勒陀利亚救回来的三百名俘虏。他们手里只有马提尼–亨利步枪和老式弹药，没有大炮。就像科伦索战役中挺身而出的第二德文郡团的布洛克那样，一个勇敢的人担任了指挥官，但大炮将一切轰得粉碎。英军又经历了一遍科伦索战役的难堪。七个小时里，在布尔人的炮火下，英军根本抬不起头。不过最终，他们的坚持得到了回报。晚上，枪骑兵团、帝国义勇骑兵团和伦敦城帝国志愿军带着大炮从南面赶来。一部分布尔人逃跑了，但还有一部分没来得及跑掉。英国队伍中的霍布斯少校和四名士兵阵亡，十九人受伤。在这次防御行动中，英军只有三百名"半副"武装人员，但对面是拥有三门大炮的七百名布尔士兵。从霍宁时令河火车站撤退后，德·韦特立刻袭击了由埃文斯上校防守的一个据点。埃文斯上校指挥的队伍是什罗普郡轻步兵团的两个连和五十个加拿大团士兵。在英格利斯的指挥下，加拿大团在一个没有掩体的据点拼死抵抗。埃文斯上校的队伍击退了布尔人，但遭受了一定损失。

德·韦特对英军据点的攻击虽然让人懊恼，也具有一定的破坏力，但仍然无法阻止布尔人失败的进程。钻石山战役后，所有英军夺取的据点都由乘骑步兵防守，其他部队则返回比勒陀利亚营地待命。在南非战场的其他地方，英军将包围圈收得更紧了。布勒最远已经到了斯坦德顿。1900年6月的最后一周，汉密尔顿占领了海德堡。一周后，布勒和汉密尔顿终于联起手来，誓要将奥兰治自由邦和南非共和国军队之间的联系斩断。在行动中，汉密尔顿不幸锁骨骨折，所以他的部队暂由亨特指挥。所有英军将士都认为亨特任师长当之无愧。

现在，英军指挥官认识到，只要这七八千人的布尔队军还在德·韦特和奥利维尔的指挥下，并藏在铁路线周边的山林中，英国的补给线就永远处于威胁和危险中。因此，英军指挥官下定决心清扫各个角落的布尔士兵。汉密尔顿和布勒的军队会合后，布尔人唯一可以逃跑的路线也被封死了。

现在，六支军队都将注意力集中在顽固的奥兰治自由邦军队身上。南面是朗德尔指挥的第八师和布拉班特的殖民地师；殖民地师的最左侧是克莱门茨旅；北面是佩吉特指挥的林德利卫戍部队、麦克唐纳指挥的海尔布隆卫戍部队和亨特指挥的部队。布尔人的危机即将来临。

距离英军最近的奥兰治自由邦重镇非伯利恒莫属。现在，战斗的阴云已经笼罩了伯利恒。朗德尔和布拉班特守在伯利恒南面，但西面还会让布尔人有机可乘。因此，英军的第一个行动就是召集足够的部队从西面合围布尔人。7月1日，克莱门茨的部队和佩吉特的部队会合了。克莱门茨的步兵有优秀的第一皇家爱尔兰燧发枪团、第二伍斯特团、第二威尔特郡团和第二贝德福德团，骑兵有第二布拉班特骑兵团、帝国义勇骑兵团部分骑兵及部分乘骑步兵，还有配备两门口径五英寸大炮的皇家野战炮兵第八连。在会合途中，克莱门茨的部队和佩吉特的部队遇到了一点儿阻力。终于，在格伦费尔[①]和布拉班特的协助下，克莱门茨经过一连串小规模的战斗，在三天后抵达伯利恒。

为了与克莱门茨取得联系，佩吉特将林德利留给巴夫斯团防守，然后出发前去接应克莱门茨。佩吉特手里有一个大约一千人的骑兵队伍、八门大炮和两个装备精良的步兵团——皇家明斯特燧发枪团和第二王属约克郡轻步兵团。7月3日，佩吉特发现一支人数众多的布尔军携带三门大炮拦在他前进的路上，而此时，克莱门茨距离他的侧翼太远，根本无法支援。由奥德菲尔德少校指挥的、配备四门大炮的皇家野战炮兵第三十八连和配备两门大炮的伦敦城帝国志愿军立刻开始行动。有一段时间，皇家野战炮兵连的大炮暴露在布尔人的重火力下。大炮护卫队人手不足，处于混乱之中。布尔士兵径直向皇家野战炮兵第三十八连发起进攻。在保护大炮的过

---

① 即弗朗西斯·奥克塔维厄斯·格伦费尔（Francis Octavius Grenfell，1880—1915）。——译者注

程中，勇敢的奥德菲尔德少校和贝尔彻中尉阵亡。炮兵指挥官只剩下菲茨杰拉德上尉了，但他身上有两处负伤。二十名炮兵倒下了，马匹也所剩无几。有两门大炮落入布尔人之手。布尔人损毁了大炮的外观，但英勇的澳大利亚骑兵前来抢炮，赶走了布尔人。一直在进行侧翼迂回的皇家明斯特燧发枪团和第二王属约克郡轻步兵团也加入了战斗。布尔人撤退后，英军继续向前。6日，佩吉特的部队终于来到了伯利恒。

伯利恒的四周都是小山。防守伯利恒的布尔军实力很强。现在，克莱门茨的队伍在左，佩吉特的队伍在右。他们想从布尔人的侧翼着手，但侧翼范围太广，布尔人又防守严密，两支队伍没有找到突破口。整整一天，克莱门茨的队伍一直在进行迂回行动，期望能够找到布尔军防守的薄弱环节。晚上，佩吉特带领两个步兵团对布尔人的右翼发动了直接攻击。皇家明斯特燧发枪团和第二王属约克郡轻步兵团共有四十人伤亡，其中包括四名军官。在这场进攻伯利恒布尔军的侧翼行动中，皇家明斯特燧发枪团损失最重，也赢得了最多的荣誉。

阵地中心依然被布尔人牢牢占据。7日早上，克莱门茨指示第一皇家爱尔兰燧发枪团的上校一有机会就发起猛攻。一旦第一皇家爱尔兰燧发枪团的行动成功，局面就会对英军有利。第一皇家爱尔兰燧发枪团呈分散队形向山上进攻，途中有四五十人阵亡。但最终，该团登上了山顶。士兵尽管已经上气不接下气，但士气高昂。山下就是伯利恒镇了。几百名布尔骑兵匆忙撤退。一门大炮被拖进了城。战场上似乎没有什么战利品了。突然，一个眼尖的中士高兴得欢呼起来，紧接着欢呼声越来越大，响彻整个草原。山峰下一组损坏的车轮边躺着一门大炮。这是斯托姆山战役中丢掉的两门十五磅炮中的一门，现在又回到了英军手中。战斗时经常是由炮兵掩护步兵，但在伯利恒战役中，换步兵来报答炮兵了。7日晚上，克莱门茨的部队就占领了伯利恒。英军又从奥兰治自由邦夺得一个镇。

现在来说一下亨特指挥的部队从北面包围布尔人的情况。前面已经提过，身材瘦削、长着鹰钩鼻的汉密尔顿在海德堡锁骨骨折。因此，作为中尉的亨特开始率领汉密尔顿的部队从南非共和国进入奥兰治自由邦。亨特把多数步兵留在海德堡，自己则率领布罗德伍德的两个骑兵旅、布鲁斯·汉密尔顿的第二十一旅和里德利的乘骑步兵共六千人赶到伯利恒。7月2日，亨特率领的军队没有遇到任何抵抗就抵达奥兰治自由邦北面的法兰克福。7月3日，从海尔布隆赶来的麦克唐纳前来支援。现在，亨特手里的兵力将近一万。亨特指挥的这支英军一定可以给垂死挣扎的奥兰治自由邦致命一击。亨特经过法兰克福南部时，依然没有遇到有力的抵抗。他占领了雷茨堡，然后派布罗德伍德指挥的骑兵前往伯利恒。8日，亨特的部队与佩吉特的部队跟克莱门茨的部队会合。

现在，一张大网已经张开，正待收紧。但最后关头，德·韦特"这条大鱼"从网里拼命地挣脱了。德·韦特留下奥兰治自由邦的主力部队在绝望中挣扎，自己却带着一千五百名精壮骑兵和五门大炮，突破了伯利恒和菲克斯堡之间的斯拉波特山鞍，向西北方向逃去。佩吉特和布罗德伍德指挥的骑兵紧随其后。16日，德·韦特逃脱了追击。19日，在林德利附近，利特尔率领第三骑兵旅捕捉到德·韦特的踪迹。胆大包天的他，再次切断了通往霍宁时令河北部的铁路线，袭击了一列火车，并且俘虏了威尔士燧发枪团的一百名士兵。22日，德·韦特出现在弗里德堡。布罗德伍德、里德利和利特尔在德·韦特后面紧追不舍。德·韦特一旦有车马或士兵掉队，就会落入英军手中，但他钻入了瓦尔河南面几英里远的一片山林，并在山林里潜伏了一周或更久。

先不说德·韦特领导的这支游击队是怎样在山林里生存的，让我们回到英军撒出的大网上，尽管最重要的"那条鱼"——德·韦特——已经漏网。英军从四面八方将网收紧。当英军从巴苏陀兰边境的伯利恒开始急行军时，所有菲克斯堡北面的布尔人都会被这张网包围。7月22日，各路英军开始行动。佩吉特离开了伯利恒。朗德尔也从菲克斯堡向前推进了一段距离。布鲁斯·汉密尔顿牢牢地控制了布尔人藏身的遍布岩石的地带，但第二卡梅伦团有二十人阵亡。23日，亨特的部队集中全力要拿下两个山鞍，它们分别由普林斯卢和奥利维尔把守。两个山鞍险要的地理位置，让它们变成了天然的堡垒。黑警卫团攻克了一座山，可以威慑其中一个山鞍。克莱门茨和佩吉特正在努力攻下另一座山脊。英国大炮在山鞍发出震耳欲聋的声音。不知疲倦的步兵也在全力展开进攻。高地旅损失了一百人，但在锡福斯团和苏塞克斯团的全力配合下，高地旅拿下了雷蒂夫山鞍。26日，英军各路部队在富里斯堡会合。麦克唐纳也在布尔人撤退的必经之路——乌普尔特——做好了准备。现在，要彻底击垮布尔人只是时间问题了。28日，第一苏格兰燧发枪卫兵团迅速出击，拿下了斯拉普克朗兹。29日，普林斯卢发来消息，请求停战，但被英军拒绝了。随后，普林斯卢派信使给亨特送来白旗，宣布自己无条件投降。

7月30日，布尔军从山里走了出来。但普林斯卢投降并不代表所有布尔人投降。因为在布尔军中，纪律无法约束个人意愿，而士兵可以拒绝接受指挥官的决定。一千一百名来自菲克斯堡和莱迪布兰特的布尔人投降。31日，七百五十名布尔士兵带着八百匹战马投降。到8月6日，投降的布尔人总数已经达到四千一百五十人。布尔人交出了三门大炮，其中有两门原来是属于英军的。奥利维尔率领一千五百人，带着几门大炮趁乱穿过山林溜掉了。8月4日，哈里史密斯的布尔民兵向麦克唐纳投降。此时，范里宁关打通，纳塔尔铁路也全部打通。英军的运输基地从开普移到了德班。从德班向英军前线运送物资比从开普运送物资缩短了三分之二的距离。一系列军事行动的成功确保了英军补给线不会再受到严重破坏，对罗伯茨伯爵巩固比勒陀利亚阵地也具有非常重要的意义。

第28章

比勒陀利亚

现在，罗伯茨伯爵已经在比勒陀利亚停留六周了。英军已经平定了南非共和国南部和西部的绝大部分区域，但布尔人的反叛还在继续。之前已经平定的地方也会突然有布尔人拿起步枪反抗。正如历史已经无数次验证过的：打败一个共和国军队容易，但征服这个共和国的民族很难。克莱克斯多普、芬特斯多普和勒斯腾堡不断有布尔人起义的消息传到英军阵营。尤其是听说德·韦特的反抗事迹后，布尔人更是备受鼓舞，将已经藏起来的毛瑟枪和子弹袋又从牛棚里挖了出来。布尔人再次拿起武器战斗，已经投降的人深感羞耻。英军截获了一封德·韦特写给克龙涅儿子的信。当时，克龙涅的儿子已经在勒斯腾堡附近投降了。信里，德·韦特说，他已经取得两场重大胜利，招募了一千五百名新兵。不仅偏远地区的布尔人还在反抗，连比勒陀利亚周围的布尔人也有反叛的迹象。比勒陀利亚和约翰内斯堡的布尔人对英国有严重的不满情绪，也迫不及待地想拿起武器战斗。

1900年6月末，布尔人认识到，除非英军骑兵到来，否则罗伯茨伯爵对布尔人的反叛无能为力。在约翰内斯堡附近的斯普林菲尔德，一小股布尔人发动袭击，但被加拿大人轻松击退。7月初，在比勒陀利亚周围，部分英军骑兵和巡逻队遇袭。罗伯茨伯爵命令赫顿和马洪平定布尔人的反叛，并将他们驱赶到布龙克霍斯特时令河附近。7日，在平定布尔人叛乱的过程中，英军遭遇了大规模反抗。布尔人不仅有步枪，甚至还使用了大炮。平定布尔人的叛乱后，罗伯茨伯爵的军队右翼的压力减轻了。但约翰内斯堡叛乱又起。平定约翰内斯堡叛乱的过程中，英军有三十四人伤亡。伤亡人员中有半数都是帝国轻骑兵团的士兵。帝国轻骑兵团曾随马洪解除了马弗京之围。几天前，当帝国轻骑兵团来到约翰内斯堡时，士兵看着街道两旁被遗弃的房子，心里五味杂陈，因为这里曾经是他们的家。9日，布尔人再次发动袭击，失败后被英军赶向东面。

布尔人在罗伯茨伯爵的军队右翼进行的军事行动，很有可能是用来迷惑英军的，真正的目的是实行路易斯·博塔的军事计划。布尔人的军事部署看起来是这样的：路易斯·博塔带领部队占领钻石山东面德拉瓜湾铁路沿线的一处据点，并在比勒陀利亚东南英军最右翼袭击赫顿的部队；第二支部队在比勒陀利亚北面，由格勒布勒指挥；第三支部队由德·拉·雷伊指挥，秘密进攻比利陀利亚西北方向英军的左翼。在罗伯茨伯爵的军队右翼，路易斯·博塔通过积极的军事行动吸引了他的注意。格勒布勒和德·拉·雷伊则对罗伯茨伯爵的中路和左翼进行突袭。三处作战地点彼此相距十二英里到十五英里。进攻罗伯茨伯爵的军队的计划看起来天衣无缝，但有一个致命的弱点。这个弱点就是由于三支队伍过于分散，每一支布尔军的力量只能夺取一个外围据点，但没有实力扩大成果。

7月11日破晓时分，在尼特尔山鞍，德·拉·雷伊发动进攻。尼特尔山鞍位于南非共和国首都比勒陀利亚西面大约十八英里处。尼特尔山鞍并不在罗伯茨伯爵的战线上，却是连接他和勒斯腾堡部队的枢纽。尼特尔山鞍的英军只有林肯郡团的三个连、苏格兰骑兵团的一个班和配备了两门大炮的骑马炮兵O连。11日天空出现鱼肚白时，布尔人发起进攻。尼特尔山鞍的守军一边面对布尔人致命的火力，一边等待援军到来。只可惜援军始终未到。整整一天，布尔人都没有拿下尼特尔山鞍。但夜晚到来时，守军的子弹开始短缺，最后不得不投降。在这场行动中，步兵、骑兵和炮兵表现出色，只不过尼特尔山鞍根本无法守住。守军伤亡八十人，被俘将近两百人，还损失了两门大炮。英军在之前的科伦索战役中损失十门大炮，在斯托姆山战役中损失两门大炮，在桑纳哨卡战役中损失七门大炮。加上在尼特尔山鞍损失的两门大炮，损失的大炮总数达到二十一门。7月末，英军在埃兰兹拉赫特缴获布尔人大炮两门，在金伯利缴获一门，在马弗京缴获一门，在帕德伯格缴获六门，在伯利恒缴获一门，在富里斯堡缴获三门，在约翰内斯堡缴获两门，在比勒陀利亚缴获两门，以及8月初梅休因男爵从德·韦特手中缴获的一门和汉密尔顿在奥利范特山鞍缴获的两门。从缴获的大炮数量上看，英布双方算是平分秋色。

德·拉·雷伊在尼特尔山鞍发动突袭的同一天，格勒布勒出现在比勒陀利亚北面，对曾经攻击过他的第七龙骑兵团的几个班发动了袭击。在骑马炮兵O连部分炮兵兵力和第十四轻骑兵团的帮助下，洛[1]上校率领第七龙骑兵团从布尔人的包围圈中突围出来，但有三四十名军官和士兵伤亡或被俘。第十四轻骑兵团不愧被称作"黑马"部队。在一千名布尔枪手的步枪和四门大炮的凶猛火力这样几近绝望的境地中，第十四轻骑兵团奋勇作战，帮助第七龙骑兵团摆脱了困境。比勒陀利亚附近的战斗打响后，在最初阶段，布尔人取得节节胜利。但德·拉·雷伊和格勒布勒发动的这两次袭击算是布尔人最后的胜利了。在克服了远距离作战的弊端、战胜了传染病、改正了机动性不强的毛病后，英军正凭借坚强的毅力挫败所有布尔人的反抗。

7月11日，这些小规模战役发生的同时，在尼特尔山鞍南面大约二十英里，戈登团经历了一场激烈的战斗。史密斯－多里恩指挥的第十九旅接到命令向克鲁格斯多普进发，再从克鲁格斯多普向北行军。这支队伍除第十九旅之外，还有苏格兰义勇骑兵团和皇家野战炮兵七十八连的一部分。第十九旅的主要目的是将沿途的布尔军向北驱赶。布尔人在一个叫多弗克兰茨的地方严阵以待。英军的两门大炮没有得到有力保护。布尔人的近距离射击导致多名英军炮兵伤亡。炮兵中尉特纳[2]曾是埃塞克斯著名的板球运动员。现在，特纳亲自上阵开炮，但身中三枪倒在了大炮旁。情况非常危急，尼特尔山鞍失守让第十九旅处境更加危险。第十九旅接到撤退命令，但撤退就等于要丢弃大炮。布尔人的火力这么凶猛，将大炮转移几乎是不可能

---

[1] 即威廉·洛（William Lowe，1861—1944）。——译者注

[2] 即阿瑟·特纳（Arthur Turner，1878—1952）。——译者注

的。戈登团进行了一次大胆的尝试。扬格①中尉和一些勇敢的士兵冒着生命危险来到大炮旁边，试图向布尔人发射炮弹，但没有成功。最后，在夜色的掩护下，戈登团士兵将两门野战炮装上马车成功撤离。布尔人冲上来企图抢夺大炮，但遭到了戈登团的齐射。在多弗克兰茨发生的这场战斗中，英军有三十六人伤亡。对英军来说，1900年7月11日是个不太走运的日子。

路易斯·博塔清楚地知道，从南面来的每一列火车都意味着罗伯茨伯爵的军队将拥有更多战马，也意味着德·韦特及其率领的奥兰治自由邦部队已经越来越难阻止战马来到比勒陀利亚了。英国从世界各地征收战马，因为获得战马就等于获得胜利。布尔人必须快速行动，否则英军骑兵和乘骑步兵很快就会回来。届时，罗伯茨伯爵的军队力量将再次得到巩固。7月16日，路易斯·博塔也发动了袭击。进攻开始时，布尔人取得了一些胜利，但随后就被英军击退，损失严重。战斗的任务落在了波尔–卡鲁和赫顿身上。参战部队有第一皇家爱尔兰燧发枪团、新西兰团、什罗普郡轻步兵团和加拿大乘骑步兵团。布尔人不断地发起进攻，但每次都被击退。布尔军约有一百人伤亡，英军约有六十人伤亡。英军阵亡人员中，有两名年轻勇敢的加拿大军官——博登②和伯奇③。

在比勒陀利亚，路易斯·博塔对英军据点的最后一次进攻以失败告终了。虽然战争还远没有结束，但事实已经充分证明，布尔人的挣扎是没用的。尤其是当汉密尔顿和布勒的部队会合后，英军彻底切断了南非共和国军队与奥兰治自由邦军队的联系。奥兰治自由邦的布尔军已经无法转移战俘，也无法获得给养，只好将在林德利和鲁德瓦尔抓到的战俘扔下。现在，奥兰治自由邦的布尔士兵衣衫褴褛、忍饥挨饿。他们出现在莱迪史密

---

① 即戴维·扬格（David Younger, 1871—1900）。——译者注
② 即哈罗德·洛思罗普·博登（Harold Lothrop Borden, 1876—1900）。——译者注
③ 即约翰·埃德加·伯奇（John Edgar Burch, 1874—1900）。——译者注

斯，准备穿过范里宁关，但始终没能找到机会突破英军防线。

现在，罗伯茨骑兵团已重新集结，预备向东行军，与路易斯·博塔对决。英军骑兵沿着德拉瓜铁路线，首先到达了距离比勒陀利亚大约七十英里的小镇米德尔堡。各路英军云集在米德尔堡周围。马洪和汉密尔顿的部队在北面，波尔－卡鲁的部队在中间，弗伦奇和赫顿的部队在南面。在没有遭遇强烈抵抗的情况下，7月27日，米德尔堡已在英军的掌握中了。一直到最后向东行军，弗伦奇一直驻守在米德尔堡这个前沿阵地，波尔－卡鲁则守护着米德尔堡附近的铁路线。罗伯茨伯爵听说南非共和国西部发生暴乱，觉得此时向东进军还为时过早。因此，他命令汉密尔顿前往西部平定暴乱。向西平暴的部队还包括马洪的乘骑步兵和皮尔彻的乘骑步兵、骑马炮兵M连和埃尔西克炮兵连。两个炮兵连配备两门口径五英寸的大炮和两门口径四点七英寸的大炮。步兵有伯克郡团、边境团、阿盖尔郡和萨瑟兰郡高地人团及苏格兰边境团。平乱部队艰苦行军，一遇到布尔人就立刻投入战斗。

这场暴乱始于几周前，主要是德·拉·雷伊率领的布尔部队引起的。要详述每一起暴乱是不可能的，因为布尔人机动灵活，总是神出鬼没。暴乱应该是发生在1900年7月7日。一支带着大炮的布尔民兵出现在勒斯腾堡附近的山上。很难说清这支布尔军从哪里来，要到哪里去。大炮很可能是之前埋起来的。无论怎样，勒斯腾堡的英军指挥官汉伯里·特雷西突然收到布尔人传话让自己投降。汉伯里·特雷西手里只有一百二十人和一门大炮，但表现出过人的勇气。一收到勒斯腾堡告急的消息，霍尔兹沃思上校就立刻率领由澳大利亚布希曼人组成的一支队伍从济勒斯特出发，及时赶到勒斯腾堡。经过一场英勇的战斗，英军将布尔人赶了出去。7月8日夜里，巴登－鲍威尔赶到，接管了部队的指挥权。随后，普卢默的部队赶到，加强了勒斯腾堡的防守力量。

然而，布尔民兵仍然无处不在。德·拉·雷伊在尼特尔山鞍的胜利激励了布尔人的反抗情绪。13日，布尔民兵再次包围勒斯腾堡，与澳大利亚布希曼人发生了一场小规模冲突。之前的六周里，梅休因男爵率领的部队一直在奥兰治自由邦北部执行艰苦的任务。现在，他接到命令进入南非共和国，前往勒斯腾堡。勒斯腾堡俨然已经成为风暴中心。梅休因男爵的部队搭火车从克隆斯塔德到达克鲁格斯多普。18日晚，梅休因男爵的部队穿过一片被战火烧焦的荒凉区域前往勒斯腾堡。19日，梅休因男爵在一个据点与布尔人发生小规模战斗。双方损失都非常微小。21日，梅休因男爵通过马加利山脉的奥利范特山鞍进入南非共和国境内，与巴登－鲍威尔取得了联系。巴登－鲍威尔的部下艾雷[①]上校指挥勇敢的澳大利亚布希曼人在马乔托关附近与敌人进行了一场激烈战斗。在马乔托关的战斗中，艾雷的部队死亡六人，受伤十九人，损失了大约两百匹马。幸运的是，菲茨克拉伦斯率领保护国团及时赶到，避免了灾难的发生。

梅休因男爵虽然已经来到勒斯腾堡附近，但并没有与巴登－鲍威尔联手，因为他有充分的理由相信，机敏的巴登－鲍威尔完全可以自保。梅休因男爵听说布尔军就在他后方。因此，7月29日，他调头回到处于波切夫斯特鲁姆和克鲁格斯多普铁路中间的弗雷德里克斯塔德。梅休因男爵突然改变计划，是为了阻止德·韦特渡过瓦尔河。梅休因男爵前去追击德·韦特，而勒斯腾堡附近的布尔人还得清剿。于是，如前面所说，罗伯茨伯爵将汉密尔顿的部队从东面召回，让其前往比勒陀利亚西面的勒斯腾堡。

1900年8月1日，汉密尔顿的部队从比勒陀利亚出发前往勒斯腾堡。1日和2日，汉密尔顿的部队与布尔人两次交手。受伤的四十人主要是伯克郡团的士兵。最后，汉密尔顿的部队成功穿过马加利山脉。5日，他顺利抵达

---

① 即亨利·帕克·艾雷（Henry Parke Airey，1842—1911）。——译者注

勒斯腾堡，将勒斯腾堡附近的布尔军赶走。

比勒陀利亚西面还发生了一次小型围攻。在埃兰兹河，经历过马弗京之围的霍尔被布尔人包围。有那么几天，百姓非常担心霍尔会因坚持不住而投降。5日，卡林顿的部队试图解除布尔人对霍尔的围困，但被布尔人击退。由于南非整体形势危急，卡林顿被迫撤出济勒斯特和奥托斯胡普，向马弗京前进。尽管形势不利，但埃兰兹河守军仍然坚持防守。16日，基奇纳伯爵解除了霍尔的围困。

埃兰兹河的布拉克方丹渡口还发生了一场布尔人对英军的围攻。在整个第二次布尔战争中，澳大利亚人分散在南非战场各处。尽管澳大利亚人的勇气和效率为人熟知，但没有引以为傲的战功。现在，他们能以埃兰兹河战役为傲了，就像加拿大人以帕德伯格渡口战役为傲一样。

在埃兰兹河战役中，澳大利亚团只有四百人。这个团所在的山丘暴露在布尔人的火力下，被两千五百名布尔人包围，并且无法得到任何支援。布尔人的六门大炮精准地射向澳大利亚人。十一天里，一千八百枚炮弹落在澳大利亚团的阵地上，造成七十五人伤亡，全部的战马都被射杀了，但澳大利亚团以惊人的能量和独创性挖掘了战壕。据说，在挖掘的深度和效率上，澳大利亚团的战壕已经超过了布尔人。无论是卡林顿被击退，唯一的大炮无法发射，还是勇敢的阿内特阵亡，都没有让埃兰兹河守军灰心。将士发誓，宁可战死也绝不投降。当守军咬紧牙关坚持时，幸运降临了。布罗德伍德的部队赶到，解救了埃兰兹河守军。战斗结束前，埃兰兹河守军已经严重减员，但依然不屈不挠地与布尔人战斗。布罗德伍德的部队对澳大利亚团充满敬佩。如果谁想要寻找有关澳大利亚团的民谣，那就到埃兰兹河去吧，因为再没有比埃兰兹河战役更精彩的战斗了。

8月7日，汉密尔顿和巴登–鲍威尔的部队会合了。显然，守护每一个边远小镇是不明智的，所以他们放弃了勒斯腾堡。目前，战斗的焦点都集中在德·韦特身上——一定要阻止德·韦特进入南非共和国。在不影响叙述连贯性的前提下，下面先介绍几起事件。

首先是法布斯普雷特的行动。通过法布斯普雷特的行动，查尔斯·沃伦镇压了布尔人在格里夸兰的叛乱。格里夸兰地域辽阔，想迅速平定暴乱并不是件容易的事情。但查尔斯·沃伦凭着自己对当地情况的了解做到了。法布斯普雷特行动的成功，无疑也给查尔斯·沃伦带来了极大的荣耀，洗刷了他在斯皮温丘行动中的耻辱。查尔斯·沃伦率领的部队主要由殖民地军队和帝国义勇骑兵团组成。查尔斯·沃伦跟随叛乱的布尔军到达距离道格拉斯十二英里的法布斯普雷特。1900年5月末，布尔叛乱分子对查尔斯·沃伦展开夜袭。事出突然，布尔人又过于强大，尽管将士同心协力击退布尔人，但查尔斯·沃伦的部队损失不小。黎明时分，英军营地四周均遭到布尔人袭击。激烈的战斗持续了一小时。最后，查尔斯·沃伦击退布尔人的进攻。战场上留下了一些布尔人的尸体。参与战斗的有四百名爱丁堡公爵志愿军成员、佩吉特骑兵、第八帝国义勇骑兵团、四名加拿大炮兵和二十五名查尔斯·沃伦部队的侦察兵。查尔斯·沃伦的部队十八人死亡，三十人受伤，大部分马匹被射杀。爱丁堡公爵志愿军的斯彭斯上校中弹身亡。5月27日，在道格拉斯西面的海斯，埃迪上校与布尔人进行了小规模战斗并获胜。法布斯普雷特行动和海斯行动结束了布尔人在格里夸兰地区的公然反叛。6月20日，布尔人领袖德维利尔斯带着二百二十人向查尔斯·沃伦投降。他们上交了所有粮食、步枪和弹药。

受奥兰治自由邦境内游击战的影响，南非共和国境内的布尔人对火车和铁路展开了疯狂袭击。1900年7月19日，一列从波切夫斯特鲁姆开往克鲁格斯多普的火车遇袭，但乘客没有严重伤亡。31日，又一列火车遇袭，而这次造成的伤害是致命的，因为袭击发生时，列车正在全速行驶。这次遇袭事件中，什罗普郡轻步兵团有十三人死亡，三十七人受伤。这个伤亡数字堪比很多重要战役的伤亡数字。8月2日，在克隆斯塔德南面几英里，一列从布隆方丹来的火车脱轨。本次事故是萨雷尔·西伦领导的布尔人破坏所致。三十五节满载物资的车厢被焚毁，六名无武装、正处于康复期的士兵伤亡。萨雷尔·西伦的部队只有八十人。一队英国乘骑步兵对他的部队展开追击，最终杀死了几个布尔人。

1900年7月21日，布尔人袭击了海德堡东面十三英里的一个地方。当时，一百多名皇家工兵团的士兵正在建桥。英格利希少校指挥的三百名都柏林燧发枪团士兵与布尔人展开战斗。都柏林燧发枪团只有两门野战炮和一门机关炮。在坚定的爱尔兰步兵面前，布尔人的进攻没有取得任何进展。几个小时后，阿瑟·菲茨罗伊·哈特率领士兵赶到，驱散了进攻者。不过，布尔人已经将大炮转移到了安全地带。

必须承认，1900年8月初，南非共和国的整体形势并不乐观。不知道为什么，约翰内斯堡附近的斯普林斯没有经过战斗就落入布尔人之手。比勒陀利亚西南重地克莱克斯多普再次被布尔人占领。守卫克莱克斯多普的部队没做抵抗就成了布尔人的俘虏。英军放弃了勒斯腾堡，从济勒斯特和奥托斯胡普撤出，集中到马弗京。不过，接下来的事情证明大家的担心是多余的。罗伯茨伯爵正集中精力准备扭转这种不利局面。目前，英军的两大要事就是猎杀德·韦特和分散路易斯·博塔指挥的主力部队。必须先解决第一件事，才能处理第二件事。因此，在两周内，所有行动都为猎杀德·韦特让路。

1900年7月末，德·韦特藏身在瓦尔河南面七英里的雷茨堡附近。当时，英军的主力部队正集中在富里斯堡开展行动。因此，没有足够的人手来对付德·韦特。不过，德·韦特的一举一动都在布罗德伍德骑兵团的监视下。随着普林斯卢投降，大部分布尔军停止抵抗。很明显，德·韦特如果继续守在雷茨堡附近，很快就会被英军包围。因为找不到藏身之所，德·韦特大胆决定进入南非共和国。进入南非共和国后，德·韦特可以与德·拉·雷伊的部队联手，也可以与比勒陀利亚北面的路易斯·博塔会合。现在，斯泰恩与德·韦特在一起。德·韦特的部队十分机动灵活，每个士兵都有一匹马备用，他们把弹药装在轻便的有篷牛车上。

　　1900年8月的第一周，英军持续向德·韦特藏身的地方增兵。德·韦特知道该离开了。他假装对一处据点加强防守，但实际只是蒙蔽监视他的人而已。8月7日，德·韦特轻装简行，快速从韦特渡口过了瓦尔河。基奇纳伯爵的骑兵和乘骑步兵进行追赶，无奈，连大炮也赶不上布尔人逃跑的速度。英军只能眼睁睁看着德·韦特离开。那时，梅休因男爵的军队正驻守在波切夫斯特鲁姆，接到命令后，梅休因男爵紧急行动，准备在奥兰治自由邦北部阻击德·韦特的部队。然而，当英军靠近瓦尔河时，德·韦特的先头部队已经在高处布置了火力以掩护布尔部队过河。在大炮的掩护下，威尔士燧发枪团拿下了一座又一座山脊，但傍晚来临前，狡猾的德·韦特带领布尔人连同补给车全部渡过了瓦尔河。他们先是向东，接着向北逃去。

　　8月9日，梅休因男爵再次捕捉到德·韦特的踪影。本以为可以将德·韦特拦个正着，不想他却从英军的肩侧溜过，奔向奥兰治自由邦北面辽阔的大草原。大草原总是会有山丘能够让布尔人避开紧随其后的追击者。一到开阔地带，英军的大炮就将炮弹投向前方布尔人的车队。不知道是什么原因，布罗德伍德和基奇纳伯爵的部队尚未赶到。虽然在人数上，梅休因男爵的部队处于劣势，但他以让人钦佩的精神在德·韦特的部队后面紧追不舍。在一座山丘上，布尔人的后卫部队埋伏起来，掩护主力撤退。梅休因男爵的部队向山丘发起进攻。约克郡义勇骑兵团的二十名士兵手握刺刀向山顶冲锋，最后有十二人登顶。

　　德·韦特放弃了马车和补给，连夜行军。8月10日早上，梅休因男爵向西继续追击德·韦特，同时给后面的布罗德伍德和基奇纳伯爵捎信，让他们向东追赶，以便从东西夹击德·韦特。梅休因男爵还给驻扎在班德火车站的史密斯－多里恩捎去信，让他在德·韦特经过铁路线时进行阻击，可惜这条信息没有送到。11日，梅休因男爵得知德·韦特成功跨越了史密斯－多里恩的士兵驻守的铁路线。此时，几支英军都在德·韦特南面紧追不舍。德·韦特的前方就是马加利山脉了。马加利山脉有三个地方可以进入南非共和国境内——马乔托关、奥利范特山鞍和科曼多山鞍。三处都已有英军驻守。只要梅休因男爵在西面切断退路，那么德·韦特就算插翅也难逃了，更何况梅休因男爵的身后还有布罗德伍德的部队和基奇纳伯爵的部队。

梅休因男爵以充沛的精力和敏锐的判断力继续行动。12日3时到14日17时，梅休因男爵的部队行军八十英里。梅休因男爵的先头部队包括殖民地师和帝国义勇骑兵团，共一千二百人，配备十门大炮。查尔斯·W.H.道格拉斯带领步兵跟在梅休因男爵后面。七十六小时内，这些勇敢的步兵行军六十六英里，因为他们迫切地想赶到作战地点截击德·韦特。梅休因男爵的部队为追击德·韦特做出了极大努力。英军被狡猾的德·韦特困扰了太长时间，现在终于有机会将他包围起来一举歼灭。

8月12日，梅休因男爵再次追上了德·韦特的后卫部队。但老把戏再次上演。布尔军后卫部队利用大炮轰炸梅休因骑兵团。整整一天，在大草原上，布尔人借大炮的掩护骑马飞奔。皇家野战炮兵第七十八连击中了一门大炮。布尔人扔下大炮，随后大炮被英军缴获。梅休因男爵的部队还缴获了很多物资，但更多载满物资的马车被布尔人烧掉了。这一天，在断断续续的战斗中，双方军队各自行进了三十五英里。

梅休因男爵清楚地知道奥利范特山鞍有英军把守，所以觉得只要守住马乔托关就万无一失了。梅休因男爵放弃了直接追击，而是快速行军到马乔托关。这次，德·韦特怕是无计可施了。可惜希望还是落空了！勇敢的将士白费了一番心血！因为奥利范特山鞍被英军放弃了，德·韦特安全通过奥利范特山鞍进入德·拉·雷伊所在的大草原。到底是谁的错，或者这其中是否有错，只能等将来再去评判了。不过，德·韦特竟然能从这么多险境中全身而退，也真是让人佩服。

8月17日，德·韦特沿着马加利山脉的北侧行军，出现在鳄鱼河附近的科曼多山鞍，并要求驻守科曼多山鞍的巴登–鲍威尔投降，但遭到这个一向幽默的指挥官的调侃。随后，德·韦特前往比勒陀利亚北部。19日，他出现在希伯伦。巴登–鲍威尔和佩吉特堵在德·韦特行进的路上却无功而返。有消息称，德·韦特把斯泰恩交给一支护卫队，随后返回了奥兰治自由邦。22日，有消息说他带着少量追随者经一条骑马专用道穿过马加利山脉，向南而去。虽然还没有抓到德·韦特，但至少他对英军的补给线不会再造成威胁。终于，罗伯茨伯爵能腾出手来把注意力放在路易斯·博塔身上了。

两个布尔人暴动的阴谋被识破。其中一个在比勒陀利亚，另一个在约翰内斯堡。发生在比勒陀利亚的阴谋更恶劣一些，因为布尔人策划绑架罗伯茨伯爵。不过，随着策划者汉斯·科尔杜阿被捕，阴谋也破灭了。汉斯·科尔杜阿是一个德意志人，担任南非炮兵中尉。阴谋原本没有造成严重后果，汉斯·科尔杜阿不太可能受到严惩，尤其是这次事件只是起义，并不涉及内外勾结的问题，但汉斯·科尔杜阿与英国为敌的想法非常坚定。他原先就做过英军的俘虏，被释放后依然与英国作对。像汉斯·科尔杜阿这样的顽固分子并不是盲从，而是背信弃义。说不惋惜是不可能的。汉斯·科尔杜阿只有二十三岁，是一个理想主义者，而令他为之放弃生命的并非自己祖国的事业。8月24日，在比勒陀利亚监狱的花园里，汉斯·科尔杜阿被执行了枪决。罗伯茨伯爵发表了一份严厉的声明，表示英国对俘虏获释又重返战场已经忍无可忍，并宣布英国对背信弃义的人一定会严惩不贷。

第29章

第二次布尔战争结束

英军正在展开一场大规模的联合行动，以便扫清德拉瓜铁路线上布尔军的主力。莱登堡一直是南非共和国布尔人最后的避难所。因此，英军计划切断布尔人的补给，进入偏远的莱登堡山区，将残余的布尔人一网打尽。

1900年7月的第一周，克利里来到了海德堡，与海德堡守军会合。约翰·塔尔博特·科克率领第十旅通过远征阿默斯福特清剿了铁路线以东的布尔人。南非共和国通往纳塔尔的铁路线彻底恢复畅通。7月7日，布勒到达比勒陀利亚，与总指挥罗伯茨伯爵会师。手里握有重炮的布尔军还在铁路线附近徘徊。在弗拉克方丹和格雷灵斯塔德之间，英军与布尔人发生了几次小规模战斗。7月中旬，铁路线附近的布尔人基本清理完毕，只剩下一些分散的士兵意图破坏铁路和桥梁。7月末，整个纳塔尔部队守护在从海德堡到斯坦德顿的铁路线两侧，准备粮草，等待火车将自己送到北方，去对抗路易斯·博塔的布尔军队。

8月8日，布勒的队伍从帕尔德科普出发，向东北方向进军，追击前面一支配有五门大炮的布尔军。战斗中受伤的二十五人主要是王属皇家步枪团的士兵。布勒的部队将布尔人全部消灭，占领了阿默斯福特后继续按原计划行军——遇到的抵抗微不足道，随后夺取了埃尔默洛。布勒的行军对沿途的布尔人起到了很好的震慑作用。12日，一百八十二名来自斯坦德顿的布尔民兵向克利里投降。15日，经过沿途的小规模战斗，布勒的部队抵达特怀福拉尔，占领卡罗利纳。远处山峰上不时出现的骑兵身影，表明布尔人还在对布勒及其部队进行严密的监视，但除了侧翼会偶尔遭到袭击，布勒的部队并没有遭遇布尔人的正面进攻。现在，布勒的部队与从米德尔堡出发的弗伦奇的骑兵只有咫尺之遥。通过日光反射仪，布勒与戈登旅取得联系。

布勒的部队离同伴越来越近，也越来越靠近布尔人的主力部队。此时，布尔人主力部队正藏在西面的贝尔法斯特和东面的马哈多多普之间高低起伏的山区，他们每天派出机动部队骚扰从南面前来清剿的英军。布勒日益接近布尔人的前锋。21日，布勒的部队行军八英里。弗伦奇则在布勒左翼行军。在接近贝尔法斯特的某处，布勒遭遇了一支人数可观的布尔军。布勒的骑兵、乘骑步兵和炮兵击退了该布尔军。伤亡的三四十人中大部分是第十八轻骑兵团和戈登旅的成员。布勒距离北面的贝尔法斯特只剩下十五英里的距离了。同时，波尔－卡鲁的部队和罗伯茨伯爵的部队沿着铁路线行军。24日，波尔－卡鲁几乎未遇抵抗就占领了贝尔法斯特，但发现敌人已经占领贝尔法斯特和达尔马纽塔之间的山脊。布尔人占据有利地势，准备向南对抗布勒的部队，向西对抗罗伯茨伯爵的部队。

8月23日，布勒的部队继续向北冒着布尔人的炮火前进。晚上，他距离布尔人的中心阵地达尔马纽塔只有六英里了。天黑以后，利物浦团的两个连与布勒的部队走散了，遭到布尔人凶猛的火力袭击。在与布尔人的近距离战斗中，利物浦团的两个连伤亡五十六人，被俘三十二人。指挥队伍的中尉受伤被俘。一天下来，布勒的部队伤亡总人数为一百二十一人。

25日，在贝尔法斯特，罗伯茨伯爵与布勒、弗伦奇和波尔－卡鲁召开会议，商讨打击残余布尔军的计划。26日以后，会议的成果立竿见影。迅速的军事打击行动将布尔人赶出了达尔马纽塔。除了图盖拉防线，达尔马纽塔可能是最难攻克的布尔人阵地了。

罗伯茨伯爵的军队开始行军。按照以往的军事部署，英军左右两翼宽大舒展，中路负责互相联络。英军的阵容让布尔人不知道哪里会遭到攻击，而中路既可以组织正面进攻，也可以一分为二，加强两翼的力量。左翼是弗伦奇率领的两个骑兵旅，中路是波尔－卡鲁及其部下，右翼是布勒的部队。在南非共和国偏远的山区，英军延展了三十英里的范围。罗伯茨伯爵可能早就看出来了，布尔军的左翼实力最强，可是一旦布尔人左翼被攻克，右翼也就不攻自破了。因此，罗伯茨伯爵命令布勒进攻敌军左翼。

布勒在布尔人左翼仔细侦察并向布尔人的阵地靠拢。当晚，布勒的部队在占领的阵地宿营。27日，贝亨多山拦在了布勒前进的路上。布勒不慌不忙地通知炮兵准备，并派出步兵向山顶发起进攻。布尔人的阵地由约翰内斯堡警察团防守。在和平时期，约翰内斯堡警察就是恶霸，所以战斗时无比勇猛。第二步枪旅组织进攻，参加过彼得山战役的因尼斯基林燧发枪团从旁协助。在一个开阔的缓坡地带，第二步枪旅遭遇布尔人致命的步枪火力，但勇敢的英军步兵占领了贝亨多山。第二步枪旅的梅特卡夫上校和其他八名军官，以及七十名士兵伤亡。英军缴获一门机关炮，俘虏二十名布尔人。被俘者包括约翰内斯堡警察团的指挥官。英军还攻占了一个布尔人的外围阵地。

约翰内斯堡警察团战败的消息很快就传遍了布尔人的阵地。布尔人虽然作战英勇，但达到了人类承受的极限。长时间以来的不停战败已经让布尔人的士气骤减。现在的布尔人与当时潜藏在斯皮温丘战壕中时的形势大不相同，他们面对的也不再是恺撒营地山上人数少得可怜的莱迪史密斯守城部队。虽然荷兰人骨子里不屈不挠的精神不允许他们投降，但所有布尔人都能看出来，根本无望取胜。大约一万五千名布尔士兵成了英军的俘虏。这其中至少一万人返回了自己的农场，并且发誓不再反抗英国统治。大多数来自欧洲的雇佣兵也离开了。此外，还有一万名布尔士兵伤亡。现在，布尔人只有最后的一小块儿土地藏身。他们失去了铁路控制权，无法补充物资，弹药也在一天天减少。强大的布尔军曾经要征服整个南非，但十一个月过去了，还在战斗的布尔人已经所剩无几。

布勒在布尔人左翼阵地战斗时，波尔－卡鲁继续向铁路线以北前进，弗伦奇则来到布尔人最右翼的斯沃茨丘。26日和27日，英军在战斗中有四五十人伤亡，但贝亨多山战役已经让布尔人失去了斗志。无论右翼阵地有多牢固，布尔人都不得不放弃了。28日，布尔人撤退。在长期藏身的那节火车轿厢里，克吕格尔曾放话说，他最终要向南非共和国的西面突围，而不是向东进入山区躲藏。现在，该节火车轿厢所在地马哈多多普已被布勒占领。在同一天，弗伦奇率领骑兵进入瓦特瓦尔翁代尔，赶跑了一小拨布尔人。在雨中和雾中，英军追击布尔人的残部，但总有小股布尔人带着大炮逃脱。布尔人迅速撤退，但不至于溃败。

8月30日，英军离努伊特赫达赫只有一步之遥了。衣衫褴褛的布尔人正排着长队沿铁路线匆忙撤离。最终，一千八百名布尔人被俘虏。其中一半是在比勒陀利亚陷落时从瓦特瓦尔来的，另一半来自德·韦特和德·拉·雷伊的队伍。英军拿出部分食物分给缺衣少食的俘虏。然而，布尔人对待俘虏的态度让人愤怒。在瓦特瓦尔，布尔人甚至对受伤的俘虏不闻不问。从第二次布尔战争伊始到结束，英军有至少七千人落入布尔人之手，但现在他们已全部恢复健康——只有六十名英国军官在布尔人逃跑时被带走了。

9月1日，罗伯茨伯爵果断决定向布尔人发布公告，宣布南非共和国成为英国的一部分。同一天，已经进入海尔维第的布勒停止向东进军，转向铁路线北面五十英里的莱登堡。部队行军十四英里，通过鳄鱼河进入巴特方丹。2日，布勒发现路易斯·博塔又率领军队向他扑来。布尔人从一个难以攻克的据点发起炮击，炮火非常猛烈。布勒只能等待其他部队前来增援。几天以来，英军的正面进攻根本不起作用。布勒的部队尽管已经做好了各种准备，但行动中还是遭受了较大的损失。21日起，布勒的部队几乎每天都处在布尔人的炮火下。尽管每次行动都没有巨大伤亡，但这段时间的伤亡总数也达到了三百六十五人。布勒的部队突破了图盖拉防线，将被围的莱迪史密斯解救出来，还顺利通过朗宁山鞍，洗刷了马尤巴山战役的耻辱。现在，这支部队又在执行清剿布尔人的任务。尽管人们对纳塔尔行动颇有微词，但不要忘了，布勒和他指挥的部队承担了最艰难的任务，几乎每一次都顺利完成。

9月3日，罗伯茨伯爵了解到布勒面临的困境，派汉密尔顿率领一支部队前去布勒的右翼支援。布罗克赫斯特指挥骑兵旅加入汉密尔顿的部队。4日，两支英军的距离近得可以互相传递信号了。现在，汉密尔顿的部队已来到布勒的部队的侧翼。侧翼行动总是会起到应有的效果。布尔人再次放弃山脊逃跑了。6日，英军骑兵拿下了莱登堡。布尔人现在分成两个部分。大队人马带着大炮撤向克吕格尔哨卡，小队人马撤向朝圣者会所[①]。克吕格尔哨卡和朝圣者会所的名字似乎都与四处奔波的总统（克吕格尔）有关。在白云环绕的山峰上，在难以跨越的峡谷间，这两支忍饥挨饿的布尔军还在为南非共和国的归属权抗争。

在莱登堡东北方向，布尔人占据了莱登堡和施皮茨科普之间的莫赫伯格山。布尔人曾说过，莱登堡就是他们最后的避难所。然而，莱登堡失守后，布尔人又建立了另一道防线。不过，布尔人的抵抗越来越弱，即使再坚固的据点，也抵不住英军三个团的进攻。德文郡团、皇家爱尔兰燧发枪团和皇家苏格兰团受命向莫赫伯格山发起冲锋。借着山上的浓雾，溃败的布尔人逃跑了。莫赫伯格山被英军占领。8日，英军的损失是十三人死亡，二十五人受伤。三十八人中至少一半的伤亡是由一门看不见、摸不着的大炮造成的。一门远射程榴弹炮的炮弹在前进的戈登团志愿者连的右侧爆炸，导致十九人伤亡。值得一提的是，虽然遇到了突如其来的打击，但勇敢的戈登团志愿者连继续向前行军，队伍整齐得像什么都没发生过一样。9日，布勒依然在向施皮茨科普推进。戈登团的志愿者连用大炮击溃了布尔人后卫部队脆弱的抵抗。10日，布勒到达莫赫伯格和施皮茨科普之间的克勒普加特。由于布勒的部队紧随其后，为了防止武器弹药落入英军之手，布尔人将十三辆装满弹药的马车推下了悬崖。

① 朝圣者会所，是南非共和国姆普马兰加省的一个矿业小镇。第二次布尔战争时期，这里是布尔政府的紧急铸币厂所在地。——译者注

第二次布尔战争很快就要接近尾声了。经过十一个月艰苦卓绝的战斗，布尔人士气低落。小股布尔民兵聚集在一起，疯狂地一路向东逃去。布尔人之所以还在坚持，是因为他们认为，在绝境中，人越多就越安全。14日，弗伦奇拿下巴伯顿，释放了所有英国俘虏，缴获了四十列火车。好在这四十列火车并没有被布尔人破坏。15日，布勒占领了施皮茨科普，缴获了大量物资。同时，波尔–卡鲁继续沿铁路线前进，占领了卡普梅登。卡普梅登位于通往巴伯顿的铁路线和通往洛伦索马克斯的[①]铁路线的交会处。

1900年9月11日，流落在外的克吕格尔逃亡到洛伦索马克斯。克吕格尔的逃亡让最相信布尔人还有希望获胜的人也觉得布尔人彻底失败了。他放弃了备受打击的布尔民兵，也放弃了仍心存幻想的布尔人。当年在大迁徙途中跟着南非先民北上的放牧小男孩这么多年到底经历了什么呀！他的所有努力、所有谋划换来的结局是多么悲哀！

他虽然赢得了民族的尊重、世人的崇拜，但余生注定要在颠沛流离中度过。他失去了当初的权力，也失去了体面的生活。在逃亡的日子里，他的脑子里一定浮想联翩吧：年轻时动荡的岁月和在南非共和国第一次定居的那一天，以及为了民族独立不断征战的峥嵘岁月。后来，南非共和国繁荣昌盛。布尔农场主发现自己置身于巨大的财富之中。在欧洲，克吕格尔这个名字也是家喻户晓。虽然他的国家富裕强大，但那里的侨民即使努力工作、乐于为国家纳税，也无法享受平等的权利。克吕格尔硬起心肠对正义的诉求置之不理，野心越来越大。他盯上了奥兰治自由邦，同时希望整个南非属于自己。但现在来看看，最终得到了什么？一小撮忠诚的奴仆、年迈时颠沛流离的生活、逃跑途中紧握的权力和金钱。克吕格尔宣布国家有了麻烦。他不说这麻烦是自己狭隘、腐败的统治造成的，而将过错推到

---

① 今马普托。——译者注

想要争取权利的侨民身上。最终，他的言行与《圣经》的教义背道而驰。他的这个名字，必然会淡出世界历史的舞台。

就在路易斯·博塔的主力军撤出马哈多多普，分散在莱登堡和巴伯顿时，其他地方发生了几件同样值得注意的事。其中最重要的一件就是奥兰治自由邦突然发生暴乱。普林斯卢在富里斯堡投降后，亨特向北行军。8月15日，在海尔布隆附近，亨特率领的部队与布尔人遭遇。短暂交手中，高地轻步兵团有四十人伤亡。有一段时间，英军似乎彻底失去了奥利维尔的消息。但24日，奥利维尔突然袭击了里德利指挥的帝国义勇骑兵团的一支小分队。帝国义勇骑兵团小分队进行了英勇的战斗，一直坚持到第二天援军到来将敌人赶跑。里德利的小分队只有二百五十人，对抗的却是手里握有两门大炮的一千人的布尔军。里德利有三十人伤亡。

奥利维尔攻打帝国义勇骑兵团小分队没有成功，转而向温堡发起进攻，但再次被英军挫败。这次，奥利维尔及其三个儿子被俘。据说，取得这样的成果得益于勇敢的皇后镇志愿者军想出的妙计——埋伏在干沟里，当布尔人经过时，就缴了他们的武器。皇后镇志愿者军的胜利与桑纳哨卡布尔人的胜利如出一辙。最勇敢、最足智多谋的布尔领袖奥利维尔终于落入英军之手。

朱伯特死了，克龙涅被俘，马勒伊死了，奥利维尔被俘，克吕格尔流亡。现在，布尔人阵营里只剩下德·韦特、路易斯·博塔、德·拉·雷伊和格勒布勒还在战斗。

9月2日，在福里的带领下，奥兰治自由邦的布尔民兵出现在巴苏陀兰边境的山区。福里对莱迪布兰特发动了进攻。莱迪布兰特守军力量薄弱，只有伍斯特团的一个连和威尔特郡义勇骑兵团的四十三名士兵。福里手里有几门大炮。怀特少校是一位勇敢的海军军官，但他的战斗力并不因离开大海而下降。怀特少校在一座山上仿照韦佩内尔的防御模式进行布防，并在这座山上进行了顽强的抵抗。怀特少校的部队分散防守，以防一拨人投降影响而另一拨人的战斗意志。

离援军到来还需要一段时间。最薄弱的一条阵线上只有一百五十人，但这一百五十人要防守一点五英里长的阵线。布尔人的重炮和步枪集中火力攻打这条最薄弱的阵线，但每次进攻都被击退。最终，布鲁斯·汉密尔顿的部队赶到，缓解了莱迪布兰特守军的压力。为了支援莱迪布兰特守军，布鲁斯·汉密尔顿的步兵四天半行军八十英里。在清剿布尔人的战斗中，英军意志坚定、训练有素，彰显了吃苦耐劳的精神。英军步兵行军速度快，往往只比骑兵慢一点：在追击德·韦特时，梅休因男爵的步兵表现优秀；查尔斯·W.H.道格拉斯的步兵七十五小时内行军六十六英里；伦敦城帝国志愿军十四天行军二百二十四英里，还保持了十七个小时行军三十英里的纪录；什罗普郡轻步兵团三十二小时内行军四十三英里；布鲁斯·汉密尔顿的步兵行军速度更超过以上所有部队。

布尔人在温堡被击败，在莱迪布兰特被击退。但在奥兰治自由邦东面条件最恶劣的地方，仍然有很多布尔人在抵抗。其中，有一部分是9月中旬来到奥兰治自由邦东面的。他们已经破产，生活困窘，来到这里是为了做最后一搏。这些布尔人遭到麦克唐纳的打击。在行动中，在洛瓦特勋爵弗雷泽[1]指挥的苏格兰侦察兵的大力帮助下，麦克唐纳抓住了一些俘虏，缴获了大量马车和牛车。在伯尔特方丹，还有一小股布尔人袭击了斯莱特中尉指挥的十六名义勇骑兵团成员，但又被义勇骑兵反包围，直到布尔援军从布兰德福特赶来，将他们救了出去。

在比勒陀利亚北面，两军也时有交火。1900年8月18日，在比勒陀利亚北面十英里处，布尔人被赶出霍尼斯山鞍。22日，皮纳尔河发生了一场

---

① 即西蒙·弗雷泽（Simon Fraser，1871—1933）。——译者注

意义更重大的小规模战斗。战斗在巴登-鲍威尔和格勒布勒之间展开。当时，巴登-鲍威尔正在比勒陀利亚北面寻找德·韦特的踪迹。布尔人和英军的前锋部队遭遇，展开了激烈战斗。这次战斗中，勇敢的罗德西亚团损失最严重。斯普雷克利上校和四名士兵死亡，还有六七人受伤。二十五名布尔人被俘。

巴登-鲍威尔和佩吉特继续向内尔斯特鲁姆前进，却发现自己身处荒凉之地，这里根本没有布尔人的影子。于是，他们掉头向比勒陀利亚行军，途中在一个叫瓦姆巴斯的地方建立了北方据点。佩吉特留下驻守瓦姆巴斯，巴登-鲍威尔稍作休息后前往开普敦。在开普敦，巴登-鲍威尔受到了开普殖民地百姓的热烈欢迎。9月1日，从瓦姆巴斯出发的普卢默驱散了一支布尔民兵，抓获了几个俘虏，还缴获了数量可观的弹药。5日，瓦姆巴斯又发生了一起小规模战斗。布尔人对一座山丘展开进攻。该山丘由皇家明斯特燧发枪团的一个连防守。布尔人被击退，损失了一些人马。在一系列的清剿行动中，英军缴获了数千头牛。这些牛被送往比勒陀利亚，用来支援比勒陀利亚东面的英军。

南非共和国西部地区也有几起激烈的战斗。8月末，在从济勒斯特前往克鲁格斯多普的途中，部分第三旅和殖民地师的骑兵队伍遇到布尔人的猛烈攻击。在一连串小规模战斗中，骑兵死伤不少于六十人。经过长途跋涉，梅休因男爵的部队到达马弗京。自从5月14日从博斯霍夫出发以来，梅休因男爵的士兵一直在行军，几乎从未休息。在这段时间里，梅休因男爵的部队进行了十四场战斗。在补充战马、重新获得能量后，这支部队于1900年9月8日再次开始行军。9月9日，在马洛普，在查尔斯·W.H.道格拉斯的配合下，梅休因男爵率部下击败了一支布尔军，抓获三十个俘虏，缴获大量物资。14日，梅休因男爵又截获了一支布尔运输队，缴获大量弹药。令人欣喜的是，科伦索战役中失去的一门大炮重回英军手中。20日，梅休因男爵再次有所收获。如果说在战争早期，梅休因男爵受尽了布尔人的折磨，那么现在他终于报仇了。

同时，克莱门茨率领一支精干的机动部队从比勒陀利亚出发，前去清剿勒斯腾堡和克鲁格斯多普周边的布尔人。梅休因男爵和克莱门茨的军队在所经之处清剿分散各处的布尔军，追寻布尔人的踪迹，直至将他们彻底剿灭。在凯普尔特和海克斯普尔特，克莱门茨成功地进行了两场突袭战。在海克斯普尔特的战斗中，帝国义勇骑兵团的斯坦利中尉和来自萨默塞特郡的板球手阵亡。他与许多其他运动员都证明了：一个优秀的运动员完全可以当一个优秀的士兵。9月12日，在利赫滕堡附近，查尔斯·W.H.道格拉斯抓获了九个俘虏。18日，在布龙克霍斯特方丹，朗德尔缴获一门大炮。英国将军忙着剿灭各地布尔人的叛乱：阿瑟·菲茨罗伊·哈特在波切夫斯特鲁姆，希尔德亚德在乌德勒支，麦克唐纳在奥兰治河殖民地[①]。

在第二次布尔战争的最后阶段，小股布尔人不断袭扰铁路线。布尔人虽然带来了不小的麻烦，但没有造成重大损失。布尔人对交通线的破坏没有带来严重后果，因为勤劳的皇家工程兵团和巴苏陀兰劳工会会随时出现，修复各地的铁路。在此过程中，偶尔的伤亡才是最让人忧心的。火车上的司炉工和司机往往成为布尔人的射击对象。[②]偶尔，火车也有被毁掉的风险。领导这些突袭行动的，就是凶悍的萨雷尔·西伦。他指挥的游击队员来自世界各国。前面已经提到过，萨雷尔·西伦的部队在奥兰治自由邦焚毁了一列英国火车。8月31日，在约翰内斯堡以南的克勒普河附近，他们袭击了另一列火车。布尔人炸了火车头，焚毁了十三节车厢。几乎同时，克

---

① 1900年3月13日，英军进驻布隆方丹后，奥兰治自由邦随之改名为"奥兰治河殖民地"。——译者注

② 特别希望英国当局能够授予这些铁路工作者奖章或给予其他奖励来表彰他们对国家的忠诚。奥兰治自由邦的一个火车司机告诉我，很多次他都侥幸活了下来，但他表示："只要国家需要，我就无怨无悔。"——原注

隆斯塔德附近一列火车被布尔人劫持。这次火车劫持事件似乎说明德·韦特又回到了奥兰治自由邦。还是同一天，斯坦德顿附近的铁路线被切断。不过，几天后，布尔人得到了应有的报应。在克鲁格斯多普附近，胆大妄为的萨雷尔·西伦准备再次袭击火车时，和其他几个人一起丢掉了性命。

还有两场战斗值得关注。一场是在克拉伊河火车站附近，布鲁克少校率领一百名士兵对一座山丘上的布尔军发起进攻。布鲁克少校的部队将布尔人赶下山并造成布尔人伤亡。必须得说，如果在六个月前，布鲁克少校无论如何也不敢对布尔人展开进攻。另一场战斗是加拿大乘骑步枪团的一百二十五人成功进行了防御。守护铁路时，加拿大乘骑步枪团遭到布尔人袭击。布尔人不仅人数占优势，而且手里有两门大炮。但加拿大乘骑步枪团再次证明，只要有充足的物资、弹药，即使人数处于劣势，小股部队也能靠智慧打赢防御战。

很明显，现在布尔人的失败已经不可避免。克吕格尔的逃亡加速了这一进程。路易斯·博塔辞去了布尔军总指挥的职务，由维尔容①接任总指挥。在第二次布尔战争开始前，维尔容以政治手腕狠辣著称。罗伯茨伯爵以他敏锐的判断力签署了一份公告。公告宣布，会对布尔人的游击战争进行毫不留情的打击，最后还警告布尔人，现在英军手中有一万五千名战俘，如果布尔人不放下武器投降，那么这些俘虏永远都不可能获释。1900年9月的第三周，各路英军向科马蒂普特聚集。科马蒂普特是边境城市，也是英军最后要争夺的据点。游击战开始大约一年后，很多顽固的布尔人衣衫褴褛地出现在洛伦索马克斯的街道上。在葡萄牙居民惊讶怀疑的眼神中，这些布尔人看到他们流亡的总统克吕格尔郁郁寡欢地坐在总督府阳台的角落里，嘴里还叼着那个大家熟悉的弯管烟斗。9月17日，来自法国、德

---

① 即本·维尔容（Ben Viljoen，1869—1917）。——译者注

意志帝国、爱尔兰王国和俄罗斯帝国的雇佣兵坐上火车赶回家去。19日，至少七百列满载布尔人和外籍雇佣兵的火车驶离南非。

22日黎明，伊拉斯谟[①]率领的布尔民兵袭击了埃兰兹河火车站，但被当地守军击退。战斗进行时，佩吉特袭击了伊拉斯谟的大本营，缴获了他的物资。普卢默指挥的布希曼人那里、克鲁格斯多普的巴顿那里、海尔布隆的殖民地师所在地与西面的克莱门茨那里都传来类似的消息：布尔人放弃了牲畜、武器和弹药，其抵抗日趋微弱。

发生在南非共和国东部的战斗揭开了第二次布尔战争的最后一个篇章。1900年9月24日8时，波尔–卡鲁率领卫兵旅占领了科马蒂普特。占领科马蒂普特前，这支部队进行了艰苦的行军。在穿过茂密的丛林时，其中一支队伍行军十九英里滴水未进，但没有什么能动摇他们勇敢向前的决心。波尔–卡鲁的部队占领了布尔人的最后一个据点。在整场第二次布尔战争中，卫兵旅的表现非常优秀。为应对英军的进攻，布尔人还进行了充分准备，并且表示要战斗到最后一刻。不过，经验丰富的英军悄悄潜入科马蒂普特，瓦解了布尔人的战斗意志，几乎没费一枪一弹就占领了科马蒂普特。从洛伦索马克斯为英军运送物资的大桥，一点儿也没有遭到破坏。布尔人的领袖皮纳尔将军和大约两千名布尔人被带到了德拉瓜湾。一些小股布尔部队向南、向北逃窜，但人数并不足为患。布尔人的战斗意志已经被彻底摧垮。之后，英军的任务完成，追剿残余布尔军的任务交给乘骑警察。

在科马蒂普特和鳄鱼河附近的赫克托时令河，曾经与英国无数大炮进行对决的大口径大炮已经被布尔人摧毁并丢弃了。波尔–卡鲁在科马蒂普特缴获了一门发射九十六磅炮弹的克勒索大炮和一门口径稍小的大炮。在赫克托时令河，汉密尔顿发现许多大炮的残骸，其中包括两门骑马炮兵

---

① 即丹尼尔·雅各布斯·伊拉斯谟（Daniel Jacobus Erasmus, 1830—1913）。——译者注

配备的十二磅炮、两门克勒索大炮、两门克虏伯大炮、一门维克-马克沁速射炮、两门机关炮和四门山地炮。看到一堆堆废铁，所有人都应该意识到，漫长的战争终于画上了句号。

到这里，我对第二次布尔战争的叙述就要结束了。本书叙述的事情有时可能没那么精确，因为有些数据还会进行更详细的更新。除叙述不够完整之外，书中还有较多省略。有些事情我没有详尽地叙述，如对分散的布尔游击队的镇压、德·韦特的命运、对奥兰治河殖民地东北地区的清剿及日渐恶劣并最终演化成抢劫甚至谋杀的布尔游击队活动。由于时间和篇幅的限制，我无法对这些事情进行一一详述，但这并不影响第二次布尔战争最后的结局。

终于，经过一年，惨烈的战争结束了。我对第二次布尔战争的记叙也接近尾声。官方统计数字显示，英军在第二次布尔战争中的死伤人数及致残人数达到四五千。这个数字足以表明在第二次布尔战争中，英国面临的任务是多么艰巨。在南非共和国的所有权归属不明时，在英国的统一受到挑战时，第二次布尔战争不仅是正义的，而且是必要的。英国内阁成员承担起巨大的责任，英国人民做出了极大的付出。第二次布尔战争结束后，失去亲人的人可能会永远生活在黑暗当中。无论是在英格兰、苏格兰，还是在爱尔兰和广大的殖民地，无数希望被摧毁，众多军官的后代走上战场却再没有回来，即便回来也落得终身残疾，只能在痛苦中回忆自己年轻时的荣耀！人们能随处听到惋惜和悲伤的声音，但听不到一声指责。英国人民自发募集了一百万英镑，用于治疗在战争中受伤的人。没有人因为英国军民的伤亡人数而质疑战争的决策。强烈的本能告诉英国人：这场仗必须要打，并且必须要赢，否则就会丢掉英国人的尊严。

布尔人带着必胜的信念挑起战争，随后就有了让人根本无法接受的最后通牒和入侵。奥兰治自由邦也稀里糊涂地卷入了战争。布尔人的野心昭然若揭，英国人也错误地估计了战争的严重程度。我们的政治家、军事家、媒体和百姓都低估了战争的规模。现在，第二次布尔战争结束了，让我们回过头来看看这场战争的规模是多么宏大。英格兰与南非相距六千英里。英国的将士下船后还要在陆地上行军几百英里，最终到达南非腹地，与五万名实力强劲的布尔骑兵展开战斗。所有英军遭遇的最大障碍，就是瘟疫。瘟疫是英军遇到的最严峻的挑战。不过最终，英军还是胜利了。黑暗的日子让英国人表现出最优秀的品德。在上帝赐予英国的所有礼物中，我们应该感谢战争中经受的痛苦，因为这让他们紧紧地团结起来，并且深深地体会到，无论离祖国多么遥远，血浓于水的亲情永远不变。英国人永远都有着朝气蓬勃的活力，并且全心全意地为英国的事业奋斗。那些亲眼见过英军如何作战的人都不会忘记，英军将士精神抖擞、生龙活虎。不难想象，在未来的世界历史中，英军流传的精神会给英国带来什么。来自西北广阔大草原的牛仔、从阔恩和贝尔沃来的不会骑马的绅士、从萨瑟兰郡麋鹿森林来的年轻人、从澳大利亚丛林中来的布希曼人、从罗利俱乐部或单身俱乐部来的翩翩公子、从安大略省来的硬汉、从印度和锡兰来的专业运动员、从新西兰来的马术师、坚强的南非非正规军，所有这些队伍只是后备军。他们的存在根本无法写入英国年鉴，但对学究气极浓的英军来说，他们的出现是一个极大的冲击，因为长期的和平已经让英军忘记该如何征战沙场。在南非大草原上，危险和困难给各民族血浓于水的兄弟情刻上了深深的烙印。

接下来的任务是什么呢？那些与英军作战的勇敢、无知、带有偏见的布尔人会接受失败的结局吗？也许布尔人会蛰伏起来，等待其他危机转移英国的注意力，再伺机复仇或谋取独立？这些问题的答案要看回答问题的人怎么看待了。就我个人来说，我对未来充满希望。不过，最好不要乐观期待这一代布尔人或下一代布尔人会放下仇恨，默默接受自己民族的命运。

但在英国的统治下，时间和自治会带来安定和舒适。也许和平与繁荣会消除布尔民族的戾气，心甘情愿地接受英国统治。如果英国把布尔人当作奴隶，那么布尔民族永远都不会屈服，但如果把布尔人当作同胞平等对待，过去的悲剧就会因时间而淡化，最终布尔人会与英国人和谐相处，用他们粗野原始的力量为英国民族增添活力。

第二次布尔战争结束后，在频繁的商业活动中，第二次布尔战争中幸存下来的布尔人会渐渐地发现，至少在南非，布尔人已变成了少数。随着岁月的流逝，这些少数人即便没有英国的约束，也会自觉遵守规章制度。将来，英国会对步枪和马匹实行严格的登记制度——购买武器弹药也会受到限制。当然，这一切措施都是为了避免战争的再次爆发。英国会组建一支强有力的警察部队，制定严格的法律来惩罚叛国的行为，并且驱逐所有不受欢迎的外地人。不出几年，我们就会看到一个各方面都在向英国看齐的南非共和国。奥兰治河殖民地也许会麻烦些，因为除非这里发现矿藏，否则外来移民通常不会前来。一旦缺少外来移民，奥兰治河殖民地只能是南非四个成员国中实力最弱的一个。

最后，我想说，种什么因结什么果。布尔人如果信任英国，就放手将国家交给它。但如果英国不值得信任，那一定会有人从英国手中将这个国家夺走。克吕格尔的倒台告诉我们，正义才是南非兴盛的最大动力，而不是步枪。英国最优秀的行政官员意味着清廉的政府、对所有人都公平的法律、自由和平等。英国只要坚持正义与平等，就一定能把握南非未来的发展。

第30章

第二次布尔战争的经验与教训

我个人认为，第二次布尔战争最重要的军事教训就是：如果敌人的指挥官和士兵是精于现代战争的专业人士，那么英国的防御就不能完全依赖军队；大家必须认识到，保卫国家不只是军人的责任，也是每个公民的责任。如果每个人都认为保卫国家是一小部分特殊群体的责任，那么这个国家就没有未来。以前的军队都要严守纪律、艰苦训练，在战场上充分利用平时所学，坚持团体作战。但第二次布尔战争告诉我们，有了现代武器的支持，每个手持步枪的勇士都将变得令人生畏。这样一来，英军之前重视的训练和纪律则显得微不足道。每个拥有选举权的公民都可以用笔、声音或者枪杆为战斗尽一份力。过去几年，经过第二次布尔战争的检验证明，来自公众的批评是完全正确的！只有不被任何偏见和传统左右的眼睛才能看得更清楚。英国陆军部曾认为英国更需要步兵而不是骑兵。南非战场上的英国将军也认为，只要有一万兵力，英军就可以挺进比勒陀利亚。但事实证明，英国的军事部门和军方领袖并没有清楚地看到问题的本质。面对错误的想法和判断，百姓无须犹豫，应该直白地表达自己的看法。战争中有些所见所闻给我留下了深刻的印象。无论好坏，我都想在这里与大家分享。

　　关于第二次布尔战争，最应该注意的就是，战斗前要做好充分准备，避免事态发展到不可收拾的境地。没有舰队，没有敬业的士兵，仅凭军事部门的办事效率，仅凭士兵手里的步枪，英国无论如何也无法打败欧洲联军。在一个到处是战壕、陷阱的国家，敌方士兵手里的现代武器可以让任何一支军队陷入最可怕的灾难。布尔军与英军作战的过程证明，静待敌人、做好防守比长途跋涉、主动进攻更具优势。英军与布尔军作战的过程也说明，有些进攻本就是一场孤注一掷的行动，根本没有任何获胜的可能。经历了战争带给我们的痛苦，能够及时总结经验教训，也算是一种安慰吧。

　　英国要少量、高质地培养职业军人。我认为，职业军人不在数量多少，而在作战技术精湛。与培养过多质量参差不齐的士兵相比，培养少量而高质的军队精英反而能减少英国政府的开支。为了培养现代战争需要的、具有敏锐观察力、个性独立、能够充分发挥主观能动性的职业军人，英国政府必须每日付给士兵半克朗[①]或三先令[②]，并且必须减少士兵数量，培养精英。如此一来，在交通、着装、配备和住宿方面的军费开支就会相应减少。保证了士兵有较高的收入，培训方就可以在训练中仔细地挑选，淘汰不合格的士兵，并将开除军籍作为最严重的惩罚，从而保证培养出来的每个士兵都是神枪手。在将来的战争中，英军必须保证输送到非洲腹地、东亚或阿富汗前线的每个士兵都是最优秀的。将一个优秀的士兵送往前线的交通费与在部队里培养一个士兵的花费不相上下。如果这个士兵不是神枪手，那么长途跋涉几千英里将他送上火线有什么用呢？一个百发百中的士兵要好过十个一发不中的士兵。培养一个神枪手的花费和将他送上前线的交通费也只是培养十个平庸士兵中的一个的花费而已。很明显，对国家开支来说，即便用现在培养一个士兵三倍的价钱来培养一个神枪手也是合算的。因此，即便将英军人数减少到只有十万，也要开除无能的士兵，给有价值的士兵支付更高的工资。军队人数可从预备部队、民兵和志愿者中得到补充。

在第二次布尔战争中，英军步兵的表现最出色。无论是在塔拉纳山战役，还是在埃兰兹拉赫特行军过程中，或者是在斯皮温丘战役及摩德河战役惨败时，英国的步兵都是最棒的。在战斗中，步兵将英军勇敢、坚韧的精神展现得淋漓尽致。1899年12月，在科伦索战役中，莱迪史密斯救援部队打了败仗。1900年1月，在斯皮温丘战役中，英军失败。1900年2月初，英军在法尔克朗斯山战役中失利。谁能相信，这些不断受挫的英军步兵却

---

① 货币单位。一克朗等于五先令，一英镑等于四克朗。——译者注
② 英国旧时货币单位，一英镑等于二十先令。——译者注

在2月的最后一周，怒吼着冲向布尔人的战壕，终于将莱迪史密斯从布尔人的围困中解救出来。没有什么艰难能够挫败英军步兵的士气，也没有什么险阻能让英军步兵心灰意冷。只有在战地医院里亲身体验过的人才会知道，为了维护国家的荣誉，这些步兵都经历了什么苦难。在行军过程中，步兵在身负四十磅物资的情况下，还可以一天行进二十英里。卫兵旅向布隆方丹的行军、尤尔部队在撤退过程中的行军及昆士兰人和加拿大人在解除马弗京之围的过程中加入普卢默部队的行军，成就了英军步兵行军史上的经典案例。

尽管英军步兵在行军中表现格外出色，但其训练方式依然值得探讨。很多人认为，步兵就是手拿长矛的兵，步兵行进与古代手握长矛的士兵行进没什么两样，只要肩并肩，手持长矛向前冲锋就可以了。唉！这是中世纪的冲锋方式。在现代，这种冲锋方式十分危险。要想赢得现代战争的胜利，只有一种方式，那就是直接射击。第一次布尔战争后，我们就应该认识到：英军步兵的射击技术简直太糟糕了。民兵每年用于训练的子弹是五十发，而英军几个精英团是三百发。然而，想要训练出一个神枪手，每人每年最少要耗费一千五百发。如果无法成为神枪手，那就理应被部队开除。国家为什么要养一个没有用的士兵呢？人们通常觉得长距离射击更难，所以士兵需要经过特殊训练才能进行长距离射击。但实际上，在短程射击中表现出色的士兵不需经过特殊的训练，就可以在长距离射击中有优秀的表现。军事部门虽然给步兵配备了最现代的步枪和弹药，却没让他们学会如何熟练使用，而是把时间浪费在阅兵场里无聊、幼稚的训练上。

如何寻找掩护，是步兵训练中最重要的一环。但英军对步兵寻找掩护的重视程度甚至比对射击技能训练的重视程度更低。1898年，我在索尔兹伯里平原训练基地亲眼看见步兵相对而立，在短距离内朝对方射击。无论是军官，还是教官都没有谴责这种训练方式。一个在阵地边缘的上校受到攻击，但他判断连长是对是错完全取决于这个连长是否在行进过程中让士兵进行了有效的隐藏、是否教会士兵利用掩体。毛瑟枪子弹造成的灾难有目共睹。然而，英国在和平时期的军事训练几乎完全无法适应实战。

挖掘战壕也是英军步兵的一项薄弱之处。正如伯利[①]先生观察到的，工兵对步兵影响很大，因为工兵告诉步兵，一切战地准备工作由工兵完成。但实际上，挖掘战壕是步兵自己应该做的。每个步兵军官都应该懂得如何设计战壕，每个步兵也都应该懂得如何挖掘战壕。在第二次布尔战争中，与敌方那些业余的布尔士兵挖掘的战壕相比，英国正规军的战壕简直像是兔子抓挠出来的，有时看起来甚至滑稽可笑。就我亲眼所见，在一个被布尔人攻击过的阵地上，护墙上的射弹孔竟然是用空果酱罐做成的。在斯皮温丘战役、雷德斯堡战役、尼科尔森山鞍战役和林德利战役中，如果英军能够挖掘出高质量的战壕，是不是会避免更多的牺牲？

更精准的射击、更专业的掩护是英军步兵急需提升的技能。战争会带来很多进步——因为身穿鲜艳制服而使最宝贵的生命暴露在子弹下的事情再也不会发生了，军官也要像士兵一样佩戴枪支。最重要的是，军官必须认真履行自己的职责，时刻牢记他手里掌握的是士兵的生命。如果因为军官的过错致使士兵丢了性命，那么军官将永远活在内疚中。英国的军官都是最勇敢的，没有谁能比英国的军官更坚强、更具有竞技精神，但他们唯一的问题就是对待学习太过轻率。现在，尽管英军已比以前更重视对军事知识的学习，但军官主动学习的情景依然非常少见。在我与英国军官接触的五个月中，我只看见过一个军官在阅读专业书籍。律师和医生必须终身学习，英国军官是不是也应该用积极刻苦的精神来挑战学习这一关呢？年轻军官必须记住：如果把所有决定都推给上级，自己却不动脑思考，那么

---

① 即贝内特·伯利（Bennet Burleigh，1840—1914）。——译者注

到自己晋升的那一天，他是没有能力做决定的。高级军官应该经常鼓励年轻的低级军官独立思考并积极实践。

再来说说骑兵。我认为，骑兵是最需要改革的兵种。最简单、最有效的改革就是令其不再参与实战，同时大量裁员，只留下一些骑兵团用于公共场合的表演。第二次布尔战争最直接的教训就是：除大炮之外，世界上唯一的武器就是步枪；剑、长矛和左轮手枪都应该送去博物馆。在第二次布尔战争中，英军有几次用到了剑和长矛？有多少人因为使用剑和长矛丢了性命？英军的战马身上到底负载了多少无用的金属？快扔掉这些五花八门的武器，统一使用步枪！当然，接下来必须教会军队如何在行军时使用步枪。为了发挥步枪的最大效能，步兵必须配备马匹。这样，士兵自然而然地就成了乘骑步兵。

我并不是说会骑马的人随随便便就可以成为乘骑步兵。英国确实拥有帝国轻骑兵团这样的部队。轻骑兵有最好的马，又经过和平时期的严格训练。不过，我们还没有意识到一流的乘骑步兵到底能做什么，因为英国从来没有过一流的乘骑步兵。一个与马合为一体的好骑兵既可以在突袭战中有出色表现，又是一个神枪手。这样的乘骑步兵比单纯的骑兵有价值得多。据我所知，骑兵对乘骑步兵总是束手无策，因为骑兵既无法展开对乘骑步兵的进攻，又无法抵御乘骑步兵的进攻。骑兵如果对乘骑步兵展开攻击，就会被乘骑步兵的连续射击射下马来。受到进攻时，乘骑步兵凭借优秀的射击能力和单兵作战的能力，总是会获得胜利。

不过，当我们比较骑兵和乘骑步兵在战争中取得的成绩时，要知道这个比较本身是不公平的，因为骑兵已经经过严格训练，乘骑步兵则是临时组建的队伍。即便如此，乘骑步兵的表现也是可圈可点的。我曾经不止一次地问骑兵军官，能否说出在整场战争中还有什么是配备了良马的乘骑步兵做不到的。除钻石山战役之外，几乎没有哪一次的战绩是由骑兵创造的。相反，乘骑步兵做到了骑兵无法做到的事情。比如，进攻埃兰兹拉赫特山和突袭炮山。让拥有悠久历史的骑兵继续保持他们优良的传统和团队合作的精神吧。同时，让骑兵拿起步枪，经过训练后也能在地面作战吧。坦率地说，如果骑兵可以拿起步枪战斗，那么他们的技能会更娴熟，其实力将不可估量。优秀的战术加上英军骑兵的勇气，会让乘骑步兵这支新生的队伍一往无前。

无论最后如何称呼骑兵，有一件事是必然会改变的。那就是每匹马在战场上的负重都会减轻七英石①。对马来说，七英石的重量十分沉重。马背上通常驮的是军用马鞍、毛毯、燕麦袋和鞍囊，还有垂在马身上的各种东西。所有东西加在一起几乎要把可怜的马压垮了。毫不夸张地说，就是因为马的负重，才让第二次布尔战争的结束延迟了几个月。如果不是因为马负重过大，令它们几乎无法奔跑，英军就可以更从容地切断布尔人的退路，缴获他们的大炮。备用马是否应该驮东西，是否要拉车，或者是否可以什么都不用做，完全取决于军队领袖。如果要组建乘骑步兵部队，那么马身上这七英石的重量必然可以减轻。

现在，来说说炮兵。必须承认，在战役中，炮兵表现出了过人的勇气。在最致命的炮火中，英军炮兵军官坚守在大炮旁的精神无人能比。虽然炮兵射击的准确性不尽如人意，但在一些行动中，炮兵还是发挥了很高的水准。

最开始，英军炮兵总是在战斗中吃亏，因为他们选择的发射位置总是不如布尔人炮手选择的发射位置好，布尔人总是将大炮藏在英军炮兵看不见的地方。第二次布尔战争伊始，总体上，布尔人的大炮比英国的口径大。这是英国军事部门没有预料到的。根据情报部门的报告，布尔人有四

---

① 英制重量单位，一英石等于十四磅。——译者注

门克勒索大炮和十六门口径四点七英寸的榴弹炮。从某种程度上来说，英国舰炮还可以与之抗衡，但只是权宜之计，胜算不大。舰炮是特殊的大炮，并不是用作陆地战斗的。在与布尔人对战的过程中，除这些舰炮之外，英军的十五磅炮表现也非常出色。在炮弹质量方面，英国有着得天独厚的优势。如果布尔人的引信质量与他们的大炮和炮手一样好，那么英国的损失（尤其是在第二次布尔战争初期）可能更严重。

人们通常觉得立德炸药是英军炮兵的另一个优势，但是否继续使用这种炸药还有待研究。立德炸药在炸建筑物时威力很大，但在军队以分散队形前进时，绝对起不到致命的效果。就这个问题，我咨询过几个布尔人。他们没有一个人觉得立德炸药好。英军炮兵觉得爆炸的炮弹应该会造成一定伤害。然而，据我所知，有一次，立德炸药爆炸后对附近七码以内的人都没有产生什么影响，最多不过是头疼得厉害而已。

布尔人最大的优势就是他们的加农炮和步枪总是隐藏在敌人看不见的地方。这让他们仅用六门大炮就能牵制大批英军。布尔人使用大炮的第一要诀，就是将它们隐藏起来，而英军使用大炮的第一要诀是将它们以合理的间距排成一排，一枚炮弹一旦碰巧落在两门大炮之间，就会给相邻的两门大炮和炮手带来严重伤害。炮兵是接受过科学教育的兵种，所以外人可能会认为英国少校这样排兵布阵一定有道理，但无论是什么道理，这根本不适合第二次布尔战争。

使用大炮时，旧有的思维方式让英军炮兵陷入非常不利的境地。发动攻击的大炮只是有时不得不处在开阔地带。但多数情况下，炮兵指挥官如果愿意将大炮分散安排，打破原来的对称排列，是很有可能在附近找到断裂带、灌木丛、大石头或其他掩体的。我曾经亲眼看见一个英军炮兵连在开阔地带作战。几百码内就是一块玉米地——地里长满高高的玉米秆。只要英军将大炮藏在玉米地里，就不会被布尔人发现。由于英军使用大炮的作战方式墨守成规，让太多人付出了宝贵的生命。当然，有时炮兵必须将自己的生死置之度外。在莱迪史密斯保卫战中，炮兵就不得不出现在开阔地带，因为只有开阔地带才是最合适的位置。至少我认为，第二次布尔战争的教训就是，除非是为了达到某种特殊的目的，否则炮兵和大炮都不应该暴露。

一种错误的认识对炮兵作战产生了极其恶劣的影响：指挥官不愿意将大炮分开使用，因为如果一组大炮少于六门，则根本不起作用。"一门大炮等于没有大炮"，这是炮兵信奉的格言。但在南非战场上，好几次都是一门大炮决定了战局。当英国炮兵还在使用"完美的"六门大炮为一排的布阵策略时，在雷德斯堡、林德利、鲁德瓦尔和霍宁时令河，布尔人只用两门大炮就轻松获胜了。在战场上，布尔人的一小队人马就可以配备大炮作战，但英军的小队人马是不允许配备大炮的。因此，两军相遇时，英军往往处于劣势地位，根本原因是他们根本不愿意将大炮分开使用。

无比重要的就是避免炮兵火力伤到己方步兵。尽管极力避免，但类似的情况在南非战场上一再发生。在塔拉纳山战役中，在不到两千码的距离内，英国大炮向自己的前锋部队开火，结果将已经占领山顶的友军赶下山来，并造成了伤亡。炮兵军官应该配备望远镜，这样就不至于敌友不分。在斯托姆山战役中，相同的事情也发生了，结果非常悲惨。在科伦索战役中也是一样。战场上，炮兵确实很难知道己方步兵到底前进到哪里了。对此，皇家野战炮兵三十九连汉韦尔少校的意见非常值得借鉴。他说，应该在火线后方预先安排好的位置用醒目的旗子来做警示。当大炮距离过远或步兵藏在掩体后时，指挥官需要用最高倍数的望远镜和最冷静的头脑来避免灾难的发生。

尽管十五磅炮的使用遭到了批评，但大多数炮兵似乎都对十五磅炮的效果非常满意。他们认为，现在的六门十五磅炮能够在一分钟内发射十五到二十发炮弹，对指挥官来说，比十五磅炮射速更快的大炮很难操控。他们还认为，如果大炮重量增加，机动性必然下降，而且榴弹炮的引信过短，不好操控，应该使用普通炮弹攻击矮墙、房屋和其他坚固的防御设施。

第二次布尔战争结束后，英国政府应该成立一个调查委员会来决定是否需要改变作战策略。保守派不愿意改变，因为他们知道怎么发射十五磅炮，对其他炮型则没有发射经验。但必须承认，一门高射速的大炮等同于好几门发射速度慢的大炮，还能降低成本。机动性上的差别或许重要，或许也没那么重要，因为使用比敌人大炮射程更远的大炮意味着你打到了敌人，而敌人的炮弹离你还有一英里。比如，十二磅重的埃尔西克大炮并没有比十五磅炮重多少，但它的有效射程是十五磅炮的两倍。在未来战争中，战场上一定会出现更重的大炮。布尔人用牛车拉大炮，可以说为大炮的使用提供了极大便利。在路况好、有动力牵引的阵地，重炮一定会用得越来越多。也许军舰和碉堡上的加农炮都应该换成野战炮。对那些在南非亲眼见过口径六英寸的大炮是如何经过渡口的人来说，使用重炮并没什么不可能的。

说到大炮的效果，南非战场的教训是：如果军队呈分散队形，或者躲在战壕中，那么大炮几乎无法造成大的伤害；只有在错误的命令下或意外事件导致军队只能以密集队形前进时，大炮的火力才是致命的。在斯皮温丘战役中，英军步兵完全被布尔人大炮的火力牵制。小型维克-马克沁速射炮刚亮相时也发挥了重大作用，但在战争进行的过程中，士兵发现，这种炮的炮弹弹头不够硬，炮弹爆炸后穿透力太小，通常只有在正面冲击时才会致命。

在第二次布尔战争中，各部门的工程师做出了杰出贡献。负责侦察气球制作的部门表现非常出色。只有一点除外，那就是如果战斗地点海拔太

高，侦察气球就飞不到理想的高度。浮桥建设部门也表现得不错。铁路工
兵更是为英军的胜利打下了坚实的基础。当然，工兵也得到了铁路先锋团
的大力协助。铁路先锋团有经验丰富的指挥官和训练有素的工人。低廉的
非裔劳动力发挥了很大作用。工兵吃苦耐劳的精神和创造力让他们克服了
一个又一个困难，保证了铁路的畅通。亲眼见证工兵如何修建、维修铁路
的人总是忍不住对他们的工作效率钦佩不已。在南非战场上还有一个值得
一提的工种就是乘骑工兵。由于骑手在未来战争中将占有一席之地，所以
会骑马的工兵将发挥更重要的作用：拍电报、炸大桥和切断铁路线。

　　在第二次布尔战争中，英军物资运输和军需配给的表现令人惊喜。高
效的物资运输体现了基奇纳伯爵的组织才能。作为核心指挥官，基奇纳伯
爵最大限度地保障了军事物资的供应。考虑到物资匮乏这一事实，英国军
需官的表现可以说相当优秀。莱迪史密斯战役中的沃德和负责开普敦军需
的理查森上校都是军需官中的佼佼者。还有几个人也为国家做出了杰出贡
献，就不一一说了。

　　医务人员受到了极大挑战。他们的能力绝对被低估了，因为他们遇
到的挑战到底有多大，大家完全没有概念。出于部队的保密政策，布隆方
丹的实际情况并不为外人所知。当时，百姓从媒体上获得的消息都是正面
报道。但实际上，布隆方丹发生大规模瘟疫，所有医院都人满为患。瘟疫
爆发时的真实数据可能永远都不会对外公布。医生对患者的病情也只会使
用"单纯持续性发烧"这样的字眼来形容。传染病和肠道疾病患者加在一
起，实际人数要再增加一倍。粗略估计，仅布隆方丹一处传染病病例就不
少于六七千人。其中有一千三百人死亡。

　　在可怕的传染病爆发之际，唯一一条铁路线运输的都是保障后续战
斗的食物和军备。医生们几乎很难获取帐篷、药品和其他生活必需品，也
就无法正常展开工作。当时，医院的医疗条件非常糟糕。医生无法为肠道

疾病的患者提供仔细护理、特殊饮食和持续关注。许多患者的结局令人惋惜。在我看来，英国决策者没有将精力放在从当地补充必要的医疗用品上，而是为安抚奥兰治自由邦人民和争取民心付出了极大努力。当时，不经允许占领空置的房子或为让生病的士兵躲雨而拆除当地人家的篱笆墙，都被认为是高压政策。很久以后，这个委屈英军、过度尊重敌人的做法才得到改正。

医务部最大的困难就是没有足够人手。当时，开普敦有很多平民医生，虽然将这些医生送到布隆方丹、克隆斯塔德或任何需要他们的地方并没有什么困难，但实际情况比想象的要复杂。从威尔逊[1]将军到底层军官，都已尽全力进行了调度。想要批评他们很容易，但我们更应该记住他们做了什么。

实际上，真正应该诟病的不是医务部，而是南非军队中医务人员所占的比例。医务部的任务是向英国投入南非的正规军队提供医疗保障，他们没想到非正规军和殖民地军队人数太过庞大。指责医务部没有对突发事件做好应有的准备是不公平的。第二次布尔战争开始后，突发事件是所有人无法预料的。

在所有不幸中，值得欣慰的是，地方医院中经验丰富的外科医生成了部队医院的补充力量。地方医院的医疗应急队迅速成立，尽可能地为将士提供最好的医术。不过，不可否认，医务部的人事构成有待完善，其人员的工作态度也有待改善。医务部也确实有很多不被人了解的地方。对百姓来说，部队医院服务的对象主要是部队患者，而不是自己。持续改进这一问题的唯一方法就是高工资带动高水平的医疗服务。如果可能，医务部可以定期为百姓服务。

---

① 即亨利·威尔逊（Henry Wilson，1864—1922）。——译者注

前面对第二次布尔战争中的各部门进行了一些粗浅的评价。对部队的未来，我还想再多说几句。我相信，如果英国可以充分总结经验、汲取教训，那么英国在陆地上的实力也可以和在海上一样强大，而英国不必付出更大的代价就会看到可喜的变化。也许有人会说，第二次布尔战争的教训，就是要扩大军队规模。我的看法完全不同：英国应该缩小军队规模，用节省下来的钱提升部队作战效率和机动性。

　　说起缩小军队规模，是指减少职业军人的数量，但武装人员的总体数量，可以通过鼓励志愿者和延长民兵服役期限，来保证至少有一百万武装人员在保家卫国。一方面，职业军人安心进行高水平的训练；另一方面，志愿者和民兵不仅要进行简单的军事训练，还应该苦练射击技能。英国的每次军事行动都应配有乘骑步兵。现在的义勇骑兵就可被训练成乘骑步兵。有步兵和乘骑步兵，以及数量可观、纪律严明的炮兵为后盾，英国应该是绝对安全的。

　　根据以上设想，与现在相比，经过选拔后的士兵会表现出更高的技术水平，因为现代战争需要更多有智慧、有个性的士兵，而不是农民或做粗活的劳动者。为了留住人才，英国政府必须支付高工资：每天不能少于半克朗，还要有津贴。高待遇可以确保不是征兵员在寻觅人才，而是人才主动上门。在获得最好的物质保障后，士兵要以最大的热情投入训练，确保国家的每一分钱都不白花。

　　为了满足国家的安全需要，英国职业军人的数量应该是十万，我初步建议，要有三万乘骑步兵。作为部队的精英，经过艰苦卓绝的训练，乘骑步兵应该像帝国卫队一样娴熟地掌握骑马和射击两项技能。优秀的乘骑步兵应该可以在任何一次战斗中圆满地完成任务。同时，建立一支三万人的、强大的炮兵军队，配备当前最先进的大炮。还要有一万工兵、后勤人员和医疗人员。要知道，战争时期很容易召集到这些人员，使他们迅速投入工作状态也不难。因此，没有必要在和平时期花很多钱养这些人。在有经验的志愿者的训练下，工兵、后勤人员和医疗人员很快就可以进入状态。比如，在南非，圣约翰救护车队就完美地承担了医生的救护职责。在原有的步兵基础上，精选出三万人。这三万名步兵可以保留原有的番号和部队传统，但他们所属的团已经是精简后的团了。也就是说，战时人员不足的情况下，马上由其他人员进行补充。比如，有一百个步兵团，每个团有三百个士兵。为了达到最佳的作战水平，这些步兵都要经过实战训练，而不是在营房、训练场进行训练。既然这些步兵都是智慧型的士兵，那就不必特别的训练来增强团队凝聚力。在乘骑步兵和炮兵的协助下，步兵部队可以完成各种艰巨的任务。当国家需要全力以赴应对敌人时，每个团可以立刻由志愿者和民兵补充到一千人。当然，整个部队需要磨合。但因为部队中有三百个老兵，所以不用多久，这些步兵团就可以攻无不克了。就这样，步兵部队的总人数立刻扩充到十万。

除英国国内部队之外，殖民地军队，如印度、澳大利亚、南非和加拿大的军队，也可以补充进来。每支殖民地军队都有独立的组织，并随时配合英国的任务。尽管每个军官和士兵都有较高的回报，但我相信，由于接受高工资的部队人数精简，英国支付的总体费用不会更多。部队支出的费用除了工资，还包括交通费、津贴、购买食物和建设营房等费用。可以大力提倡民兵制度，那么民兵也可以为国家短期服役。总之，要让军队更专业化。

只有精简人员、杜绝浪费、遏制奢靡之风，英国的军队才能吸纳更多人才。经过这么多的艰辛和考验，只要英国可以总结经验教训，那么南非战场上付出的代价就是值得的。

附录 1

下表为第二次布尔战争中各次战役的英军伤亡统计。

南非战场上英军的伤亡人数

伤亡时间及地点		A		B		C		D		E*注1	
		①	②	①	②	①	②	①	②	①	②*注
1900年9月3日到1900年9月8日		—	28	21	118	2	21	2	42	23	188
1899年10月11日到1900年9月2日	1899年10月20日 邓迪	8	42	11	84	3	0	25	306	44	432
	1899年10月21日 埃兰兹拉赫特	5	50	30	169	0	6	0	4	35	223
	1899年10月24日 里特方丹	1	11	6	98	0	4	0	2	7	111
	1899年10月30日 伦巴德丘及尼科尔森山鞍	6	58	9	244	0	10	43	925	58	1227
	1899年10月30日 约翰内斯堡和比勒陀利亚	3	20	34	130	1	8	5	38	42	188
	1899年11月23日 贝尔蒙特	3	50	25	220	1	21	0	0	28	270
	1899年11月23日 柳树农庄	0	11	1	66	0	2	1	8	2	85
	1899年11月25日 恩斯林（格拉斯潘）	3	14	6	162	1	4	0	9	9	185
	1899年11月28日 摩德河	4	66	20	393	0	31	0	2	24	461
	1899年12月11日 马赫斯方丹	23	149	45	646	3	35	0	108	68	903
	1900年1月6日 莱迪史密斯守城战	14	164	33	287	4	25	0	2	47	453

续　表

南非战场上英军的伤亡人数

1900 年 1 月 17 日到 1900 年 1 月 24 日斯皮温丘	27	250	53	1050	6	40	7	347	87	1647
1900 年 2 月 5 日到 1900 年 2 月 7 日波特希特渡口	2	23	18	326	0	8	0	5	20	354
1900 年 2 月 15 日到 1900 年 2 月 18 日克里斯托山（科伦索）	1	13	8	180	0	3	0	4	9	197
1900 年 2 月 16 日到 1900 年 2 月 27 日帕德伯格	17	239	74	1136	6	66	7	62	98	1437
1900 年 2 月 19 日到 1900 年 2 月 27 日解除莱迪史密斯之围	22	241	91	1530	3	76	1	11	114	1782
1900 年 3 月 10 日德里方丹	5	58	19	342	1	18	0	2	24	402
1900 年 3 月 29 日布兰德福特附近的卡里	1	20	9	152	1	11	0	0	10	172
1900 年 3 月 31 日桑纳哨卡	3	15	16	121	2	7	18	408	37	544
1900 年 4 月 3 日到 1900 年 4 月 4 日雷德斯堡	2	10	2	33	1	1	8	397	12	440
1900 年 5 月 29 日赛尼卡	0	38	7	127	1	5	0	12	7	177
1900 年 6 月 11 日到 1900 年 6 月 12 日比勒陀利亚东面	8	6	16	128	1	3	1	3	25	137
1900 年 7 月 11 日尼特尔山鞍	3	16	3	53	0	3	4	186	10	255
其他莱迪史密斯守城过程中的伤亡	6	60	36	280	3	29	0	12	42	352
金伯利守城战	2	36	15	124	0	4	1	3	18	163

（左侧）899 年 10 月 11 日到 1900 年 9 月 2 日

续 表 　　　　　　　　　　　　　　　　南非战场上英军的伤亡人数

1899 年 10 月 11 日到 1900 年 9 月 2 日	马弗京守城战	5	64	10	152	0	9	1	41	16	257
	其他军事行动中的伤亡	102	799	417	3865	45	329	127	3606	646	8270
总计		283	2683	1064	12868	85	779	283*注3	7330*注4	1630	2288

　　*注1：A死亡人数；B受伤人数；C南非战场伤员的死亡人数（包含在受伤人数中）；D失踪及被俘人数；E伤亡、失踪及被俘总数。

　　*注2：①军官；②士官及士兵。有179人已经死亡，740人因不再适合服役而退役，920人仍在医院治疗。

　　*注3：包括之前失踪但后来又重新归队的人数，但具体归队人数没有公布。

　　*注4：在被俘的人中，240个军官和6299个士兵被释放或逃跑，3个军官和86个士兵在监狱中死亡。

附录

2

官方统计的英军的其他伤亡人数和全部伤亡人数

其他伤亡和全部伤亡情况	日期	情况	军官	士官及士兵
其他伤亡人数	1900 年 9 月 3 日到 1900 年 9 月 8 日	因病死亡	1	140
		意外死亡	0	6
		致残回国	6	0
	1899 年 10 月 11 日到 1900 年 9 月 2 日	因病死亡	149	5472
		意外死亡	3	101
		致残回国	1219	3061（受伤）
				22896（生病）
				1080（不明原因）
全部伤亡人数	1900 年 9 月 3 日到 1900 年 9 月 8 日	军事行动中死亡	0	28
		因伤死亡	2	21
		失踪和被俘	2	42
		因病死亡	1	140
		意外死亡	0	6
		致残回国	6	0
		总计	11	237
全部伤亡人数	1899 年 10 月 11 日到 1900 年 9 月 2 日	军事行动中死亡	283	2683
		因伤死亡	85	779
		失踪和被俘	40	945*[注1]
		在押期间死亡的俘虏	3	86
		因病死亡	149	5472
		意外死亡	3	101
		致残回国	1219	27937*[注2]
		总计	1782	38003

*注1：官方统计的"1900年9月3日到1900年9月8日的全部伤亡人数"和"1899年

446

10月11日到1900年9月2日的全部伤亡人数"不包括仍在南非的医院医治中的伤患数。

　　*注2：有179人已经死亡，740人因不适合服役而退役，920人仍在医院治疗。

译名对照表

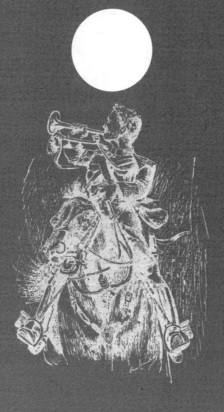

Aberdeen	阿伯丁
Abram's Kraal	艾布拉姆斯克拉尔
Acton Homes	阿克顿霍梅斯
Adams	亚当斯
Africa	非洲
Africander Bond	阿非利卡人联盟
Africanders	阿非利卡人
Akko	阿卡
Albrecht	阿尔布雷希特
Aldershot	奥尔德肖特
Alderson's Mounted Infantry	奥尔德森乘骑步兵团
Aldworth	奥德沃思
Aliwal	阿利瓦尔
Alleman's Pass	阿勒曼关
America	美洲
American	"美国"号
American Civil War	美国内战
American Constitution	美国宪法
Amersfoort	阿默斯福特
Ammonites	阿莫尼特人
Anglo-Celtic	盎格鲁—凯尔特人
Argyll and Sutherland Highlanders	阿盖尔郡和萨瑟兰郡高地人团
Arnet	阿内特
Paget's Horse	佩吉特骑兵团
Arundel	阿伦德尔
Asvogel Kop	艾斯沃格尔丘
Aurania	"奥瑞尼亚"号
Australia	澳大利亚
Australian bushmen	澳大利亚布希曼人
Australian Mounted Infantry	澳大利亚乘骑步兵团
Australians	澳大利亚团

Austria-Hungary	奥匈帝国
Authur William Pack-Beresford	阿瑟·威廉·帕克 — 贝雷斯福德
Badajoz	巴达霍斯
Badfontein	巴特方丹
Ballarat	巴拉腊特
Bamboo Creek	班布克里克
Band Station	班德火车站
Barberton	巴伯顿
Barkly East	东巴克利
Barkly West	西巴克利
Baron Castletown	卡斯尔敦男爵
Baron Chesham	切舍姆男爵
Bartholomew	巴塞洛缪
Barton's Hill	巴顿山
Basil Spragge	巴兹尔·斯普拉奇
Basutoland	巴苏陀兰
Basutos	巴苏陀兰人
Battle of Ticonderoga	泰孔德罗加战役
Battle of Agincourt	阿让库尔战役
Battle of Albuera	阿尔布埃拉战役
Battle of Alma	阿尔马战役
Battle of Atbara	阿特巴拉战役
Battle of Belmont	贝尔蒙特战役
Battle of Blenheim	布莱尼姆战役
Battle of Boshof	博斯霍夫战役
Battle of Colenso	科伦索战役
Battle of Danube	多瑙河战役
Battle of Diamond Hill	钻石山战役
Battle of Douro	杜罗河战役
Battle of Driefontein	德里方丹战役
Battle of Dundee	邓迪战役

Battle of Elands River	埃兰兹河战役
Battle of Elandslaagte	埃兰兹拉赫特战役
Battle of Enslin	恩斯林战役
Battle of Game Tree Hill	甘树山战役
Battle of Glencoe	格伦科战役
Battle of Ingogo	因戈戈战役
Battle of Inkermann	英克曼战役
Battle of Isandhlwana	伊桑德尔瓦纳战役
Battle of Karee	卡里战役
Battle of Ladysmith	莱迪史密斯战役
Battle of Lombard's Kop	伦巴德丘战役
Battle of Magersfontein	马赫斯方丹战役
Battle of Majuba Hill	马尤巴山战役
Battle of Modder River	摩德河战役
Battle of Omdurman	恩图曼战役
Battle of Pieter's Hill	彼得山战役
Battle of Poplars Grove	白杨树林战役
Battle of Reddersberg	雷德斯堡战役
Battle of Rietfontein	里特方丹战役
Battle of Sadowa	萨多瓦战役
Battle of Sanna's Post	桑纳哨卡战役
Battle of Schuinshoogte	舒因绍格特战役
Battle of Sedan	色当战役
Battle of Spicheren	斯皮切伦战役
Battle of Spion Kop	斯皮温丘战役
Battle of Stormberg	斯托姆山战役
Battle of Talana Hill	塔拉纳山战役
Battle of Taravera	塔拉韦拉战役
Battle of Ulm	乌尔姆战役
Battle of Vaalkranz	法尔克朗斯山战役
Battle of Waterloo	滑铁卢战役

Battle of Wepener	韦佩内尔战役
Battle of Willow Grange	柳树田庄战役
Bavarian	巴伐利亚人
Beacon Street	比肯街
Bechuanaland	贝专纳兰
Bechuanaland Rifles	贝专纳兰步枪团
Beevor	比弗
Beira	贝拉
Beith	比思
Belcher	贝尔彻
Belfast	贝尔法斯特
Belgrave Square	贝尔格雷夫广场
Belmont	贝尔蒙特
Belmont Camp	贝尔蒙特营地
Belvoir	贝尔沃
Bergendal	贝亨多
Besters	贝斯特斯
Besters Station	贝斯特斯火车站
Bethany	贝瑟尼
Bethlehem	伯利恒
Bethulie	贝图利
Bethulie Bridge	贝图利大桥
Bevan	贝文
Bible	《圣经》
Bisley	比斯利
Black Horse	黑马
Blackburn	布莱克本
Brakfontein Drift	布拉克方丹渡口
Bloemfontein	布隆方丹
Bloemfontein Conference	布隆方丹会议
Bloemhof	布鲁姆霍夫

Blundell	布伦德尔
Board of Ordnance	英国军需处
Bond's Drift	邦得渡口
Boomplats	布姆普拉特斯
Booth	布思
Border Mounted Rifles	边境乘骑步枪团
Border Regiment	边境团
Boshof	博斯霍夫
Boston	波士顿
Brakfontein	布拉克方丹山
Brandfort Plain	布兰德福特平原
Brickfields	布里克菲尔德斯
Bridle Drift	布赖德尔渡口
Brigade of Guards	卫兵旅
British Bechuanaland	英属贝专纳兰
British Intelligence Department	英国情报部
British Parliament	英国议会
Bronkhorst Spruit	布龙克霍斯特时令河
Bronkhorstfontein	布龙克霍斯特方丹
Brooke	布鲁克
Buffalo River	布法罗河
Bulawayo	布拉瓦约
Bultfontein	伯尔特方丹
Bulwana Hill	布尔瓦纳山
Bulwana Plain	布尔瓦纳平原
Burham	巴勒姆
Burmah/Burmese Mounted Infantry	缅甸乘骑步兵团
Burn Murdoch's Cavlary Brigade	伯恩·默多克骑兵旅
Bushman	布希曼人
Bushman's Kop	布希曼丘
Cabinet Council	内阁会议

Caesar's Camp	恺撒营地山
Caithness	凯斯内斯
California	加利福尼亚
Camberley	坎伯利
Camerons	卡梅伦团
Canada	加拿大
Canadian Mounted Infantry	加拿大乘骑步兵团
Canadian Mounted Rifles	加拿大乘骑步枪团
Canadians	加拿大团
Cannon Kop	坎农丘
Cape Colony	开普殖民地
Cape de Verde	弗得角
Cape Legislative Council	开普立法委员会
Cape Mounted Police	开普乘骑警察团
Cape Mounted Rifles	开普乘骑步枪团
Cape of Good Hope	好望角
Cape Police	开普警察团
Cape Town	开普敦
Carnarvon	卡那封
Carnegie	卡内基
Carolina	卡罗来纳
Carter	卡特
Catholic	天主教教徒
Cavalry Division	骑兵师
Cavalry Regiments	骑兵团
Celt	凯尔特人
Ceylon	锡兰
Charlestown	查尔斯顿
Chartered Company	特许公司
Chief Justice	大法官
Chief of staff	参谋长

Chieveley		奇夫利
Chieveley Camp		奇夫利营地
Childe		蔡尔德
Christiana		克里斯蒂安娜
Church of Chlum		赫卢姆教堂
Cingolo		钦戈洛山
City of London Imperial Volunteers		伦敦城帝国志愿军
Civil Administrator		民政官
Claude George Henry Sitwell		克劳德·乔治·亨利·西特韦尔
Claude Miller-Wallnutt		克劳德·米勒 — 沃尔纳特
Clocolan		克洛科兰
Cloughlan		克拉夫兰
Colenso		科伦索
Colenso Bridge		科伦索桥
Coleridge		科尔里奇
Coleskop		科尔斯丘
Colonial Cavalry		殖民地骑兵团
Colonial Division		殖民地师
Colonial Office		殖民地部
Colonial Secretary		殖民地大臣
Commando Nek		科曼多山鞍
Composite Household Regiment		皇家骑兵综合团
Connely		康奈利
Conning Tower		指挥塔
Connor		康纳
Conolly		康诺利
Conservative Government		英国保守党政府
Constantia Farm		康斯坦蒂亚农场
Contingent		分遣队
Contingent of Volunteers		志愿者分遣队
Convention of London		《伦敦公约》

Convention of Pretoria	《比勒陀利亚公约》
Cookhouse	库克豪斯
Corballis	科巴里斯
Cornelius Wessels	科尔内留斯·韦塞尔斯
Cornish	科尼什人
Cornwall Light Infantry	康沃尔郡轻步兵团
Corsican	科西嘉人
Crane	克兰
Creusot guns	克勒索大炮
Crewe Robertson	克鲁·罗伯逊
Crimea	克里米亚
Crocodile River	鳄鱼河
Cynicism	犬儒主义
Dalbiac	多比亚克
Dalgety	多格蒂
Dalmanutha	达尔马纽塔
Daniels	丹尼尔斯
Dawson	道森
De Aar	德阿尔
De Beers	德比尔斯
De Beers Company	德比尔斯公司
Deep-sea cables	深海电缆
Dekiel's Drift	代基艾尔渡口
Delagoa Bay	德拉瓜湾
Deneys Reitz	德尼斯·赖茨
Denmark	丹麦
Dennis	丹尼斯
Derbyshires	德比郡团
Dewetsdorp	德韦茨多普
Diamond Fields Horse	钻石矿场骑兵团
Diamond Hill	钻石山

Digby-Jones	迪格比 — 琼斯
Dolverkrantz	多弗克兰茨
Don Quixote	堂吉诃德
Dennis	丹尼斯
Doornberg	多伦堡
Doornkloof	多伦克洛夫
Doorn Kop	多恩科普丘
Dordrecht	多德雷赫特
Douglas	道格拉斯
Douglas Raid	道格拉斯突袭战
Downman	唐曼
Drakensberg	德拉肯斯山
Driefontein	德里方丹
Du Plessis	杜普莱西斯
Du Toits	迪图瓦
Duke of Cornwall's Light Infantry	康沃尔公爵轻步兵团
Duke of Edinburgh's Volunteers	爱丁堡公爵志愿军
Duke of Marlborough	马尔伯勒公爵
Duke of Norfolk	诺福克公爵
Duke of Wellington	威灵顿公爵
Duke of York and Albany	约克和奥尔巴尼公爵
Dundee	邓迪
Dundonald's Cavalry	邓唐纳德骑兵团
Dupleixs	迪普莱
Durban	德班港
Durban Light Infantry	德班轻步兵团
Durban Volunteers	德班志愿军
Dutch Commonwealth	荷兰联邦
Dutch West India Company	荷兰西印度公司
Dutch East India Company	荷兰东印度公司
Dutch Reformed Church	荷兰归正会教堂

Earl Liverpool	利物浦伯爵
Earl of Derby	德比伯爵
Earl of Dundonald	邓唐纳德勋爵
Earl of Longford	朗福德伯爵
Earl of Peterborough	彼得伯勒伯爵
Earl of Salisbury	索尔兹伯里伯爵
East London	东伦敦
East London Volunteers	东伦敦志愿军
Eddy	艾迪
Edict of Nantes	《南特赦令》
Edinburgh Castle	爱丁堡城堡
Brabant's Horse	布拉班特骑兵团
Edwards	爱德华兹
Egerton	埃杰顿
Elands River Station	埃兰兹河火车站
Elandslaagte	埃兰兹拉赫特
Elizabeth Port	伊丽莎白港
Elswick Battery	埃尔西克炮兵连
Elswick Gun	埃尔西克大炮
Elworthy	埃尔沃西
England	英国
English Brigade	英格兰旅
English Channel	英吉利海峡
Ensor	恩索尔
Entonjanani	恩通杰纳尼
Ermelo	埃尔默洛
Estcourt	埃斯特科特
Ethelston	埃塞斯坦
Eudon	尤顿
Evans	埃文斯
Ewart	尤尔特

Executive Council	执行委员会
Eygpt	埃及
Eyre Crabble	艾尔·克拉布
Faskally	法斯克里
Fatherland	《祖国报》
Fauresmith	福尔史密斯
Ficksburg	菲克斯堡
First Boer War	第一次布尔战争
FitzGerald	菲茨杰拉德
Flanders campaign	佛兰德斯战役
Ford	福特山
Fouriesburg	富里斯堡
Fourteen Streams	十四溪村
France	法国
Franco-Prussian War	普法战争
Frankfort	法兰克福
Fraser's Drift	弗雷泽渡口
Frederick the Great	腓特烈大帝
Frederickstad	弗雷德里克斯塔德
French Revolution	法国大革命
Frere	弗里尔
Friesland	弗里斯兰
Fusiliers Brigade	燧发枪旅
Gaberones	加贝罗内斯
Garrison of Natal	纳塔尔卫戍部队
Gascon	"加斯孔"号
Gaul	高卢
Geneva Siding	日内瓦西丁
Genoa	热那亚
Marshall's Horse	马歇尔骑兵团
German Empire	德意志帝国

Germiston	杰米斯顿
Girlwood	吉尔伍德
Glen	格伦
Glencoe	格伦科
Glencoe Station	格伦科火车站
God	上帝
Goldie	戈尔迪
Golgotha Drift	各各他渡口
Gordon's Brigade	戈登旅
Goshen	戈申
Gough	高夫
Governor's house	总督府
Graaf-Reinet	格拉夫 — 里内特
Grant	格兰特
Graspan	格拉斯潘
Greece	希腊王国
Green Hill	格林山
Greylingstad	格雷灵斯塔德
Greytown	格雷敦
Griqualand	格里夸兰
Gun Hill	炮山
Hadders Spruit	哈德斯时令河
Haig	黑格
Hall	霍尔
Hankey	汉基
Hanwell	汉韦尔
Hare	黑尔
Harrismith	哈里史密斯
Harvey	哈维
Haslemere	黑斯尔米尔
Hawarden Castle	"哈登城堡"号

Hazerick	哈泽里克
Head	黑德
Hebron	希伯伦
Hector Spruit	赫克托时令河
Heidelberg	海德堡
Heilbron	海尔布隆
Hekspoort	海克斯普尔特
Helpmakaar Hill	赫尔普梅卡尔山
Helvetia	海尔维第
Hercules	赫拉克勒斯
Herholdt	赫霍尔特
Herschel	赫舍尔
Hex Valley	赫克斯河谷
High Commissioner for Southern Africa	驻南非高级专员
High Street	高耸街
Highland Brigade	高地旅
Hlangwane Hill	哈兰瓦山
Hoad	霍德
Hobbs	霍布斯
Honing Spruit	霍宁时令河
Honing Spruit Station	霍宁时令河火车站
Hoopstad	胡普斯塔德
Hornies Nek	霍尼斯山鞍
Horse Artillery	骑马炮兵
Hoskier	霍斯奇亚
Hottentots	霍屯督人
Houldsworth	霍兹沃思
Houssas	胡萨斯
Houtnek	豪特山鞍
Hovel	赫费尔
Huddart	哈德特

Hughes-Hallett	修斯 — 哈利特
Huguenots	胡格诺派
Humby	哈姆比
Hungary	匈牙利
Hunt	亨特
Hussar Hill	胡萨尔山
Imperial Guard	帝国防卫军
Imperial Light Horse	英国轻骑兵团
Imperial Yeomanry	帝国义勇骑兵团
India	印度
Indian Mutiny	印度叛乱
Indian Rebellion of 1857	1857 年印度民族大起义
Indians	印第安人
Infantry	步兵
Inglis	英格利斯
Inniskilling Dragoon	恩尼斯基林龙骑兵团
Intombi Camp	因托姆比营地
Ireland	爱尔兰
Irish	爱尔兰人
Irish Brigade	爱尔兰旅
Irish Parliamentary Party	爱尔兰国会党
Iroquois	易洛魁人
Irwin	欧文
Israel's Poort	以色列隘口
Italy	意大利
Jacobsdal	雅各布斯达尔
Jacobsrust	雅各布斯鲁斯特
Jaeger	耶格
Jameson Raid	詹姆森突袭
Jamestown	詹姆斯敦
Jarvis	贾维斯

Johannesburg Educational Council	约翰内斯堡教育委员会
Johannesburg Police	约翰内斯堡警察团
Johannesburg Reform Committee	约翰内斯堡改革委员会
Jones	琼斯
Jouberts	茹贝尔
Jubilee	五十年节
Kaal Spruit	卡尔时令河
Kaapmuiden	卡普梅登
Kabul	喀布尔
Kaffrarian Mounted Rifles	卡夫拉里亚乘骑步枪团
Kalahari Desert	卡拉哈里沙漠
Kameels Drift	卡梅尔斯渡口
Kamfersdam	卡姆福尔斯丹
Kandahar	坎大哈
Karee	卡里
Keith-Falconer	基思 — 福尔克纳
Kekepoort	凯凯普尔特
Kheis	海斯
Kimberley	金伯利
Kimberley Light Horse	金伯利轻骑兵团
Kimberley Mounted Corps	金伯利乘骑兵团
King's Royal Rifles Mounted Infantry	王属皇家步枪乘骑步兵团
Kitchener's Hill	基奇纳山
Klerksdorp	克莱克斯多普
Klip Drift	克勒普渡口
Klip River	克勒普河
Klipfontein	克洛普方丹
Klipgat	克勒普加特
Klipkraal	克勒普克拉尔
Klondyke	克朗代克河
Kloof Camp	克洛弗营地

Knapp	纳普
Koch	科克
Komatipoort	科马蒂普特
Koodoo Rand Drift	库都兰德渡口
Koodoosdrift	库都斯渡口
Koodoosberg	库都斯堡
Koodoosrand	库都斯兰德
Kraai Railway Station	克拉伊河火车站
Kraaipan	克拉伊潘
Krause	克劳瑟
Kroonstad	克龙斯塔德
Kroonstad Road	克隆斯塔德公路
Kruger's Post	克吕格尔哨卡
Krugersdorp	克鲁格斯多普
Krupp guns	克虏伯大炮
Kuruman	库鲁曼
Labuschague's Nek	拉布斯查古山鞍
Ladygrey	格雷夫人镇
Ladybrand	莱迪布兰德
Ladysmith	莱迪史密斯
Ladysmith Hospital	莱迪史密斯医院
Laffan's Plain	拉芬平原
Lafone	拉丰
Lambert	兰伯特
Lancashire Brigade	兰开夏郡旅
Landmans	兰德曼斯
Langman Hospital	兰曼医院
Laing's Nek	朗宁山鞍
Leeuw Kop	莱乌丘
Leon	利昂
Leonidas I	列奥尼达一世

Liberal Colonial Policy	英国殖民政策
Lichtenburg	利赫滕堡
Life Guards	禁卫兵骑兵团
Light Division	轻装步兵师
Limpopo	林波波河
Lindsay	林赛
line regiments	辅助团
Little	利特尔
Little Tugela River	小图盖拉河
Liverpool Regiment	利物浦团
Lobatsi	洛巴特西
Locomotive Department	机务部门
London	伦敦
Lord of Airlie	艾尔利勋爵
Lord Lovat	洛瓦特勋爵
Lyddite	立德炸药
Lydenburg	莱登堡
Machadodorp	马哈多多普
Maclaren	麦克拉伦
Mafeking	马弗京
Magaliesberg	马加利山脉
Magato Pass	马乔托关
Magersfontein	马赫斯方丹
Malaysia	马来西亚
Malmani	马尔玛尼
Malopo	马洛普
Manchester Regiment	曼彻斯特团
Maori	毛利人
Marabastad	马拉巴斯德
Marandellas	马兰德拉斯
Marico River	马里科河

Marquess of Winchester	温彻斯特男爵
Martin	马丁
Martini-Henry Rifles	马提尼 — 亨利步枪
Martyr	马特
Masibi Stadt	马西比施塔特
Matabeli	马塔贝列人
Mathias	马赛厄斯
Maude	莫德
Mauser	毛瑟枪
Maxim-Nordenfelds	马克沁 — 努登费尔德机枪
Maxim	马克沁机枪
McDonnell	麦克唐奈
Medes	米堤亚人
Medical Department	医务部
Metcalfe	梅特卡夫
Middle Drift	米德尔渡口
Middelburg	米德尔堡
Militia Battalions	民兵营
Milligan	米利根
Milton	米尔顿
Minister of the Interior	内政部部长
Moabites	摩押人
Modder Camp	摩德河营地
Model Shool	莫德尔学校
Moller	莫勒
Molteno	莫尔泰诺
Monte Christo	克里斯托山
Mooi River	穆伊河
Moor	"摩尔"号
Mormon	摩门教徒
Morning Post	《清晨邮报》

Mount of Alice	爱丽丝山
Mounted Infantry	乘骑步兵团
Munger's Drift	芒杰渡口
Muriel	缪里尔
Natal	纳塔尔
Natal Artillery	纳塔尔炮兵
Natal Carbineers	纳塔尔卡宾枪手团
Natal Field Artillery	纳塔尔野战炮兵连
Natal Mounted Police	纳塔尔乘骑警察团
Natal Railway	纳塔尔铁路
Natal Royal Rifles	纳塔尔皇家步枪团
Natal Volunteers	纳塔尔志愿军
National Reform Union	侨民改革委员会
Native Commissioner	国家专员
Nauvoo	诺伍
Naval Brigade	海军旅
Nesbitt	内斯比特
New England	新英格兰
New South Wales	新南威尔士
New South Wales Lancers	新南威尔士枪骑兵团
New York	纽约州
New York Herald	《纽约先驱报》
New Zealand	新西兰
New Zealand Mounted Infantry	新西兰乘骑步兵团
New Zealand Mounted Rifles	新西兰乘骑步枪团
Newcastle	纽卡斯尔
Newcastle Road	纽卡斯尔公路
Nicholson's Nek	尼科尔森山鞍
Nitral's Nek	尼特尔山鞍
Nooitgedacht	努伊特赫达赫
Norman Joachim Hambro	诺曼·乔基姆·汉布罗

Normans	诺曼人
North Lancashire Regiment	北兰开夏郡团
Norval's Pont	诺瓦尔渡口
Nottingham Road	诺丁汉公路
Naauwpoort	瑙普特
Nylstroom	内尔斯特鲁姆
O'Meara	麦卡拉
Observation Hill	瞭望山
Ogilvy	奥格尔维
Old Testament	《旧约》
Oldfield	奥德菲尔德
Olifant's Nek	奥利范特山鞍
Olive Siding	奥利夫西丁
Ontario	安大略省
Ootsi	奥特西
Ophir	俄斐
Orange Free State	奥兰治自由邦
Orange River	奥兰治河
Orange River Bridge	奥兰治河大桥
Orange River Colony	奥兰治河殖民地
Ordnance Department	军械署
Ordnance Factory	军械厂
Oriental	"东方"号
Ormelie Campbell Hannay	奥梅利·坎佩尔·汉内
Orr	奥尔
Osfontein	奥斯方丹
Otto's Hoop	奥托斯胡普
Ottoman Empire	奥斯曼帝国
Outram's Volunteers	乌特勒姆志愿军
Paardekop	帕尔德科普
Packman	帕克曼

Page	佩奇
Pall Mall	蓓尔美尔街
Panzera	潘泽拉
Paris	巴黎
Paton	佩顿
Penhoek	彭胡克
Peninsular War	半岛战争
Pennsylvania	宾夕法尼亚州
Pepworth Hill	佩普沃斯山
Persians	波斯人
Petermaritzburg	彼得马里茨堡
Philadelphia	费城
Philanthropist	慈善家
Philippolis	菲利普波利斯
Philomel	"夜莺"号
Pienaar	皮纳尔
Pienaar's River	皮纳尔河
Pienaars Poort	皮纳尔斯普尔山脉
Pieter's Hill	彼得山
Pietermaritzburg	彼得马里茨堡
Pietersburg	彼得斯堡
Pilgrim's Rest	朝圣者会所
Pilson	皮尔森
Plain of Enslin	恩斯林平原
Popham	波帕姆
Poplars Grove	白杨树林
Port Elizabeth	伊丽莎白港
Port Natal	纳塔尔港
Portuguese	葡萄牙人
Potchefstroom	波切夫斯特鲁姆
Potgieter's Drift	波特希特渡口

Pretoria	比勒陀利亚
Pretoria Gaol	比勒陀利亚监狱
Prieska	普里斯卡
Prime Minister	总理
Prince Frederick	腓特烈亲王
Prince of Wales	威尔士亲王
Privy Council	枢密院
Probyn	普罗宾
Prominent Citizen	杰出市民
Protectorate Regiment	保护国团
Protestant	新教教徒
Prothero	普罗瑟罗
Providence	《天意日报》
Psalm	圣歌
Pyrrhic victory	皮洛士式的胜利
Queen Victoria	维多利亚女王
Queensland	昆士兰
Queenstown	皇后镇
Queenstown Volunteers	皇后镇志愿者军
Quorn	阔恩
Railway Hill	铁路山
Railway Pioneer Regiment	铁路先锋团
Raleigh Club	罗利俱乐部
Ramathlabama	拉马斯拉巴马
Ramdam	拉姆丹
Rand Mines	兰德金矿
Ray	雷
Reconnaissance balloon	侦察气球
Reitzburg	雷茨堡
Rimington's Scouts	里明顿侦察兵团
Rensburg	伦斯堡

Retief's Nek	雷蒂夫山鞍
Rhenoster	雷诺斯特
Rhenoster River	雷诺斯特河
Rhodesia	罗得西亚
Rhodesian Column	罗德西亚部队
Rhodesian Force	罗德西亚军队
Rhodesian Regiment	罗德西亚团
Richard Chester-Master	理查德·切斯特 — 马斯特
Richardson	理查森
Riet River	里特河
Rietfontein	里特方丹
Rifle pits	散兵壕
Rifleman's Post	步枪手哨卡
Rimington's Guides	里明顿向导兵团
Robben Island	罗本岛
Robinson	鲁滨孙
Rolt	罗尔特
Roodeval	鲁德瓦尔
Rooidam	鲁伊德姆
Roslin Castle	"罗斯林城堡"号
Rouxs	鲁
Rouxville	鲁维尔
Royal Engineers	皇家工程兵团
Royal Field Artillery	皇家野战炮兵连
Royal Military Academy	皇家军事学院
Royal Munster Fusiliers	皇家明斯特燧发枪团
Royal Scots Greys	皇家苏格兰骑兵团
Royston	罗伊斯顿
Rudyard Kipling	拉迪亚德·基普林
Rustenberg	勒斯腾堡
Sadowa	萨多瓦

Salisbury Plain	索尔兹伯里平原
Salvation Army	救世军
San Sebastian	圣塞瓦斯蒂安
Sand River Convention	《桑德河公约》
Sandspruit	桑德斯普雷特
Sappers	工兵
Sarel Eloff	萨雷尔·埃洛夫
Sarel Theron	萨雷尔·西伦
Saxon	撒克逊人
Scandinavian corps	斯堪的纳维亚人团
Schreiber	施赖伯
Schutte	舒特
Sclati Railway Company	斯科拉底铁路公司
Scotchmen	苏格兰人
Scott	斯科特
Scottish Rifles	苏格兰步枪团
Scottish Yeomanry	苏格兰义勇骑兵团
Second Anglo-Afghan War	第二次英阿战争
Second Boer War	第二次布尔战争
Second Sudan War	第二次苏丹战争
Secretary of State	国务大臣
Sekukuni	塞库库尼
Sekwani	塞夸尼
Senekal	赛尼卡
Sergeant-Major	军士长
Shropshire Light Infantry	什罗普郡轻步兵团
Siege of Genoa	热那亚之围
Siege of Kimberley	金伯利之围
Siege of Ladysmith	莱迪史密斯之围
Siege of Lucknow	勒克瑙之围
Siege of Mafeking	马弗京之围

Signal Hill	锡格纳尔山
Sim	西姆
Slaapkrantz	斯拉普克朗兹
Slabbert's Nek	斯拉波特山鞍
Slater	斯莱特
Slingersfontein	斯林格斯方丹
Smaldeel	斯莫迪尔
Smallpox	天花
Smith's Nek	史密斯山鞍
Smithfield	史密斯菲尔德
Solomon	所罗门王
Somersetshire	萨默塞特郡
Soudan	苏丹
South Africa	南非
South African Horse	南非骑兵团
South African Light Horse	南非轻骑兵团
South Africa Police	南非警察团
South African Republic	南非共和国
South American	南美洲
South Australian Horse	南澳大利亚骑兵团
Spain	西班牙王国
Sparta	斯巴达
Spence	斯彭斯
Spion Kop	斯皮温丘
Spitzkop	施皮茨科普
Spreckley	斯普雷克利
Springfield	斯普林菲尔德
Springfontein	斯普林方丹
Spytfontein	斯皮方丹
St. John's Ambulance	圣约翰救护车队
St. Vincent	圣文森特

Standerton	斯坦德顿
Stanford	斯坦福
Stangar	斯坦杰
Stanley	斯坦利
State of New York	纽约州
State-owned Railway	国有铁路
Stellaland	斯特拉兰德
Stellenbosch	斯泰伦博斯
Sterkstroom	斯泰克斯特鲁姆
Stoneman	斯通曼
Stormberg	斯托姆山
Stubbs	斯塔布斯
Suffolk Regimen	萨福克团
Sunday River	森迪河
Supreme Court of the United States	美国最高法院
Surprise Hill	瑟普瑞斯山
Suzerainty	宗主权
Swartz Kop	斯沃茨丘
Swaziland	斯威士兰
Swellendam	斯韦伦丹
Swiss	瑞士人
Table Bay	桌湾
Table Mountain	桌山
Talavera	塔拉韦拉
Tasmania	塔斯马尼亚
Taylor	泰勒
Tel-el-Kebir	泰勒凯比尔
Teneriffe	特内里费岛
Teutonic	条顿人（日耳曼人）
Thabanchu	塔班丘山
Times	《泰晤士报》

Tinta Inyoni	延塔因约尼山
Tintwa Pass	廷特瓦关
Tobin	托宾
Toronto Company	多伦多连
Toulon	土伦
Transvaal Artillery	德兰士瓦炮兵
Transvaal from Within	《德兰士瓦面面观》
Trichard's Drift	特里沙尔渡口
Trommel	特罗梅尔
Tucker	塔克
Turk	土耳其人
Tweed	特威德
Twyfelaar	特怀福拉尔
Uitlanders	外侨
United States	美国
Utah	犹他州
Utrecht	乌得勒支
Vaal River	瓦尔河
Vaalkranz	法尔克朗斯山
Van Reenen Pass	范里宁关
Van Wyk's Hill	凡怀克山
Vants Drifts	范特思渡口
Vaticna	梵蒂冈
Ventersburg	芬特斯堡
Ventersdorp	芬特斯多普
Vereeniging	弗里尼欣
Vernon	弗农
Vice	维采
Vickers-Maxim	维克 — 马克沁
Victoria	维多利亚
Victoria Cross	维多利亚十字勋章

Victorian Mounted Rifles	维多利亚乘骑步枪团
Viljoen's Drift	维尔容渡口
Viscount Castlereagh	卡斯尔雷子爵
Vlakfontein	弗拉克方丹
Volksraad	人民议会
Volksrust	福尔克斯勒斯特
Volunteer Company of the Gordons	戈登团志愿者连
Voortrekkers	开拓者
Vrede	弗里德
Vredefort	弗里德堡
Vredefort Road	弗里德堡路
Vryburg	弗雷堡
Vryheid	弗雷黑德
Vyvyan	维维安
Waggon Hill	瓦格山
Wakkerstroom	瓦克斯特鲁姆
War Office	陆军部
Warm Baths	瓦姆巴斯
Waschbank	沃思科班克
Waschbank Spruit	沃思科班克时令河
Washington	华盛顿
Watersberg	瓦特斯贝格
Waterval Boven	瓦特瓦尔博文
Waterval Drift	瓦特瓦尔渡口
Watervalonder	瓦特瓦尔翁代尔
Watson	沃森
Weenen	维嫩
Wegdraai	韦格德拉尔
Welgelegen	韦尔盖莱根
Welshmen	威尔士人
Wepener	韦佩内尔

West Indian	西印度
West Kents	西肯特郡团
Wilford	威尔福德
Wilhelm II	威廉二世
Wilkinson	威尔金森
Willow Grange	柳树田庄
Wiltshire Yeomary	威尔特郡义勇骑兵团
Winburg	温堡
Windsorton	温莎顿
Witwatersrand	威特沃特斯兰德
Wolveskraal Drift	沃尔弗斯克拉尔渡口
Wood	伍德
Wylie	怀利
Wynberg	韦恩堡
Xhosa	科萨人
York and Lancaster	约克和兰开斯特郡团
Yorkshire	"约克郡"号
Yorkshire Yeomanry	约克郡义勇骑兵团
Young	扬
Zambesi	赞比西河
Zeerust	济勒斯特
Zoutpansberg	佐特潘斯堡
Zululand	祖鲁兰